शत्रुघ्नचरित

(महाकाव्य)

डॉ. रवींद्र शुक्ल 'रवि'

ज्ञान गंगा, दिल्ली

प्रकाशक : ज्ञान गंगा, 2/42, अंसारी रोड, दरियागंज, नई दिल्ली–110002
/ संस्करण : 2025 / मूल्य : छह सौ रुपए
मुद्रक : आर–टेक ऑफसेट प्रिंटर्स, दिल्ली ISBN 978-93-82901-51-8

SHATRUGHNA CHARIT (Mahakavya)
by Dr. Ravindra Shukla `Ravi' ₹ 600.00
Published by **GYAN GANGA**
2/42, Ansari Road, Daryaganj, New Delhi-110002

भूमिका

युगऋषि गोस्वामी तुलसीदास द्वारा प्रणीत श्रीरामचरितमानस का प्राकट्य ऐसे समय में हुआ, जिस समय संपूर्ण भारतवर्ष विदेशी आक्रमण, जघन्य अत्याचारों एवं बलात् धर्मांतरण का दंश झेल रहा था। उस समय श्रीरामचरितमानस के अवतरण ने संजीवनी का काम किया था। श्रीरामचरितमानस ने घर-घर में अलख जगाई और वह भारतीय समाज के जीवन का अमृतमयी आधार बन गई। भारतीय समाज को तोड़ने का विधर्मी, क्रूर कुचक्र सफल नहीं हुआ। वर्तमान समय में भी भारत के मूल समाज को जातियों, उपजातियों में खंड-खंड करने और नैतिक मूल्यों को भस्मसात् करने का खुलेआम षड्यंत्र चल रहा है। भारत माता कराह रही है। ऐसे समय में दैवीय शक्ति की प्रेरणा ने मेरे मानस में कुछ बीज बोए। उसी के परिणामस्वरूप, मेरे मानस में मंथन प्रारंभ हुआ। यहाँ यह उल्लेख करना आवश्यक लगता है कि श्रीरामचरितमानस से बाल्यकाल से ही मेरा अत्यंत अटूट संबंध रहा है। मेरे पूज्य पिताश्री का भी श्रीरामचरितमानस से अत्यंत लगाव था। रामचरितमानस की अनेकानेक चौपाइयाँ, दोहे आदि उन्हें कंठस्थ थे। वह प्रतिदिन घर के किसी-न-किसी सदस्य से श्रीरामचरितमानस का पाठ सुना करते थे। उन्हें मेरे द्वारा श्रीरामचरितमानस का पाठ सुनना अच्छा लगता था, इसीलिए वे अधिकांश दिनों में मुझसे 'मानस' का पाठ सुना करते थे। किसी भी अशुद्ध उच्चारण पर वह तत्काल टोककर, उसे ठीक कराते थे। श्रीरामचरितमानस पर उनकी अद्‍भुत पकड़ थी। उनका ज्ञान अत्यंत परिष्कृत एवं व्यापक था। शायद उन्हीं के इस संस्कार के कारण

श्रीरामचरितमानस मेरे जीवन का एक अभिन्न अंग बनी। मैं जब सार्वजनिक जीवन में आया तो मेरे उद्‌बोधनों में स्वाभाविक रूप से श्रीरामचरितमानस के उद्धरण होते थे। रामराज्य के आदर्शों की चर्चा करते समय मेरे मस्तिष्क में सदैव यह प्रश्न कौंधता था कि राम, लक्ष्मण दोनों चौदह वर्षों तक अयोध्या से सैकड़ों मील दूर वनवास में रहे, भरत संन्यासी वेश में अयोध्या से लगभग 16 मील दूर नंदीग्राम में आश्रम बनाकर रहे। उन्होंने कभी भी आश्रम से बाहर कदम नहीं रखा, फिर भी जिस समय श्रीराम वनवास की अवधि बिताने के बाद अयोध्या वापस आए और उनका राज्याभिषेक हुआ, उस समय रामराज्य का आदर्श स्वरूप स्थापित था। भारतवर्ष में श्रीराम मर्यादापुरुषोत्तम माने जाते हैं। स्वाभाविक है, उन्होंने सदैव मानवीय मर्यादाओं का पालन किया। उन्होंने अपने जीवन में चमत्कार का प्रदर्शन कभी नहीं किया। यद्यपि प्रभु श्रीराम ब्रह्म के पूर्ण अवतार थे, किंतु मानवोचित आचरण को आचरित करने के लिए वह भारत में नररूप धारण कर अवतरित हुए थे, अत: स्वाभाविक है कि रामराज्य उनके दैवीय चमत्कार का परिणाम नहीं था। फिर भला रामराज्य की अभिनव संकल्पना यथार्थ रूप में धरातल पर कैसे आई? कैसे उस आदर्श व्यवस्था को स्थायी स्वरूप प्राप्त हुआ? जो आज तक अक्षुण्ण है। इसी मंथन से मेरे मानस पटल पर एक नाम बार-बार उभरा, वह था 'निस्पृह कर्मयोगी शत्रुघ्न।' वस्तुतः आदर्श रामराज्य की संकल्पना को यथार्थ रूप देने का अद्‌भुत कार्य चौदह वर्षों में स्वयं कर्मयोगी शत्रुघ्न ने पूर्ण किया था। उन्होंने ही प्रसिद्धि पराङ्मुख रहकर कर्मयोगी की तरह अहर्निश श्रम करके अपने अग्रज श्रीराम के सपनों को पूरा किया था। अद्‌भुत रामराज्य उन्हीं के अनथक श्रम का ही परिणाम था। हाँ यह सत्य है कि प्रभु श्रीराम का उन्हें पूर्ण आशीर्वाद प्राप्त था।

मेरे मस्तिष्क में इस प्रश्न ने भी कई बार दस्तक दी कि भगवान् ने जब चार अंशों के रूप में अयोध्या में अवतार लिया था तो अद्यतन इस संदर्भ के सभी ग्रंथों में केवल तीन अंशों का ही वर्णन क्यों दिखाई देता है? वह तीन अंश श्रीराम, लक्ष्मण और भरत हैं; जिनका वर्णन पर्याप्त मात्रा में मिलता है। किंतु परम ब्रह्म के अंशावतार श्री शत्रुघ्न का वर्णन सभी ग्रंथों में नगण्य सा है। संप्रति वाल्मीकि रामायण में उनके मथुरा के राजा बनने का प्रसंग तो है, किंतु अन्य

अंशावतारों की तुलना में शत्रुघ्न का वर्णन अत्यंत कम है। यद्यपि गोस्वामी तुलसीदास ने श्रीरामचरितमानस में श्री शत्रुघ्न की महत्ता नामकरण के समय इस प्रकार व्यक्त की है—

जाके सुमरन ते रिपुनासा।
नाम सत्रुहन वेद प्रकासा॥

यदि हम उपर्युक्त चौपाई के आलोक में शत्रुघ्न के व्यक्तित्व का चित्रण करें तो एक ऐसा उदात्त एवं महान् व्यक्तित्व हमारे मानस पटल पर उभरता है जो निश्चित रूप से अवतारी ही हो सकता है। इतना वीर कि जिसके नाम स्मरण से ही शत्रुओं का संपूर्ण विनाश हो जाए और इतना विद्वान् कि संपूर्ण वेदों का साक्षात् प्रकाश स्वयं भासमान हो। फिर भला संदर्भित शास्त्रों में उनका वर्णन क्यों नहीं हुआ? समझ से परे है। यद्यपि श्रीराम सबसे बड़े थे, असुर समापन में भी उनकी भूमिका स्तुत्य है। वह ब्रह्म के पूर्ण अवतार थे, प्रतीक रूप में श्रीराम की खड़ाऊँ नृप के रूप में सिंहासन पर विराजमान थी अर्थात् अयोध्या के प्रतीक रूप में राम ही राजा थे। इसलिए ही स्थापित राज्यादर्शों को रामराज्य कहा गया होगा और इसी कारण परवर्ती कवियों, लेखकों और शास्त्रकारों ने श्रीराम को ही अपना नायक बनाया। अन्य प्रमुख पात्रों की भी पर्याप्त चर्चा की गई, किंतु जाने-अनजाने ब्रह्म के चौथे अंशावतार श्री शत्रुघ्न की उपेक्षा हुई। इसी वैचारिक उद्वेलन ने मुझे कलम उठाने के लिए बाध्य किया। हो सकता है, परम ब्रह्म परमात्मा ने इस पुनीत कार्य के लिए मुझे माध्यम बनाने का निर्णय पूर्व में ही ले लिया हो। तभी तो मेरे मानस में इस तरह का उद्वेलन पैदा हुआ। इसी कालखंड में भारतीय सामाजिक पटल पर रामचरितमानस एवं वाल्मीकि रामायण के कतिपय प्रसंगों को कदाक्षय से, समाज को तोड़ने के लिए कतिपय समाज द्रोहियों द्वारा हथियार के रूप में प्रयोग किया गया और प्रभु श्रीराम को खलनायक के रूप में प्रस्तुत करने का भरसक प्रयत्न हुआ। दुर्भाग्य से जिस परिमाण में विद्वज्जनों द्वारा इसका प्रतिवाद किया जाना था, उस मात्रा में प्रतिवाद नहीं किया गया और न ही सही व्याख्या समाज के सामने लाने का प्रयास हुआ। इस विघटनकारी कुकृत्य ने भी मेरे उद्वेलन को बढ़ाने में उत्प्रेरक की भूमिका निभाई और परम ब्रह्म

परमात्मा की कृपा से लोक कल्याण की सद्इच्छा से अवतरित हो गया, यह पुनीत कालजयी ग्रंथ 'श्री शत्रुघ्नचरित।'

कल्पना कीजिए, जिस पात्र के संबंध में पूरे विश्व में कोई साहित्य उपलब्ध न हो, उसके चरित्र को उजागर करने का संकल्प कैसे संभव हो सकता है? किंतु यह संभव हुआ, परमोच्च दैवीय शक्ति की असीम अनुकंपा से। मैं इस ग्रंथ के प्रणयन में अपनी भूमिका नगण्य मानता हूँ। इस ग्रंथ का अवतरण चौदह महीनों में हुआ है। मैंने एक-एक दिन, एक-एक क्षण यह अनुभव किया कि कोई अदृश्य शक्ति मुझे निर्देशित कर रही है। किसी दिन पचास-पचास छंदों की रचना सहज रूप से हो जाती थी तो किसी दिन एक भी छंद नहीं लिख पाता था। घंटों केवल कागज काले करता रहता था। कई बार आँसू भी निकले। सोचकर बैठता था कोई कथानक, किंतु लिख जाता था कोई और कथानक। अपने आप संदर्भ अवतरित होते गए। मैं वही करता रहा, जो अदृश्य शक्ति द्वारा मुझे निर्देशित किया जाता था।

झाँसी के उद्‌भट विद्वान्, कवि, चिंतक और विचारक महाकवि अवधेशजी ने इस ग्रंथ के प्रणयन में ऋषि भुसुंडि जैसी भूमिका का निर्वहन किया है। उनके मन में इस ग्रंथ की पूर्णता के लिए मुझसे भी अधिक आतुरता थी। प्रतिदिन वह मुझसे दूरभाष से पूछते, 'क्या बघारा' अर्थात् 'क्या लिखा'? पूछते और आ धमकते। मैं उनसे उसी तरह भयभीत रहता, जैसे किसी शिक्षक को गृहकार्य पूरा करके शिक्षक को दिखाने का भय विद्यार्थी के अंदर होता है। जिस समय इस ग्रंथ में श्रीराम चरण पादुका के सार्वजनिक प्रतिष्ठा समारोह के संबंध में लिखा जाना था, उसी समय श्री अवधेशजी गंभीर रूप से बीमार हो गए, चिकित्सकों सहित सभी उनके जीवन को लेकर निराश हो गए थे। मैं उनसे मिलने अस्पताल गया। उस समय वह लगभग मूर्च्छित अवस्था में चेतना शून्य से रुग्णशय्या पर लेटे थे। उनके कनिष्ठ पुत्र ने मुझे देखकर, उनके कान में ऊँची आवाज में कहा, 'रवींद्रजी आए हैं।' उनकी पलकें हिलीं, होंठ फड़के, किंतु न तो आँखें खुलीं और न ही कुछ आवाज ही बाहर आई, उनके होंठ लगातार कुछ बुदबुदा रहे थे। मैं और श्री अवधेशजी के कनिष्ठ पुत्र ये समझ नहीं पा रहे थे कि श्री अवधेशजी क्या कहना चाह रहे हैं। अचानक

दैवीय प्रेरणा से मुझे यह आभास हुआ कि वह श्रीराम चरण पादुका के प्रतिष्ठा समारोह के प्रसंग की पूर्णता के संबंध में पूछ रहे हैं। मैंने उनसे पूछा कि 'आप श्रीराम चरण पादुका प्रतिष्ठा महोत्सव के संबंध में पूछ रहे हैं?' पलकें हिलीं, होंठ बुदबुदाना बंद हो गए। मैं समझ गया कि वह इसी के संबंध में जानना चाह रहे हैं। मैंने उनसे कहा—'गुरुजी जब तक आप ठीक नहीं होते, तब तक कुछ नहीं होगा'। उन्होंने बड़े प्रयत्न से दाहिने हाथ से नकारात्मक संकेत दिया कि अब कुछ ठीक नहीं होगा। किंतु मैंने उनसे कहा कि 'गुरुजी ग्रंथ की पूर्णता के लिए आपको परमात्मा से एक्सटेंशन लेना ही होगा, अन्यथा इस ग्रंथ के पूर्ण न होने के उत्तरदायी आप होंगे।' चमत्कार हुआ, चिकित्सक भी आश्चर्यचकित थे, अप्रत्याशित स्वास्थ्य में सुधार होने लगा। कुछ दिन में ही स्वस्थ्य होकर वह मुझसे बोले, 'एक्सटेंशन मिल गया' और तब से आँधी, वर्षा कुछ भी हो, वह प्रतिदिन सायंकाल मेरे पास आते और एक शिक्षक की तरह मेरा गृहकार्य देखते। कथानकों के अप्रत्याशित अवतरण से जहाँ वे अविभूत होते, वहीं उन्हें ईश्वरीय प्रेरणा और अद्भुत अवतरण कहकर, प्रभु को धन्यवाद देते और स्नेह में मेरे सिर और पीठ पर हाथ फेरते। मैं निश्चित रूप से उनका हृदय से कृतज्ञ हूँ कि उन्होंने इस महनीय ग्रंथ को आद्योपांत मेरे मुख से कई बार सुना और आवश्यक मार्गदर्शन भी किया।

मैं अपने परिवार का भी आभारी हूँ, जिन्होंने इस ग्रंथ के प्रणयन में न केवल मुझे प्रोत्साहित किया, अपितु प्रतिदिन घंटों बैठकर इसे सुना, जिससे इसकी गुरुता में निरंतर अभिवृद्धि हुई।

अस्तु इस ग्रंथ में जहाँ ईश्वर अंश अवतार श्री शत्रुघ्न के अकथनीय कर्मयोग का अवतरण है, वहीं श्रीरामचरितमानस एवं वाल्मीकि रामायण के विवादित प्रसंगों की भी सही व्याख्या का अवतरण हुआ है। सनातन संस्कृति की वैदिक अवधारणाओं से लेकर संबंधित उपलब्ध सभी महनीय शास्त्रों का नवनीत इस ग्रंथ में प्रभु की कृपा से समाहित हुआ है। पावन श्रीरामचरितमानस और वाल्मीकि रामायण के संदर्भों और अतर्निहित साक्ष्यों को आधार बनाकर ही इस ग्रंथ की रचना हुई है। अतः मूल तो वही ग्रंथ है, किंतु यह पावन 'श्री शत्रुघ्नचरित' महाकाव्य इन दोनों ग्रंथों का ज्योतिवाह अर्थात् प्रकाश स्तंभ है।

भारतीय अजेय चिंतनधारा को विकृत करने के आशय से की गईं गलत व्याख्याओं को भी यथासंभव सही अर्थों में प्रस्तुत करने का कार्य इस ग्रंथ में हुआ है। सूर्पणखाँ की नाक लक्ष्मण द्वारा काटी गई यह सामान्य रूप से स्वीकार किया जाता है। इस आधार पर लोग आलोचना भी करते हैं, किंतु सत्यता यह है कि सूर्पणखाँ भारत में रावण के सैनिक आधार कैंप नासिक की प्रमुख थी। खर, दूषण और त्रिशिरा उसके अधीनस्थ सैनिक अधिकारी थे। राम और लक्ष्मण से प्रणय निवेदन के पश्चात् सूर्पणखाँ ने अपने आपको अपमानित माना तो वह अपने सैनिक अधिकारी के वेश में आ गई। लक्ष्मण द्वारा उसे बंदी बना लिया गया। जब उसे दंड देने की बारी आई तो राम ने नारी को अवध्य बताते हुए उसे छोड़ने का आदेश दिया। लक्ष्मण ने उसे छोड़ते समय उसके राजसी चिह्न एवं तमगे छीन लिये। किसी भी सैनिक या सैनिक अधिकारी के तमगे और राजसी चिह्न उसकी नाक या सम्मान होते हैं। स्वाभाविक है कि सूर्पणखाँ के तमगे और राजसी चिह्न छिन जाना नाक कटने जैसा अपमान हुआ। इस कहावत का उपयोग साहित्य की हर विधा में हर भाषा में किया जाता है। कालांतर में इसको सीधे नाक काटने के रूप में देखा जाने लगा। इसी प्रकार श्रीरामचरितमानस में तुलसी द्वारा स्पष्ट उद्घोषित किया गया कि सीता माता का अपहरण नहीं हुआ, अपितु राम द्वारा उन्हें अग्नि में प्रवेश करा कर उनकी छाया प्रकट की गई, उसी छाया रूप सीता का अपहरण रावण द्वारा किया गया। इसी साक्ष्य को आधार बनाकर शास्त्रों एवं मेरी अंतश्चेतना ने जो मुझे निर्देशित किया, उसी के अनुसार इस घटना को यथार्थ के धरातल पर उतारने का काम मैंने किया है। वस्तुतः सीता की जुड़वाँ बहन तथा पावक ऋषि की पाल्या वेदवती का अपहरण रावण द्वारा किया गया था, क्योंकि सीता को पावक ऋषि की योजना के अनुसार वेदवती के स्थान पर पावक ऋषि के आश्रम में राम द्वारा छोड़ा गया और वेदवती को अपने साथ सीता के रूप में रखा गया। इस अदला-बदली के कौतुक को लक्ष्मण से भी छुपाकर रखा गया। अंतर्निहित साक्ष्य और अग्नि परीक्षा का उपक्रम इसी का पुष्ट प्रमाण है। सीता की खोज में जिस मार्ग से हनुमान श्रीलंका गए, उसका भी अध्ययन करने पर दिखाई देता कि वह स्थान दो महासागरों की खाड़ियों का मिलन केंद्र

है। परिणामस्वरूप वहाँ पर लहरों का वेग अत्यंत मंद है। साथ ही श्रीलंका तक मैनाक पर्वत की ऊँची-नीची पाषाण श्रृंखला है। इसी पाषाण श्रृंखला के ऊपर बाद में राम द्वारा सेतु का निर्माण किया गया था। इसी मार्ग से संपाती के निर्देश पर हनुमानजी कभी तैर कर, कभी ठहर कर श्रीलंका तक पहुँचे थे। जो असामान्य व्यक्ति के लिए तब भी संभव था, आज भी संभव है। इसी प्रकार पुत्र कामेष्टि यज्ञ में हवि के दो भाग कौसल्या और कैकेयी को दिए जाने का वर्णन अलग-अलग तरीके से विभिन्न ग्रंथों में उपलब्ध है। किंतु सुमित्रा को दो भाग कैसे प्राप्त हुए, इसकी सहज स्वीकार्य कथावस्तु भी इस ग्रंथ में प्रस्तुत है। रामचरितमानस की विवादित चौपाई 'ढोल गँवार शूद्र पशु नारी, सकल ताड़ना के अधिकारी' की तार्किक विवेचन भी इस ग्रंथ में विद्यमान है।

अस्तु विभिन्न शास्त्रों में उपलब्ध अंतर्निहित साक्ष्यों को आधार बनाकर इस ग्रंथ की रचना हुई है। मौलिक चिंतन के आधार पर यह महाकाव्य आत्मा से तुलसीकृत रामचरितमानस एवं वाल्मीकिकृत रामायण में प्रस्तुत साक्ष्यों का तार्किक विवेचन ही है। प्रभु की कृपा से अवतरण से जो भी प्राप्त हुआ, उसे यथाशक्ति कागज पर उतारने का प्रयत्न मैंने किया है। इसमें मेरा कुछ भी नहीं, जो कुछ है, वह सब परमपिता परमात्मा का ही है। कलयुग में लोक कल्याण के उद्‌देश्य से प्रभु निर्देशित अपने धर्म का निर्वहन करने का प्रयत्न मैंने किया है, जिसमें संपूर्ण रूप से उसी परम शक्ति का मार्गदर्शन और आशीर्वाद है।

अस्तु शुभम्।

अकिंचन

—डॉ. रवींद्र शुक्ल 'रवि'

संकल्प,
७०२/१ सिविल लाइंस,
झाँसी (उ.प्र.)
मो. : ९४१५०३०८९५
इ-मेल : kaviravindrashukla@gmail.com

तुलसी पीठ (काँच मंदिर)
चित्रकूट

पूज्य जगद्गुरु रामभद्राचार्य जी

प्रज्ञ आशीष

हिंदी सूर्य–वीथिका, मनोग्य परिमल भरा,
राम रस रंजित कलश यह नव्य है।
छंद, अलंकार, रस रीति का निदर्शन ये,
पावन परम पथ पथिक सुभव्य है।
विवुध गिरा का अति मंजुल सुभाव दान,
भावना विवुध धेनु पावन सुगव्य है।
श्री रवींद्र शुक्ल की प्रशस्त कृतिमय यह,
'शत्रुघ्नचरित' अति दिव्य महाकाव्य है।

सिंहावलोकन कर देखे मैंने सारे सर्ग,
रचना निहार हुआ तोष अति मन में।
भावना के प्रांगण में, नाची भव्य भारतीय,
आरती उतारती सी, साहित्य गगन में।
महाकाव्य परंपरा परम प्राचीर मध्य,
मधुपुज नाचे, भाव भाषा के सुमन में।
श्री रवींद्र शुक्ल का, प्रणीत महाकाव्य यह,
राम रस भरे, भारतीय जन–जन में।

किस भाँति करूँ, अनुसंशन मुदित मन,
कोई मूल्य नहीं है, अमूल्य इस कार्य का।
तुलसी की हुलसी, लसित हुई भक्ति यहाँ,
परम निदर्शन बना है अवदार्य का।
भाव पक्ष कला पक्ष दोनों का समन्वय है,
चित्र है सलोना यह, साहित्य-सौंदर्य का
देख देख नाच रहा, मुदित मयूर मन,
'शत्रुघ्नचरित' यह "रामभद्राचार्य" का।

इति मंगलमासास्ते राघवीयो जगद्‌गुरु रामानंदाचार्य स्वामी रामभद्राचार्यः
श्री रामभद्राचार्य विकलांग विश्वविद्यालयस्य जीवनपर्यंत कुलाधिपतिः।

॥ श्री राम ॥

विजय कौशल

निकुंज वन–पानीघाट,
वृन्दावन (मथुरा)
ज्येष्ठ पूर्णिमा–२०१३

आदरणीय श्री शुक्ल जी
सादर श्री राधे–राधे

आपने श्री रामचरित मानस के सबसे गूढ़–गंभीर पात्र श्री शत्रुघ्न जी पर महाकाव्य लिखकर मानस प्रेमियों पर बड़ा उपकार किया है। रामायण कथा में सभी पात्र कुछ न कुछ अपने मन के भावों को कहीं न कहीं बोले हैं, लेकिन हमारे शत्रुघ्न जी का एक भी शब्द कहीं सुनाई नहीं देता। समर्पण कभी बोला नहीं करता। समर्पण की अपनी कोई इच्छा और शर्त नहीं होती, शत्रुघ्न जी इसी श्रेणी के महापुरुष हैं। अत: वे बोलते भी कैसे? वैसे भी मानस की भाषा में शत्रुघ्न जी अर्थ हैं, लक्ष्मण जी धर्म हैं, श्री भरत जी काम और श्रीराम साक्षात् मोक्ष हैं। अर्थ जब भी बोलता है तब अनर्थ ही करता है। अर्थ मौन भाव से सेवा में लगा रहे तभी अर्थ की शोभा भी है और सार्थकता भी है।

ऐसे महामौनी महात्मा के हृदय में आपने गोता लगाकर उनको शब्द रूप में प्रकट किया है, भाव रूप में प्रकट किया है, यह भगवान श्री राम की ही कुछ न कुछ इच्छा रही होगी, जो आपके द्वारा प्रकट हुई है।

शत्रुघ्नचरित (महाकाव्य) निश्चित ही सभी को मौन सेवा की प्रेरणा प्रदान करेगा, ऐसा मेरा विश्वास है।

आपके परिश्रम, पुरुषार्थ और प्रभु की कृपा को प्रणाम।

पुन: अनेकानेक मांगलिक भावनाओं के साथ।

—विजय कौशल

शुभाशंसा

संस्कृत साहित्य में महाकाव्यों की गणना हमारे देश में पर्याप्त है। उनमें दो महाकाव्य 'रघुवंश' और 'वाल्मीकि रामायण' की महिमा सर्वव्यापी है। महर्षि वाल्मीकि ने ही सर्वप्रथम चरित्र काव्य की रचना का शुभारंभ किया। तभी से चरित्र काव्यों की परंपरा की नींव पड़ी। हिंदी में महाकाव्य की परंपरा नगण्य है। जिस प्रकार राम चंद्रिका के महाकाव्य होने पर विद्वान् एक मत नहीं हैं, उसी प्रकार 'कामायनी' और 'साकेत' को भी महाकाव्य की श्रेणी में रखना विद्वानों में विवादित है। पद्मावत को केवल वृहदाकार के आधार पर महाकाव्य कहना उचित नहीं है। सोलहवीं शताब्दी में गोस्वामी तुलसीदासजी ने 'रामचरितमानस' रचकर देश को आदर्श महाकाव्य प्रदान किया है। इन चार सौ वर्षों के अंतराल में संभवत: महाकाव्य का अभाव ही प्रतीत होता है। यदि है भी तो वह प्रकाश में नहीं है। गोस्वामीजी के चरण चिह्नों पर चलकर मैंने श्रमणा शबरी के राम महाकाव्य की रचना की है।

हमें हर्ष है कि इस महाकाव्य परंपरा को आगे बढ़ाते हुए प्रिय कवि रवींद्र शुक्ल ने शत्रुघ्न महाकाव्य की रचना कर डाली है। प्रिय रवींद्र शुक्ल के बालकवि से लेकर प्रौढ़ कवि की यात्रा में मैंने उनका मार्ग प्रशस्त किया है। मुझे गर्व है कि वह मार्ग अब राज पथ की संज्ञा लेने जा रहा है। सन् २०११ के जून महीने में मैं गंभीर रूप से बीमार पड़ गया था, बचने की आशा नहीं थी, किंतु रवींद्र शुक्ल ने तन, मन, धन द्वारा सहयोग किया, यह मेरी तो खबर लेते ही थे, डॉक्टरों की भी खबर प्रतिदिन लिया करते थे। कहते थे, गुरुजी 'शत्रुघ्न

काव्य' पूरा कराए बिना आप जा नहीं सकते, इनका कथन सत्य हुआ, 'शत्रुघ्न काव्य' के पूरा होने के साथ-साथ मेरा स्वास्थ्य भी पूरा हुआ। यह सब सरस्वती माँ की ही कृपा थी। 'शत्रुघ्न महाकाव्य' को प्रारंभ से लेकर अंत तक मैंने सुना और समझा है। शत्रुघ्न के रूप में एक अद्‌भुत महाकाव्य की संरचना हुई। इस महाकाव्य में महाकाव्य के समस्त लक्षणों के साथ-साथ एक विलक्षण कथानक आ गया। कथा संयोजन इस प्रकार हुआ है कि तारतम्य में कहीं भी शिथिलता दिखाई नहीं देती। सत्य सदैव असत्य से ढका रहता है। कवि उस सत्य को किसी भी कथानक की कल्पना द्वारा अनावृत करने का प्रकृति प्रदत्त अधिकारी होता है। महाकाव्य में जीवंत तथा सृष्टि की अनेक सच्चाईयों की मर्म भेदी अभिव्यक्तियाँ दृष्टिगोचर होती हैं। राम के लघु भ्राता शत्रुघ्न के माध्यम से मानवीय चरित्र के कर्मवाद, जातिवाद एवं विवादास्पद ऊँच-नीच विचारों को काव्यात्मक ढंग से तर्कपूर्ण रूप में प्रस्तुत किया गया है। कवि ने विभिन्न श्रोतों से उपलब्ध प्रसंगों को बड़ी कुशलता से सँजोया है। प्रसाद गुण इस महाकाव्य की विशेषता है। समाज इस विशाल ग्रंथ को आत्मसात् करके अवश्य लाभान्वित होगा। निस्संदेह यह एक कालजयी कृति है। ऐसी कृति ईश्वर की असीम अनुकंपा से ही अवतरित होती है। यह पुनीत कालजयी अवतरण यशस्वी कवि रवींद्र शुक्ल के माध्यम से हुआ है। निश्चित रूप से वह पवित्र आत्मा हैं। प्रिय रवींद्र चिरंजीवी होकर अंतरराष्ट्रीय ख्याति प्राप्त करेंगे, ऐसा मेरा विश्वास है। यही मेरा आशीर्वाद भी है।

इति शुभम्।

—महाकवि अवधेश

४२५, श्रमणा सदन, नई बस्ती, झाँसी

योगेन्द्र शर्मा

‘टेक्सटाइल वर्ल्ड’
सी-१२७, डॉ. राधाकृष्णन कॉलोनी
भीलवाड़ा (राज.)
दूरभाष : ०९८२९०४७६४९

अनुभूति...

पुरावृत्त के वृतांत से प्रकटित चिंतन से इस प्रकार भावों का प्रस्फुटन होना कि ‘शत्रुघ्नचरित’ जैसा महाकाव्य शब्द रूप लेकर अस्तित्व में आ जाए···एक बार सोचकर तो व्यवहारिक नहीं लगता···लेकिन साक्षात् पर अविश्वास करूँ तो कैसे करूँ···नवरस रत्नाकर के स्वरूप में शब्द-रत्न जड़ित ‘शत्रुघ्नचरित’ जैसा विलक्षण महाकाव्य तो मेरे हाथ में है··· ।

दिल्ली से कई बार मेरे अग्रज तुल्य श्री सुरेशजी बिंदल का काव्य-पाठ हेतु आमंत्रण मिलता रहा···लेकिन ६ अगस्त, २०१३ को यह सुयोग बना···केवल दो कवियों को इस कार्यक्रम में कविता-पाठ करना था···मेरे अतिरिक्त झाँसी से श्री रवींद्र शुक्ल काव्य-पाठ हेतु इस कार्यक्रम में आमंत्रित थे···यह मैं इसलिए बता रहा हूँ कि ‘शत्रुघ्नचरित’ के रचयिता से इसी कार्यक्रम में मेरा प्रथम परिचय हुआ···दिन में परिचय की औपचारिकता के पश्चात् शुक्लजी ने मुझे पात्र समझते हुए इस महाकाव्य की भूमिका पढ़ने को कहा···मैंने सहज भाव से पढ़ना आरंभ किया···लेकिन भूमिका पढ़ते-पढ़ते मेरे हृदय में कभी भावनाओं का आवेग दृगबिंदु बनकर मचलने लगता···तो कभी कोई कल्पनागत चित्र उभरने लगता···ग्रंथ की भूमिका अथवा लेखक के प्रति मेरे मन में कोई श्रद्धा भूमिका पढ़ने से पूर्व लेशमात्र भी नहीं थी···लेकिन पढ़ते-पढ़ते मेरा मन ग्रंथ और ग्रंथ के रचनाकार के प्रति एक अमूर्त श्रद्धा से उत्प्लावित हो उठा··· ।

कुछ अंतराल पश्चात् भीलवाड़ा से मैंने फोन पर रवींद्रजी से जिज्ञासावश पूछा कि ‘शत्रुघ्नचरित’ छपकर तैयार हो गया क्या··· ? पता नहीं क्यों उसी

सहजता से रवींद्रजी ने कहा कि नहीं···अभी छपने के लिए देना है···लेकिन तुम यदि छपने से पहले इसे एक बार देख लो तो ठीक रहेगा···मुझे तो उनसे इस वाक्य की अपेक्षा ही नहीं थी···संभवतया उन्होंने भी गंभीरता से नहीं कहा होगा···लेकिन मैंने उसी समय बातचीत के दौरान इस कार्य से झाँसी आकर इस महाकाव्य को पढ़ने का भाव प्रकट कर दिया···।

जिस ग्रंथ की भूमिका पढ़ने मात्र से ग्रंथ को पढ़ने के प्रति मन व्यग्र हो उठे···उस ग्रंथ को पढ़ने का आनंद केवल अलौकिक अनुभूति का विषय ही हो सकता है···उस आनंद का शब्द-चित्रण भाव-प्राकट्य का हेतु कदापि नहीं बन सकता···मैं ग्रंथ में टंकण की त्रुटियों पर ध्यान केंद्रित करने का प्रयास करता···लेकिन अनचाहे ही कभी मैं इस कृति के शब्द-शिल्प में उतर जाता···कभी इसका भाव-पक्ष मेरे नेत्र सजल कर देता तो मुझे अक्षर दृष्टिगत ही नहीं होते···मैं रुककर पुनः सहज अवस्था में आने के बाद उसी प्रसंग को पुनः पढ़ता···अधिक भावुक हो जाता तो रवींद्रजी को फोन करके प्रसंग विशेष की चर्चा करने लगता···मैं पूरी तरह से इस कृति में डूब सा गया···यहाँ तक कि मुझे भूख-प्यास और नींद की भी सुधि न रही···मात्र तीन-चार घंटे सोकर ही मुझे महसूस होता कि जैसे मेरी नींद पूरी हो गई···मैं उठकर पुनः पढ़ने बैठ जाता···।

सोलह-सोलह मात्रा की पंक्तियों में अवतरित संपूर्ण महाकाव्य मनहरण और मदनहरण घनाक्षरी छंदों के मंगलाचरण से सुशोभित हैं···जिज्ञासाजन्य कई प्रश्न यथा, भगवान भारत भूमि पर ही आखिर क्यों अवतरित होते हैं··· ? भारतीय भू-भाग की विशेषताएँ क्या हैं··· ? ये सुमंत कौन थे जो रघुवंश और अवध के लिए इतने महत्त्वपूर्ण थे··· ? कैकेयी को किस प्रकार जग-कल्याण के लिए दशरथ से दो वर माँगने पड़े··· ? क्या वास्तव में 'माँ' त्याग और समर्पण का इतना बड़ा उदाहरण प्रस्तुत कर सकती है कि उसने सदा-सर्वदा के लिए 'कुमाता' होना स्वीकार कर लिया··· ? आखिर राम-लक्ष्मण जब चौदह वर्ष तक वनवास में रहे और भरत नंदीग्राम में संन्यासी होकर प्रतिज्ञाबद्ध थे···तो फिर राम-राज्य की स्थापना कैसे हुई··· ? ऐसे अनेकानेक प्रश्न मन को शांत करते हुए भरपूर कौशल के साथ काव्यांशों में उद्घाटित हुए हैं···।

तुलसी के शत्रुघ्न 'रामचरितमानस' में कहीं भी मुखर नहीं हुए···इस

महाकाव्य में वही शत्रुघ्न कवि की कल्पना–शक्ति और तथ्य विवेचना पर सवार होकर इतने मुखर हुए कि उनका राज–कौशल…युद्ध–कौशल…नीति–कौशल और बहुमुखी प्रतिभायुक्त दृढ़ प्रतिज्ञशील व्यक्तित्व आदर्श बनकर उभर गया…ऐतिहासिक महत्त्व के संदर्भ स्वयमेव व्याख्यायित होकर अधिक सुस्पष्ट हो गए…इक्कीस सर्ग में समाहित यह महाकाव्य महज एक कवि की कल्पनाकृति हो…ऐसा नहीं है…इसे इतिहासकार पढ़ें या साहित्यकार…हिंदी के आलोचक पढ़ें या समीक्षक…सभी को यह ग्रंथ अपने महत्त्व का प्रतीत होगा…।

वस्तुतः 'अक्षर' शब्द से आरंभ होकर रचित 'शत्रुघ्नचरित' अक्षर की ऐसी काल–कला का परिचायक सिद्ध होगा…कि यदि भावी पीढ़ियों ने इस अक्षर को मन से छू लेने का मन बनाया तो उन्हें सदैव क्षितिज ही दृष्टिगत होता रहेगा…बुद्धिजीवी व्याख्याकार इस क्षीर सागर की गहराई में उतरने लगे तो शायद उन्हें कभी धरातल ही न मिले…।

ऐसे विलक्षण पावन ग्रंथ के लिए मैं क्या लिख सकता हूँ…मुद्रण से पूर्व दो मर्तबा इसे पढ़ने का सौभाग्य मुझे प्राप्त हुआ…मुझमें तो साहित्य अथवा काव्य की दृष्टि से इतना मानवीय स्वभावगत छिछलापन है कि इसी उपलब्धि मात्र पर मैं दर्प के अधीन हो गया हूँ…जिसके वशीभूत अपनी अनुभूति को शब्द–स्वरूप प्रदान करने का मुखर–कर्म इतने महान् ग्रंथ के लिए मुझ जैसे अल्पज्ञ विद्यार्थी ने विवशतावश किया है…।

"विप्र, संत, ब्राह्मण, कवि पुंगव, रंच कृपा की वर्षा कर दें।
काव्य यज्ञ में पूर्णाहुति दे, निज कर 'रवि' के सिर पर धर दें॥
तभी फलित होगा श्रम कवि का, महाकाव्य गरिमा पाएगा।
पारायण होगा तब घर–घर, आदर्शों का युग आएगा॥"

'शत्रुघ्नचरित' को संपूर्णता प्रदान करने वाली उक्त चारों अंतिम पंक्तियों को मेरा अंतर्मन अपनी अनुभूतित क्षमता से साकार होते हुए देख रहा है…।

भवतु शुभम्…।

—योगेन्द्र शर्मा

प्ररोचना

वाल्मीकिर्मुनिपुङ्गवश्च तुलसीदासादयश्श्रद्धया,
श्रीमद्रामचरित्रवर्णनिधयो भूत्वा प्रसिद्धिङ्गताः।
लोकेऽस्मिन् बहवश्च राष्ट्रकवयो जाताः यशोभूषिताः,
शत्रुघ्नस्य चरित्रकीर्तनमतिः शुक्लो रवीन्द्रः कविः॥

काव्येऽस्मिन् रिपुसूदनस्य विशदं राज्यव्यवस्थाश्रयम्
सिद्धान्तं जनतन्त्रभावभरितं लोकानुगं चर्चितम्।
संसारे रचनाप्रवृत्तिनिपुणाश्श्रेयोवहाः राष्ट्रियाः,
सञ्जातास्तु यथा तथास्तु सुकविश्शुक्लो रवीन्द्रो 'रविः'॥

रामे रामानुजे चास्मिन् शत्रुघ्नेऽमितविक्रमे।
श्रद्धावान् शुक्लसम्भूतिः रवीन्द्रो वंशकीर्तिदः॥

कर्मसङ्कल्पिनं नित्यं वीरं संगुप्तकीर्तिकम्।
धीरं शत्रुघ्नमादाय महाकाव्यकृती 'रविः'॥

एवं राज्यगुणोपेतं शत्रुघ्नं जनताप्रियम्।
महाकाव्ये समाराध्य लब्धख्यातिस्सुधीः कविः॥

प्रो. बलबहादुर त्रिपाठी
निदेशक, संस्कृत शोधपीठ,
बुंदेलखंड विश्वविद्यालय, झाँसी (उ.प्र.)

अनुक्रमणिका

सर्ग-८

और शरण प्राप्ति लंका का राज्य सौंपना

सर्ग–२०

सर्ग-एक

मंगलाचरण

अक्षर शब्द समूह निरंतर, जिनके संकेतों पर नाचें।
अलंकार 'रस' छंद आदि सब, जिसकी अभिलाषा को बाँचें॥

अज्ञानी पर यदि प्रसन्न हों, ज्ञान राशि चलकर आ जाए।
श्रद्धा से वंदन करके नर, सकल मनीषा को पा जाए॥

खुल जाते हैं चक्षु हृदय के, सिद्ध साधना हो जाती है।
कविर्मनीषी परिभु स्वयंभू, तब ही वेद ऋचा गाती है॥

अतुलनीय ममता की सागर, माँ वाणी तेरा वंदन है।
प्रथम पूज्य गणपति को कहते, किंतु प्रथम तव अभिनंदन है॥

वंदउँ गणपति सिद्धि विनायक, ज्ञान गगन के निर्माता हो।
विघ्न हरण मंगलकारी प्रभु, सभी सुखों के उद्‌गाता हो॥

सर्वप्रथम वंदन अधिकारी, गणपति तेरा पद वंदन है।
माँ वाणी के बाद उमासुत, कोटि-कोटि तव अभिनंदन है॥

हो तुम प्रथम पूज्य देवों में, रिद्धि-सिद्धि के भी स्वामी हो।
पार्वती नंदन सुत शिव के, मातु-पिता के अनुगामी हो।

किंतु ज्ञान है केवल कुंजर, वीणा वादिनि चतुर महावत।
लेकर कर विवेक का अंकुश, वही चलाती यही कहावत॥

बिना शील गुण बिनु विवेक के, ज्ञान दशानन बन जाता है।
प्रखर प्रवर ज्ञानी होकर भी, पावन दृष्टि नहीं पाता है॥

शील, विवेक सहित वाणी माँ, मन मस्तिष्क नियंत्रित करती।
नित्य ज्ञान की मर्यादा में, सदाचार का संपुट भरती॥

इसीलिए वीणा वादिनि के, सहित गजानन का वंदन है।
ज्ञान, शील, शुचिता, विवेक का, सत्य सनातन अभिनंदन है॥

वंदन! सृष्टि सृजन की कारक, पालन संतति का करती है।
क्लेश हारिणी, भ्रम निवारिणी, माँ! शिव भामिनि तम हरती है॥

माँ तू तो बस ममता पूरित, अगणित हैं अवदान तुम्हारे।
तेरी ममता के समक्ष माँ, विधि के सभी उपक्रम हारे॥

महाकाव्य परिपूर्ण हो सके, ऐसा कुछ अब यत्न करो माँ।
रामकथा में शेष कथानक, शिव से अब प्रतिप्रश्न करो माँ॥

सीधे प्रश्न नहीं कर सकता, पिता–पुत्र की मर्यादा है।
माँ पूछो तुम अर्धांगिनि हो, लिख लूँगा मेरा वादा है॥

वत्सलता की साध लिए मैं, शिव का शुभ अर्चन करता हूँ।
जनहित जिसने गरल पिया है, भावांजलि अर्पण करता हूँ॥

करता हूँ प्रणाम रघुकुल को, जिसमें ईश्वर स्वयं पधारे।
संरक्षण कर संत जनों का, प्रभु ने सभी असुर संहारे॥

मर्यादा में रहकर प्रभु ने, मानवता को राह दिखाई।
जननी जन्मभूमि के हित ही, नहीं स्वर्ण लंका भी भाई॥

दशरथ सहित रानियों का मैं, धन्य-धन्य कह वंदन करता।
राम, लखन, शत्रुहन, भरत का, हाथ जोड़ अभिनंदन करता॥

जिनके चरणों की रज लेकर, धन्य जगत् सारा हो जाता।
जनक नंदिनी और जनक को, 'रवि' कृतज्ञ हो शीश नवाता॥

जामवंत, नल, नील, विभीषण और राम प्रिय पूज्य कपीश्वर।
बंधु सदृश सुग्रीव, जटायू, नमन उन्हें जो प्रिय जगदीश्वर॥

प्रिय सुमंत, केवट निषाद को, नमन समर्पित करता हूँ मैं।
अवधपुरी से श्रीलंका की, पथ रज मस्तक धरता हूँ मैं॥

गुरु वसिष्ठ, गाधिज महर्षि को, श्रद्धा सहित नमन करता हूँ।
शबरी का अनुराग समेटे, शेष कथा में रँग भरता हूँ॥

प्रणवउँ परशुराम पद पंकज, ब्रह्मतेज के जो अधिकारी।
कोटि-कोटि पथ-भ्रष्ट नृपों पर, जिनका परशु रहा है भारी॥

तैंतीस कोटि देव अपने कर, करके कृपा शीश पर धर दें।
भुवन भास्कर अपनी आभा, से 'रवि' को अभिभूषित कर दें॥

संतों को साष्टांग नमन कर, सब तीर्थों का अभिवंदन है।
कवि, साहित्य मनीषी सबकी, पदरज मेरे हित चंदन है॥

नमन सभी कुल गुर पद पंकज, जिनका रक्त बह रहा तन में।
भारद्वाज गोत्र अति पावन, सुकुल धारणा मेरे मन में॥

धर्म प्रवर मम पिता सुपावन, को साष्टांग नमन करता हूँ।
उनके उर की निर्मलता को, श्रद्धा सहित हृदय धरता हूँ॥

साधु पिता का शत-शत वंदन, उऋण न उनसे हो पाऊँगा।
पदरज शीश चढ़ाकर उनकी, निशिदिन शुचि स्तुति गाऊँगा॥

करता हूँ वंदन जननी का, जिनके कारण जग में आया।
जिनके आँचल का पय पीकर, संकल्पित तन-मन हो पाया॥

इन सबकी ही कृपा वृष्टि से, अतुलित कर्म कर सकूँगा मैं।
पूर्ण रूप अनकही कथा में, सत्य विमर्श भर सकूँगा मैं॥

वरद कृपा के द्वारा ही मैं, जग में अभिनव कर पाऊँगा।
इस अनुपम कृति के माध्यम से, चरित अनकहा कह जाऊँगा॥

रोम-रोम इस तन का जिनकी, अभ्यर्चना सतत करता है।
जिनका चिंतन सकल सृष्टि का, पलभर में ही तम हरता है॥

जिनके पुण्य मनोरथ से ही, राम पूज्य घर-घर हो पाए।
जिनकी अमर लेखनी के भी, गीत सदा हर युग ने गाए॥

रामायण देकर भारत की, पुण्य धरा चंदन कर दी है।
सुप्त चेतना, कुंठित जग में, कूट-कूट आशा भर दी है॥

वालमीकि तुलसी कवि पुगव, 'रवि' का कोटि-कोटि वंदन है।
उनकी पावन पदरज 'रवि' के, मस्तक का शोभित चंदन है॥

उनके स्वर्णिम संकेतों को, अब आधार बनाता हूँ मैं।
मातु सुमित्रा पुत्र शत्रुहन, की यश गाथा गाता हूँ मैं॥

श्रद्धा से करता पद वंदन, सुर गुर प्रभु, 'रवि' को अपनाओ।
आतुर, पुण्य लेखनी से अब, चरित शत्रुहन का लिखवाओ॥

★★★

एक बार कैलास शिखर पर, बैठे शंकर और भवानी।
शिव अंबा को सुना रहे थे, अवध राम की अगम कहानी॥

शिव शंकर के मुखमंडल पर, दीप्ति दिवाकर की आभा थी।
माता पार्वती के मुख पर, जिज्ञासा की प्रगट प्रभा थी॥

भक्ति युक्त उद्‌गार हृदय के, टपक रहे शिव की वाणी में।
तपती तेज दुपहरी में तरु, भरे तोष ज्यों हर प्राणी में॥

वैसे ही अभिप्रेत सुधा से, अभिसिंचित करते अंबा को।
आराधना करें शिव जिनकी, कथा सुनाते जगदंबा को॥

राम रसायन पीकर अंबा, अपना जीवन धन्य मानती।
पूर्वजन्म की संस्मृतियाँ भी, अपना विशद वितान तानतीं॥

त्रेता युग में माया के वश, मोहपाश में बँधी भवानी।
हर प्रकार समझाया शिव ने, किंतु उमा ने एक न मानी॥

बार-बार शंकर ने उनको, पूर्ण ब्रह्म हैं राम कहा था।
जिनकी भक्ति स्वयं करते वे, कौसलेश श्रीराम कहा था॥

कहा शंभु ने सती सुनो तुम, नहीं राम साधारण मानव।
अवतारी हैं राम विष्णु के, नष्ट करेंगे सारे दानव॥

ज्ञानी, ध्यानी, मुनि, योगी सब, जिनको विमल चित्त से ध्याते।
वेद-पुराण-उपनिषद जिनकी, नेति-नेति कह श्रुति विद् गाते॥

व्यापक सर्व अनादि अनंता, कह ऋषि जिनका यश गाते हैं।
ये त्रिभुवन पति पूर्ण ब्रह्म हैं, जड़ चेतन में रम जाते हैं॥

त्रिभुवन पति ही राम अवधपति, सत्य यही इसको स्वीकारो।
ये ही हैं आराध्य हमारे, प्रिय विश्वास हृदय में धारो॥

है अज्ञान तिमिर की छाया, यत्नपूर्वक इसे हटाओ।
अंत:चक्षु खोलकर देखो, परमब्रह्म को तुम भी पाओ॥

यद्यपि यह हैं राम अवधपति, किंतु अवधिपति इनको जानो।
दुष्ट दलन करने हित प्रगटे, हैं यह विष्णु इन्हें पहचानो॥

किंतु भ्रमित उस समय उमा ने, अखिलेश्वर को समझ न पाया।
यदि विपरीत समय हो तो फिर, बुद्धि स्वयं हर लेती माया॥

यही घटित उस समय हुआ था, मैंने की थी तब मनमानी।
सीता का शुचिवेश बनाकर, राम परीक्षा की थी ठानी॥

अंतर्यामी राम सहज ही, मम कृत छल को थे पहचाने।
करि प्रणाम पूछी कुसलाई, कौतुक कीन्ह, राम सब जाने॥

चहुँदिशि शिव विधि विष्णु अनगिनत, देखि मनहिं मन मैं अकुलानी।
पश्चाताप हुआ तब भारी, मैंने पति की बात न मानी॥

सत्य जान विचलित त्रिपुरारी, संतापित, संकल्पित मन से।
रूप सिया का लिया इसी से, परित्याग करता हूँ तन से॥

बिना बुलाए गई पिता घर, अपमानित हो जली क्रोध में।
दुखी हृदय वृषकेतु त्याग से, मृत्यु वरण अपराध बोध में॥

पूर्वजन्म की संस्मृतियों से, उमा हृदय में विचलित होतीं।
किंतु राम की कथा श्रवण से, पूर्वजन्म के कल्मष धोतीं॥

रामकथा के आदि अंत का, शिव शंकर ने किया विवेचन।
हेतु राम अवतार सहित तब, हर रहस्य का किया विमोचन॥

वेद, पुराण, उपनिषद् सम्मत, कथा विशद सब सुनी भवानी।
ज्ञान भक्ति पथ की मीमांसा, शिव ने कही कहें ज़ो ज्ञानी॥

शास्त्रों में वर्णित तत्त्वों का, मानव से गहरा नाता है।
सदाचार को करें आचरित, युग उनकी महिमा गाता है॥

वंदित होते हैं हर युग में, अमर स्वत्व को पा जाते हैं।
नैतिकता की पावन गंगा, जो श्रम से भू पर लाते हैं॥

मैंने रामचरित गुरु गरिमा, साक्ष्य सहित तुमको समझाई।
कलियुग में यह ही उद्धारक, वालमीकि, तुलसी ने गाई॥

नवरस सम्मुख नाच रहे थे, अवगाहन करते कैलासी।
कथा श्रवण कर कोटि स्वर्ग का, पुण्य कमाते हिमगिरि वासी॥

शिव से कथा सुनी जब शिवि ने, प्रश्न अनेक हृदय उमगाए।
रामकथा के शेष कथानक, शिव से पूछूँ भाव समाए॥

नारद से सत्संग हुआ था, उर में चित्रपटल सा छाया।
मनु शतरूपा का प्रसंग अब, शिव से सुनूँ यही मन भाया॥

हे! क्षेमंकर मुझे सुनाओ, पूर्ण ब्रह्म की प्रकट कहानी।
कैसे पुत्ररूप में पाया, कहो पुनश्च कथा नृप-रानी॥

गौरी की जिज्ञासा को सुन, शिव ने सब वृत्तांत बखाना।
स्वांभव मनु, शतरूपा का तप, धन्य-धन्य कहकर सम्माना॥

द्वादस अक्षर मंत्र जापकर, कठिन तपस्या का व्रत धारा।
उनके संकल्पों के आगे, कृपा सिंधु परमेश्वर हारा॥

मात्र वायु का सेवन करके, एक पैर पर वर्षों बीते।
ढाँचा मात्र शेष वे दोनों, अस्थिकलश भी पूरे रीते॥

देवगणों ने भाँति-भाँति से, पथ से विचलित करना चाहा।
राजा-रानी के तप-बल में, असफलता को भरना चाहा॥

किंतु तपस्वी मनु शतरूपा, को किंचित् वे डिगा न पाए।
तब कर कृपा वृष्टि दोनों पर, प्रेम सहित प्रभु उर लिपटाए॥

प्रभु संस्पर्श प्राप्त कर क्षण में, दोनों यौवन के स्वामी थे।
संसृति में अनगिन साधक सब, इन दोनों के अनुगामी थे॥

मनोहारिणी रूप अलौकिक, मुग्धा हो छवि प्रभु की देखे।
मानो पुनः समाधि लगी हो, सुध-बुध खोई उर छवि लेखे॥

दोनों की गति जान प्रभू ने, गुरु गंभीर गिरा उच्चारी।
माँगो वर जो माँग सको तुम, सफल साधना हुई तुम्हारी॥

उभय तपी विह्वल हो बोले, 'आप सदृश सुत हमें चाहिए।'
'एवमस्तु' कह बोले, 'तब प्रभु, मुझ जैसा क्यों? मुझे पाइए॥'

कछुक काल तक स्वर्ग भोगकर, अवधराज महिपाल बनोगे।
पुत्र कामना को लेकर तुम, यज्ञ 'पुत्र कामेष्टि' करोगे॥

तब निज अंश चार से संयुत, पुत्र रूप में मैं आऊँगा।
पुरुषोचित मर्यादा में रह, सतयुग धरती पर लाऊँगा॥

कहा शंभु ने सुनो ध्यान से, बस यह तो संयोग मात्र है।
मनु के तप से हो प्रसन्न विभु, लेंगे भू पर मनुज गात्र है॥

विविध रूप अवतरण ब्रह्म का, हर युग में होता आया है।
मानवता के लिए ब्रह्म को, अवतारी होना भाया है॥

जब-जब क्षरण धर्म का होता, धरती पर अनीति पलती है।
असुर शक्ति जब एकनिष्ठ हो, देवों की संस्कृति दलती है॥

तब जनगण का हित करने को, स्वयं विधाता आता जग में।
दुष्टों का कर पूर्ण समापन, धर्म ध्वजा लहराता जग में॥

वे सब कारण एक साथ ही, पृथवी पर उत्पन्न हुए हैं।
ब्रह्म अवतरण के कारक सब, एक साथ संपन्न हुए हैं॥

दैत्यों का आतंक धरा पर, निर्दोषों का रक्त बह रहा।
सारे राक्षस हैं अनीतिरत, धर्म नित्य अपमान सह रहा॥

रावण, कुंभकर्ण, खरदूषण, दैत्य अनेकों हैं पृथवी पर।
है आतंक सब जगह उनका, अति भयभीत हुए नर वानर॥

निर्दोषों का रक्त बहाकर, अट्टहास करके इठलाते।
लाशों के वे बना हिमालय, नाच नाचकर मोद मनाते॥

त्राहि-त्राहि करती वसुधा है, सुर नर मुनि सब काँप रहे हैं।
कौन हरेगा पीड़ा उनकी, चुप रहकर सब भाँप रहे हैं॥

यज्ञ आदि सब ध्वस्त हुए हैं, भोगवाद ने डाला डेरा।
नैतिकता के आँगन में है, अब अनीति का घना अँधेरा॥

सबल हुई हैं असुर शक्तियाँ, अन्य सभी दुर्बल दिखते हैं।
चारण, भाट और योजित कवि, उनकी ही प्रशस्ति लिखते हैं॥

धूल धूसरित धर्म हुआ है, है अधर्म की काली छाया।
इसीलिए नर रूप धरेंगे, यह विचार प्रभु के मन भाया॥

जिसके लिए स्वयं पृथवी ने, प्रभु से विनत प्रार्थना की थी।
निश्चित आऊँगा मैं भू पर, प्रभु ने यही सांत्वना दी थी॥

आज यही समुपस्थित कारण, फलीभूत होने को आतुर।
अनाचार अन्याय गहनतम, कण-कण भू का हुआ भयातुर॥

वर दे इसी निमित्त ब्रह्म ने, दशरथ का अब गेह चुना है।
अपना प्रण पूरा करने हित, ताना-बाना स्वयं बुना है॥

अत्याचार अनैतिकता का, होगा अब संहार धरा पर।
शुभ संस्कारों की देवी का, होगा अब श्रृंगार धरा पर॥

ऐसा जब मंतव्य ब्रह्म का, सम्मुख सबके हुआ उजागर।
देव, यक्ष, गंधर्व धरा उर, उमड़ा तब अगाध सुख सागर॥

धर्म स्वयं, धर धीर हृदय में, करने लगा प्रतीक्षा तबकी।
लेकर विभु अवतार धरा पर, स्वयं हरेंगे पीड़ा सबकी॥

पूछाँ पार्वती ने शिव से, कारण प्रभु आगमन बताया।
किंतु एक है प्रश्न हृदय में, प्रभु को भारत ही क्यों भाया?

क्यों कर चुनी भूमि भारत की, ब्रह्म अनामय अज भगवंता?
उसकी रचना सकल विश्व है, करें प्रमाणित ऋषि-मुनि संता॥

फिर क्यों केवल भरत भूमि पर, पुनि-पुनि स्वयं विधाता आया?
संस्थापना धर्म की करने, प्रभु को भारत ही क्यों भाया?

अर्थपूर्ण है प्रश्न उमा का, जान उमापति मन मुसकाए।
भारत की गौरव गाथा तब, सावधान हो विशद बताए॥

अर्धांगिनि! यह कर्म भूमि है, चारों लोकों में है न्यारी।
संस्थिति इसकी भूमंडल में, अद्‌भुत है अनुपम सुखकारी॥

जिसके कारण भरत खंड में, अनुपम ऊर्जा निस्सृत होती।
जिसकी आभा से आलोकित, सकल मनुजता उपकृत होती॥

अनुसंधान खगोल शास्त्र के, इसी धरा से पूर्ण हुए हैं।
और ज्ञान-विज्ञान सभी ने, नित नूतन उत्कर्ष छुए हैं॥

इसकी भौगोलिक संरचना, है उत्कृष्ट सभी देशों में।
नव विज्ञान घोषणा करता, पावन ऊर्जा परिवेशों में॥

सूर्य, चंद्र, नक्षत्र सभी का, आपस में अद्‌भुत नाता है।
अन्योन्याश्रित संबंधों के, ज्योतिष शास्त्र गीत गाता है॥

जितने हैं नक्षत्र गगन में, सभी परस्पर प्रतिपालक हैं।
इस गुणता के कारण ही ये, सकल सृष्टि के संचालक हैं॥

धरती की इन नक्षत्रों में, गुण संरचना सबसे न्यारी।
उसमें भी इस पुण्यभूमि की, रचना अनुपम प्रभु को प्यारी॥

उत्तर दिशा हिमालय जिसके, शीश मुकुट सा शोभित होता।
दक्षिण दिशा विशाल सिंधु भी, जिसके शुचि चरणों को धोता॥

पूरब-पश्चिम सबल भुजाएँ, संरक्षण करतीं जनगण का।
और अनूठी प्रकृति यहाँ की, पूजन करती हैं तृण-तृण का॥

गंगा, जमुना, सतलुज, रावी, ब्रह्मपुत्र, चंबल, कावेरी।
सरिताओं को देख भास यों, मानो ब्रह्म उँगलियाँ फेरीं॥

उत्तर-दक्षिण, पूरब-पश्चिम, अगणित उन्नत गिरि मालाएँ।
पग-पग भू की प्यास बुझातीं, इठलाती सरिता बालाएँ॥

झरने झर-झर झरते हर पल, जीवन का संगीत सुनाते।
गिर-गिर हँसना, हँसकर बढ़ना, उपयोगी सिद्धांत बताते॥

योजन फैले मनहर वन भी, करते हैं शृंगार धरा का।
देकर वे उपहार अनेकों, भर देते आगार धरा का॥

प्राणवायु देकर वर तरुवर, जीवन को जीवन देते हैं।
प्रचुर फूल, फल, भेषज अगणित, जन-गण को यह वन देते हैं॥

आदिकाल से यह वन उपवन, जनगण मन के दुखहर्ता हैं।
और सृष्टि के लिए तभी से, सतत सनातन सुखकर्ता हैं॥

किंतु आज दानव अज्ञानी, वन के उपकारों को भूला।
करके नष्ट इन्हीं को अब वह, बना रहा फाँसी का झूला॥

खनिज संपदा भी इस भू पर, है अमूल्य शत कोटि अपरिमित।
अगणित रत्न समाए उर में, जिन्हें नहीं कर सकते सीमित॥

धानी चादर ओढ़ सदा ही, नाचे प्रकृति यहाँ खेतों में।
कृषक मिटाता भूख सभी की, वैभव उसके संकेतों में॥

अद्‌भुत साम्य यहाँ मौसम का, नहीं मिलेगा अन्य देश में।
युग-युग से ही सकल विश्व को, रहा लुभाता विविध वेश में॥

षटऋतुओं की अतुल रम्यता, भला कहाँ मिलती दुनिया में।
प्रकृति वधू शृंगार बनाकर और कहाँ खिलती दुनिया में॥

वर्षा ऋतु, हेमंत, शरद अरु, शिशिर, बसंत, ग्रीष्म, ऋतु न्यारी।
इन सबकी रमणीक छटा पर, सकल विश्व की छवि बलिहारी॥

होता पतझड़ कभी यहाँ पर, कभी नए पल्लव हर्षाते।
हर मौसम में प्रमुदित होकर, अगणित पुष्प यहाँ खिल जाते॥

पुष्प सजी लतिका का नर्तन, हुलसित मन को कर देता है।
संतापों से तप्त हृदय में, नवल चेतना भर देता है॥

ऐसी अद्‌भुत छटा प्रकृति की, कल्मष मन का हर लेती है।
और मनुजता को जीवन का, नित नूतन दर्शन देती है॥

पवन सुगंधित तन सहलाएँ, हर झोंके लोरी गाते हैं।
भरतभूमि के दर्शन करने, शशि-दिनकर नित प्रति आते हैं॥

भाँति-भाँति के वृक्ष अनेकों, मधुर स्वादमय फल देते हैं।
छाया देकर हर राही की, तपन सहज ही हर लेते हैं॥

सुंदर-सुंदर मोर यहाँ पर, प्रिया हेतु नर्तन करते हैं।
वन-उपवन में अद्‌भुत छवि से, तन-मन में विनोद भरते हैं॥

कोटि-कोटि सुंदरतम पक्षी, यहाँ विटप आश्रय देते हैं।
शाम-सवेरे कलरव उनके, हर विषाद को हर लेते हैं॥

कोयल गाती मधुर कंठ से, चंचलता आकर्षित करती।
प्रणय क्रियाएँ गौरैया की, घर-घर में प्रमोद नित भरती॥

तोता पढ़ता राम-राम है, मैना मीठे बोल सुनाती।
चकवा अपनी विरह व्यथा कह, पूरी रात पढ़ाता पाती॥

और पपीहा प्यासा रहकर, पिहू-पिहू निशिदिन रटता है।
चाहे जितना भी प्यासा हो, भू-जल ग्रहण नहीं करता है॥

भरे चौकड़ी मृग, मृग शावक, पग-पग पर मग में मिलते हैं।
जिन्हें देखकर मानव मन में, शत-शत कोटि सुमन खिलते हैं॥

वन का राजा सिंह दहाड़े, चीता नव चैतन्य जगाए।
गज समूह जब चले मस्त हो, कविता को उपमा मिल जाए॥

अगणित प्राणी यहाँ विचरते, गणना व्याख्या बहुत कठिन है।
हिंसक और अहिंसक दोनों का संघर्ष यहाँ हर दिन है॥

जीवन के हित सदा समर की, इनकी शाश्वत परंपरा है।
'जीवहि जीव अधार' कथन का, पालन करती वसुंधरा है॥

मानव जीवन के जैसा ही, सभी प्राणियों का जीवन है।
रहते सदा समूह बनाकर, इनमें भी संवेदी मन है॥

काम, क्रोध, मद, लोभ, मोह सब, इनमें सहज दिखाई देते।
रुदन, हास, परिहास आदि स्वर, भी तो सहज सुनाई देते॥

किंतु ज्ञान का तत्त्व नहीं है, जिससे यह हैं स्वेच्छाचारी।
केवल ज्ञान-विवेक सहारे, मानव सकल सृष्टि पर भारी॥

किंतु विश्व से अलग यहाँ पर, प्राणि मात्र से शुचि नाता है।
पावनतम इस भरत खंड में, इनको भी पूजा जाता है॥

जितने प्राणी इस धरती पर, जलचर, थलचर या नभचर हैं।
अंश सभी परमात्म तत्त्व के, यहाँ इष्ट के वे सहचर हैं॥

अद्‌भुत दर्शन आर्य भूमि का, सकल विश्व में, नहीं कहीं पर।
'सिया राममय सब जग जानी', का पावन उद्‌घोष यहीं पर॥

'यत् पिंडे तत् ब्रह्माण्डे' के, मंत्र यहाँ ऋषियों ने गाए।
सकल विश्व परिवार हमारा, धरा गगन में स्वर गुँजाए॥

जो भी रचना अखिल विश्व में, सकल ब्रह्म का ही स्वरूप है।
वही नियंता पूर्ण सृष्टि का, कण-कण, तृण-तृण ब्रह्म रूप है॥

एक ब्रह्म है एक नियंता, पंडित इसे विविध विधि गाते।
'ईशावास्यमिदं सर्वम्' की, ऋषिवाणी घर-घर दोहराते॥

परहित सरिस धर्म नहि भाई, शास्त्र सर्वदा से गाते हैं।
परपीड़ा सम नहिं अधमाई, सकल विश्व को समझाते हैं॥

इसीलिए परमार्थ भाव ही, शुभे यहाँ अभिनंदित होता।
हुआ समष्टिरूप जो कोई, वही यहाँ पर वंदित होता॥

सर्व विश्व कल्याण भावना, भारत की पहचान रही है।
'कृण्वन्तो विश्वम् आर्यम्' की, वाणी गंगा यहीं बही है॥

सभी सुखी हों सभी निरोगी, इस धरती ने हरदम गाया।
'त्यागपूर्वक भोग' नीति का, पुण्य मंत्र जन-जन को भाया॥

अतिथि आ गया यदि द्वारे पर, देव समझकर उसको पूजा।
ढेला समझ सदा ठुकराया, द्रव्य अगर मिल जाए दूजा॥

चार वेद आश्रम भी इतने, और चार पुरुषार्थ यहाँ पर।
चार वर्ण की अतुल व्यवस्था, कर्माधारित मान्य जहाँ पर॥

कर्मों से ही वर्ण बने हैं, कर्मों से ही मानव दानव।
स्वयं कर्म ही धर्म यहाँ पर, 'भा' से ही आभासित मानव॥

युग-युग से भारत का वासी, लक्ष्य साधना में ही रत है।
सतत सत्य के अनुशीलन का, नाम दूसरा शुचि भारत है॥

स्वयं देव भी इस धरती पर, जन्म हेतु तरसा करते हैं।
परम ब्रह्म भी भरत भूमि पर, शुचिता की वर्षा करते हैं॥

देवि! स्वयं मेरा जीवन भी, इसी धरा का महाभाग है।
ये नगपति भी इसी भूमि का, युग-युग से पावन सुहाग है॥

तपोभूमि यह पुण्य हिमालय, ही अपना आश्रयदाता है।
यही मुकुट है भरत भूमि का, सदियों से सबको भाता है॥

एक अटूट और है बंधन, मेरा इस पावन वसुधा से।
निश्चित तृप्त हो सकोगी तुम, सुरसरिता की कथा सुधा से॥

शिवे! भगीरथ के तपबल से, मैंने सुरसरि को धारा है।
जिसके पावनतम प्रवाह से, पुण्य हुआ भारत सारा है॥

ब्रह्म कमंडल से जब निकली, मैंने स्वयं दिया था काँधा।
अनियंत्रित मदमाती को तब, जटिल जटाओं में था बाँधा॥

शापित सगर सुतों का जिसने, पलभर में उद्धार किया था।
भागीरथ की कठिन तपस्या, का मैंने उपहार दिया था॥

उमा! विश्व सब भोगभूमि है, कर्मभूमि भारत है केवल।
देवभूमि है, पुण्यभूमि है, इसमें सदा समाहित तप-बल॥

इन्ही महत्ताओं के कारण, यह भू पुण्यभूमि कहलाती।
अर्पण, तर्पण के भावों से, यह धरती विशिष्ट बन जाती॥

भारत का वैशिष्ट्य यही तो, इसको पावन राष्ट्र बनाता।
यही राष्ट्र है भू-मंडल में, मानव मूल्यों का उद्‌गाता॥

इस कारण इस पुण्यभूमि पर, स्वयं ब्रह्म भी आना चाहे।
लेकर मनुज रूप भारत में, अपना वचन निभाना चाहे॥

जड़ चेतन में ब्रह्म तत्त्व के, दर्शन इसी धरा ने पाए।
इसीलिए हर बार ब्रह्म भी, पावन भरत भूमि पर आए॥

दया, क्षमा, करुणा, ममता का, आभूषण जन-जन ने पहना।
मैं सबमें हूँ सब मुझमें हैं, सर्वभूत हित में रत रहना॥

असत् दूर कर, सत अपनाएँ, शुचि उपयोग सदा इस तन का।
ऊर्ध्वारोहण ही अभीष्ट है, इस धरती के मानव मन का॥

यही सभी गुण भरत राष्ट्र को, अनुपम और अतुल्य बनाते।
इसीलिए कवि और मनीषी, महिमा गान यहाँ का गाते॥

है आवश्यक तत्त्व राष्ट्र का, 'चिति' हो एक समग्र रूप से।
एक भूमि पर एक भावना, पूर्ण समर्पण शुचि स्वरूप से॥

अलग-अलग परिवेश यहाँ पर, बोली-भाषा भिन्न-भिन्न हैं।
भोजन, वेश परिश्रम फिर भी, संस्कृति, दर्शन, मन अभिन्न हैं॥

गूढ़ विवेचन शुचि भारत का, सुनकर अंबा हुईं मुदित मन।
स्वाभिमान, संतोष भावना, थी उस समय उमा के आनन॥

पुण्यभूमि की गुरु गरिमा से, शिवकांता भावुक अतिशय थीं।
हुईं विदेह हिमालय-तनया, आत्म चेतना में तन्मय थीं॥

अंतर्यामी शिव शंकर ने, मनोदशा भामिनि की जानी।
शुचि उत्कर्ष उदधि उर पूरित, रत साधना सुमति, गुरु ज्ञानी॥

ध्यानाकर्षण करने के हित, शिव ने उमा चिबुक सहलाया।
मानो उमड़-घुमड़ मेघों ने, गिरिजा का तन-मन नहलाया॥

प्राप्त चेतना तब गिरिजा ने, शिव को कृतज्ञता ज्ञापित की।
पदरज लेकर शीश चढ़ाई, प्रणमाञ्जलि सादर अर्पित की॥

कहा भवानी ने शंकर से, धन्य-धन्य प्रिय साधुवाद है।
अखिल विश्व में भरतभूमि ही, श्रेष्ठ-श्रेष्ठतर निर्विवाद है॥

नैसर्गिक सुषमा अरु शुचिता, आध्यात्मिक गरिमा भारी है।
तपस्थली अगणित ऋषियों की, फलित चेतना भी न्यारी है॥

अद्‌भुत, चिंतन, दर्शन, संस्कृति, सकल विश्व में अतुलनीय हैं।
नैतिकता के शुचि प्रवाह से, सचमुच कण-कण वंदनीय है॥

आज आपकी गुरुवाणी से, मैंने भारत को जाना है।
यहीं ब्रह्म अवतरण भला क्यों? इस यथार्थ को पहचाना है॥

कृपा सिंधु तव कृपा वृष्टि से, मन के कल्मष धुल जाएँगे।
शेष कथा की मीमांसा से, बंद पटल सब खुल जाएँगे॥

तभी शंभु ने कहा, भवानी! आज कथा विश्राम कराएँ।
पुण्यभूमि भारत की रज से, अपने भाल त्रिपुंड सजाएँ॥

कल फिर शेष कथा से भामिनि! तन-मन में ऊर्जा पाएँगे।
रघुकुल, अवधपुरी अतिपावन, की गौरव गाथा गाएँगे॥

प्रथम सर्ग जन-जन में भामिनि, राष्ट्र भक्ति का भाव भरेगा।
अखिल विश्व में भारत माँ की, गरिमा का संचार करेगा॥

(इतिश्री सर्ग एक)

सर्ग-दो

मंगलाचरण

ब्रह्म अंश अवतार तीन की विवेचना है,
अवतार चौथे का तो मात्र अनुमान है॥
बिना शारदा की कृपा लिखेगा भला क्या कवि,
चौथा अंश शत्रुहन काव्य दिनमान है॥
कलिकाल में सुमातु दिव्य फल प्राप्ति हेतु,
वांछनीय तव कृपा युग का प्रमान है॥
'रमा' की कृपा से भासमान होगा महाकाव्य,
काव्य सिद्धि मातु वीणा पाणि प्रतिमान है॥

इसीलिए दोऊ मातु वंदना करूँ मैं द्वार,
विश्व में पुनीत महाकाव्य को प्रसार दो॥
चरित शत्रुहन नित्य कंठ गाएँ बार-बार,
ऐसा रसोद्रेक इस काव्य को निसार दो॥
शिल्प, भाषा अलंकार और रस छंद सार,
पंक्ति-पंक्ति मातु आज इसमें उतार दो॥
नित्य प्रति गूँजे राग मानव कल्याण हेतु,
मातु वीणा पाणि निज वीणा को झंकार दो॥

★★★

अगले दिन फिर जगदंबा ने, व्यासपीठ को स्वयं सजाया।
देख सुसज्जा शिवशंकर के, उर में अति अनुराग समाया॥

हुए व्यवस्थित वहाँ सभी जब, 'शिवि' ने शिव से किया निवेदन।
सूर्य वंश, रघुकुल गरिमा वर, कथा सार का करें विवेचन॥

कब कैसे अवतार ब्रह्म का, प्राणनाथ! हमको समझाएँ।
परमब्रह्म ने वचन निभाया, विस्तारित सब कथा सुनाएँ॥

नेत्र बंद कर संस्मृतियों को, माला सा शिव लगे पिरोने।
नवरस अभिसिंचित वाणी से, तन-मन सबका लगे भिगोने॥

भावों का अतिरेक शंभु के, आनन पर लहरों सा लहरा।
वारिध की गहराई जैसा, हुआ शंभु का चिंतन गहरा॥

शुभे! सनातन कर्मभूमि पर, अवधपुरी लोकों में न्यारी।
निर्मिति स्वयं विश्वकर्मा की, वास्तु शिल्प अनुपम सुखकारी॥

पावन सलिला सरयू के तट, मनु ने स्वयं इसे बनवाया।
इंद्रपुरी के सम शोभित वह, ऋद्धि-सिद्धि ने सुयश लुटाया॥

सुविचारित, सुव्यवस्थित, अनुपम, मानो ब्रह्मा की निर्मिति हो।
परमोत्कृष्ट अयोध्या पावन, इंद्रपुरी की ही अनुकृति हो॥

देवपुरी सी छटा प्रकृति की, राजमार्ग विस्तृत जगमग थे।
जिनके उभय ओर में शोभित, पंक्तिबद्ध तरुवर पग-पग थे॥

सुंदर-सुंदर बाग बगीचा, उपवन, वन आकर्षित करते।
देकर शुचि आनंद निरंतर, जीवन में प्रमोद नित भरते।

नाना भाँति खगों का कलरव, मन संताप सहज हरता था।
रूप, रंग, सौंदर्य लुभावन, सबके हृदय तोष भरता था॥

पशु-पक्षी, अरु प्रकृति सभी से, जन-जीवन गहरे समरस था।
निर्भय सभी घूमते निशि दिन, सबका जीवन सहज-सरस था॥

ऊँचे मंदिर, महल, अटारी, बाजारों की शोभा अनुपम।
शत-शत कामदेव न्योछावर, नर-नारी ऐसे सुंदरतम॥

मानो स्वर्ग स्वयं उतरा हो, आर्यभूमि के इस आँगन में।
अद्‌भुत सौख्य नाचकर निशि दिन, भरे हर्ष जन-गण के मन में॥

महापुरी के जन-जीवन में, धर्म, न्याय, व्यवहार प्रगट था।
घर-घर में पल्लवित यहाँ पर, सदाचार का अक्षय वट था॥

अपराधों पर स्वत: नियंत्रण, नियम, नीति-विधि का पालन था।
लोकपाल महिपाल सभी पर, धर्म दंड का अनुशासन था॥

मेघों के समान कर संचय, कष्ट रहित होता जनता से।
वर्षा के सम यहाँ प्रेमजल, सतत बरसता प्रजा पिता से॥

चारों वेद और पुरुषारथ, क्रिया कलापों में दिखते थे।
इसके वैभव की परिभाषा, स्वयं कुबेर सदा लिखते थे॥

श्रद्धा सहित विहित कर्मों का, सभी वर्ण पालन करते थे।
सामाजिक समरसता में सब, लोक लुभावन रँग भरते थे॥

कल-कल, छल-छल, बहती सरयू, जननी सा वह नेह लुटाती।
सुख-समृद्धि देख संतति का, देख फूलती माँ की छाती॥

राजकोष परिपूर्ण राज्य का, हर घर में ही ऋद्धि-सिद्धि थी।
प्रीति, रीति, शुचि न्याय व्यवस्था, धर्म प्रवणता की प्रसिद्धि थी॥

चतुरंगिणी अनीक सुसज्जित, शौर्य और उत्साह अपरिमित।
संरक्षित सीमाएँ जिनसे, शत्रु सभी हो गए विमर्दित॥

पावनतम इस भरत भूमि पर, अवधपुरी अप्रतिम निराली।
जल, थल, नभ से पूर्ण सुरक्षित, धर्मधुरी सुख देनेवाली॥

कृषि, वाणिज्य, पूर्ति सेवाएँ, सकल राज्य में तब अनुपम थीं।
शिक्षा, स्वास्थ्य, लोक सुविधाएँ, सर्व हितैषी अति उत्तम थीं॥

देवि! उसी रमणीक भूमि को, अवध सुराज्य कहा करते थे।
पराक्रमी शुचि भानुवंश से, सब दानव मन में डरते थे॥

भानुवंश में प्रमुख रूप से, हुए अनेक नरेश यशस्वी।
जिनकी अब तक गाते गाथा, ज्ञाता, कवि, मर्मज्ञ, मनस्वी॥

देवि! इन्हीं कुछ प्रमुख नृपों का, मैं उल्लेख यहाँ करता हूँ।
सूर्य वंश की वंश बेल में, निज वाणी से रँग भरता हूँ॥

प्रथम प्रजापति परम प्रतापी, वैवस्वत मनु का सुवंश है।
उनके सुत इक्ष्वाकु यशस्वी, जिससे यह इक्ष्वाकु वंश है॥

महा मनस्वी सगर भूप की, अमर धरा पर है यशगाथा।
जिनके कारण अवधपुरी का, दुनिया में उन्नत है माथा॥

आगे चलकर इसी वंश में, अंशुमान का जन्म हुआ था।
जिनके गतिमय वर शासन ने, सूर्य तेज सा शिखर छुआ था॥

जिसके कारण ही धरती पर, यह कुल सूर्य वंश कहलाया।
जिसने जन्म लिया इस कुल में, उसने ही यह गौरव पाया॥

गौ सेवक नृपवर दिलीप की, गौ सेवा पर जग बलिहारी।
तपी भगीरथ के तपबल से, भू पर आई गंगा न्यारी॥

रघु का जन्म हुआ वसुधा पर, जिससे कुल रघुकुल कहलाया।
अंबरीश ने सत्कर्मों से, तन-मन अपना अमर बनाया॥

राजा नहुष, ययाति, प्रभृति ने, इस कुल का यश-ध्वज फहराया।
हर युग में प्रशस्ति गीतों को, श्रद्धा सहित धरा ने गाया॥

नृप नाभाग पुत्र प्रिय अज थे, जिनका तेज, शौर्य अतुलित था।
धर्माधारित सतत चेतना, चिति का पुण्य प्रवाह ललित था॥

जिनके पौरुष ने रावण को, अतुलित अद्‌भुत पाठ पढ़ाया।
सेना सहित दशानन को जब, मर्दन कर लंका भिजवाया॥

ऐसे शौर्य केतु अज के गृह, दशरथ सुत का जन्म हुआ था।
जिससे इस कुल ने धरती पर, कीर्ति हिमालय शिखर छुआ था॥

नृप ने पुत्र जन्म जब जाना, अंतःपुर को दौड़ चले थे।
रानी सहित नृपति के मन में, अगणित हर्ष प्रसून खिले थे॥

गुरुवर सहित अनेक विप्रजन, मान सहित नृप ने बुलवाए।
ऋषि, ज्योतिषी, संत, ज्ञानी जन, हर्ष समेत स्वयं चलि आए॥

सबने किया परस्पर चिंतन, मंथन से नवनीत निकाला।
ग्रह, नक्षत्र, काल गणना से, विशद विवेचन गुरु कर डाला॥

ब्रह्म वंदना कर ज्ञानी जन, नृप अज को यह लगे बताने।
परम विलक्षण योग पुत्र का, दशरथ नाम आज से जाने॥

धन्य-धन्य नृप आप हुए हैं, धन्य भाग कुल आज तुम्हारा।
संचित पुण्य अगाध अवतरित, तव शिशु नृप अद्‌भुत शुचि न्यारा॥

जन्म-कुंडली में ग्रह संयुत, होकर योग महान् बनाते।
अमर करेगा कुल को यह शिशु, उच्च स्वरों में सब दोहराते॥

दस सहस्त्र सूर्यों का इसमें, तेज समाहित है महाराजा।
चक्रवर्तिता भी सम्मानित, होगी इससे सहित समाजा॥

इसीलिए इस पावन शिशु का, दशरथ नाम रखा है हमने।
इस शिशु के पावन दर्शन से, पुण्य कोष पाया है सबने॥

इसके अतुल अलौकिक सुत भी, भू-मंडल का त्रास हरेंगे।
मिटा दनुजता को पृथवी से, निर्भय यह संसार करेंगे॥

सुन पुनीत वाणी ऋषियों की, मातु-पिता हर्षित भारी थे।
रोम-रोम रोमांचित उनका, विधना के वे आभारी थे॥

प्रमुदित मन तब नृप रानी ने, सकल कोष मुख दिए उघारी।
गोधन, गजधन और रतन धन, दे सबकी आरती उतारी॥

सकल राज्य में मना महोत्सव, नर-नारी सब नाच रहे थे।
चारण भाट कवित्त बनाकर, नृप यशगाथा बाँच रहे थे॥

उमा! पुत्र अज दशरथ ही तो, सांभव मनु थे पूर्वजन्म में।
परमब्रह्म से वर पाकर ही, जन्मे भू पर सतत कर्म में॥

दिव्य तेज से संयुत दशरथ, बचपन से ही कर्मशील थे।
साहसशील, वीर, संस्कारी, रोम-रोम से धर्मशील थे॥

अल्प काल में पूर्ण हुए वे, गुरुओं की वर शिक्षा पाकर।
कुशल, शास्त्र मर्मज्ञ, वेदविद्, गुरु गंभीर मनहुँ रत्नाकर॥

था उन्नत ललाट तेजस्वी, और भुजाएँ भी बलिष्ठ थीं।
दृढ़ स्कंध, वक्ष आकर्षक, शौर्य शक्ति केहरि घनिष्ठ थी॥

रण-कौसल में पारंगत वे, शब्द वेध शर के ज्ञाता थे।
खड्ग, शूल, आग्नेय अस्त्र अरु, सकल विधाओं के ध्याता थे॥

देवि! तपस्वी सतरूपा की, जन्म कथा दोहराता हूँ मैं।
दक्षिण कौसल में जन्मी वे, उनकी कथा सुनाता हूँ मैं॥

एक राज्य था अन्य यहाँ जो, दक्षिण कौसल कहलाता था।
था अतिशय संपन्न विविध विधि, अवधपुरी से चिर नाता था॥

दिव्य प्रकाश चतुर्दिक जिनका, 'भानुमान' वेदज्ञ नृपति थे।
धीर-वीर, न्यायी, विवेकयुत, कौसल के मानी अधिपति थे॥

आज जिसे छत्तिसगढ़ कहते, कौसल का वह एक भाग था।
मध्य प्रदेश उसी का हिस्सा, भानुमान नृप यश चिराग था॥

तपः मूर्ति सतरूपा जन्मी, इन्हीं नृपति के ही आँगन में।
कौसल्या शुचि नाम रखा था, हुई शंख ध्वनि धरा गगन में॥

सुर, गुरु इष्ट, ब्रह्म सबकी ही, अभ्यर्चना नृपति ने की थी।
देख अलौकिक निज तनया को, हर्षित नृपति बलाएँ ली थीं॥

रानी सहित नृपति कौसल ने, खुलकर हर्ष मनाया था तब।
पूर्ण राज्य को दुल्हन के सम, सबने स्वयं सजाया था तब॥

सत्पात्रों, अंत्यज सेवक को, नृप ने अतुलित दान दिया था।
ऋषियों-मुनियों, संत-जनों को, पूजा कर सम्मान दिया था॥

धीरे-धीरे चंद्र कला सी, बढ़ने लगी सुता आँगन में।
बाल्यावस्था विगत किशोरी, भरती हर्ष सभी के मन में॥

थी वह श्यामल वर्ण किशोरी, अंग-अंग में कोमलता थी।
मूर्तिमती वह आकर्षण की, पुष्प सजी सी सुरुचि लता थी॥

सुंदरता को सुंदर करती, अनुपम रूप राशि थी उसकी।
निस्सृत करती थी प्रकाश वह, ज्यों हो प्रभा पूर्णिमा शशि की॥

प्रवर धार्मिक नृप दंपति ने, बेटी को संस्कार दिए थे।
सर्वांगीण विकास हेतु भी, मान्य उपक्रम सभी किए थे॥

प्रचलित वर शिक्षण पद्धतियों, ने बाला को पूर्ण गढ़ा था।
परिवारी संस्कारों से भी, कौसल्या का मान बढ़ा था॥

थी सद्रूप ज्ञान की देवी, उस पर भी सौंदर्य स्वामिनी।
मातु-पिता की नयन पुतरिया, कौसल्या थी सुपथ गामिनी॥

नख से शिख तक सुगढ़ मूर्ति सी, ब्रह्मा की वह अनुपम कृति थी।
अंतर्मन से दिव्य अलौकिक, मूल धर्म की ही वह धृति थी॥

कौसल्या के रूप ज्ञान की, चर्चा अवधपुरी में छाई।
दशरथ और नृपति अज को भी, गुणता कौसल्या की भाई॥

अजसुत दशरथ की गुण-गाथा, कौसल्या ने बहुत सुनी थी।
आकर्षण उनके प्रति निर्मल, छवि उर में दिन-रात गुनी थी॥

कहते हैं सब लोग सदा से, विधना सदा बनाता जोड़ी।
पूर्व जन्म में परिणीता थे, उभय प्रीति विधि ने फिर जोड़ी॥

जिसका जिस पर सत्य प्रेम हो, जन्म ग्रहण कर फिर मिलते हैं।
दैवयोग से उभय हृदय में, प्रेम पुष्प बरबस खिलते हैं॥

दक्षिण कौसल के अधिपति भी, अज के मित्र हुआ करते थे।
दोनों धर्मप्राण शासक थे, जन-गण की पीड़ा हरते थे॥

दोनों की थीं एक नीतियाँ, नैतिकता के दोनों पालक।
उद्भट योद्धा थे दोनों ही, दोनों थे अरि दल के घालक॥

दशरथ के राज्याभिषेक पर, अवधपुरी में उत्सव भारी।
कौसल अधिपति को नृप अज ने, आमंत्रण भेजा मनुहारी॥

पाती पाकर समाचार सुन, नृप ने वाहक को सम्माना।
उसे प्रचुर उपहार भेंट कर, अज को भी भेजा नजराना॥

अंत:पुर में जा नरेश ने, हर्षित यह संदेश सुनाया।
अजसुत का राज्याभिषेक है, उनका यह आमंत्रण आया॥

मुदित मना कौसल रानी ने, आनंदित निज सुता निहारी।
देख रूप सौंदर्य सुता का, मन ही मन वे हुई सुखारी॥

प्रगट भाव अनुराग सुतामुख, देख सहज मन की गति जानी।
पावन अवसर विधि प्रदत्त यह, जान हुई रोमांचित रानी॥

यद्यपि मूक खड़ी कौसल्या, किंतु भाव सबकुछ कहते थे।
सुरसरिता के सदृश उस समय, दृश्यमान होकर बहते थे॥

मर्यादित आचरण यौवना, अधोनयन भू देख रही थी।
यथा स्वयं श्रृंगार तूलिका, विधना की कृति लेख रही थी॥

गूढ़ रहस्य समझ रानी ने, राजा से मृदु वचन उचारे।
है परिवार सहित आमंत्रण, कहा सुता की ओर निहारे॥

अतः सुता के साथ हम सभी, अवधपुरी प्रिय धाम चलेंगे।
उत्सव में सहभाग मात्र से, हम सबके भी फलित फलेंगे॥

रानी की वाणी सुन नृप तब, निहितार्थों को लगे तौलने।
उभयानन की भाव भंगिमा, को पढ़कर वे लगे बोलने॥

हाँ! कल्याणी धर्मध्वजा सी, कौसल्या भी साथ चलेगी।
अवधपुरी की गुरु गरिमा में, सुयश कीर्ति सी सुता खिलेगी॥

लजा गई कौसल्या बरबस, तात गिरा निहितार्थ जानकर।
पलटी दौड़ी आह्लादित मन, अंतर्मन का भाव ध्यान कर॥

तनया की इस सुखद क्रिया ने, चिंतन हर्ष उभय उपजाए।
हुई लाड़ली की वय परिणय, यही विचार नृपति मन आए॥

बोले तब वे निज भार्या से, प्रिये! सुता यौवना हुई है।
हम किंचित् भी जान न पाए, कब यौवन दहलीज छुई है?

प्रभु इच्छा बलवती हुई तो, दशरथ उचित सुता हित वर हैं।
जिसके लिए सुता मन स्वीकृति, मेरे भी वे सब प्रियवर हैं॥

सुता-पिता से विदुषी माँ ने, स्वीकृति मुखर व्यक्त कर दी थी।
नृप के मन भावों के अल्पित, छिद्रों में दृढ़ता भर दी थी॥

लज्जा आभूषण से भूषित, कौसल्या मुख लाल किए थी।
सखी सुमित्रा के ढिग पहुँची, हर्ष कल्पना लिए हिए थी॥

सुनकर नाम सुमित्रा का तब, उमा अचानक चौंक गई थी।
बोली शिव से कहो प्राणप्रिय!, दशरथ की जो प्रिया हुई थी!

हाँ! कहकर तब शिवशंकर ने, स्वीकृति में निज शीश हिलाया।
विस्मय मिश्रित भाव उमा मन, कैसे विधि ने कहाँ मिलाया?

हे सर्वेश्वर! मेरे मन की, जिज्ञासा को ज्ञान दान दो।
देवि सुमित्रा का परिचय क्या? मुझे सुनाकर दिव्य मान दो॥

देवि सुमित्रा का परिचय प्रिय! मैंने विस्तृत नहीं सुना है।
इतना ही बस सुना आपसे, रूप देवि का उपासना है॥

सुनकर शिव निज प्रिया प्रश्न को, मन-ही-मन अतिशय प्रसन्न थे।
देवि सुमित्रा की गाथा से, पूर्ण रूप से वे प्रपन्न थे॥

हर्षित मन से त्यागमूर्ति की, विस्तृत कथा लगे समझाने।
निज भार्या के मनः पटल से, शिव विस्मय को लगे हटाने॥

प्रिये! अनुज, नृप भानुमान के, थे अग्रज के आज्ञाकारी।
उनके ही सुख को सुख समझें, होते दुख में परम दुखारी॥

थे धर्मज्ञ वेदविद् ज्ञानी, सदा नियंत्रित अभिलाषा थी।
थी भावना लोक हितकारी, परहित जीवन परिभाषा थी॥

और शौर्य साक्षात् रूप में, उनमें सदा दिखाई देता।
नैतिकतायुत सदा आचरण, उनसे सत्य ऊर्जा लेता॥

सुमतिमान प्रिय नाम सुहावन, जन-जन के वे वंदनीय थे।
धर्म प्राण चेतना धनी वे, गुणता में अभिनंदनीय थे॥

नृप भी सदा अनुज अपने पर, प्रेम सुधा बरसाते रहते।
अंतर्मन की भाव भावना, सुमतिमान से ही वे कहते॥

जितना था विश्वास स्वयं पर, उतना ही विश्वास अनुज पर।
सकल समस्या उन्मूलन का, था दायित्व उन्हीं के ऊपर॥

राज्य सभा में प्रमुख मंत्रिवर, प्रमुख विमर्शी भानुमान के।
विधि विवेकयुत संपादन में, तेजपुंज वह अंशुमान के॥

पूर्ण राज्य की सकल समीक्षा, प्रतिदिन स्वयं किया करते थे।
पीड़ित जन की पीड़ाओं को, उचित कर्म से वे हरते थे॥

भानुमान अरु सुमतिमान में, था सौहार्द अगाध परस्पर।
सतत प्रशंसा करती जनता, ब्रह्म लुटाता कृपा उभय पर॥

दोनों के संयुत प्रयास ने, सकल राजरिपु नाश किए थे।
सीमाएँ थी पूर्ण सुरक्षित, गतिमय सर्व विकास किए थे॥

नृपति अनुज उन सुमतिमान की, भार्या भी संस्कारवती थी।
विदुषी और सुशीला गृहणी, वह अतिशय ही रूपवती थी॥

कौसल्या के जन्म अनंतर, कुछ ही वर्ष व्यतीत हुए थे।
खुशियों में बीता दिन-प्रतिदिन पल-पल सबके मीत हुए थे॥

सुमतिमान के गृह तब जन्मा, बालक रूप राशि का स्वामी।
नाम सुमंत पुरोहित ने रख, कहा वत्स! यह सत पथ गामी॥

सुमतिमान ने निज भार्या को, तब कृत-कृत्य भाव से देखा।
जैसे चतुर जौहरी ने ही, हीरे को तब गहन परेखा॥

उनके नयनों की भाषा में, कृतज्ञता का भाव प्रगट था।
नेह सुधा से भरा हुआ घट, ज्यों दोनों के सहज निकट था॥

इसके कुछ ही वर्ष बाद फिर, सुमतिमान घर जन्मी कन्या।
अद्‌भुत तेज देख कन्या मुख, सौम्यशील माँ हुई सुधन्या॥

परंपरा अनुसार सभी तब, संस्कारों को किया गया था।
जन्म समय की सभी रूढ़ियों को हर्षित मन जिया गया था॥

सभी पुण्य साक्षात् प्रकट थे, सुमतिमान भट के आँगन में।
विधि के प्रति भी कृतज्ञता थी, भाग्यवान दंपति के मन में॥

ऋषि-मुनि संत पुरोहित सबको, अनुज सहित नृप ने सम्माना।
शोधन कर ग्रह नक्षत्रों का, उन सबने तब यह अनुमाना॥

कन्या की सुंदरता जितनी, उतनी ही यह भाग्यवान है।
है उपासना की देवी यह, जन्म-कुंडली में प्रमाण है॥

नाम सुमित्रा अतिशय पावन, स्वयं तपस्या हुई आचरित।
'परमत्याग' साक्षात् देह धर, नृप! तव गृह हो गया अवतरित॥

कौसलेश की तनया थी जो, कौसल्या शुचि नाम हुआ था।
जो संतानें सुमतिमान की, नामकरण प्रतिमान हुआ था॥

प्रचलित थी सामान्य प्रथा यह, उसका ही यह उदाहरण था।
सुत सुमंत, अरु सुता सुमित्रा, पिता नाम से नामकरण था॥

कुल के सहित नृपति ने सबको, आदर से उपहार दिए थे।
कौसल्या के जन्म समय जो, किए वही व्यवहार किए थे॥

मना महोत्सव पुनः राज्य में, किंचित् भी तो भेद नहीं था।
अनुज सुता, सुत या नृप कन्या, नृप के लिए विभेद नहीं था॥

राजा-रानी तीनों पर ही, समदर्शी हो नेह लुटाते।
साथ-साथ तीनों को लखकर, अंतस्तल में मोद मनाते॥

समय बीतता गया एक दिन, टूटा कहर नृपति के कुल पर।
अनुज वीरगति प्राप्त समर में, भार्या सती हेतु दृढ़ तत्पर॥

विविध भाँति समझाया नृप ने, सुमति तिया ने एक न मानी।
सती हो गई वह पति के सँग, विधना की गति काहु न जानी॥

कुल को अति आघात लगा था, दोनों के असमय जाने से।
वर्णन दुष्कर और कठिन है, कोई न समझे समझाने से॥

हाहाकार राज्य भर में था, जन समूह सब उमड़ पड़ा था।
तड़प रहे आबाल वृद्ध सब, दुख सुमेरु प्रत्यक्ष अड़ा था॥

राजा भानुमान तो जैसे, पूर्ण रूप से टूट गए थे।
अनुज विछोह दाहता छाती, मनहुँ विधाता रूठ गए थे॥

जैसे दाहिनि भुजा कटी हो, भ्रातृ वियोग नृपति पर भारी।
बार-बार हो जाते मूर्च्छित, विधना की गति पर लाचारी॥

सुमतिमान की संतानों का भी, रो-रोकर बुरा हाल था।
कौसल्या के सहित मातु तन, पूर्ण रूप से ही निढाल था॥

मातुहीन, पितुहीन कुलंधर, की अनाथ जैसी संस्थिति थी।
किंतु नृपति का प्रेम उभय पर, इस पर ही आधारित धृति थी॥

उमा! जन्म या मृत्यु उभय पर, विधि का ही सर्वाधिकार है।
जड़-चेतन सबके जीवन पर, उसका ही पूर्णाधिकार है॥

करता साँसों का आवंटन, सकल सृष्टि संचालित करता।
साँसों के चुक जाने पर ही, काल दूत प्राणों को हरता॥

वैसे आत्मा अजर-अमर है, अविनाशी उसका स्वभाव है।
मात्र देह होती क्षण भंगुर, चेतनता आत्मा प्रभाव है॥

देवि! आत्मा ब्रह्म अंश है, केवल देह बदल जाती है।
जैसे वस्त्र बदलते मानव, आत्मा भी नव तन पाती है॥

किंतु विछोह स्वजन का मन को, गुरु संताप सदा देता है।
मोह जनित अज्ञान सभी का, ज्ञान सहज ही हर लेता है॥

हे कल्याणी! आज नृपति, जन, मोहग्रस्त अति संतापित हैं।
किंतु धर्मरत मृत दंपति अब, स्वर्ग लोक में संस्थापित हैं॥

मोक्ष मिल गया है दोनों को, दोनों श्रद्धा के अधिकारी।
जिसके लिए तपी करते हैं, कठिन तपस्या का व्रत भारी॥

किंतु शुभे! लौकिक जीवन में, मोहग्रस्त होते सब प्राणी।
इसीलिए अधिकांश जनों को, नहीं याद रहती यह वाणी॥

दक्षिण कौसल में कल्याणी, सबका ही तो यही हाल था।
प्रिय के असमय दुर्विछोह से, हर रहवासी ही निढाल था॥

तेरह दिन का शोक राज्य में, हुई घोषणा तब शासन से।
नायक के विछोह से आहत, प्रजा नियंत्रित अनुशासन से॥

निर्धारित सब कार्यक्रमों को, सबने स्वयं निरस्त किया था।
प्रिय के जाने से जनगण का, अवसादित गंभीर हिया था॥

ढाढ़स बँधा अनुज संतति को, नृपति बिलखकर रो पड़ते थे।
गले लगाकर उन दोनों को, झर-झर नीर नयन झरते थे॥

त्रयोदशी पर पिंड दान कर, सुत सुमंत ने अर्घ्य दिया था।
ऋषि अगस्त्य की अंजुलि सा ही, नयनों ने जल सिंधु पिया था॥

था किशोरवय तब सुमंत सुत, उस पर भारी वज्रपात था।
धैर्य स्वयं ले रहा परीक्षा, संघातक यह काल घात था॥

यही हाल था सुता सुमित्रा, अभी किशोरी नहीं हुई थी।
बिलख-बिलखकर कटी लता सी, कांतिहीन हो सूख गई थी॥

अनुज दिवंगत हुए नृपति के, तब से शांत सदा वे रहते।
था अशांत मन गहन उदासी, रहते मूक, नहीं कुछ कहते॥

सदा घूरते वे अनंत में, हो जाते थे वे विदेह से।
वित्तृष्णा हो गई नृपति मन, राजकाज से और देह से॥

कुलगुरु दशा सुनी जब नृप की, तब वे नृप के महल पधारे।
सेवक ने संदेश दिया यह, गुरु आए आदर्श हमारे॥

गुरु आगमन सुना जब नृप ने, उठे भूमि से हाथ लगाकर।
स्वागत कक्ष चले ऐसे ज्यों, एक-एक पग रखें सहाकर॥

अस्तव्यस्त वस्त्र वर काया, उलझे बाल हीन श्री मुख था।
कुलगुरु देख दुखी मन-ही-मन, किंतु ज्ञान उनके सम्मुख था॥

जन्म-मृत्यु जीवात्मा का सच, गुरुवर ने नृप को बतलाया।
हानि, लाभ, जीवन, यश विधि कर, विविध तर्क देकर समझाया॥

धर्म, आचरण, कर्तव्यों की, कुलगुरु ने तब व्याख्या की थी।
और धर्मच्युत होने से क्या? दंड विधानित आख्या दी थी॥

नृप ने अपनी मनोदशा का, व्याकुल विशद बखान किया था।
मन में उपजी अति विरक्ति का लौकिक तर्क प्रमाण दिया था॥

कुलगुरु ने तब नृप को सीधा, बोधगम्य आदेश दे दिया।
नहीं समय है यह विरक्ति का, धर्मसिक्त उपदेश दे दिया॥

गुरु के गुरुतर उपदेशों का, नृप पर उचित प्रभाव हो गया।
परिजन सब तब वहीं बुलाए, मन संकल्पित राग खो गया॥

परिवारी जन सहित नृपति ने, श्रद्धा सहित प्रणाम किया था।
आनन पर दृढ़ भाव प्रगट ज्यों, नृप ने हर्षित गरल पिया था॥

आदर सहित विदा दे गुरु को, नृप ने स्वजन साथ बैठाए।
जीवन का जो सत्य सनातन, सबको नृपति विशद समझाए॥

धर्म निर्वहन के हित नृप ने, मन को संकल्पित कर डाला।
संचित मनोविषाद छोड़कर, राज कर्म था पुनः सँभाला॥

समय बीतता गया महल में, काल दिशा सामान्य हुई थी।
जीवन की गतिमय परिभाषा, सबको ही अब मान्य हुई थी॥

सभी समय के साथ स्वयं को, सावधान हो पाल रहे थे।
चिंतन, मनन, स्वास्थ्य, शिक्षा से, समरस निज को ढाल रहे थे॥

तीनों संतानें प्रमुदित हो, प्रेम लुटाती सदा परस्पर।
एक-दूसरे के सुख दुख को, अपना समझें नित्य निरंतर॥

दो किशोरवय एक यौवना, सह अस्तित्व युक्त जीवन था।
क्रीड़ा करते नित्य झगड़ते, किंतु पवित्र एक ही मन था॥

गतिमय रथ था काल चक्र का, सबकुछ अब सामान्य चल रहा।
भावी समय हेतु नृप के मन, सतत योजना बीज पल रहा॥

इसी समय हे उमा! नृपति को, अज का जब आमंत्रण आया।
दशरथ का राज्याभिषेक सुन, कौसल्या का मन हर्षाया॥

नृप का सोचा घटित हो रहा, मानो सब विधि निर्धारित था।
था अनुराग अवध के कुल से, हर्ष आज इच्छाधारित था॥

कौसल्या प्रमुदित थी ऐसी, ज्यों उसने खोई निधि पाई।
हेतु समझकर मातु-पिता का, सखी सुमित्रा के ढिग आई॥

शुभे! सुमित्रा के बारे में, मैंने यह कुल कथा सुनाई।
चाचा की प्रिय सुता सुमित्रा, कौसल्या ने सखी बनाई॥

देवि! करें विश्राम कथा अब, कल आगे विस्तार करेंगे।
कौसलेश, अवधेश नृपति की, मैत्री में रस रंग भरेंगे।

सर्ग दूसरा प्रति मानव को, कर्तव्यों की शिक्षा देगा।
अति विषाद से भरे हृदय को, संकल्पों की दीक्षा देगा॥

पात्र सुमंत, सुमित्रा का सच भी सबको यह बतलाएगा।
देवि सुमित्रा को ध्याकर नर, उपासना का फल पाएगा॥

(इतिश्री सर्ग दो)

सर्ग-तीन

मंगलाचरण

वेद अवतार विभु ब्रह्मा के आधार अंश,
विरत प्रसिद्धि सिद्ध सदा ही निष्काम हैं॥
तेजपुंज वीरता के श्रुतियों के मूर्त रूप,
शत्रुमर्दिनी सुशक्ति के अभूत धाम हैं॥
धर्म के संपूर्ण ग्रंथ नीति कर्म दिव्य रूप
त्याग, प्रज्ञता स्वरूप श्रुतिकीर्ति वाम हैं॥
खल-बल नष्ट कर साधु-संत त्रास हर,
सौम्य रूप शत्रुहन कोटिशः प्रणाम हैं॥

★★★

उमा! परम हर्षित कौसल्या, तत्क्षण अनुजा के ढिग आई।
हृदय मध्य आसक्ति अंकुरित, जिसमें वह परिपूर्ण समाई॥

जाकर लिपट गई आली से, अनुजा थी पर प्रमुख सखी थी।
प्रेम छिपाए कभी न छिपता, आज कहावत सत्य दिखी थी॥

शांत, धीर, गंभीर सुमित्रा, समझ गई मन में प्रपात है।
भर उत्साह किया आलिंगन, पूछ लिया 'दी' खास बात है?

सकुचाती कौसल्या ने तब, मन की अंतर्कथा सुनाई।
मन अनुराग, अवध में उत्सव, दशरथ की प्रशस्ति भी गाई॥

कहा, अवध में राजतिलक है, हम परिवार सहित जाएँगे।
उत्सव के उत्साह हर्ष से, कुछ ऊर्जा हम भी पाएँगे॥

तत्क्षण हुलसित कौसल्या का, मन वीणा सा बज़ता जाए।
उर घन उमड़-घुमड़ अनुजा पर, रसमय रसना रस बरसाए॥

तभी सुमित्रा ने प्रमुदित हो, कौसल्या की ओर निहारा।
तीक्ष्ण बुद्धि उस गौरांगी ने, जाना भेद हृदय का सारा॥

व्यंग्यात्मक, रसभरी सुमित्रा, मुख पर मृदु मुसकान लिए थी।
चंचल हिरनी सी कौसल्या, प्रेम सुधा की सुरा पिए थी॥

उमा! सुमित्रा सुता सुमति की, अतिशय रूप राशिवाली थी।
नख से शिख तक शिल्पकार की, सुघड़ तराशी रूपाली थी॥

बुद्धि प्रखर आकृति, आकर्षक, था अनुराग स्वयं न्योछावर।
शुचि निर्वेद भाव था शाश्वत, भक्ति सिद्ध पाते जो मुनिवर॥

प्रति पुनीत मन आकर्षित हो, देख उसे हर्षा करता था।
परमब्रह्म की अनुपम कृति पर, नेह जलधि वर्षा करता था॥

मातु-पिता के संस्कारों का, उसमें संयोजन वैसा ही।
गंगा, यमुना, सरस्वती का, शुचि संगम प्रयाग जैसा ही॥

गुण गरिमा की, शिखर हिमालय, पावनता में तीर्थधाम थी।
नदियों में गंगा सी सलिला, सखियों में वह धन्य नाम थी॥

जैसा नाम सुमित्रा उसका, वैसा ही गुण पाया उसने।
सुखदा और सुमित्र सभी की, धर्म यही अपनाया उसने॥

स्वयं प्राण कौसल्या उसकी, था अंतर्मन भी आभारी।
माता-पिता नहीं थे उसके, भानुमान दंपति को प्यारी॥

सुमतिमान के सुत सुमंत भी, महाप्रज्ञ वर बुद्धिमान थे।
विद्या निपुण, कलायुत, सेवक, अतिशय प्रिय नृप भानुमान थे॥

पालन पोषण कौसल्या सम, ही दोनों का किया गया था।
सतत नेह नृप रानी द्वारा, निर्मल मन से दिया गया था॥

कौसल्या का भी दोनों पर, नेह अगाध सदा रहता था।
वे तीनों समरस थे ऐसे, पूरा राज्य धन्य कहता था॥

कौसल्या की जननी ही तो, तीनों की शिक्षिका बनी थी।
सदाचरण, व्यवहारिक जीवन, की वह जननी प्रचुर धनी थी॥

निज क्षमताएँ वर रानी ने, तीनों में कर दी अधिरोपित।
उर ममता का अगम सिंधु भी, तीनों को कर दिया समर्पित॥

हाथ बँटाते थे सुमंत भी, भानुमान को राजकाज में।
ज्ञान, शील, चिंतन, विवेक से, परम प्रशंसित नृप समाज में॥

यद्यपि वय में छोटे थे पर, चिंतन मनन प्रौढ़ उनका था।
अनुज पुत्र था पर स्वपुत्र सा, नृपवर के मन का मनका था॥

प्रति गंभीर समस्या में नृप, उनसे भी विमर्श करते थे।
सभा मध्य उनके सुझाव पर, सार्वजनिक हामी भरते थे॥

नृप के विश्वासी कार्यों का, विधिवत् वे संपादन करते।
अपने लिए नृपति के मन में, अति अनुराग सहज ही भरते॥

भानुमान नृप को सुमंत भी, पितातुल्य आदर देते थे।
उनकी हर विपत्ति को खुद वे, अपने ऊपर ले लेते थे॥

नृप भी पुत्र समान सदा ही, सीख, प्रशंसा उनको देते।
उनकी प्रतिभा देख-देखकर, मन में सदा बलाएँ लेते॥

अवधपुरी के आमंत्रण पर, प्रिय सुमंत भी गए बुलाए।
यात्रा की तैयारी के गुर, सभी नृपति ने उन्हें बताए॥

नृप की आज्ञा ले सुमंत ने, सावधान हो की तैयारी।
यात्रा पथ का चिंतन करके, अन्य व्यवस्था भी की सारी॥

सेनापति, सैनिक, सेवक चुन, वर मंत्रीगण का अनुमोदन।
सकल साज-सामान व्यवस्थित, कर नृप को सौंपा प्रतिवेदन॥

चयनित मंत्रीगण की सूची और नायकों का वर्णन था।
सैनिक, आयुध और रसद का, सेवक सहित पूर्ण विवरण था॥

रथ इक्यावन और शताधिक, गज, अश्वों का चयन किया था।
समुचित मार्ग व्यवस्थाओं पर, वर सुमंत ने मनन किया था॥

कुशल प्रशिक्षित जासूसों की, टोली यात्रा मार्ग लगाई।
अवधपुरी उत्सव की आख्या, भी विस्तृत परिपूर्ण मँगाई॥

यात्रा में शामिल सबका ही, क्रम वरीय भी किया सुनिश्चित।
अग्रभाग से पृष्ठ भाग तक, अलग-अलग दायित्व व्यवस्थित॥

अनुज पुत्र की देख योजना, भानुमान के हृदय हर्ष था।
भावी जीवन के चिंतन का, नृप के मन-ही-मन विमर्श था॥

तद्अनुरूप किया अनुमोदन, वर-प्रशस्ति भी अंकित कर दी।
यात्रा में वांछित जितनी भी, वित्त माँग अनुदानित कर दी॥

उसके ही अनुसार प्रबंधन, यात्रा विषयक निर्धारित था।
समय पूर्व हो गया पूर्ण वह, जो सुमंत पर आधारित था॥

यहाँ सुमित्रा कौसल्या ने, प्रमुदित मन से की तैयारी।
मार्ग, पड़ाव, अवध का चिंतन, कर की निजी व्यवस्था सारी॥

अंतर्मन में परम प्रफुल्लित, था उत्साह चरम पर उनका।
स्वयं अयोध्या वैभव देखें, सोचा पूर्ण हो रहा मन का॥

उमा! आ गई तिथि यात्रा की, योजित ही सब हुआ घटित था।
पूर्ण योजना निश्चित जैसी, वह सब आज वहाँ प्रगटित था॥

पूर्ण सुसज्जित रथ, कुंजर थे, और सुसज्जित अश्व सभी थे।
पालकियाँ थीं पूर्ण सुसज्जित, पूर्ण अलंकृत यात्री भी थे॥

वहाँ उपस्थित छटा अनोखी, मनमोहक वह पूर्ण दृश्य था।
कौसलेश का वैभव अनुपम, सुरपति के जैसा अवश्य था॥

आकर्षक परिधान सभी के, सबके चेहरे खिले हुए थे।
यद्यपि अलग-अलग मुख मंडल, किंतु भाव सब मिले हुए थे॥

शुभे! समय था शुचि प्रभात का, प्राची की अरुणिम आभा थी।
सुरभित, मंद बयार चल रही, दिनकर की पौ फटी विभा थी॥

व्योम मध्य पंक्तियाँ खगों की, मानो वे भी सहयात्री हों।
पुण्य नर्मदा की तट धारा, जैसे नृप की यशधात्री हों॥

सस्वर पाठ वेद मंत्रों का, किया पुरोहित कुल ने तब ही।
कुलगुरु द्वारा निर्देशित जो, मंगल कार्य किए नृप सब ही॥

श्रीफल अर्पि विनत हो नृप ने, रवि को किया प्रणाम निवेदित।
पूज्य नर्मदा का वंदन कर, नृपति कीन्ह कुलगुरु अभिनंदित॥

पद रज रख माथे पर नृप ने, गुरु से लिया गमन अनुमोदन।
यात्रा का मंगल मुहूर्त वर, जिसका किया उन्हीं ने शोधन॥

देकर वर आशीष नृपति को, गुरुवर ने यह वचन उचारे।
शुभ यात्रा हो यह कल्याणी, पुण्य फलित हों सभी तुम्हारे॥

तब ही नृप ने राज्य व्यवस्था, हित गुरु से अनुरोध किया था।
प्रतिदिन उनके निर्देशन का, उनसे तब आशीष लिया था॥

नृप की अनुपस्थिति में कैसे, शासन तंत्र व्यवस्थित होगा?
अंतर बाह्य सुरक्षा कैसे, विधि का राज अवस्थित होगा?

इसके लिए नृपति ने योजित, की थी विस्तृत कार्य योजना।
सुत, सुमंत्र, मंत्री प्रधान को, सौंपी थी व्यवहार्य योजना॥

सतत समीक्षा हित गुरुवर से, तभी नृपति ने किया निवेदन।
गुरुवर की स्वीकृति पाने पर, नृप आश्वस्त हुए मन ही मन॥

वाद्य मांगलिक शंख आदि सब, एक साथ बज उठे तभी थे।
यात्रा का प्रस्थान हुआ जब, परम प्रफुल्लित हृदय सभी थे॥

जय-जयकार गूँजता नभ में, निर्धारित क्रम में सब चलते।
निर्देशित पर स्वतः नियंत्रित, निर्देशन नायक से मिलते॥

कौसलेश नृप रथारूढ़ थे, रानी स्वयं सुशोभित रथ में।
प्रजा जोहती बाट नृपति की, तोरण द्वार सजाकर पथ में॥

जगह-जगह पुष्पों की वर्षा, करती प्रजा प्रफुल्लित होकर।
हर पड़ाव पर एकत्रित हो, धन्य मानती नृप पग धोकर॥

कौसलेश भी प्रजा जनों पर, नेह सुधा बरसाया करते।
उचित चाहना जिनकी जैसी, दे नृप उनकी झोली भरते॥

सात दिवस की यात्रा करके, नृप पावन प्रयाग में आए।
अवधपुरी के प्रतिनिधि तत्क्षण, नृप स्वागत में सत्वर धाए॥

कर स्वीकार अवध का स्वागत, अति प्रसन्न कुल कौसलेश का।
तीर्थराज के दर्शन करके, लेशमात्र भी नहीं क्लेश का॥

संगम तीर्थ पहुँच नरपति कुल, ने श्रद्धा से शीश नवाया।
गंगा, यमुना, सरस्वती का, शुभाशीष नृप कुल ने पाया॥

रात वास कर संगम तट पर, प्रातकाल सब लोग नहाए।
श्वेत, श्याम धारा को लखकर, लखि दोउ सुता, नृपति मुसकाए॥

पुलकित तन तब कौसलेश ने, श्रद्धा सहित प्रार्थना की थी।
तीर्थराज संगम से नृप ने, मन ही मनहिं कामना की थी॥

भानुमान कुल ने पूजन कर, पावन जल का पान किया था।
और सभी ब्राह्मण जन को भी, नृप ने समुचित दान दिया था॥

मज्जन कर सबने ही समुचित, इच्छायुत आहार लिया था।
पाकर फिर संकेत नृपति का, अवधपुरी प्रस्थान किया था॥

कौसल से पावन प्रयाग तक, प्रतिदिन चालिस कोस चले थे।
श्रम का नहीं चिह्न आनन कर, मग में वर सत्कार मिले थे॥

नदियों के तट रात बिताकर, प्रातकाल सब चल देते थे।
हर पड़ाव पर नृप कुल मिलकर, सबकी कुशलक्षेम लेते थे॥

मिलता था सान्निध्य नृपतिकुल, ममता से अभिसिक्त सभी थे।
मोहक दृश्य प्राकृतिक लखकर, परम प्रफुल्लित हृदय तभी थे॥

चार दिवस की यात्रा केवल, दो दिन में ही की थी पूरी।
उत्साहित-प्रमुदित नृप कुल को, न्यूनित लगी अवध की दूरी॥

सरयू तट पर पहुँच नृपति ने, श्रद्धा सहित प्रणाम किया था।
वंदन कर आचमन किया फिर, रुकने का आदेश दिया था॥

पहले से थी सभी व्यवस्था, सुरुचि, सुवास कुटीर बने थे।
भोजनादि हित सरयू तट पर, सुंदर विशद वितान तने थे॥

अति विशिष्ट सुविधाओं से युत, भी कुटीर थे गए बनाए।
क्रम वरीय से आवंटन था, देख व्यवस्था इंद्र लजाए॥

था आवास विशद अति सुंदर, कौसल अधिपति हेतु बनाया।
नृप परिवार उसी में ठहरा, वास सभी के मन को भाया॥

अवधपुरी के वर मंत्रीगण, ने नृप का सत्कार किया था।
कौसल्या अरु सुता सुमित्रा, सँग नृप कुल का मुदित हिया था॥

अल्प समय के बाद अवधपति, सुत दशरथ के साथ पधारे।
भर भेंटे प्रमुदित नृप दोनों, अज बोले हैं भाग हमारे॥

परम प्रफुल्लित भानुमान ने, अज का तब प्रतिवाद किया था।
'चक्रवर्ति सम्राट् आपकी', 'महत् कृपा' कह मान दिया था॥

अंदर बैठ सखी दोनों यह, दृश्य मनोहर देख रही थीं।
कौसल्या तो दशरथ को तब, धवल पृष्ठ उर लेख रही थीं॥

कुशलक्षेम के बाद अवधपति ने पूछा, परिवार कहाँ है?
था विनोद का भाव, भानु भी, हँस बोले, परिवार वहाँ है॥

इतना कह तब कौसलेश ने, तीनों को आवाज लगाई।
सहित सुमित्रा, कौसल्या के, नृप समक्ष रानी चलि आई॥

अधिपति अज को कर प्रणाम तब, तीनों बैठ गईं निज आसन।
रानी ने संकोच सहित ही, कुसलाई पूँछी अनुशासन॥

रानी ने दशरथ कुमार को, भरकर पूरी दृष्टि निहारा।
ममता वर्षा से अभिसिंचित, भीगा दशरथ का मन सारा॥

तभी कनखियों से कौसल्या, ने दशरथ की ओर निहारा।
दशरथ की जब दृष्टि मिली तो, उमड़ी युगल हृदय रसधारा॥

कौसल्या दशरथ रहस्य मन, अनुभव ने पहचान लिया था।
कौसलेश, अवधेश नृपति द्वय, रानी ने सब जान लिया था॥

कौसल्या के साथ सुमित्रा, का परिचय तब दिया नृपति ने।
रूप राशि गुण राशि देखकर, वर आशीष दिया अधिपति ने॥

हुए सभी व्यवहार पूर्ण जब, नृप अज ने तब वचन उचारे।
मित्र! महल में चलें सभी अब, हैं निवास वर वहीं तुम्हारे॥

कौसल्या, दशरथ को मानो, मनचाही निधि सहज मिली थी।
नृप अज की वाणी से सहसा, दोनों के उर कली खिली थी॥

सुत दशरथ को सौंप कार्य यह, स्वयं अवधपति महल गए थे।
कौसलेश के पुण्य आज सब, मानो शिखर सुमेरु नए थे॥

कौसलेश परिवार महल में, संध्या काल पहुँच पाया था।
अज परिवार मिला इस कुल से, मानो प्रेम उतर आया था।

सोपचार था नहीं वहाँ अब, दोनों कुल समरस थे ऐसे।
मानो पूर्व सदा मिलते हों, नेह घनिष्ठ युवा हों जैसे॥

दशरथ कौसल्या तो जैसे, स्वप्न झील में विहर रहे थे।
शब्द नहीं प्रत्यक्ष हुए पर, नयनों ने सब कथ्य कहे थे॥

कौसल्या उस समय भवानी, अति लावण्यमयी प्रतिमा थी।
नील गगन सी थी अनंत वह, नभ की सुंदरतम उपमा थी।

दोनों के उर उथल-पुथल थी, जैसे सिंधु हिलोरें लेता।
कर संस्पर्श कूल का प्रमुदित, रत्नदान तट को कर देता॥

नयनों से नयनों की भाषा, नयनों से स्वीकार हुई थी।
प्रेम सुधा पी स्वयं मदन सी, रूप राशि साकार हुई थी॥

नहीं किसी को ध्यान समय का, अर्धरात्रि कब बीत गई है?
संकोचों से भरी गागरी, सहसा कैसे रीत गई है?

अवध नृपति अज ने ही सबको, अधिक निशा का ध्यान दिलाया।
सभी चले निज शयन कक्ष को, हृदय हर्ष तन-मन उमगाया॥

दशरथ के मन राजतिलक का, हर्षोल्लास प्रगट था भारी।
उस पर कौसल्या ने प्रमुदित, दे अनुराग किया अनुहारी॥

उर हुलास मन था उद्दीपित, चिंतन प्रबल प्रवाह चला था।
राजकाज, कौसल्या सरिता, संगम का आवेग मिला था॥

वैरी नींद आज दशरथ की, रात करवटों में काटी थी।
मर्यादा का बंधन दृढ़तर, रघुकुल की शुचि परिपाटी थी॥

ज्ञानमूर्ति कौसल्या का भी, अनुरागी तन-मन विचलित था।
किंतु संतुलन किया शीघ्र ही, उनका धर्म धीर अतुलित था॥

आज अवध का सुप्रभात है, प्रतिदिन से कुछ अलग विभा थी।
दशरथ के राज्याभिषेक पर, अवध नृपों की प्रगट प्रभा थी॥

भवन व्यक्तिगत या शासन के, दुलहन के सम गए सजाए।
राजमार्ग चौराहे गलियाँ, सब पर तोरण द्वार लगाए॥

वंदनवार पुष्प मालाएँ, सजकर अनुपम दृश्य बनातीं।
बाजारों की शोभा लखकर, आँखें मन प्रमोद दे जातीं॥

सभी जगह छिड़काव इत्र का, मन सुवास से भर देता था।
सुख साक्षात् अवध में प्रगटित, त्रिविध ताप सब हर लेता था॥

उमा! अवध का दृश्य मनोरम, रोमांचक, अनुपम, सुखकारी।
उत्साहित हो नृत्य कर रहे, बाल-वृद्ध, किन्नर, नर-नारी॥

देव, यक्ष, गंधर्व, असुर भी, वहाँ उपस्थित रूप सँवारे।
देश-देश के भूप अनेकों, प्रमुख जनों के साथ पधारे॥

आनंदित वर प्रजा अवध की, आगत सर्व समाज हुए थे।
देखेंगे प्रत्यक्ष महोत्सव, एकत्रित सब आज हुए थे॥

रंग-बिरंगे परिवेशों ने, अवध छटा अनुपम कर दी थी।
ढोल, नगाड़े, ढप, तालों ने, अद्‌भुत स्वर लहरी भर दी थी॥

ग्राम-ग्राम की नर्तक टोलीं, लोक नृत्य से मन हरती थीं।
झाँझ, मजीरा, शहनाई ध्वनि, कानों में प्रिय स्वर भरती थीं॥

राजतिलक निर्धारित उत्सव, सरयू के पावन तट पर था।
योजन तक पांडाल सुशोभित, मंच अग्रतर अति सुंदर था॥

उत्सव का पांडाल पूर्णतः, गरिमा के अनुकूल सुभाषित।
सुरभित पुष्पों की सज्जा थी, शीतल, मंद, समीर, सुवासित॥

थे वितान आरक्षित क्रम से, अलग-अलग अनुभाग किए थे।
अग्रभाग से पृष्ठ भाग तक, कई वरीय विभाग किए थे॥

शीर्ष भाग के मध्य भव्यतम, मंच विशाल बना था सुंदर।
मुख्य मंच के उभय ओर भी, अन्य मंच दो निर्मित मनहर॥

बाईं दिशा मंच आरक्षित, नृप समाज जो थे अभ्यागत।
दाईं ओर मंच मन भावन, आरक्षित गुरु, ऋषि-मुनि आगत॥

अति विशिष्ट, मर्मज्ञ, मनीषी, हेतु समक्ष सुनिश्चित आसन।
इसी तरह सब भाग सुनिश्चित, बना रहे उत्सव अनुशासन॥

इधर महल में अतिथि, सहित सब, देर रात्रि मे सो पाए थे।
किंतु हृदय उत्साह सँजोए, प्रातःकाल सब उठ आए थे॥

कर मज्जन अरु ध्यान सभी ने, प्रमुदित मन तैयारी की थी।
वेश-विशेष अलंकृत होकर, प्रथा मांगलिक सारी की थी॥

दशरथ में संपूर्ण रूप से, आकर्षक व्यक्तित्व समाहित।
रूप राशि रथ, सारथि वर मन, शौर्य चक्र गतिमान प्रवाहित॥

रत्न अमूल्य, अनेकों, अनुपम, वस्त्र जड़े थे दम-दम दमकें।
पैर जूतियाँ सिर पर पगड़ी, वस्त्र बदन पर चम-चम चमकें॥

असि शोभित कटिबंध साथ में, सुघर अँगरखा तन पर साजे।
मदन मान मर्दिनी मनोहर, छवि दशरथ वर रूप विराजे॥

दशरथ निकले राजमहल से, दृश्य मनोरम अति अलबेला।
दिनकर उदित उदय गिरि से हो, जैसे सुचि प्रभात की बेला॥

सखी सुमित्रा अरु कौसल्या, रानी सहित पार्श्व में ही थीं।
दशरथ मातु, भानु तिय ने भी, करके तिलक बलाएँ ली थीं॥

पीछे-पीछे राजवंश के, सभी सदस्य चल रहे ऐसे।
सूर्य रश्मियों से प्रतिपालित, नभ में चमक खिली हो जैसे॥

भानुमान दशरथ के बाएँ, दाहिनि दिशि नृप अज शोभित थे।
चँवर डुलाते सेवक चलते, अंतरंग मन अति मोदित थे॥

राजमहल के अग्रभाग में, ड्योढ़ी अनुपम अति विशाल थी।
थे विशिष्ट सब वहाँ उपस्थित, सबके कर आशीष माल थी॥

राजवंश आया ड्योढ़ी जब, देख अतिथि सब खड़े हो गए।
मान सौंप आशीष प्राप्त कर, दशरथ सहसा बड़े हो गए॥

दशरथ सहित सभी ने बढ़कर, गुरु वसिष्ठ को नमन किया था।
गुरु पद रज मस्तक पर रखकर, सबने ही आशीष लिया था॥

नृप अज ने आगे कर गुरु को, सबसे यह अनुरोध किया तब।
'शोभा यात्रा हेतु पधारें', विनयी स्वर से मान दिया तब॥

शोभा यात्रा भव्य दिव्य थी, वर्णन विशद, कठिन उपक्रम है।
सुरपति की शोभा यात्रा सा, दृश्य उपस्थित वर अनुपम है॥

आगे-आगे वाद्यकार सब, तुरही शंख बजाते चलते।
स्वास्तिक अरु करताल बजाकर, मंगलगीत सुनाते चलते॥

सजे हुए गज पंच अग्रसर, पथ की शोभा बढ़ा रहे थे।
रत्न जड़ित रथ के समूह भी, वैभव को ही चिढ़ा रहे थे॥

आगे रथ पर गुरु वसिष्ठ थे, नृप अज का रथ जिसके पीछे।
दशरथ का रथ परम मनोहर, कौसलेश नृप उसके पीछे॥

शोभा यात्रा दृश्य विहंगम, पुष्पों की वर्षा करते जन।
देख अतीव भव्यता उसकी, थे अतीव प्रमुदित सुर जन-गण।

निर्धारित मुहूर्त में यात्रा, पहुँची राजतिलक के थल पर।
वाद्य अनेकों सस्वर बजते, ध्यान सभी का अज के फल पर॥

हर्षध्वनि भी प्रगट हो रही, जयकारों से नभ गुंजित था।
पवन सुगंधित विजन डुलाती, जन गण मन भी अति प्रमुदित था॥

राजमहल से जिस क्रम से सब, शोभा यात्रा तक आए थे।
वही सुनिश्चित क्रम समुपस्थित, यहाँ दृश्य भी मन भाए थे॥

सुरभित पुष्पों की वर्षा कर, सब दशरथ का स्वागत करते।
कर समवेत घोष जयकारे, सभागार रोमांचित करते॥

जैसे ही प्रवेश अज कुल का, सभागार के मध्य हुआ था।
वेद पाठियों के संयुत स्वर, ने शुचिता का गगन छुआ था॥

आध्यात्मिक हो गया सहज ही, वातावरण वहाँ का ऐसा।
भक्ति, शांत रस हर्षित होकर, मानो प्रगट हुए हों सहसा॥

इतिहासिक क्षण समुपस्थित था, सभी रसों का वहाँ बसेरा।
कण-कण में उत्साह प्रवाहित, देवगणों ने डाला डेरा॥

उमा! स्वयं मैं वेश बदलकर, सभागार में हुआ उपस्थित।
सहित समाज इंद्र उत्सव में, आगत आसन अग्र अवस्थित॥

निर्धारित थी पूर्व योजना, उस अनुसार व्यवस्थित सारे।
मंच सुनिश्चित जो जिसके हित, उस पर सादर सभी पधारे॥

भगवा वस्त्र धार ऋषि मुनिगण, दक्षिण मंच गए बैठाए।
जैसे संस्कृति दिव्य सनातन, अपना अरुणिम ध्वज लहराए।

बाएँ मंच समाज नृपों का, जगमग-जगमग रत्न दमकते।
ऋद्धि-सिद्धि संस्कार सुभाषित, भारत के वैभव को कहते॥

मध्य मंच अभिषेक मंच था, अज कुल उस पर पूर्ण व्यवस्थित।
आसन एक मध्य में सुंदर, नत हो दशरथ हुए अवस्थित॥

गुरु वसिष्ठ ने तभी पुरोहित, निश्चित एकादश बुलवाए।
चार समुद्र पुण्य सरिता जल से विधिवत् अभिषेक कराए॥

सभी पुरोहित मधुर कंठ से, वेद मंत्र का पाठ कर रहे।
जिससे सहज, सरस, समता युत, पावन अमृत हृदय भर रहे॥

पूर्ण विधान किया ज्यों गुरु ने, नृप अज को तब गया बुलाया।
किया तिलक निज सुत को नृप ने, अपना मुकुट उन्हें पहनाया॥

गुरु वसिष्ठ के सहित पुरोहित, कुल ने किया स्वस्ति का वाचन।
दे आशीष पुष्प अक्षत से, गुरुवर ने यह किया सुवाचन॥

प्रजा पालना धर्म नृपति का, पक्षपात से रहित न्याय हो।
दृष्टिकोण समदर्शी हो शुचि, धर्माधारित कोष आय हो॥

राष्ट्रधर्म के लिए प्राण की, किंचित् भी परवाह न होवे।
सत्य, वचन के लिए सदा ही, सर्व त्यागते आह न होवे॥

रघुकुल की यश मर्यादा का, ध्यान सदा ही रखना होगा।
शाश्वत मूल्य सहित संस्कृति का, रक्षण तुमको करना होगा॥

देव वृत्तियों का संरक्षण, असुर वृत्ति का दमन करोगे।
अत्याचार-अनाचारों का, शोषण का भी शमन करोगे॥

त्यागपूर्वक भोग सर्वदा, शोभा देता है समरथ को।
गुरु वसिष्ठ ने राजधर्म का, गुरु उपदेश दिया दशरथ को॥

गुरु ने फिर संकल्प दिलाकर, दशरथ से दृढ़ वचन ले लिया।
गुरु वाणी आदेश मानकर, नृप दशरथ ने वचन दे दिया॥

तत्पश्चात् नृपति दशरथ ने, गुरु को किया प्रणाम निवेदित।
तात-मातु ने प्रणत पुत्र को, शुभ आशीष दिया मन मोदित॥

अज के चरण छुए जब सुत ने, सुत को बरबस कंठ लगाया।
आलिंगित-हर्षित दोनों के, नयनों में सागर लहराया॥

मुदित हृदय फिर अज दशरथ ने, संतों का सम्मान किया था।
उनके मंच पहुँच कर नृप ने, ऋषि समाज को मान दिया था॥

संस्कृति, धर्म रूप संतों ने, परम यशस्वी कह आशीषा।
मनहुँ नवल नृप दशरथ पर हों, परम प्रसन्न आज वागीषा॥

इंद्र सहित सारे भूपों ने, नृप दशरथ को अर्पि बधाई।
कौसल्या भी हर्षित मन से, बरबस दशरथ के ढिग आई॥

कौसल्या ने मंद स्वरों में, शुभ कामना समर्पित की थी।
कौसलेश नृप के समाज ने, उन्हें बधाई अर्पित की थी॥

सब भूपों ने नृप दशरथ को, मूल्यवान उपहार दिए थे।
मैत्री का वर भाव जानकर, नरपति सब आश्वस्त हुए थे॥

सबको दे सम्मान योग्यतम, नृप ने सबको विदा किया तब।
समुचित जिसकी जैसी इच्छा, दशरथ ने तद्‌भाव दिया तब॥

विधियाँ सब परिपूर्ण हुईं जब, अज कुल ने प्रस्थान किया था।
कौसलेश कुल को भी नृप ने, 'महल चलें' आह्वान दिया था॥

महल पहुँचकर भोजन कर सब, शयन हेतु निज भवन सिधारे।
कौसल्या दशरथ के उर तब, प्रीति प्रतीति विचार विचारे॥

शाम समय गोधूलि पुण्यतम, सभी पुनः एकत्र हुए जब।
भानुमान ने अनुरागित हो, अज को कहे वचन ऐसे तब॥

सदा-सदा से मित्र रहे हम, अब चौथापन बढ़ आया है।
आप हो गए मुक्त आज पर, शुचि संन्यास मुझे भाया है॥

किंतु शेष कर्तव्य अभी तक, मेरे ऊपर भी गुरुतर हैं।
कौसल्या का पाणिग्रहण अरु, अनुज सुता, सुत कर्म प्रवर हैं॥

ऐसा कह तब भानुमान ने, दशरथ, कौसल्या को देखा।
उभय हृदय के भावों को तब, नृप ने चित्र लेख सा लेखा॥

सबकुछ समझ लिया था अज ने, मनचाहा प्रस्ताव हुआ था।
पहले से सोचा जो अज ने, भानुमान मन भाव हुआ था॥

अज ने पहले से दशरथ के, मनभावों को परख लिया था।
उभय हृदय अनुराग अपरिमित, इस रहस्य को निरख लिया था॥

इसीलिए रानी से अज ने, पहले ही चर्चा कर ली थी।
दशरथ हेतु उचित कौसल्या, दोनों ने हामी भर ली थी॥

हर्षित होकर अज ने तत्क्षण, सीधा यह प्रस्ताव दिया था।
मम सुत को वर दो कन्या निज, मित्र भाव सत्कार किया था॥

उस क्षण कौसल्या दशरथ के, आनन रक्तिम वर्ण हो गए।
अपलक देख रहे दोनों वे, नयन-नयन में गहन खो गए॥

बदल गया सबकुछ क्षण भर में, आज दिवस अतिशय शुभकर था।
राजतिलक के शुभ दिन पर ही, प्रस्तावित परिणय प्रियवर था॥

'अहोभाग्य' कह भानुमान ने, हर्षित हो निज सुता निहारी।
परम प्रफुल्लित देख सुता को, प्रमुदित तात और महतारी॥

केवल मित्र अभी तक जो थे, संबंधी वे सहज हो गए।
कौसल्या दशरथ दोनों के, हृदय प्रेम के जलज हो गए॥

दोनों ओर अपार हर्ष था, मन मयूर बन नाच रहे थे।
भावी जीवन की परिभाषा, प्रमुदित होकर बाँच रहे थे॥

अर्धरात्रि तक चर्चाओं का, क्रम अनवरत चला था उस दिन।
था उत्साह अपरिमित सब में, प्रति उर पुष्प खिला था उस दिन॥

कर विश्राम उठे सब प्रातः, मध्य भवन में जब सब आए।
दिए सभी उपहार भानु ने, कौसल से जो थे वे लाए॥

कौसलेश बोले विनम्र स्वर, मित्र आप अब समधी मेरे।
मनोकामना पूर्ण हुई है, उदित हुए मम पुण्य घनेरे॥

शुभ मुहूर्त में शीघ्र सुता के, पीले हाथ करूँगा नृपवर।
सुता आपकी हुई धरोहर, सौपूँगा मैं शीघ्र सुहृदवर॥

दें आज्ञा प्रस्थान हेतु अब, परिणय की तैयारी करनी।
आप सूर्य, मैं तारा नभ का, तव सद्कृपा मित्र दुख हरनी॥

इस प्रकार आत्मीय भाव से, कौसल कुल की हुई विदाई।
नव संदर्भों से अनुप्राणित, खुशी सभी हृदयों में छाई॥

अति आनंद समाए उर में, कौसल कुल निज राज्य गया था।
कौसल्या के सहित सभी ने, प्रचुर प्रेम का अमिय पिया था॥

कथा श्रवण कर रही भवानी, सहसा संस्मृतियों में खोईं।
निज तप से परिणय की यात्रा, में अतीत की फसलें बोईं॥

प्रिय का आनन लख शिवशंकर, समझे उमा हृदय की भाषा।
त्रिकालज्ञ ज्यों पढ़ लेता है, युग के अंतर की परिभाषा॥

ध्यानाकर्षण किया शंभु ने, उमा शीश पर धर कर अपना।
चेतन हुई उमा यूँ सहसा, जैसे देख रही हो सपना॥

कहा शंभु ने फिर नेहित स्वर, आज कथा विश्रांति करेंगे।
कल फिर अकथ कथा में भामिनि, नवरस, सत्य, विमर्श भरेंगे॥

'शिवि' यह सर्ग अतुल कल्याणी, श्रवण परायण अति फलदायक।
होगा सर्ग अनूठा चौथा, भविता का होगा परिचायक॥

कौसल्या दशरथ का परिणय, रस वर्षा से तन भीगेंगे।
नवल उदय की वर परिभाषा, शेष, दिनेश, सुरेश लिखेंगे॥

(इतिश्री सर्ग तीन)

सर्ग-चार

मंगलाचरण

माँ के रूप हैं अनेक किंतु शक्ति सर्व एक,
सर्व व्याप्त शक्ति माँ की जग में महान् है।
धारती सदा माँ बीज बीज को बनाती वृक्ष,
पालती सभी को मातु तेरा गुणगान है॥
वीणापाणि शारदे की कृपा वृष्टि से मनुष्य,
बुद्धिहीन अल्पज्ञानी बनता धीमान है।
महादेवी लक्ष्मी माँ की कृपा मिल जाए यदि,
दीनहीन याचक भी बनता श्रीमान है॥

★★★

कौसलपुर में पहुँच नृपति ने, गुरु को सब वृत्तांत बताया।
कौसलेश संबंध अवध से, सुनकर विप्र हृदय हर्षाया॥

कुलगुरु की अनुशंसा पाकर, किया निवेदन तब नरेश ने।
शुभ मुहूर्त परिणय का शोधें, पुण्य सुअवसर दिया ईश ने॥

गुरु ने तब सब भाँति शोधकर, परिणय की शुभ लगन बताई।
मौसम, ऋतु अनुकूल मानकर, भानुमान को लगन सुहाई॥

राज महल में सभी मुदित मन, सबमें ही हर्षातिरेक था।
कौसल्या के सहित सुमित्रा, रोमांचित मन, पर विवेक था॥

देर रात तक जाग-जागकर, दोनों बात किया करती थीं।
अवधपुरी की संस्मृतियों में, प्रतिदिन नव ऊर्जा भरती थीं॥

सो जाने पर कौसल्या को, स्वप्न हिंडोले मुदित झुलाते।
अवधपुरी के महल दुआरे, संकेतों से उसे बुलाते॥

आकर्षक व्यक्तित्व प्रगट हो, सपने में प्रमोद मन भरता।
प्रिय का स्वप्न मिलन सहसा ही, उनकी विरह व्यथा को हरता॥

इस प्रकार से दिवस रैन सब, संस्मृतियों में बीत रहे थे।
कौसल्या के अंतर्मन से, अति उमंग के स्रोत बहे थे॥

भानुमान ने लगन पत्रिका, मान सहित अज को भिजवाई।
अज ने गुरु के आश्रम जाकर, लगन पत्रिका उन्हें दिखाई॥

सब प्रकार चिंतन कर गुरु ने, अनुमोदन कर दिया मुदित मन।
अज ने किया प्रणाम पुनः जब, गुरु आशीष दिया हर्षित मन॥

अज ने परम प्रफुल्लित होकर, स्वजनों को पत्रिका सुनाई।
रानी सहित सभी ने परिणय, तिथि अनुकूल विमर्श बताई॥

अवधपुरी कौसल दोनों में, नगपति सा उत्साह बना था।
दोनों की सीमाएँ टूटीं, व्याप्त चतुर्दिक प्रेम घना था॥

उत्सव जैसा, उभय राज्य में, प्रजा पूर्णतः आनंदित थी।
दोनों राज्य हुए संबंधी, प्रेम भावना अभिनंदित थी॥

शुभे! अवध में दशरथ का मन, चंचल मृग सा वेगवान था।
उनके मन में कौसल्या का, चित्र मनोहर विद्यमान था॥

जब से आँखें चार हुई थीं, विकल चेतना तड़प रही थी।
नयनों ने नयनों से मिलकर, कथा प्रेम की अमिट कही थी॥

हुईं सभी परिपूर्ण प्रथाएँ, उभय कुलों में जो प्रचलित थीं।
गुरुओं के शुभ निर्देशन में, लोकरीतियाँ पूर्ण फलित थीं॥

कुशल सचिव गण के माध्यम से, अज ने सभी प्रबंध कराए।
बाराती, वाहन, रक्षक दल, सूची सब विधिवत् बनवाए॥

दोनों ओर बधाई का क्रम, स्वयं हुआ आनंद अवतरित।
मंगल गीत गूँजते चहुँ दिशि, उर-उर में उत्साह समीरित॥

दुलहन सी थी सजी अयोध्या, वर शृंगार अतुल मनभावन।
हुलसित प्रमुदित सब नर-नारी, जैसे कर्म फलित हों पावन॥

था अतीव मनहरण दृश्य वह, दशरथ जब दूल्हा बन आए।
चली बरात सहर्ष अवध से, वाद्यकार ने वाद्य बजाए॥

कई दिवस यात्रा में बीते, वातावरण सहज सुखदायक।
पग-पग पर स्वागत का क्रम था, सुंदर सगुन होंहि सब लायक॥

उधर नृपतिवर भानुमान ने, अतुल व्यवस्था की स्वागत की।
सुर नगरी के सदृश सजावट, श्रेष्ठ व्यवस्था प्रति आगत की॥

स्वजन हुए एकत्रित सब थे, मनोविनोद हवा में छाया।
नृत्य, गीत, संगीत समाहित, मनहर दृश्य सभी को भाया॥

क्रियाशील सब करें व्यवस्था, जन-जन था अतिशय उत्साहित।
कौसल्या, पितु-मातु, सुमित्रा, रोम-रोम आनंद समाहित॥

सूर्यवंश के विमल केतु सम, सगुन मार्ग में नाच रहे थे।
ढोल नगाड़ों की ध्वनि सत्वर, व्योम व्याप को जाँच रहे थे॥

गज समूह का गर्जन नभ में, घन घमंड सा स्वर भरता था।
रथ का घर्घर नाद सभी की, यात्रा थकन सहज हरता था॥

श्वेत अश्व से वाहित, सज्जित, रथ दिनकर की आभा देते।
पंक्तिबद्ध पैदल हय गज रथ, सुर-सरिता सी शोभा देते॥

कौसल अधिपति ने कौसल में, कुशल प्रबंध किए स्वागत के।
कई सुवास बनाए पथ में, विविध भाँति स्वागत आगत के॥

मनोनुकूल खाद्य सामग्री, पथ में साधन सभी जुटाए।
नित नूतन रुचिकर सामग्री, सहज बराती जन सब पाए॥

कौसल नगरी से दो योजन, आई जब बारात श्रेष्ठतर।
शुभ सूचना सुनी नृपवर ने, स्वागत हेतु हुए तब तत्पर॥

कुलगुरु, मंत्रीवर, सुमंत भी, नृप ने तत्क्षण ही बुलवाए।
हाथी, रथ, पैदल, घोड़े, सज, की अगवानी सुरुचि सुभाए॥

कौसलेश गुरु, ऋषि वसिष्ठ से, अज से भानुमान नृप भेंटे।
उभय कुलों का मिलन सुभाषित, ज्यों संस्कार संग तप भेंटे॥

सोपचार कर नृपति भानु ने, दशरथ की आरती उतारी।
तत्पश्चात् नृपति ने गुरु की, पगरज श्रद्धा से सिर धारी॥

भाँति-भाँति पकवान दूध फल, रसमय रसना से सत्कारे।
स्वर्ण-कलश पूरित रत्नों से, गोधन, गजधन दिए दुआरे॥

पुष्प बरसते, वाद्य गूँजते, सुमुखि नारियाँ गारी गाएँ।
उमड़ रहा था सिंधु हर्ष का, लक्ष्य पा रहीं अभिलाषाएँ॥

अतिशय सुंदर थे वर दशरथ, कामदेव भी लजा रहा था।
कौसल्या सी वरनी भूषित, शिल्प स्वयं को सजा रहा था॥

वर-वरनी की सुंदर आभा, वर्णन करना अति दुष्कर है।
कौन कहेगा शोभा उसकी, नृप समाज का जो दिनकर है॥

कौसल्या वरमाला लेकर, सखियों सहित बढ़ी जब आगे।
शंखनाद, करतल ध्वनि मिश्रित, मंगल वाद्य बजे अनुरागे॥

सुरभित पुष्प वृष्टि चहुँ दिशि से, देव-देवियाँ परम प्रफुल्लित।
युग की प्रमुख घट रही घटना, संत समाज सुजन सब हर्षित॥

कौसल्या दशरथ विवाह क्यों, घटना युग की प्रमुख कही तब?
विश्लेषण कर संशय हर दें, हे कैलासी! हम सबका अब॥

प्रश्न उमा ने किया शंभु से, सावधान हो लगे बताने।
पूर्व जन्म के मनु सतरूपा, दशरथ कौसल्या को जाने॥

तप करके दुरूह दोनों ने, माँग लिया वर परम ब्रह्म से।
पुत्र रूप में पाएँ उनको, विजित ब्रह्म था धर्म-कर्म से॥

रावण सहित राक्षसों का भय, सकल विश्व में व्याप्त हुआ था।
जीवन मूल्य कराह रहे थे, अन्यायों ने शिखर छुआ था॥

सत्य सनातन संस्कृति शुचिता, ध्वस्त हो रही थी जगती पर।
भू-मंडल आक्रांत पूर्णतः, विचलित हुए सभी धरती पर॥

दुष्टों का विनाश करने हित, प्रभु ने ही योजना बुनी थी।
मनुज रूप अवतार हेतु तब, कौसल्या की गोद चुनी थी॥

इसीलिए हे देवि! लगन यह, घटना प्रमुख हुई उस युग की।
संत, देव, राक्षस, नर, किन्नर, इस परिणय पर आशा जग की॥

देश-देश के अति विशिष्ट जन, सभी उपस्थित इस उत्सव में।
बैठे यथायोग्य आसन पर, परिणय की उत्सुकता सब में॥

शत-शत कामदेव न्योछावर, दशरथ की सौंदर्य प्रभा पर।
इंद्रा सी कौसल्या सुंदर, बलि-बलि जाएँ सभी सुहृदवर॥

खड़े मंच पर दशरथ वर थे, हाथों में जयमाल सुशोभित।
कर में माल, नयन नत सुंदर, अनुपम छवि कौसल्या शोभित॥

सखियों का संकेत प्राप्त कर, कौसल्या नत नयन उठाए।
नयनों से जब नयन मिले तो उभय हृदय अनुराग समाए॥

उन्नत कर, कर कौसल्या ने, जयमाला वर को पहनाई।
करतल, शंख, मृदंग, मंत्र ध्वनि, मन प्रमोद भरती शहनाई॥

वाद्य मांगलिक लोकगीत मिल, मनहर दृश्य उपस्थित करते।
परिणय के विस्तृत मंडप में, सुजन हृदय में शुचिता भरते॥

तभी अवधपति दशरथ वर ने, कौसल्या मन की गति जानी।
कर कमलों से, अनुरागित मन, मेली कंठ माल सन्मानी॥

परिजन पुरजन आह्लादित सब, मंगलध्वनि पंडाल व्याप्त थी।
दुरजन, दुष्ट, दैत्य, दुर आत्मा, अतिशय विचलित विकल आप्त थी॥

फिर सब हुए विधान व्यवस्थित, पाणिग्रहण भी हुआ विधानित।
भानुमान नृप ने रानी संग, सब संस्कार किए मन हर्षित॥

पाणिग्रहण के समय नृपति ने, अद्‌भुत वर संकल्प ले लिया।
कन्या के संग राज्य स्वयं का, दशरथ को ही दान दे दिया॥

सब हतप्रभ थे पुरजन परिजन, किंतु भानु तो भानुमान थे।
संकल्पों के धनी, विचारक, निर्मल मन के कीर्तिमान थे॥

परिजन, गुरुजन की इच्छा पर, कहा नृपति ने तब समझाकर।
मैंने अब तक धर्म निभाए, गुरुवर की ही आज्ञा पाकर॥

अनुज बिछोह समय पर मैंने, राजधर्म से अरुचि जताई।
किंतु उस समय गुरु आज्ञा ने, काल धर्म की राह बताई॥

इस कारण ही मैंने अब तक, निर्धारित दायित्व निभाए।
राजधर्म, कुल धर्म पूर्ण कर, अब विरक्ति मन भाव समाए॥

कौसल्या को गले लगाकर, कहा नृपति ने नेह सँजोकर।
सुता सुमित्रा, सुत सुमंत का, अब दायित्व तुम्हारे ऊपर॥

कंपित अधर, विकल तन-मन नृप, नयन नीर उद्रेक समाए।
सुता कौसला सुध-बुध भूली, बिलख अश्रु अविराम बहाए॥

तात सुता की भावुक गति ने, संज्ञा शून्य किया तब सबको।
सुबक-सुबक, व्याकुल-आकुल पर, ढाढ़स बँधा रहे सब सबको॥

तभी नृपति ने अनुज सुता सुत, बरबस हृदय बीच लिपटाया।
वत्सलता के विमल भाव से, दोनों के मन धैर्य समाया॥

व्यथित, वियोग विकल मन चारों, अनुज सुता सुत, सुता भूप थे।
झर-झर आँसू झरे नयन से, आलिंगित वे एक रूप थे॥

अतिशय भावुक दृश्य वहाँ का, सब विवेक कर गया पलायन।
यद्यपि शुभ परिणय का अवसर, किंतु खुले करुणा वातायन॥

देवि उमा! सुख-दुख उछाह में, निश्चित ही विवेक खो जाता।
भावों का अतिरेक शीर्ष तक, पहुँच शांति को ही पा पाता॥

करुणा रस चढ़ गया शीर्ष पर, पुनः शांत रस, रस बरसाए।
शांत मना नृप भानुमान के, सद्यः चिंतन अब उर आए॥

अनुज सुता, सुत को समझाया, भानुमान ने शांत भाव से।
दशरथ कौसल्या तव रक्षक, सुख देना इनको सुभाव से॥

विवश मना मैं क्षमा माँगता, धर्म नहीं मैं पूर्ण कर सका।
कौसल्या कर, सौंपा तुमको, तव जीवन रँग नहीं भर सका॥

चौथापन आया है मेरा, आयु धर्म अब मुझे बुलाता।
ब्रह्म साधना ही अभीष्ट अब, चौथा आश्रम ही मन भाता॥

सत्य सनातन धर्म पुरातन, आश्रम चार शास्त्र सम्मत हैं।
ब्रह्मचर्य, गार्हस्थ और शुचि, वानप्रस्थ संन्यास सुमत हैं॥

पावन ऋषियों की यह वाणी, गूँज रही है सदा व्योम में।
उन ऋषियों का ही मैं अनुचर, धर्म बसा है रोम-रोम में॥

चक्रवर्ति सम्राट् अवधपति, दशरथ प्रिय दामाद हमारे।
वे कौसल के भी अधिपति अब, जन-गण मन के योग्य सहारे॥

ऐसा कहकर भानुमान तब, दशरथ के समीप चलि आए।
आर्द्र नयन, नेहित, स्वर विनयी, बोले वचन तभी मन भाए॥

सुत! उपासना मूर्ति सुमित्रा और सुमंत परम गुणकारी।
सदा सहायक होगें नृप तब, सर्व त्याग वर आज्ञाकारी॥

मेरे प्राण, सुता कौसल्या, किंतु नयन यह दोनों मेरे।
प्रजा यहाँ की संतति मेरी, बरसाना प्रिय प्रेम घनेरे॥

भानुमान के अश्रु पोंछकर, दशरथ ने यह वचन उचारे।
'कथन तात स्वीकार आपके, अब से यह हैं धर्म हमारे॥'

ऐसा कह दशरथ ने झुककर, भानुमान के चरण छुए जब।
बरबस खींच हृदय लिपटाया, भूत, भविष्य हुए समरस तब॥

भानुमान का मन दशरथ से, मिलकर सहसा शांत हुआ था।
जैसे तप्त तबे को शीतल, जल ने पूरी तरह छुआ था॥

पूर्ण रूप मन तृप्ति प्राप्त कर, नृप ने निकट सुमंत बुलाए।
शीघ्र विदाई का उपक्रम हो, आदेशित कर उन्हें पठाए॥

सभी प्रथाएँ पूर्ण हुईं जब, आई करुण विदाई वेला।
समाचार मिल गया प्रजा को, लगा चतुर्दिक जन-गण मेला॥

भावपूर्ण हो रही विदाई, समधी दोउ भेंटे भर छाती।
अज से कहा भानु ने आकुल, मेरी आप सँभालो थाती॥

विह्वल तन-मन था सबका ही, रानी माँ का उर अधीर था।
युगल बेटियों के वियोग से, आँखों से झर रहा नीर था॥

कौसल्या की सखियों का भी, मलिन गात भीगी पलकें थीं।
गीले हुए कपोल अश्रु से, कुछ भीगी बिखरी अलकें थीं॥

दो संदर्भ आज करुणा के, एक कुअँरि अब हुई पराई।
दूजे नृपवर भानुमान को, संन्यासी दीक्षा, मन भाई॥

इसीलिए कौसल नगरी के, डूबे करुणा में नर-नारी।
परिजन, पुरजन प्रजा जनों के, अश्रुपात नयनों से भारी॥

कौसल्या भी सजल नयन हो, भावुक मन स्वजनों से भेंटी।
झर-झर झरते अश्रुपात ने, काजर कोर नयन की मेटी॥

थी सोलह श्रृंगार सुशोभित, मन विछोह का दुख गहरा था।
शिथिल गात, कंपन अधरों पर, उर दशरथ अनुराग भरा था॥

देवि! सुमित्रा करुणायुत थी, सजल नयन, तन-मन विचलित थे।
कौसल्या के संग विदाई, काल कर्म यह सर्वविदित थे॥

परंपरा अनुसार सदा से, रीति यही अब तक प्रचलित है।
प्रथम विदाई में लघुभ्राता, अनुजा जाती वधू सहित है॥

परंपरा के साथ यहाँ तो, अन्य परिस्थिति भी न्यारी थी।
राज्यदान, नृप के विराग से, अवधपुरी ही तद्धारी थी॥

उमा नयन भी सजल देखकर, शिव तब मन विनोद भर लाए।
देवि! आपकी नहीं विदाई, क्योंकर अश्रु नयन में आए॥

रसमय वाणी सुन भोले की, उमा हँस पड़ी थी बरबस ही।
किंतु आँसुओं के प्रपात की, निश्चलता में रही विवश ही॥

शिव ने तब निज कर पंकज से, उमा अश्रु पोंछे अनुरागे।
भोले का संस्पर्श प्राप्त कर, तुष्टि भाव गौरी उर जागे॥

हे जगदीश्वर! पुरा कथा का, वर्णन अति सजीव रसमय है।
रस-विगलन स्वाभाविक ही है, नाथ नहीं कोई विस्मय है॥

किया विदाई का वर्णन जो, उससे मैं अतीत में खोई।
अपनी विदा याद हो आई, इस कारण ही प्रभु मैं रोई॥

परिणय के उपरांत विदाई, में करुणा रस बरसा करता।
'रवि' श्रृंगार वियोग साथ मिल, अन्य कई रस तन-मन भरता॥

कौसलपुर में पृथुल करुण रस, जनता के मन प्रकट हुआ था।
रसोद्रेक से भावुकता का, प्रति मन ने ही शिखर छुआ था॥

इस प्रकार हो विदा वहाँ से, जब बारात अवधपुर पहुँची।
कौसल्या से मिली अयोध्या, कीर्ति-कीर्ति मिल बनी समूची॥

कौसल्या, कौसल को पाकर, अवध हो गया अब कौसल था।
हर्षित स्वजन प्रजाजन सब थे, दशरथ मन आवेग प्रबल था॥

वर सुमंत भी मिले अवध को, कौसल्या के साथ सुमित्रा।
चक्रवर्ति यश ध्वज लहराया, प्रीति-कीर्ति थी पूर्ण सुचित्रा॥

कांता कौसल्या सँग दशरथ, पूर्ण रूप से ही समरस थे।
रस श्रृंगार नियंत्रक उनका, दोनों नहीं स्वयं के वश थे॥

चंचरीक रसपान कर रहा, पुष्प सहज आलिंगन देता।
रैन, दिवस अति अल्प हुए थे, भ्रमर पराग पुष्प से लेता॥

बौनी हुईं सभी उपमाएँ, श्वाँस युगल गति कथा बाँचती।
नेह डोर, गगरी आकर्षण, डूब-डूब गांभीर्य जाँचती॥

रैन गई कब, कब दिन बीता, युगल हृदय अनुमान नहीं था।
पल-पल क्षण-क्षण श्वाँस-श्वाँस में, प्रेम सिंधु साक्षात् वहीं था॥

नव दंपति की प्रणय कथा का, किया शंभु ने सरस विवेचन।
सुनकर अरुण कपोल उमा के, सुधियों से नत हुए सुलोचन॥

देख उमा का बदन शंभु के, नयनों में अनुराग समाया।
भामिनि के लज्जायुत मन पर, चित्रित थी सुधियों की छाया॥

मन विनोद का भाव सँजोए, शंकर निज कर चिबुक उठाई।
गहरे झाँके नयनों में जब, गौरा बदन बढ़ी अरुणाई॥

अधरों पर मुसकान मधुरतम, उमा शंभु की ओर निहारी।
अर्थपूर्ण मुसकान देखकर, रोमांचित तन-मन त्रिपुरारी॥

मधुमय झिड़की दे गौरा ने, उर अनुराग उड़ेला शिव पर।
'आगे की प्रिय कथा सुनाएँ' हे! कल्याणमूर्ति शंभू हर॥

मंद-मंद मुसकान अधर ले, शंभु उमा को लगे बताने।
अवध, सुमंत, सुमित्रा की शुचि, कथा सरस तब लगे सुनाने॥

प्रिये! वर्ष गत हुए इस तरह, था आनंद अवध के आँगन।
राजकाज हो गया व्यवस्थित, कीर्ति पात्र भरता चतुरानन॥

त्रिभुवन नृपति, अवधपति से मिल, संरक्षित आनंद मनाते।
बुद्धि, पराक्रम, आभा, कौसल, नृपति केतु जग में लहराते॥

ज्ञानवान, वर चतुर, विवेकी, थे सुमंत नृप के सहयोगी।
सचिव प्रमुख थे राज सभा में, सादा जीवन संत सुयोगी॥

इसीलिए गुरु सहित सभा के, सभी सदस्य नेह करते थे।
दशरथ भी मुनिधी सुमंत में, कर प्रशस्ति ऊर्जा भरते थे॥

था अतीव विश्वास नृपति का, अवध नगर के अतिशय प्यारे।
चिंतन परम परिष्कृत, पावन, नृप मन के वे अति अनियारे॥

राजमहल में कौसल्या सँग, भगिनि सुमित्रा भी प्रसन्न थी।
कली अधखिली, देहयष्टि वर, चुंबकीय यौवन प्रपन्न थी॥

नख से शिख तक यौवन का मद, अंग-अंग से शहद टपकता।
मृगनयनी, गज गामिनि, विमला, काया कंचन, रूप महकता॥

सरल हृदय हिमगिरि सा गौरव, सुंदरता ही मूर्तिमती थी।
सेवाभावी स्वयंसेविका, रोम-रोम से दयावती थी॥

थी कृतज्ञ कौसल्या के प्रति, प्रेम अपरिमित था अंतर में।
सतत समर्पण की परिभाषा, नित्य बाँचती थी वह उर में॥

अंतरंग कौसल्या की वह, दशरथ की थी परम दुलारी।
प्राण सदृश वह सदा साथ में, दोनों उस पर थे बलिहारी॥

उमा! अवध में नृप दशरथ का, समय हर्ष से बीत रहा था।
किंतु नहीं संतान अभी तक, दंपति मन घट रीत रहा था॥

थे अतीव चिंतातुर दोनों, गुनी वैद्य नृप ने बुलवाए।
निष्फल हुए प्रयत्न सभी के, मन में अति विषाद भर लाए॥

एक दिवस कौसल्या ने तब, मन अविचल कर वचन उचारे।
नाथ! न्यूनता है मुझमें ही, इसीलिए दुर्भाग्य हमारे॥

सिंहासन के लिए सुनिश्चित, अंशज देना धर्म आपका।
अत: विवाह दूसरा कर लें, पूर्ण हो सके कर्म राज्य का॥

चिंतित मन दशरथ ने तब फिर, भामिनि को भर दृष्टि निहारा।
ज्ञानमूर्ति कौसल्या ने तब, विश्वासों का दिया सहारा॥

धीरे-धीरे दशरथ के उर, कौसल्या प्रस्ताव समाया।
सिंहासन अधिकारी के हित, 'पुन: विवाह करें' मन भाया॥

आत्म नियंत्रित दशरथ नृप तब, कौसल्या को देख रहे थे।
छिपा वेदना अंतर्मन में, भविता उर में लेख रहे थे॥

सधे हुए स्वर से दशरथ ने, तिय का तब प्रतिवाद किया था।
बाहुमध्य उनको समेटकर, प्राण प्रिये! कह प्यार दिया था॥

कैसे सोचूँ मैं विवाह की, संभव यह कैसे हो सकता?
तुम मेरी हो श्वाँस प्रियतमा, तुमको कभी नहीं खो सकता॥

तत्क्षण बोल पड़ी कौसल्या, कहीं नहीं मैं खो जाऊँगी।
राजवंश को अंश मिलेगा, धन्य-धन्य मैं हो जाऊँगी॥

मेरे उर में मूर्ति आपकी, किंचित् उर में ठौर नहीं है।
जिससे दशरथ वंश बढ़ाए, ऐसा कोई और नहीं है॥

नेहसिक्त वाणी दशरथ की, सुन कौसल्या बिलख पड़ी थी।
'धर्म हमारा वंश वृद्धि है', वह नृप सम्मुख आज अड़ी थी॥

कुल अतीत वर वर्तमान यश, भावी जीवन की परिभाषा।
कालधर्म का किया विवचेन, लोक धर्म की भी प्रत्याशा॥

बहुत देर तक शांत नृपति पर, अंतर्मन अतीव विगलित था।
कौसल्या की तर्क युक्ति से, हारा हृदय विवश विचलित था॥

आर्द्रकंठ बोली कौसल्या, नाथ! समय की माँग यही है।
सिंहासन अधिकारी के हित, फिर से परिणय कर्म सही है॥

कहा नृपति ने सुनो प्रिये तुम, विश्वासों की धुरी अवस्थित।
जीवन रथ में चक्र लगे दो, पति-पत्नी के रूप व्यवस्थित॥

चक्र हुए बेमेल अगर तो, जीवन रथ फिर नहीं चलेगा।
अगर नहीं विश्वास परस्पर, काल धर्म फिर कहाँ निभेगा॥

कौसल्या सी धीर मना क्या, इस दुनिया में अन्य मिलेगी?
हुई न यदि अनुकूल हमारे, जीवन की तब नींव हिलेगी॥

रोम-रोम में बसी तुम्हीं हो, किसको कैसे अपनाऊँगा?
कौसल्या खुश नहीं रही तो, मैं कैसे खुश रह पाऊँगा?

बहुत देर तक कौसल्या तब, गहन सोच में डूब गई थी।
कठिन समस्या थी समक्ष में, विवश चेतना शून्य हुई थी॥

जब चैतन्य हुई कौसल्या, कहा प्राणप्रिय! सुनो हमारी।
मेरी अनुजा ही हल इसका, सुलझी आज समस्या सारी॥

निज प्राणों के ही समान वह, हमको प्यार सदा करती है।
करके कर्म हमारे हित का, मन में सदा तुष्टि भरती है॥

हम दोनों की परम हितैषी, साधक के समान अंतस है।
सभी अपेक्षा पूर्ण करेगी, अपना ही उसका सरबस है॥

सुनकर वाणी कौसल्या की, डूब गए दशरथ चिंतन में।
क्या है उचित और क्या अनुचित, द्वंद्व चल रहा था नृप मन में।

कौसल्या ने कर पंकज से, जब नृप का संस्पर्श किया था।
तब उनको समेट बाँहों में, नृप ने गहरा प्यार दिया था॥

कहा नृपति ने कौसल्या से, प्रिय! प्रस्ताव उचित लगता है।
किंतु समय दें सोच सकूँ मैं, नीति कर्म क्या कुछ कहता है?

दशरथ के मानस में तत्क्षण, नवल, सुमित्रा चित्र बना था।
चिंतन के अविरल प्रवाह से, भावी विशद वितान तना था॥

पूरी रैन, चैन उच्छृंखल, दूर हो गया था दशरथ से।
निद्रा हुई पराई सी अब, धैर्य हुआ था विचलित पथ से॥

बार-बार दशरथ के मन में, नव यौवना सुमित्रा आती।
मदमाती, मृगनयनी बाला, गजगामिनि नृप मन हर जाती॥

विचलित करता कामदेव था, किंतु विवेक हठात् रोकता।
वर नीतिज्ञ नृपति दशरथ मन, मनसा को उस समय टोकता॥

प्राची की अरुणिम आभा सँग, रवि विवेक दशरथ का जागा।
रजनी के अस्तित्व लोप से, मन अँधियारा सरपट भागा॥

तब दशरथ ने कौसल्या को, अपने सम्मुख शीघ्र बुलाया।
चिंताग्रस्त, मलिन मुख भामिनि, का तन प्रिय के सम्मुख आया॥

कहा नृपति ने स्वीकृति मेरी, देवि! सुमित्रा का मन ले लें।
उसके मन का क्या चिंतन है, नेह प्यार से अभिमत ले लें॥

हे प्राणेश्वरि! उसके मन की, थाह सुनिश्चित लेनी होगी।
प्रिये! सुमित्रा को वर चुनने, की स्वतंत्रता देनी होगी॥

भारत के दर्शन से सम्मत, स्वयंवरों की परंपरा है।
वर चुनने की वह अधिकारी, देवि! सुमित्रा ऋतंभरा है॥

परम प्रफुल्लित कौसल्या ने, धन्यवाद कह मान दिया था।
पाकर स्वीकृति नृप दशरथ की, उसका प्रमुदित पुण्य हिया था।

हर्षित मन से कौसल्या तब, तुरत सुमित्रा के ढिग आई।
कौसल्या को देख प्रफुल्लित, अनुजा बरबस ही मुसकाई॥

फिर पूछा दीदी क्यों प्रमुदित, शुभ कारण मुझको समझाएँ।
मन जिज्ञासु जानना चाहे, मेरे उर को भी उमगाएँ।

बाँहों में भर लिया उसे तब, सघन प्रेम की वर्षा की थी।
अनुजा मत करना निराश तुम, कहकर शपथ स्वयं की दी थी॥

ऐसी भला बात क्या दीदी, बाँध रही हो मुझे वचन से?
बोलो बचपन से अब तक मैं, विलग हुई क्या तव चिंतन से?

गीले नेत्र हुए कौसल्या, सुनी समर्पण की जब वानी।
अनुजा सहज हृदय लिपटाई, इच्छा पूर्ण हुई अनुमानी॥

तभी सुमित्रा की इच्छा पर, कौसल्या ने हेतु बताया।
वंश वृद्धि हित उसका परिणय, दशरथ से हो यह समझाया॥

आकस्मिक परिणय चर्चा से, हुई सुमित्रा अस्थिर तत्क्षण।
अरुणाई आई आनन पर, शरमाई सकुचाई उस क्षण॥

कौसल्या ने नेहित स्वर में, अनुमोदन हित किया निवेदन।
किंतु सहज थी नहीं सुमित्रा, तन-मन में था अति संवेदन॥

पार्वती! उस समय सुमित्रा, अंतर्मन को तौल रही थी।
मुख की भाव-भंगिमा ने ही, अंतस की सब कथा कही थी॥

फिर भी पूछ रही कौसल्या, अनुजा! मन की बात बताओ।
स्वीकृति देकर निज दीदी के, मन की चिंता शीघ्र मिटाओ॥

तुम अनुजा हो, किंतु सदा से, मैंने सखी तुम्हें जाना है।
मन के सभी भाव बाँटे नित, अपना अंग तुम्हें माना है॥

अलग नहीं होगी तुम मुझसे, विधि ने यही विधान लिखा है।
होनी की गति कौन जानता, इसमें कुल कल्याण लिखा है॥

कंपित अधर, नयन नत बाला, सधे हुए स्वर से यों बोली।
'निर्णय सदा आपके माने', कहकर नयन पत्रिका खोली॥

उमा! सुमित्रा के उत्तर से, कौसल्या संतुष्ट नहीं थी।
अनुजा की मानस अभिलाषा, वाणी से भी पुष्ट नहीं थी॥

नहीं चाहती थी दबाव में, करे सुमित्रा कोई निर्णय।
इसीलिए वह चाह रही थी, जीवन का निश्चय हो निर्भय॥

पंकज कर धर शीश नेह से, कौसल्या ने पूछा मृदु स्वर।
'तव निर्णय से मैं सहमत हूँ', कहा सुमित्रा ने हर्षित उर॥

बिखराती मुसकान सुमित्रा, वेगवती धारा सी धाई।
गद्गद हुई तभी कौसल्या, जैसे मनचाही निधि पाई॥

आह्लादित, हर्षित कौसल्या, नृप दशरथ के निकट गई जब।
देख सहज, प्रमुदित परिणीता, नृप जिज्ञासा शांत हुई तब॥

उत्साहित कौसल्या ने तब, नृप को सब वृत्तांत सुनाया।
मम परिणय प्रस्ताव प्राण प्रिय, मेरी अनुजा को भी भाया॥

स्वीकृति जान सुमित्रा की नृप, मन ही मन अतिशय हर्षाए।
सघन कल्पना मेघ अचानक, मानस व्योम पटल पर छाए॥

सावधान हो तब नरेश ने, कौसल्या से वचन उचारे।
अर्हित स्वीकृति गुरु वसिष्ठ की, पूर्ण काम, गुरुदेव सहारे॥

उनकी नैतिक स्वीकृति के बिन, संभव नहीं हो सकेगा यह।
अतः चलें उनके चरणों में, परामर्श देंगे हितकर वह॥

प्रातकाल मज्जन पूजन कर, नृप दंपति गुरु आश्रम आए।
कर सत्कार विज्ञ गुरुवर ने, समुचित आसन दे बैठाए॥

दशरथ कौसल्या ने गुरु को, आदर सहित प्रणाम किया था।
उपवेशित होने के पहले, उनका शुभ आशीष लिया था॥

कौसल्या ने गुरु वसिष्ठ को, नृप परिणय प्रस्ताव सुनाया।
सूर्यवंश की वृद्धि हेतु निज, अभिमत ऋषिवर को बतलाया॥

'हम' के लिए समर्पण 'मैं' का, आँखों से देखा गुरुवर ने।
कौसल्या को अंतर्मन से, शुभ आशीष दिया ऋषिवर ने॥

मुदित मना ज्ञानी वसिष्ठ ने, स्वीकृति अपनी तभी जताई।
सभी दृष्टि से शुभ यह परिणय, तिथि भी निश्चित कर बतलाई॥

राजधर्म, नैतिक मूल्यों के, सर्व पूर्ण अनुकूल सुसम्मत।
इसमें कुछ भी नहीं अनैतिक, हितकारी होगा यह अभिमत॥

इस प्रकार गुरुवर वसिष्ठ ने, की परिणय की पूर्ण समीक्षा।
विधि, हरि, हर का है अनुमोदन, वर भविष्य भी करे प्रतीक्षा॥

गुरु वसिष्ठ ने कौसल्या की, भूरि-भूरि की तभी प्रशंसा।
हो कल्याणमूर्ति, ज्ञानी, शुचि, लोक हितैषी तव अनुशंसा॥

कीर्ति पताका युगों-युगों तक, भू-मंडल पर लहराएगी।
पुत्री तेरी पुण्य कथा को, संसृति श्रद्धायुत गाएगी॥

सूर्य वंश हित त्याग तुम्हारा, धर्म धरा के सदृश सही है।
'हो कल्याण तुम्हारा बेटी', गुरुकुल का आशीष यही है॥

गुरुवर का आशीष प्राप्त कर, दशरथ, कौसल्या, गृह आए।
पूर्ण योजना पर विचारकर, परिवारीजन को समझाए॥

कहा नृपति ने कौसल्या से, अब तो मुझसे मिले सुमित्रा।
उसके कक्ष गए दोनों तब, देख सुमन उर खिले सुमित्रा॥

दशरथ से जब नयन मिले तो, डूब गए नृप नयन झील में।
वस्त्राभूषित, सुरुचि सुमित्रा, वर सौंदर्य निबद्ध शील में॥

पहली बार नृपति दशरथ ने, भविता को भर आँख निहारा।
देख अपरिमित सुंदरता को, रोमांचित था तन-मन सारा॥

गौरवर्ण चंद्रिका सदृश वह, अंग-अंग आकर्षित करता।
काले कच, कमनीय कमर तक, मदमाता तन हाला भरता॥

नील गगन से नेत्र, चंचला, हिरनी सी चितवन उसकी थी।
जगमग करते अंग छबीले, उन्हें नहीं वह रोक सकी थी॥

वस्त्र रेशमी पहने तन से, अंग-अंग वर झाँक रहे थे।
धीरज की गहराई ज्यों वे, डूब-डूबकर नाप रहे थे॥

दीपशिखा सी देह दमकती, यौवन की मादकता भारी।
इस सौंदर्य प्रभा पर अगणित, स्वर्ग लोक के सुख बलिहारी॥

कंचन काया को नृप दशरथ, चातक सम तब देख रहे थे।
निर्निमेष, रूपसि बाला को, अपने उर में लेख रहे थे॥

तभी कौसला ने दशरथ की, मनोदशा गहरी पहचानी।
भगिनि सुमित्रा के अंतर की, चिर आतुरता भी अनुमानी॥

कौसल्या ने अभिभावक की, कुशल भूमिका पूरी की थी।
उचित समय पर गुणी कृषक ने, ज्यों निज शक्ति उर्वरा दी थी॥

ध्यान बँटाया हँसकर उसने, कहा बैठकर बात करें अब।
भावी जीवन सब अपना है, दोनों व्यग्र मना हो क्यों तब?

तभी सचेष्ट हुए वे सहसा, दोनों शरमाए सकुचाए।
यंत्र चलित से बैठे आसन, उभय अधर बरबस मुसकाए॥

वार्ता का क्रम सूत्र हाथ ले, कौसल्या ने की अगुआई।
भित्ति ध्वस्त संकोच हो गई, बढ़ी युगल उर में चिकनाई॥

बहुत देर तक बातों का क्रम, चलता रहा अबाध रूप से।
आदि अंत की चर्चाओं में, जुड़ी सुमित्रा स्वयं भूप से॥

थी अतीव खुश आज सुमित्रा, अभिलाषा से अधिक मिल रहा।
नीरस मन उपवन में सुरभित, शीतल मलय समीर चल रहा॥

चिंतन का क्रम रोक नृपति ने, फिर सुमंत को भी बुलवाया।
सबकुछ जान सुमंत प्रफुल्लित, तन रोमांच, कंठ भर आया॥

कौसल्या ने तब सुमंत को, निश्चित परिणय तिथि बतलाई।
क्या, कैसी होगी तैयारी, विधिवत् उनको सब समझाई॥

पार्वती! नृप के परिणय में, कौसल्या की विशद भूमिका।
पत्नी थी पर अभिभावक सी, धर्म धारती पुण्य भूमि का॥

शुभे! त्याग उनका अद्‌भुत था, 'मैं' से पूरी तरह परे थी।
परम हंस की वृत्ति लिए वह, उर में जनहित भाव भरे थी॥

उमा! शास्त्र सम्मत तिथि पर फिर, नृपति-सुमित्रा हुई सगाई।
प्रथम सुमित्रा फिर दशरथ ने, क्रम से वरमाला पहनाई॥

परिणय उत्सव अति सादा था, परिजन, मंत्री, गुरु आए थे।
देख युगल की अति सुंदरता, हृदय सभी के हर्षाए थे॥

शोभित थे अवधेश इंद्र से, रत्न जड़ित सुवरण पाटंबर।
वधू वस्त्र कौशेय, दीप्त तन, चंद्र विभूषित हो ज्यों अंबर॥

सभी उपस्थित आगत जन ने, शुभकामना समर्पित की थी।
थी प्रसन्न कौसल्या भी अति, उसने निजता अर्पित की थी॥

था उल्लास अपूर्व वहाँ का, सभी प्रसन्न दिखाई देते।
रंग-बिरंगे परिधानों में, शोभित सभी बधाई देते॥

परिणय की वेदिका सजी थी, वैदिक प्रथा निभाई थी सब।
पुरोहितों के वेद-मंत्र से, संपादित शुभ सप्त पदी तब॥

पाणिग्रहण की प्रथा अधूरी, माता-पिता नहीं थे जीवित।
थी सुमंत ने प्रथा निभाई, किंतु शास्त्र मत नहीं सुसेवित॥

सोपचार से हुई विदाई, इसे नहीं सामान्य कहेंगे।
पीहर या ससुराल उभय तो, अवधपुरी के गेह रहेंगे॥

दशरथ के उर नव ऊर्जा थी, और सुमित्रा मदमाती थी।
पिया मिलन की अभिलाषा मन, काया प्रणय गीत गाती थी॥

देख उमा का अरुणिम आनन, शंभु लगे बरबस मुसकाने।
शरमाई गिरिजा सहसा ही, ज्यों मन भाव शंभु के जाने॥

तभी विहँसकर बोले शंकर, देवि! कथा विश्राम कराएँ?
कौसल्या के त्याग भाव से, हम भी तो कुछ ऊर्जा पाएँ॥

फिर बैठेंगे कथा हेतु जब, आगे का विस्तार करेंगे।
होगा जन्म ब्रह्म का भू पर, प्रति उर परमानंद भरेंगे॥

जो आज्ञा कह पार्वती ने, श्रद्धा से निज शीश झुकाया।
व्यास शंभु ने अनुरागित मन, तिय का शीश मुदित सहलाया॥

(इतिश्री सर्ग चार)

सर्ग-पाँच

मंगलाचरण

तुम ही अनादि आदि अंतहू अनंत प्रभु,
यद्यपि अजन्मा किंतु जन्म लेके आते हो॥
धर्म के संहार पर भक्त की पुकार पर,
आते हो स्वयं और शक्ति साथ लाते हो॥
साधु संत ऋषि वृंद और अंशजों के संग,
भाँति-भाँति लीला कर जग को रिझाते हो॥
अत्याचारी कंस या कि रावणऊ मेघनाथ,
नाश करके अनीति नीति सरसाते हो॥

★★★

रानी अब बन गई सुमित्रा, मनहर कली, खिली अब आँगन
आई वह मधुमास सरीखी, था अभिराम सुदर्शन आनन॥

सरयू में उमंग अलबेली, तट को नव अभिसार मिला था।
अवध महल के कल्प वृक्ष पर, सुख का नवल प्रसून खिला था॥

दिनकर उषा साथ में लाया, पद्‌म, राग अभिसिंचित पथ पर।
शीतल मंद समीर सुचंचल, खिले अपरिमित कमल सरोवर॥

प्रेरित पवन, नलनियों के दल, झुक-झुक जल में मुदित नहाएँ।
पुलकित क्रीड़ारत विहंग भी, प्रणय क्रिया के गीत सुनाएँ॥

नीरवता की हुई विदाई, गुंजित दसों दिशाएँ मधु स्वर।
नवल कल्पना, नव यौवन की, थी प्रत्यक्ष रूप ले मनहर॥

नव प्रभात था आज अवध का, पुरजन में उत्साह समाया।
प्रात सुमन से, प्रमुदित मन थे, पुलकित गात स्वप्न मन भाया॥

कौसल्या अति मुदित मना थी, नवल ज्योति की आभा पाकर।
ममता की थी अगम सिंधु वह, किया सुस्वागत दीप जलाकर॥

सहपत्नी का भाव त्यागकर, हर्षित अनुजा को सन्माना।
युग का धर्म मानती गुरुतर, पति सुख में ही निज सुख जाना॥

मान ज्येष्ठता का अर्पण कर, मधु यामिनि को रुचिर बनाया।
निज अनुजा की बनी शिक्षिका, कामसूत्र का भान कराया॥

था सौहार्द भवन के अंदर, नेह सदा वर्षा करता था।
आदर भाव परस्पर के हित, वातावरण शूल हरता था॥

रमे सुमित्रा में नृप ऐसे, कई दिनों तक रहे भवन में।
ज्यों मधु लुब्ध भ्रमर हो कोई, कली निबद्ध कमल कानन में॥

बढ़ती गई प्यास जल पीकर, तृप्ति न नृप की हो पाई थी।
जितना पिया नीर भूपति ने, प्यास गुणित हो बढ़ आई थी॥

पलभर का भी विरह सुमित्रा, से नरपति स्वीकार न करते।
व्यस्त सृजन में जब वह होती, हृदय मध्य वह पीड़ा भरते॥

किंतु सर्जना की प्रतिमा वह, धर्म सभी पालन करती थी।
ले तूलिका नृपति कुल गाथा, यश चित्रों में रँग भरती थी॥

करती कौसल्या की सेवा, सत्यनिष्ठ, निर्भय, निर्मल थी।
यद्यपि रानी राजमहल की, किंतु वधू सी सरस सरल थी॥

सेवा भाव हृदय में लेकर, प्रेम नीर की वर्षा करती।
वाणी में रस घोल बोलती, श्रमित मनों का श्रम वह हरती॥

कौसल्या नृप सहित वंश की, पुतली थी सबके नयनों की।
परहित चिंतन के कारण वह, श्रद्धामूर्ति सभी अयनों की॥

रूपवती, लावण्यमयी वह, मधु ऋतु सी थी राजमहल में।
गुणता पर मुग्धा कौसल्या, दे आशीष उसे पल-पल में॥

थी उज्ज्वल वह शरद चंद्रिका, 'श्री' से प्रभापूर्ण आनन था।
वह सुखदा सम्मानदायिनी, अमृत तत्व सम उसका मन था॥

गुणवत्तायुत सभी प्रबंधन, सक्रियता से वह करती थी।
'इदं न मम' का त्याग भाव शुचि, राजमहल में वह भरती थी॥

साधक सी वह विचरण करती, ममता सदा लुटाती थी वह।
नृप दशरथ कौसल्या की भी, सलाहकार बन जाती थी वह॥

सबका हृदय जीतनेवाली, परहित सुधा सदा पीती थी।
इसी तरह वह अवधि, अवध की, सुख वैभव में ही बीती थी॥

जन कल्याण हेतु निशदिन ही, नृप को करती वह प्रोत्साहित।
असुरों के बढ़ते प्रभाव को, रोकें वह करती उत्साहित॥

हैं यदि चक्रवर्ति नृप भू पर, असुर दमन तो करना होगा।
पीड़ित जन के घावों में नृप, औषधि को अब भरना होगा॥

कभी दिलाती याद वंश की, रघु, दिलीप, अज, भागीरथ की।
शौर्य कथाएँ सुना ओज से, भरतीं शौर्य, बाहु दशरथ की॥

परम विक्रमी दशरथ भी तब, अनथक असुरों से लड़ते थे।
अवध वंश के सुभट नृपों से, असुर सर्वदा ही डरते थे॥

सभी सुखों की बरसातें थीं, ऋद्धि-सिद्धि नर्तन करती थी।
राजशक्ति मन, लोक हितैषी, जन-गण-मन पीड़ा हरती थी॥

किंतु एक चिंता नृप कुल को, वर्ष अनेकों फिर बीते हैं।
वंशवृद्धि के सभी भाव घट, आह! आज तक भी रीते हैं॥

चिंतित नृप, दोनों रानी तब, गुरु वसिष्ठ के आश्रम आए।
अंतर की गुरुतर पीड़ा को, सजल नयन गुरु को समझाए॥

गुरु वसिष्ठ ज्ञानी सुविप्रवर, दिव्य दृष्टि पाई तप-बल से।
नृप कुल को भविता समझाई, रसमय वाणी उर निर्मल से॥

त्रिकालज्ञ मुनिवर वसिष्ठ थे, नृप से कहा गूढ़ समझाकर।
होंगे नृप तव चार अलौकिक, धीर धरो धुर धरम धुरंधर॥

करो प्रतीक्षा साधक जैसी, परम ब्रह्म की ही यह इच्छा।
निश्चय ही रघुवंश फलेगा, भले आज ले रहा परीक्षा॥

नृप कुल हो संतुष्ट वहाँ से, गुरु-आशीष हृदयधर आया।
आनंदित दिन बीत रहे थे, कीर्ति केतु जग में लहराया॥

थे सुरपति वर मित्र नृपति के, बार-बार मिलते रहते थे।
अपने सुख-दुख की सब बातें, एक-दूसरे से कहते थे॥

एक दिवस सुरपति से मिलकर, दशरथ वापस लौट रहे थे।
रम्य-सुरम्य मिला जब कानन, 'यहाँ रुकें' मन भाव बहे थे॥

उत्तर दिशि आगार प्रकृति का, स्वर्ग सदृश शोभा पाता था।
था नगराज हिमालय रक्षक, कैकय देश कहा जाता था॥

तरुवर सघन लता आवेष्ठित, था अनुपम सौंदर्य प्राकृतिक।
मनहर कुंज, पुष्प संपूरित, छवि महमही अपूर्व अलौकिक॥

झर-झर झरने गाते अविरल, कोयल कुहु-कुहु कर गाती थी।
कलरव से मिल पिहू-पिहू ध्वनि, राग-राग को दे जाती थी॥

झील, सरोवर, अतुलित सुंदर, रंग-बिरंगे कमल खिल रहे।
शीतल मंद पवन के झोंके, पुष्प-पुष्प से भ्रमर मिल रहे॥

हिरन कुलाँचे भरते सरपट, हिरनी शिशु को दूध पिलाएँ।
रसना से वह रस उमड़ातीं, छौना चंचल पूँछ हिलाएँ॥

जलपरियाँ कर रहीं किलोलें, वक ध्यानस्थ खड़े थे जल में।
मछली तैरें स्वर्ग परी सी, नाचें मोर मुदित मन थल में॥

कुंजों में थे बया घोंसले, शिल्प घोसलों का अद्‌भुत था।
बया युगल चहकें क्रीड़ारत, देख नृपति का मन प्रमुदित था॥

भू का शीर्ष मुकुट लगती थीं, चहुँ दिशि फैलीं गिरि मालाएँ।
नीचे गिरती सरिताएँ ज्यों, मदमाती चंचल बालाएँ॥

उछलकूद इन बालाओं की, आकर्षित करती तन-मन को।
लगता ज्यों वह उछल-उछलकर, मोती लुटा रहीं जन-जन को॥

केशर क्यारी महक रही थी, देवदार सिर उठा खड़े थे।
हिमगिरि शिखर व्योम को छूते, भूचालों में अचल अड़े थे॥

प्रकृति अनूठी, अनुपम, मोहक, ज्यों उतरा हो स्वर्ग धरा पर।
हिमगिरी परिसर में अपलक नृप, देख रहे सौंदर्य दृष्टि भर॥

हिम आच्छादित नगपति उन्नत, चाँदी के सम धवल चमकता।
शीतल मंद सुगंध पवन भी, नृप मन में मादकता भरता॥

परम सुरम्य स्वर्ग सा केतन, तब कैकय की सीमा में था।
वास वहीं पर किया नृपति ने, अनुकूलित नृप गरिमा के था॥

लगा दिए तंबू अनुशासित, नृप आवास अलग अति सुंदर।
हुई व्यवस्था पूर्ण योग्यतम, कार्येक्षक थे स्वयं नृपति वर॥

साथ-साथ मंत्री सुमंत भी, वैयक्तिक चिंता करते थे।
सभी सहचरों की थकान को, प्रिय संभाषण से हरते थे॥

शरद पूर्णिमा निशा सुपावन, चारों ओर चाँदनी बिखरी।
विमल चंद्रिका की आभा से, कई गुना सुंदरता निखरी॥

दशरथ उर आनंद समाए, डूबे प्रकृति रम्यता में थे।
हुई विदेह मुग्धता पूरित, मन से वह अनन्यता में थे॥

निकल गए वह दूर शिविर से, ध्यान नहीं कुछ भी था उनको।
नृप को तुष्टि मिल रही अद्‌भुत, परम मुग्धता भाई मन को॥

तभी अश्व टापों का स्वर सुन, सावधान हो गए नृपति जब।
अपने निकट आ रही ध्वनि से, किंचित् मन विचलित नरपति तब॥

चलते-चलते मुग्धमना नृप, झील किनारे पहुँच गए थे।
ज्यों आभास हुआ था उनको, सावधान तरु ओट हुए थे॥

किंतु छिपे रह सके नहीं नृप, घुड़सवार ने लक्ष्य किया था।
'कौन वहाँ है' ललकारा तब, नृप ने भी धनु चढ़ा लिया था॥

क्षणभर में नृप के मानस ने, समझ लिया है स्वर नारी का।
नृप ने पूछा शुभे! बताओ, परिचय वीर वेशधारी का॥

ऐसा कहकर नृप सम्मुख थे, वीर वेश आवेश थमा था।
मानो उसका भेद खुला हो, मन में वह तत्क्षण सहमा था॥

सम्मुख जब दशरथ को देखा, भद्र यशस्वी है यह जाना।
निश्चित राजा है यह कोई, उसके मन ने यह पहचाना॥

तभी नृपति ने तरुणाई को, निकट पहुँच भरपूर निहारा।
सुंदरता को देख नृपति के, अंतर मन ने दिया सहारा॥

नृप दशरथ ने घुड़सवार को, दिया स्वयं का था जब परिचय।
चक्रवर्ति सम्राट् जानकर, उसके आनन पर था विस्मय॥

सिर की पगड़ी मुकुट हटाकर, उसने केश राशि लहराई।
देख अलौकिक सुंदरता नृप, हतप्रभ तन-मन सुध बिसराई॥

उस मृगनयनी चंद्रमुखी ने, अपना परिचय तभी दिया था।
'मैं सत्या, तनया नृप कैकय', सुन दशरथ का मुदित हिया था॥

तात सत्यजित की सहयोगी, राजकाज में हाथ बँटाती।
वेश बदलकर प्रजा जनों के, सुख-दुख भान सहज मैं पाती॥

युद्ध आदि में हूँ पारंगत, वीर वेश में ही रहती हूँ।
राजधर्म का पालन करने, सरिता सम निशदिन बहती हूँ॥

एक साथ सौंदर्य-शौर्य को, देख नृपति मन में विस्मित थे।
हृदय तीव्र तूफान उठ रहा, सम्मोहित, अति व्यग्र, मुदित थे॥

श्वाँस नहीं सामान्य भूप की, अति संवेग हृदय के अंदर।
कामदेव दुंदुभी बजाता, उसके वश हो गए नृपतिवर॥

मधुमय वाणी से सत्या ने, नृप को तब अभिसार दिया था।
'आर्य! कहें क्या आज्ञा मुझको', नृप को वर सत्कार दिया था॥

अनुरंजित मन भूपति ने तब, मधुबाला से किया निवेदन।
कैकय कुअँरि! अलौकिक सुंदरि, तुम पर डोल गया मेरा मन॥

मैं संतानहीन हूँ अब तक, वर्ष अनेकों बीत गए हैं।
आशाओं के कलश सभी अब, पूर्ण रूप से रीत गए हैं॥

सूर्यवंश को दे अधिकारी, क्या मुझ पर उपकार करोगी?
अवध महल तव करे प्रतीक्षा, नीरसता को तुम्हीं हरोगी॥

दो रानियाँ अभी हैं मेरी, किंतु तुम्हें वह प्यार करेंगी।
वंश दीप के लिए निरंतर, तुमसे वे मनुहार करेंगी॥

जिस दिन सुन लेंगी किलकारी, तुम्हें गोद लेकर नाचेंगी।
तव प्रशस्ति के ग्रंथ अहर्निश, प्रमुदित होकर वे बाँचेंगी॥

राग द्वेष से सदा दूर वह, मेरे सुख में खुश रहती हैं।
मुझे न दुख पहुँचे किंचित् भी, सारा कष्ट स्वयं सहती हैं॥

संत स्वभाव समाए दोनों, दया, क्षमा, करुणा सागर हैं।
तृषित मनों की तृषा बुझाएँ, नीर भरी शीतल गागर हैं॥

सत्या ने प्रस्ताव नृपति का, धैर्यपूर्वक सुना ध्यान से।
अति अनुरागित भाव हृदय ले, नृप को उत्तर दिया मान से॥

है मेरा सौभाग्य नृपतिवर, मुग्ध हुए जो नृपवर मुझ पर।
आर्य अकिंचन हम तव सम्मुख, आप पधारें राज सदन वर॥

नृप कैकय से माँगें मुझको, पिता सदा मेरे हितकारी।
कन्यादान विषय है उनका, तात-मातु इसके अधिकारी॥

बाला की गंभीर गिरा ने, नृप दशरथ को किया प्रभावित।
रूपमती बाला है विदुषी, समझे नृप गुण अनत समाहित॥

किंतु भूप का मलिन हुआ मुख, चिंता वाणी ने प्रगटाई।
आमंत्रण के बिना बताओ, नृप से कैसे लूँ पहुनाई?

तब विदुषी ने क्षण भर में ही, समाधान भी सुझा दिया था।
तात करेंगे कल आमंत्रित, सत्या ने दायित्व लिया था॥

लेकर विदा नृपति से बाला, हर्षित मन निज गेह गई थी।
किंतु नृपति के लिए निशा यह, बिना नींद अति दीर्घ हुई थी॥

भोर जगे नृप कैकय ज्योंही, तनया को सम्मुख तब पाया।
पुत्री को देखा तो नृप के, मन-जिज्ञासा भाव समाया॥

पूछ लिया बेटी क्या कारण, इतनी जल्दी क्यों आई हो?
सबकुछ ठीक चल रहा या फिर, समाचार कोई लाई हो?

हँसकर सत्या बोल पड़ी थी, तात! नहीं चिंता का कारण।
नहीं ज्ञात क्या तात आपको, नृप दशरथ आए अभ्यारण॥

कौन! अवधपति! कहकर कैकय, नृप विस्मय से खड़े हो गए।
क्षणभर के विचार मानस में, सहज अनेकों प्रश्न बो गए॥

सत्या ने तब विशद कहानी, नृप को रुचि लेकर समझाई।
सुरपति से मिल लौट रहे थे, प्रकृति यहाँ की उनको भाई॥

इसीलिए वे ठहरे कानन, रात भ्रमण के समय मिली थी।
है यह धर्म करें आमंत्रित, कह सत्या मन कली खिली थी॥

सुता बदन पर हर्ष भाव लख, कैकय नृप सब समझ गए थे।
रानी को बुलवाकर नृप तब, चलने को तैयार हुए थे॥

कहा सुता से सत्या तुम भी, चलो साथ करने आमंत्रित।
दशरथ नृप अपने शुभचिंतक, धर्म समझते हैं वह परहित॥

आएँगे वह महल हमारे, धन्य सभी हम हो जाएँगे।
उनके चरण पड़ेंगे आँगन, हम मन वांछित फल पाएँगे॥

रथ पर हो आरूढ़ सभी तब, विनत भाव से नृप ढिग आए।
आमंत्रण अनुरोध किया तो सहज रूप स्वीकृति वे पाए॥

कैकय ने तब कहा नृपतिवर, क्षमा करें अपराध हमारे।
तव आगमन ज्ञान से वंचित, स्वागत नहिं कर सके तुम्हारे॥

किंतु आज कृतकृत्य हुआ हूँ, आमंत्रण स्वीकार किया है।
मैं कंकर हूँ आप हिमालय, फिर भी मुझको मान दिया है॥

कुछ दिन तक हों अतिथि हमारे, धन्य स्वयं मैं हो जाऊँगा।
पुण्य कर्म से मिले आप हैं, अवसर नहीं छोड़ पाऊँगा॥

अति आग्रह सुन कैकय नृप का, दशरथ मन-ही-मन मुसकाए।
कैकय कुल के सहित अवधपति, राजमहल के लिए सिधाए॥

तब तक कैकय पुरी वीथिका, समाचार यह फैल गया था।
चक्रवर्ति आ रहे नगर में, सब जन-गण का मुदित हिया था॥

कैकय नृप के साथ प्रतिष्ठित, रथ सुवर्ण पर नृप दशरथ थे।
पग-पग पर पुष्पों की वर्षा, परम मनोहर सज्जित पथ थे॥

पार्श्व दूसरे सुवरण रथ पर, मुदित मना सत्या रानी थीं।
सत्या के मन आकर्षण से, अब तक रानी अनजानी थीं॥

महल द्वार पर कैकय दंपति, उत्साहित हो करते स्वागत।
रोली, अक्षत, पुष्प, हार दे, फिर आरती उतारी आगत॥

दशरथ की सेवा में सत्या, नहीं न्यूनता छोड़ रही थी।
स्वयं करे चिंता निशिवासर, नृप से उर को जोड़ रही थी॥

युगल योजना से दशरथ नृप, एक दिवस कैकय से बोले।
सुता आपकी मम उर उतरी, अधर अवधपति ने यूँ खोले॥

सुनकर कैकयराज प्रफुल्लित, किंतु निराशा मुख बढ़ आई।
कहा नृपति पहले दो रानी, मम बेटी की कहाँ भलाई?

दशरथ बोले कैकय से तब, नहीं अभी संतान हमारे।
तव कन्या से सूर्यवंश की, ज्योति जलेगी अवध दुआरे॥

दशरथ ने निज रानी द्वय की, की थी फिर भरपूर प्रशंसा।
वंश वृद्धि के लिए उभय की, पहले से पूरी अनुशंसा॥

कैकय ने रानी सत्या से, पूर्ण रूप संवाद किया था।
परम प्रफुल्लित हो दोनों ने, नृप प्रस्तुत स्वीकार लिया था॥

कैकयपति फिर भी चिंतातुर, सौत बनेगी सत्या क्या प्रभु?
आह! बड़े नाजों से पाला, कैसे कष्ट सहेगी यह विभु?

नारायण ध्वनि सुनी तभी नृप, नारद मुनि आए सम्मुख थे।
तपसी की पावन पग रज से, भागे सभी नृपति मन-दुख थे॥

आदर सहित नृपति ने मुनिवर, समुचित आसन पर बैठाए।
अभिनंदन वंदन कर नृप ने, श्रद्धायुत पदकंज धुलाए॥

रानी और सुता सत्या को, तब कैकय ने था बुलवाया।
परिचय दिया नृपति ने ऋषि को, शुभ आशीष उभय ने पाया॥

भोजन आदि कराकर ऋषि को, नृप ने निज शंका समझाई।
दशरथ का प्रस्ताव सुता अरु, रानी की भावना बताई॥

हुए अतीव मुदित मन नारद, परमब्रह्म को याद किया था।
अपना वचन निभाने के हित, प्रभु ने यह संयोग दिया था॥

धन्यवाद दे नारायण को, ऋषि ने वीणा मधुर बजाई।
सरस कंठ से गुरु विभु महिमा, ऋषि ने भाव प्रवण हो गाई॥

गायन कर नारायण का ऋषि, सत्या को लक्षित कर बोले।
'सत्या सर्व शक्ति है युग की', कर्म करेगी परम अमोले॥

भू-मंडल में असुर शक्तियाँ, सर्व शक्ति संपन्न हो रहीं।
रोके कौन उन्हें नृप बोलो, सुर शक्तियाँ विपन्न हो रहीं॥

भोगवाद का राज धरा पर, अन्यायी फलफूल रहे हैं।
शोषण-अत्याचार बढ़ रहा, नैतिकता सब भूल रहे हैं॥

धर्म पूर्णतः ध्वस्त हो रहा, यज्ञ ध्वंस करते राक्षस हैं।
संत, विप्र, सुर, धेनु प्रताड़ित, देव वृत्तियाँ सभी विवश हैं॥

यज्ञ बंद हो रहे आज सब, राक्षस इनके घोर विरोधी।
अपनी ही पूजा करवाते, नीति पंथ के वे अवरोधी॥

जंगल का कानून बढ़ रहा, बाहुबली पूजित होते हैं।
बुद्धिमान, ज्ञानी, सत्कर्मी, सदा भयातुर हो रोते हैं॥

अँधियारों को पूज रहे सब, मलिन मना बैठा है दिनकर।
जन मेदनी शक्ति विभ्रम में, कौन बनेगा युग का तमहर॥

जिनका था कर्तव्य दिशा दें, वही दिशा से भ्रमित हुए हैं।
शेर घुसे भयभीत माँद में, धर्म प्राण सब दमित हुए हैं॥

हत्यारों का विजय घोष अब, पीड़ित जन भय से करते हैं।
कृपण, कुचाली, लंपट उन पर, छत्र-छत्रपति का धरते हैं॥

मौन साधकर बैठे भय से, जो नीतिज्ञ लोक हितकारी।
युवा पंथ से विचलित, विगलित, क्षरण चरित्र हुआ है भारी॥

देव शक्तियाँ नहीं एकजुट, आपस में ईर्ष्या करते हैं।
असुर निरंकुश हैं इस कारण, राजा सब इनसे डरते हैं॥

केवल आशा है रघुकुल से, यह संबंध लोक हितकारी।
सत्या का अवतरण कर्म से, इसके शीश हस्त त्रिपुरारी॥

सारा अपयश ले निज सिर पर, यह जग का कल्याण करेगी।
करवाकर विनाश रावण का, पीड़ित जन का त्रास हरेगी॥

धर्म पुनः संस्थापित होगा, 'कारक' सुता तुम्हारी होगी।
परम ब्रह्म की पूर्व योजना, की सत्या अवधारी होगी॥

पहले अपयश इसे मिलेगा, फिर सम्मान चरण धोएगा।
सत्या के वर त्याग कर्म पर, सुकवि सदा श्रद्धा बोएगा॥

नृपति सत्यजित! इसीलिए यह पूर्ण सुचिंतित मेरा मत है।
दशरथ को वर दें निज कन्या, मानवता का इसमें हित है॥

सुन देवर्षि गिरा, गिरिजा! तब, कैकय कुल संतुष्ट हो गया।
युग का धर्म और भविता सुन, लोक भाव परिपुष्ट हो गया॥

तभी सत्यजित ने नारद से, कृतज्ञता अर्पित की मन से।
चरण वंदना कर ले पग रज, अर्पी श्रद्धा हृदय सुमन से॥

हे देवर्षि! आपने आकर, विभ्रम मन का दूर किया है।
अंधकार मिट गया हृदय का, ज्योति पुंज उपहार दिया है॥

ऐसा कह तब नृप कैकय ने, ऋषिवर से अनुरोध किया था।
हे मुनि! शोधें योग लगन शुभ, नृप का अतिशय मुदित हिया था॥

योग सिद्ध सर्वार्थ पुण्यतम, परसों नृप! मुहूर्त अति उत्तम।
शुभ पूरा हो शीघ्र-शीघ्रतर, कर्म यही अब है सर्वोत्तम॥

तभी नृपति ने मुनि नारद से, विनयी स्वर में वचन उचारे।
ऋषिवर हों परिणय के साक्षी, होंगे गुरु सौभाग्य हमारे॥

एवमस्तु कह ऋषि नारद ने, नृप कुल को आशीष दिया था।
रहें उपस्थित परिणय में वे, नृपति निवेदन मान लिया था॥

दे मुनि को विश्राम नृपति तब, दशरथ के आवास गए थे।
कर प्रणाम बैठे आसन पर, चर्चा के संदर्भ नए थे॥

नृप! स्वीकृति मेरी परिणय हित, निश्चित यह होगा हितकारी।
किंतु अपेक्षा यही नृपतिवर, रहे सुखी प्रिय सुता हमारी॥

इसीलिए हे नृपति समझ लें, नृप सत्या का ही सुत होगा।
तभी सुनिश्चित मम तनया का, भावी काल हर्षयुत् होगा॥

नृप चिंतन कर रहे ह्रदय में, वचन गलत व्यवहार नहीं है।
नहीं हुई संतान उभय के, आगे भी आसार नहीं है॥

चिंतन करके नृप दशरथ ने, कैकय नृप को वचन दे दिया।
होगा सत्या का सुत अधिपति, कहकर यह स्वीकार कर लिया॥

फिर दशरथ नारद ढिग आए, ऋषि नारद को शीश नवाया।
हर्षित मुनिवर से दशरथ ने, सुफल मनोरथ का वर पाया॥

तब नृप दशरथ चले शिविर को, चिंता किंचित् लिए ह्रदय में।
काले-काले मेघ विघ्न ज्यों, डाल रहे हों भानु उदय में॥

ज्यों पहुँचे नृप शिविर बीच तब, बढ़ सुमंत ने किया सुस्वागत।
चर्चा विशद हुई दोनों में, दुविधा कह माँगा तब अभिमत॥

फिर सुमंत ने चिंतन करके, परिणय यह समुचित ठहराया।
राजनीति, कुल नीति आदि सब, भाँति सोच अनुकूल बताया॥

नृप ने कहा अभी तक मुझको; दुविधा एक कष्ट देती है।
सोच-सोचकर बैठ रहा उर, चैन ह्रदय का हर लेती है॥

कैकय से है दूर अयोध्या, संभव नहीं आ सके कोई।
अभिमत भी कैसे संभव है, गुरु का और रानियाँ दोई॥

बोले तब सुमंत नरपति से, काल धर्म की यही पिपासा।
परिणय पर भविता आधारित, सुर-नर मुनि की यह प्रत्याशा॥

सहमति बनी उभय में ज्योंही, सचिव सुमंत हुए सक्रिय थे।
संबंधी थे सूर्यवंश के, अवध नृपति के अतिशय प्रिय थे॥

समाचार हो गया शिविर में, हर्षोल्लास हुआ भारी था।
बजने लगे वाद्य अति सस्वर, वातावरण सुखाचारी था॥

सभी परस्पर प्रमुदित मन से, ओजपूर्ण दे रहे बधाई।
तभी नाचती-गाती टोली, वनवासी जन-गण की आई॥

रंग-बिरंगे परिधानों में, सम्मोहित करते नर-नारी।
लोक नृत्य गिरिवासी जन का, मोहित हृदय करें अति भारी॥

इंद्रपुरी सा नगर सुसज्जित, भवन, वीथिका सभी सजे थे।
चंदन केसर गंध पवन में, परंपरागत वाद्य बजे थे॥

यथा समय दशरथ वर से तब, सप्तपदी सत्या ने की थी।
पाणिग्रहण के बाद विदाई, अश्रुपूर्ण कैकय ने दी थी॥

सजल दृगांचल थे पुर जन के, मन में हर्ष समाया भारी।
था उत्साह समाहित सब में, चक्रवर्ति तिय सुता हमारी॥

मुनि आशीष हेतु जब सत्या, नारद के समीप थी आई।
नारायण के परम भक्त से, राष्ट्रधर्म की शिक्षा पाई॥

बेटी! भारत में नारी का, युग-युग से सम्मान रहा है।
वह है सृजन धर्मिणी पूज्या, राष्ट्रधर्म का भान रहा है॥

पुत्री सदा पराया धन है, गुणी जनों ने यही लिखा है।
पुत्र एक कुल का है दीपक, सुता उभय कुल दीपशिखा है॥

बेटी! लड़ना सदा तिमिर से, निज बाती से तम को हरना।
अपनी कर्म साधना से नित, आँगन में उजियारा करना॥

राष्ट्रधर्म कर रहा प्रतीक्षा, अग्नि परीक्षा देना हँसकर।
मैं, मैं नहीं सर्वहित मैं हूँ, बनना लोक हितैषी दिनकर॥

मेरा यह आशीष तुझे है, खिली पुष्प सी रहो निरंतर।
रहे महकती बगिया तेरी, जनहित में अतिशय हो सुंदर॥

इसी तरह नृप पिता सत्यजित, ने सत्या को था समझाया।
तव कर लाज उभय कुल की हैं, बिलख-बिलखकर था बतलाया॥

दशरथ को कर लक्ष्य कहा नृप, सत्या राजकाज करती थी।
दीन-दुखी, अंत्यज, पीड़ित जन, के सब कष्ट स्वयं हरती थी॥

बड़े साध से पाई पुत्री, आज आपको करता अर्पित।
यथासाध्य मुझ पर जो कुछ था, हे राजन! कर दिया समर्पित॥

इसके सब अपराध क्षमा कर, मुझे सदा उपकृत करना नृप।
है लाड़ली लोक हितकारी, भावुक हृदय प्यार भरना नृप॥

जा बेटी! आशीष पिता का, इस घर से दूना सुख पाए।
शूल न कोई चुभे हृदय में, युग-युग 'रवि' तेरा यश गाए॥

बारी-बारी सब स्वजनों से, सत्या सजल नयन थी भेंटी।
अब तक की सुधियाँ थीं जितनी, उसने बरबस नयन समेटी॥

बाबुल का घर छोड़ सुता अब, दशरथ संग चली बन रानी।
हर्ष विषाद हृदय के अंदर, मन में वर कल्पना समानी॥

गोधन, गजधन और अश्वधन, कैकय नृप ने दान दिए थे।
अगणित दास-दासियाँ सँग में, रत्नाभूषण दान किए थे॥

कुब्जा नामक भी दासी थी, सत्या को अतिशय जो प्यारी।
अति निकटस्थ सहेली थी वह, विश्वसनीय सभी से न्यारी॥

अब विश्राम कथा लेती है, अगला सर्ग उमंग भरा है।
सत्या का आगमन अवधपुर, स्वागत करती पुण्य धरा है॥

होगा सुत कामेष्टि यज्ञ फिर, स्वयं ब्रह्म प्रकटेंगे भू पर।
चार अंश, सुत चार अवतरित, परम प्रफुल्लित होंगे नृपवर॥

(इतिश्री सर्ग पाँच)

सर्ग-छह

मंगलाचरण

अगुण-सगुण भेद द्वैत या अद्वैत भेद,
मात्र ज्ञानियों की बुद्धि का विलास ही तो है।
ज्ञान मार्ग या कि भक्ति मार्ग की विवेचनाहू,
तेरी ही असीम शक्ति का सुवास ही तो है॥
इसीलिए त्याग वाद तुझे भजूँ निर्विवाद,
दयासिंधु आपकी दया की आस ही तो है।
महाकाव्य गुणता में प्राण भर देंगे आप,
'रवि' को तुम्हारी भक्ति का विश्वास ही तो है॥

★★★

जैसे ही शुभ समाचार यह, पुरी अयोध्या में था आया।
कैकय पुत्री विवाही नृप से, घर-घर में प्रमोद था छाया॥

सुना सुमित्रा कौसल्या ने, हुई मुदित मन में अतिभारी।
नहीं सौतिया डाह हृदय में, कौसल पति से बे अनियारी॥

था प्रत्यक्ष हेतु परिणय का, नहीं अभी तक सुत कोई है।
दोनों रानी के द्वारा तो, मन की आशा भी सोई है॥

ऐसी आपद् दुखद परिस्थिति, सिंहासन खाली रह जाता।
सूर्य वंश की वंशबेल को, वृद्धिदान कैसे मिल पाता॥

गुरु वसिष्ठ के मानस ने भी, सहज रूप स्वीकार कर लिया।
कैकय की दूरी आँकी तो निर्णय अंगीकार कर लिया॥

मुदित सुमित्रा कौसल्या ने, महल अकल्पित सजवाया था।
सुमन, सरोज, चमेली, बेला, पाटल ने मन सरसाया था॥

सुंदर कक्ष महल का था जो, वह सत्या के लिए सजाया।
थी आंतरिक अनोखी सज्जा, मनसिज स्वयं उतर ज्यों आया॥

नवल वधू के स्वागत के हित, महल पूर्ण तैयार हुआ था।
शिल्पी थीं दोनों रानी वर, मनहरता ने शिखर छुआ था॥

गौरा निर्मल भाव इस तरह, नहीं देखने में आता है।
अरे! सौतिया डाह अधिकतर, सहपत्नी को तड़पाता है॥

किंतु देवि! पुण्यात्मा दोनों, स्वागत के हित लालायित थीं।
रोली, अक्षत, दीपक ज्योतित, निर्मल मन से आवाहित थीं॥

अवध नगर था गया सजाया, पग-पग तोरण द्वार सजे थे।
हाट, वीथिका, चौराहा, घर, सुरुचि सुगंधित हार सजे थे॥

मग में खड़ी नारियाँ सुंदर, मंगल कलश शीश कर धारण।
सुरभित पुष्प लिए नर-नारी, मंगल गीत करें उच्चारण॥

राजमार्ग के उभय किनारे, वाद्यकार थे वाद्य बजाते।
लोक गायकों और नारियों, के दल मंगलगीत सुनाते॥

नवल वधू, नृप के दर्शन हित, प्रजा खड़ी थी मार्ग किनारे।
गुरु वसिष्ठ के सहित अग्रजन, सचिव आदि सब नगर दुआरे॥

छज्जों, छतों, अटारी पर भी, नववधुएँ कर पुष्प लिए थीं।
नवल वधू के स्वागत में वे, पथ को अपनी दृष्टि दिए थीं॥

तभी हुआ था शोर दूर से, नभ में गूँजा तुमुल घोष था।
शंख अनेकों बजे साथ ही, जन-जन में अब परम तोष था॥

जय-जयकार उच्च स्वर में था, ध्वनि नभ में कोलाहल भरती।
रत्न जटित रथ पर नव दंपति, भानुवंश की ध्वजा लहरती॥

नगर-द्वार पर लख गुरुवर को, दंपति रथ के नीचे आए।
किया प्रणाम उभय ने गुरु को, देख युगल गुरु तोष समाए॥

प्रजा सुमन बरसाती सुरभित, मंगलगीत नारियाँ गातीं।
वृद्धाएँ तब देख युगल को, नेहित मना जुड़ावहिं छाती॥

दे आशीष युगल को गुरुवर, तब आरूढ़ हुए निज रथ पर।
आगे रथ था गुरु वसिष्ठ का, पीछे नव दंपति गृह पथ पर॥

चढ़ी अटारी नव बालाएँ, झाँक-झाँक दुलहन को देखें।
अनुपम सुंदरता को लखकर, मन भावना हृदय की लेखें॥

कोई फेंके पुष्प सुगंधित, उर में भाव उठें दृग हे सुर।
नयन मिलें तो बरबस सिहरें, नहीं मिलें नैराश्य भरें उर॥

कोई रूपसि पंजों के बल, उचक-उचक पीछे से देखे।
कोई भाग चढ़े छत ऊपर, मन में सुंदर छवि को लेखे॥

राजभवन पर पहुँचे नृप जब, मंगल कलश लिए सुंदरियाँ।
स्वागत करें नृपति का मानो, सुरपति का सुरपुर में परियाँ॥

विविध अल्पना द्वार सजी थी, दीप अनेकों जगमग करते।
शंखध्वनि शहनाई मिलकर, जन-मन में प्रियता थे भरते॥

मंगल थाल हाथ में लेकर, अनुजा सहित कौसला आई।
स्वागत किया प्रफुल्लित होकर, गुंजित होता स्वर शहनाई॥

अनुरागित मन से दोनों ने, प्रमुदित हो आरती उतारी।
नहीं कुदृष्टि प्रभाव कर सके, नजर उतारी ज्यों महतारी॥

देख अचंभित थी सत्या तब, मन के विभ्रम दूर हुए थे।
दोनों के प्रति हृदय भाव तब, श्रद्धा से भरपूर हुए थे॥

दशरथ ने तब युगल स्वागती, का परिचय विधिवत् करवाया।
ये पटरानी कौसल्या हैं, ज्ञान शीलयुत उन्हें बताया॥

और सुमित्रा का परिचय दे, त्याग मूर्ति कहकर सम्माना।
सत्या ने देखा जब उनको, उन्हें स्वयं से सुंदर माना॥

कौसल्या सम्मुख तत्क्षण नत, चरण वंदना हित सत्या थी॥
बाहु समेट हृदय लिपटाया, पटरानी पावन वृत्या थी।

पटरानी ने कहा तभी यह, दुल्हन गृहलक्ष्मी होती है।
गेह द्वार पर श्री का स्वागत, तदनंतर गृहिणी बनती है॥

मैं अग्रजा महल के अंदर, किंतु अभी तुम लक्ष्मी मेरी।
भारत की संस्कृति है अनुपम, नारी है शुचि घर की देहरी॥

मन में सोचा जो सत्या ने, सब उसके विपरीत मिला था।
दोनों रानी से अनुरागित, चित्त प्रसन्न प्रसून खिला था॥

अति भावुक हो आर्द्र कंठ से, सजल नयन सत्या तब बोली।
दीदी! धन्य आप हैं दोनों, धीरे से कह जिह्वा खोली॥

शीश नवाया था चरणों में, कहा ऋणी में सदा रहूँगी।
तव हित ही मेरा हित होगा, दोनों के दुख स्वयं सहूँगी॥

रखूँ प्रसन्न आप सबको मैं, यथाशक्ति यह यत्न करूँगी।
कृपा रूप आदेश मानकर, सदा स्वयं के शीश धरूँगी॥

सत्या के इस मधुर वचन से, प्रमुदित अश्रु बहे नयनों से।
लगा भले तन अलग-अलग हैं, एकनिष्ठ हैं सभी मनों से॥

पहला परिचय आज हुआ था, किंतु लगा जन्मों का नाता।
गहरी उतरीं सभी परस्पर, यह संभव विधना कर पाता॥

कुल की सभी प्रथाएँ पूरी, कौसल्या ने ही करवाईं।
उलट कलश रँग थाली पग धर, अब सत्या आगे बढ़ आईं॥

पीछे चिह्न छोड़ती पग के, चली सुगढ़ मूरति दृढ़ता की।
मानो कथा लिखी विधना ने, भानुवंश के कीर्ति लता की॥

दोनों लेकर गईं भवन में, जो मधुयामिनि हेतु सजाया।
अंदर कक्ष गई सत्या ज्यों, अति आनंद हृदय उमगाया॥

देख सभी कुछ अति अनुकूलित, सत्या भाव-विभोर हो गई।
मानो जागी गहन नींद से, मनवांछित सी भोर हो गई॥

भाग्यवती थी सत्या रानी, गहन प्रेम सबका था पाया।
कैकेयी वर नाम हो गया, सत्या को भी था अति भाया॥

दशरथ उस पर प्राण छिड़कते, साथ वही नृप के रहती थी।
सुख की वर्षा होती निशदिन, कल-कल सरिता सी बहती थी॥

था पराग आसक्त भ्रमर तब, पुष्प तृप्ति देता था उसको।
निशा दिवस मधुमय थे सारे, तृषित पी रहा हो ज्यों रस को॥

सत्या नहीं प्रणयिनी केवल, सुरुचि रूप ले क्रिया स्वयं थी।
छाया थी वह नृप दशरथ की, प्रतिपल प्रतिक्षण बहुत अहम् थी॥

बीत रहे थे दिन प्रमोदमय, यामिनि प्रणय ग्रंथ लिखती थी।
मन दुष्यंत नृपतिवर का था, सत्या शकुंतला बनती थी॥

एक दिवस सुर की नगरी से, सुरपति का संदेशा आया।
द्रुतगामी वाहक, दशरथ को, महा समर का न्योता लाया॥

देवासुर संग्राम समय था, दशरथ के सँग कैकेयी थी।
वीरवेश में बनी सारथी, शक्ति स्वरूपा महामयी थी॥

बनी चंडिका समर भूमि में, महावीर दशरथ की रक्षक।
ले खप्पर ज्यों काली घूमे, बनी राक्षसों की वह भक्षक॥

हाँक रही रथ वह कौसल से, दशरथ वीर युद्ध में रत थे।
दैत्य बिछाए समर भूमि में, राक्षस हुए सभी तब नत थे॥

उसी समय रथ हुआ असम ज्यों, कैकेयी ने समझ लिया था।
रथ को रोक दिया तत्क्षण ही, पहिए को धुर बीच किया था॥

निकल गई थी कील धुरी की, चक्र तभी बाहर भागा था।
किया व्यस्थित अक्ष चक्र में, आपद चिंतन तब जागा था॥

संस्मृति में आया था उसके, निज तर्जनी अतीव शक्ति है।
बज्र समान कठोर गुणी वह, ऋषिवर का वरदान युक्ति है॥

छिद्र बीच तर्जनी लगाकर, रथ संचालन पुनः किया था।
जीत हुई देवों की रण में, नृप दशरथ का मुदित हिया था॥

तब भर दृष्टि निहारा तिय को, सजल नयन नृप हुए अचानक।
प्राण बचे, मिल गई विजय भी, संस्मृति में था समय भयानक॥

कैकेयी की सूझ-बूझ ने, रण का पासा पलट दिया था।
भारत माँ की वीर सुता ने, परिणामों को उलट दिया था॥

लगा लिया नृप ने छाती से, प्रेम अश्रु बौछार हुई थी।
ले असीम अनुराग हृदय में, नृप कैकेयी चिबुक छुई थी॥

नृप का ध्यान गया कैकेयी की उँगली से रुधिर बह रहा।
सुर औषधि का हुआ विलेपन, कष्ट नृपति का हृदय सह रहा॥

भावुक हो दशरथ तब बोले, देवि! आत्मा ऋणी हुई है।
माँगों दो वर माँग सको जो, दशरथ की तू मणी हुई है॥

शांत भाव से कैकेयी ने, दशरथ नृप से किया निवेदन।
'रहे धरोहर वचन आपके', प्राणनाथ का ही यह जीवन॥

देवों को सँग लिए इंद्र तब, हर्षित हो सम्मुख आए थे।
सुमनों की वर्षा करके फिर, नृप सत्या के गुण गाए थे॥

रोमांचित सुरपति थे बोले, देखा भारत की नारी को।
धन्य धरा है भरत देश की, प्रणवउँ वीर प्रसू न्यारी को॥

देख लिया है सुरपुर ने भी, अद्‌भुत पौरुष पुण्य धरा का।
भोगवाद है भय का कारक, 'कर्म' सुपूजित दिव्य धरा का॥

इसीलिए सब देव तरसते, मिले जन्म मानव का भू पर।
परम ब्रह्म भी कर्म हेतु ही, आता भू पर मनुज रूप धर॥

आज भोग के कारण सुरपुर, गौरव लुप्त हुआ जाता है।
हुए निबल सुर, बली असुर है, भोगवाद इसका दाता है॥

आज वीर महिषी सँग नृप यदि, नहीं सहायक होते मेरे।
तो निश्चित ही सुर नगरी में, बन जाते असुरों के डेरे॥

अमरावती ऋणी है नृपवर, सुर आभार प्रकट करते हैं।
सुरपुर के रक्षक नृप, महिषी, तव पद देव शीश धरते हैं॥

तत्पश्चात् इंद्र कर आग्रह, दोनों को निज महल ले गए।
सायंकाल नृपति महिषी का, अभिनंदन आदेश दे गए॥

अद्‌भुत सभा बीच संध्या में, हुआ वीरता का अभिनंदन।
किया इंद्र ने मधु वाणी से, वीर प्रसूता का पद वंदन॥

सम्मानित कर सुरपति ने तब, युगल इंद्र आसन बैठाए।
जय-जयकार नृपति महिषी का, गान प्रशस्ति सुरों ने गाए॥

सभा समापन पर सुरपति ने, राजमहल में भोज दिया था।
शची सहित सुरराज इंद्र ने, कृतज्ञता का गान किया था॥

रात्रि किया विश्राम वहीं पर, प्रात विदाई की थी बेला।
सुर परिवार हुए एकत्रित, लगा वहाँ पर ज्यों हो मेला॥

सुरपति से ली विदा उभय ने, अवध हेतु प्रस्थान किया था।
रथ दे दान इंद्र ने प्रमुदित, सारथि अपना भेज दिया था॥

अवधपुरी में वीरोचित तब, दोनों को सम्मान मिला था।
परिजन, पुरजन और प्रजा मन, स्वाभिमान का पुष्प खिला था॥

इस प्रकार कैकेयी से नृप, रहते थे सर्वदा प्रभावित।
कैकेयी नृप साथ सदा ही क्रिया, कर्म की ही थी भावित॥

कर्म स्वयं दशरथ नरपति थे, क्रिया स्वयं कैकेयी रानी।
उपासना की मूर्ति सुमित्रा, ज्ञान स्वयं कौसल्या मानी॥

ज्ञान, साधना, क्रिया मिले तो, मानव सहज मुक्ति पाता है।
धर्म स्वयं साक्षात् वहाँ पर, मूर्तमान होकर आता है॥

अवध महल में तो यह तीनों, एक साथ बैठी थीं आकर।
धन्य हुए थे रघुकुल-दशरथ, इन तीनों रानी को पाकर॥

सुख से बीते कई वर्ष फिर, किंतु रिक्तता थी जीवन में।
नहीं हुई संतान अभी तक, था अवसाद नृपति के मन में॥

होकर व्यथित मना दशरथ तब, गुरु वसिष्ठ के आश्रम आए।
मन अवसाद बताया गुरु को, गुरु वसिष्ठ नृप धीर बँधाए॥

नृप बोले गुरुवर! अधीर मैं, करें उपाय पुत्र हो जिससे।
कहते वेद-पुराण, उपनिषद्, मिल जाते हैं पुत्र यज्ञ से॥

यज्ञक्रिया विधिवत् करने से, सुफल मनोरथ हो जाते हैं।
कहते ज्ञानी, संत, प्रवर भी, दुख मन के सब खो जाते हैं॥

कहा नृपति से ऋषि वसिष्ठ ने, शास्त्रों में ऐसा विधान है।
विधियुत हो यदि यज्ञ नृपति तो, मिलता फल ऐसा प्रमान है॥

तभी सुमंत धैर्य से बोले, ऋषिवर! मैंने यही सुना है।
इसके लिए सर्व अनुकूलित, ऋष्यश्रृंग हैं, यही गुना है॥

इसके बाद सुमंत विज्ञ ने, विशद् कथा ऋषि को समझाई।
तप-बल से ऋषि श्रृंग तपी ने, कैसे शक्ति अनोखी पाई॥

अंगराज नृप के जामाता, ऋष्यश्रृंग अपने भी तो हैं।
अगर नृपति उनको ले आएँ, होंगे पूरे सपने जो हैं॥

सुनकर वाणी वर सुमंत की, मुदित हृदय गुरु सम्मति दी थी।
गुरुवर ने ज्ञानी सुमंत की, कहकर विप्र प्रशंसा की थी॥

फिर प्रसन्न होकर गुरुवर ने, दशरथ को आदेश दिया था।
जाएँ अंगदेश नृप, भामिनि, स्वयं यज्ञ दायित्व लिया था॥

कहा नृपति से आदरपूर्वक, ऋष्यश्रृंग को अवध बुलाएँ।
विधिपूर्वक उनके द्वारा ही, यज्ञ पुत्र कामेष्टि कराएँ॥

निश्चित ही शुभकर तब होगा, मन विश्वास यही कहता है।
यद्यपि मैं विरक्त हूँ लेकिन, मन अवसाद मुझे रहता है॥

नृप वर आएँगे जब वापस, सभी व्यवस्था पूर्ण मिलेगी।
सामग्री का संचय होगा, यज्ञवेदिका दिव्य खिलेगी॥

वांछित जन का आमंत्रण भी, सुत-सुमंत वर पूर्ण करेंगे।
यज्ञ-कर्म के सभी प्रबंधन, पर यह ही निज दृष्टि धरेंगे॥

गए नृपति फिर अंगदेश को, सादर श्रृंगीऋषि को लाए।
ऋषि भार्या शांता भी आईं, अवधपुरी में सब हर्षाए॥

गुरु वसिष्ठ की देख-रेख में, यज्ञ वेदिका बनी भव्य थी।
सरयू के उत्तर तट निर्मित, उसकी शोभा अतुल दिव्य थी॥

आगे करके ऋष्य श्रृंग को, गुरु ने सभी विधान कराए।
भार्याओं के सहित नृपति ने, आहव दीक्षा ली उमगाए॥

विधि-विधान से यज्ञ हुआ था, कोई विघ्न नहीं आया था।
ऋष्य श्रृंग की पुरोहिती में, यज्ञ पूर्णता को पाया था॥

पूर्णाहुति के साथ कुंड से, निकली अति ज्योतित प्रतिभा थी।
प्रकटित यज्ञ पुरुष हवि लेकर, उसकी ही यह दिव्य विभा थी॥

नृप रानियाँ भूमि पर गिरकर, मंगल मंत्र लगे दोहराने।
तभी उपस्थित ऋषि-मुनि जन सब, रुचिर वंदना लगे सुनाने॥

यज्ञपुरुष ने कलश हव्य का, नृप कर सौंपा तब यह कहकर।
परिणीताओं में बाँटें यह, हवि पाकर सुत होंगे नृपवर!॥

किया प्रणाम मुदित नृप रानी, यज्ञपुरुष तब लुप्त हो गए।
अग्नि कुंड के ज्योति पुंज तब, हर्षोल्लास अतीव बो गए॥

जय-जयकार घोष चहुँदिशि था, शंख घड़ी घड़ियाल बज रहे।
परिजन-पुरजन, प्रजा मुदित मन, आशाओं के पंख सज रहे॥

ले आशीष पुरोहित जन का, नृप रानी सब महल पधारे।
परम प्रफुल्लित थे उर सबके, हवि चरु नृपति कमल कर धारे॥

यज्ञ पुरुष द्वारा संभाषित, बार-बार नृप सोच रहे थे।
बाँटू परिणीताओं में हवि, यज्ञ पुरुष ने वचन कहे थे॥

किंतु सुमित्रा का परिणय तो, पिता बिना रह गया अधूरा।
केवल प्रथा निभाई थी बस, कन्यादान नहीं था पूरा॥

जनक जननि के द्वारा ही तो कन्या दान किया जाता है।
दोनों के द्वारा वर कर में, वरनी हाथ दिया जाता है॥

कहीं सुमित्रा को हवि देने, से अनिष्ट हो गया विधाता?
तो फिर व्यर्थ सभी होगा यह, आह! करूँ अब क्या मैं दाता?

चिंतातुर लख नृप को सहसा, तभी सुमित्रा प्रिय ढिग आई।
आग्रह कर जाना जब कारण, त्याग भावना मन को भाई॥

कहा सुमित्रा ने नृप से तब, कृपा आपकी अतिशय मुझ पर।
मैं संतुष्ट आपके सुख में, भगिनि युगल हवि बाँटे नृपवर॥

भारी मन से दशरथ ने ही, हवि के तब दो भाग किए थे।
प्रथम भाग कौसल्या को दे, अर्धभाग हवि हाथ लिए थे॥

फिर कैकेयी सदन गए वे, उनको आधा भाग दिया था।
यद्यपि विषय हर्ष का था पर, नृप का अतिशय दुखी हिया था॥

समझ गई कैकेयी तत्क्षण, कुछ दुविधा तो नृप के मन है।
व्यथित हृदय है निश्चित ही प्रिय, यह दृष्टव्य नृपति के तन है॥

अति आग्रह पर नृप दशरथ ने, पीड़ा उर की विशद बताई।
कारण जान तिया के मुख पर, मुखर चेतना की छवि आई॥

कहा नाथ यह केवल भ्रम है, प्रथा व्यवस्था का आनन है।
उर का सत्य, सत्य है केवल, रूढ़िवाद कंटक कानन है॥

प्राणनाथ! उर की गहराई, से नृप ने स्वीकार किया है
साक्षी है समाज यह तव मन, तिया रूप में उन्हें जिया है॥

तो फिर दीदी अधिकारी हैं, राजन्!, यह अनर्थ मत करिए।
मेरी गोद भरेगी यदि तो, दीदी को मत वंचित करिए॥

नृप से सम्भाषण कर सत्या, कौसल्या के भवन पधारीं।
सारी बात उन्हें समझाई, उभय सुमित्रा सदन सिधारीं॥

पहले कौसल्या ने हवि के, सहज मना दो भाग किए थे।
कैकेयी ने भी ऐसा कर, दोनों ने निज भाग दिए थे॥

देख अतुल अनुराग परस्पर, नृप उर में अति मोद मनाते॥
देव देवियाँ परम प्रफुल्लित, नभ से सुमन सुरभि बरसाते॥

सभी रानियों ने श्रद्धा युत, पावन खीर तभी खाई थी।
कैकेयी, कौसल्या ने दी, खीर सुमित्रा ने पाई थी॥

गर्भवती तब हुई रानियाँ, प्रजा अतीव हृदय हरषाईं।
ऋद्धि-सिद्धि ने सौख्य, संपदा, प्रमुदित कौसल में बरसाई॥

महल सुशोभित अब अतीव था, शोभा, शील, तेजयुत रानी।
मन प्रमुदित, रोमांचित तन था, उर की गति नहिं जाइ बखानी॥

देवि! उसी क्षण ब्रह्माजी ने, देवों को उपदेश किया था।
शक्ति सहित जन्मों पृथवी पर, ब्रह्म अवतरण भान दिया था॥

ब्रह्मा से आदेशित सुर तब, वानर भालू बने धरा पर।
था अपार बल विक्रम उनमें, परम शूरमा बुद्धि प्रखर वर॥

पर्वत, जंगल में वे फैले, सेना बना-बनाकर छाए।
यूथप बना श्रेष्ठ संगठना, सबने अपने राज्य बनाए॥

रावण वध में परम ब्रह्म के, यही सभी होंगे सहयोगी।
जामवान, हनुमान आदि को, ध्याते हैं सब संत सुयोगी॥

उमा! अवध में बाट जोहते, नर-नारी अतिशय व्याकुल थे।
शीघ्र जन्म का शुभ दिन आए, नृप-रानी उर भी आकुल थे॥

शीतल मंद समीर बह रहा, लता विटप प्रमुदित मन फूले।
मध्य दिवस, मौसम सुखमय था, प्रकृति नायिका झूला झूले॥

नदियाँ बहतीं कल-कल, छल-छल, धवल हिमित गिरि चम चम चमकें।
निर्मल नील गगन में सुर गण, रत्नाभूषित दम-दम दमकें॥

हर्षित देव पुष्प बरसाते, लगे व्योम में वाद्य बजाने।
वंदन करें, नाग, मुनि, किन्नर, दल गंधर्व लगे गुन गाने॥

चैत्र शुक्ल नौमी तिथि को जब, नवग्रह सब अनुकूल हुए थे।
पुण्य मुहूर्त उपस्थित अभिजित, पावन लोक सुमूल हुए थे॥

पुनर्वसू नक्षत्र पुण्यतम, कर्क लग्न अतिशय थी शुभकर।
चंद्र बृहस्पति लग्न गेह में, श्रेष्ठ पाँच गृह उच्च मान पर॥

अखिल लोक अभिराम ब्रह्म तब, प्रगटे कौसल्या के आँचल।
श्याम रंग, आभा मुख मंडल, चतुर्भुजी वे, दिव्य दृगांचल॥

चारों भुजा सुशोभित आयुध, तन वनमाला, भूषण शोभित।
विभु का अद्भुत रूप देखकर, जननी कौसल्या मन मोहित॥

दिव्य गुणों से संयुत होकर, ब्रह्म जन्म हो गया धरा पर।
धर्म पुनः संस्थापित करने, भारत में विभु जन्मे आकर॥

परम प्रफुल्लित करती वंदन, जोरि पाणि पंकज तब माता।
वेद-पुराण अनंत कहें सब, सकल जगत् मुद मंगल दाता॥

सुख के सिंधु भक्त वत्सल प्रभु, ज्ञानी-संत कहें गुण धामा।
लक्ष्मीपति कह शीश नवाएँ, निराकार कहते निष्कामा॥

हो अशेष, निर्गुण, निरुपाधी, फिर भी रहे गर्भ में मेरे।
होकर प्रगट आज प्रभु तुमने, सौख्य कोख को दिए घनेरे॥

किंतु विधाता मैंने तो बस, सुत के रूप कामना की थी।
आऊँगा मैं पूत बनूँगा, हे प्रभु तुमने सहमति दी थी॥

अस्तु तात! यह रूप छोड़कर, शिशु बनकर माँ को सुख दे दो।
हुई तृप्त मैं अद्‌भुत छवि लख, हे प्रभु सुख अपना यह ले लो॥

माँ की आर्त गिरा सुन तत्क्षण, वत्सल प्रभु नवजात हुए थे।
रुदन सुना जब दशरथ रानी, प्रमुदित, पुलकित गात हुए थे॥

भवन, कौसला के दौड़ी तब, रानी, दासी परम प्रफुल्लित।
जिसने सुना बावला होकर, भाग चला तन-मन से हुलसित॥

दशरथ नृप ने रुदन सुना तो, शिथिल गात हो गए नृपति थे।
परमानंद समाया उर में, सफल साधना की अनुकृति थे॥

फिर संयत हो नृप दशरथ ने, वाद्यकार सब लिए बोलाई।
मागध, सूत और बंदी जन, सबने विरुदावली सुनाई॥

देवों ने सुरभित पुष्पों से, प्रभु की तब आरती उतारी।
सजे विमान व्योम में अगणित, भू-मंडल में हलचल भारी॥

गायक, नर्तक महल द्वार पर, करते कला प्रदर्शित हर्षित।
आए हैं आनंद कंद घन, शुभकामना करें सब अर्पित॥

तदनंतर कैकेयी ने भी, पुत्र रत्न को जन्म दिया था।
परम सद्गुणी, विष्णु अंश वह, सबका अतिशय मुदित हिया था॥

अति पावन था योग-लग्न सब, पुष्य नाम नक्षत्र श्रेष्ठ था।
मीन लग्न थी, चैत्रमास था, ब्रह्म स्वयं ही बना इष्ट था॥

तत्पश्चात् सुमित्रा पावन, कोख जने दो सुंदर बालक।
परम यशस्वी, पराक्रमी वह, दोनों थे रिपुदल के घालक॥

कर्क लगन में जन्म उभय का, अश्लेषा नक्षत्र सुपावन।
बैठा सूर्य उच्च पद पर था, चैत्र मास ऋतु अति मन भावन॥

चारों थे गुणवान दिव्यतम, था सौंदर्य अतुल मनहारी।
अद्भुत कांति प्रकाशित आनन, सुतहि देखि प्रमुदित महतारी॥

जातक कर्म कराए नृप ने, नंदीमुख शुचि श्राद्ध कराया।
गुरुवर सहित पुरोहित जन को, नृपति प्रचुरतम दान दिलाया॥

पुरी अयोध्या में उत्सव था, घर-घर बजने लगे वधाए।
करें अप्सरा नृत्य झूमकर, गंधर्वों ने गीत सुनाए॥

वेदध्वनि हो रही महल में, मंगल गीतों का स्वर गूँजे।
मंदिर मंगल वाद्य बज रहे, व्योम मध्य सब मिल अनुगूँजे॥

भवन-भवन लग गईं पताका, तोरण द्वार सजे थे शुभ कर।
नर-नारी हर्षित हो नाचें, भारी भीड़ वीथिका पथ पर॥

नगर अयोध्या, भवन वीथिका, सजकर सबका हृदय लुभाएँ।
गायन-वादन का स्वर गूँजे, नट-नर्तक निज कला दिखाएँ॥

परमानंद हृदय ले दशरथ, उपहारों की बरसा करते।
मणि, मुक्ता, मोती आभूषण, देकर दीन दीनता हरते॥

कामगार, अंत्यज, चारण को, दशरथ ने उपहार लुटाए।
ब्राह्मण, संत समाज पूजकर, गोधन प्रचुर दिए हर्षाए॥

हाथी-घोड़े आदि दान तब, दिया सुपात्रों को था नृप ने।
इच्छित वर हो गए पूर्ण थे, दिए नृपति को अति गत तप ने॥

आभासित हो रहा नगर में, प्रकृति प्रफुल्लित ठहर गई हो।
ब्रह्म अंश अवतार देखकर, उसकी देह विदेह हुई हो॥

अंशुमान भी बेसुध सा ज्यों, चाल स्वयं की भूल गया हो।
अंशन आभा देख अपरिमित, ज्यों अनुकृति आभास हुआ हो॥

नगर सुसज्जित, नभ मंडल सा, सहज रूप आभासित होता।
राजमहल का शिखर कलश भी, निश्कलंक शशि भासित होता॥

महल लगीं मणियाँ ज्योतित ज्यों, तारागण हों नभमंडल के।
अनगिन अरुण रत्न आभासित, दल बिखरे हों रक्त कमल के॥

जन्म महोत्सव देख अवध का, यक्ष, नाग, किन्नर, सुर हर्षित।
चले स्वधाम धन्यता ले सब, भाग्य सराहें अपना प्रमुदित॥

गिरिजा! कहूँ एक गोपन मैं, दृढ़मति शुभे! सुनहु मम बानी।
काकभुसुंडि सहित मैं भी था, जन्म-महोत्सव नयनन जानी॥

किंतु रूप था नर का इससे, नहीं जान पाया था कोई।
हरि अनुकंपा से ही पाया, परमानंद दिव्यतम सोई॥

भाव-विभोर हुए हम दोनों, सुध-बुध तन-मन की बिसराई।
अद्‌भुत पावन पुरी अयोध्या, जन्मोत्सव में पड़ी दिखाई॥

शुभे! इस तरह बारह दिन तक, चला अवध में परम महोत्सव।
दिवा रात्रि बीते पल जैसे, था संपूर्ण नगर घर उत्सव॥

नामकरण संस्कार हेतु तब, निश्चित तिथि पर गुरुवर आए।
वंदित कर ऋषिवर को नृप ने, समुचित आसन दे बैठाए॥

गुरु को दे सम्मान नृपति ने, कहा श्रेष्ठ मुनि तव स्वागत है।
नामकरण संस्कार करें अब, जो भी ज्योतिषीय अभिमत है॥

करके चिंतन गुरु वसिष्ठ ने, विधिवत् तब संस्कार कराया।
ज्योतिष शास्त्र और अभिमत निज, विस्तृत तब नृप को समझाया॥

भाग्यवान् नृप सुत अनुपम हैं, परम अलौकिक इनकी गाथा।
ब्रह्म अंश के अंश सभी ये, सदा झुकाएगा जग माथा॥

अलग-अलग ले दिव्य गुणों को, यह भू पर अवतीर्ण हुए हैं।
पूर्ण ब्रह्म हैं चारों मिलकर, पावन हेतु प्रकीर्ण हुए हैं॥

मेघ सदृश जो श्याम वर्ण हैं, सकल सृष्टि के हैं सुखदाता।
पूजित जो तीनों लोकों में, त्रिकालज्ञ वर मोक्ष प्रदाता॥

नाम राम होगा इनका अब, कलियुग में आधार बनेगा।
चरित राम का मानव के हित, अनुकर्णी व्यवहार बनेगा॥

करता विश्व भरण पोषण जो, नाम भरत होगा उसका अब।
विभु चरणों का वरद उपासक, मन के तिमिर नष्ट करता सब॥

दिव्य लक्षणों से संपूरित, सदा राम के जो हितकारी।
लक्ष्मण नाम जानिए नृपवर!, ग्रह उनके अतिशय शुभकारी॥

चौथा पुत्र नृपतिवर दशरथ, दिव्य अलौकिक गुण संयुत है।
संपूरक वह राम हेतु का, वेद विज्ञ पौरुष से युत है॥

सदा प्रसिद्धि परान्मुख रहकर, परम विलक्षण कार्य करेगा।
प्रबल पराक्रम, सत्य, धर्म से, दुखी मनो का त्रास हरेगा॥

अतुलनीय पौरुष प्रज्ञा से, राम-राज्य का कारक होगा।
नाम 'शत्रुहन' या रिपुसूदन, रिपुदल का संहारक होगा॥

रिपुसूदन का नाम कल्कि में, शत्रु समूल नाश कर देगा।
वेद प्रकाश अंश 'रवि' को दे, कवि मन में प्रकाश भर देगा॥

'रवि' जन्मेगा इक्षु नदी तट, वेत्रवती तट काव्य लिखेगा।
वालमीकि, तुलसी से प्रेरित, कवि मन काव्य प्रसून खिलेगा॥

चरित शत्रुहन तभी नृपतिवर, पूर्ण रूप परिभाषित होगा।
मातु उमा की जिज्ञासा पर, शिवशंकर से भाषित होगा॥

गुरुवाणी अब सत्य हो रही, तभी हुई जिज्ञासा तुमको।
शेष कथानक जो त्रेता के, करता हूँ उद्घाटित उनको॥

छठे सर्ग की कथा भवानी, कलियुग के भव त्रास हरेगी।
नामकरण हो गया पूर्ण अब, शिव वाणी विश्राम करेगी॥

सर्ग सातवें में लीलाएँ, बाल सुतों की मन हर लेंगीं।
अद्भुत बाल सुलभ क्रीड़ाएँ, वाणी माँ ही स्वयं लिखेंगीं॥

(इतिश्री सर्ग छह)

सर्ग-सात

मंगलाचरण

करता हूँ वंदना मैं विष्णु विष्णुभामिनी की,
जिसके प्रभाव भाव चेतना जगाते हैं।
जिनकी चरण रज लेकर अकिंचन भी,
भावी पीढ़ियों के लिए चिह्न छोड़ जाते हैं॥
मध्य क्षीर सागर के शेषनाग शैय्या पर,
शोभते अतुल्य छवि काम भी लजाते हैं।
भनित मनीषी रवि चंद्र शिव देवता भी,
कृपा सिंधु आपका ही यशोगान गाते हैं॥

तुम्हीं राम तुम्हीं कृष्ण तुम्हीं हो दशावतार,
शुद्ध बुद्ध महावीर धर्म भी तुम्हीं तो हो।
तुम्हीं शुचि वेद हो पुराण उपनिषद् भी,
शास्त्रों का समग्र सत्य मर्म भी तुम्हीं तो हो॥
जल थल नभ मध्य जो भी विद्यमान आज,
सबकी है थाह किंतु निगम तुम्हीं तो हो।
देव या कि राक्षसों में यक्ष नर किन्नरों में,
सर्व सृष्टि का समूल कर्म भी तुम्हीं तो हो॥

★★★

इस प्रकार अद्‌भुत छवि से युत, चारों सुत ममता के आँचल।
नित्य जननिओं को सुख देते, राम, भरत मनहर नीलांचल॥

गौरवर्ण लक्ष्मण, रिपुसूदन, त्यागमूर्ति का पय पीते थे।
उपासना से त्याग भाव की, अनुपम, शुचि शिक्षा लेते थे॥

तीनों माँ सुख सिंधु समाईं, ममता की जब घन होती थीं।
भूतकाल का चिंतन करके, सुख में सजल नयन होती थीं॥

अद्‌भुत सुंदरता चारों की, कोटि-कोटि मनसिज न्योछावर।
जननी देखें अपलक सुत मुख, अगणित नव सरसिज न्योछावर॥

उबटन कर पुत्रों का प्रतिदिन, निज हाथों से नहलाती थीं।
वस्त्राभूषित कर जननी नित, उर में अतिशय हरषाती थीं॥

काजर कोर सजाती नैनन, देती मस्तक सुघर ढिठौना।
लख कर मन में स्वगत बोलती, बलि-बलि जाऊँ मेरे छौना॥

प्रतिदिन नजर उतारें जननी, रत्न जड़ित पालना झुलाती।
लोरी गाकर शयन कराएँ, और जगाएँ गाय प्रभाती॥

चारों सुत तीनों माँ का ही, पय पीकर हर्षित होते थे।
कोई माँ यदि वक्ष लगा ले, चुप हो जाते, जब रोते थे।

ज्ञानमूर्ति कौसल्या के सुत, राम क्रिया से पालित होते।
केकैयी की गोद प्राप्त कर, राम सदैव प्रफुल्लित होते॥

कौसल्या यदि राम लला को, आँचल डाल पिलाए पय जब।
भरत दौड़कर पहुँच गोद में, आँचल खींच पिएँ वे पय तब॥

कैकेयी उद्‌भूत भरत को, ज्ञान मूर्ति की गोद तोष था।
भरत हेतु कौसल्या उर में, खुला प्यार का अमित कोष था॥

इसी तरह कैकेयी के जब, भरत मुदित पयपान कर रहे।
तभी शत्रुहन हेतु नेह से, कैकेयी के बदन झर रहे॥

उपासना प्रतिमूर्ति सुमित्रा, के पुत्रों का था बँटवारा।
लक्ष्मण कौसल्या के आँचल, कैकेयी रिपुसूदन प्यारा॥

महिषी कौसल्या, कैकेयी, ने निज हवि का भाग दिया था।
जिससे जो उद्भूत पुत्र था, उस महिषी के नाम किया था॥

युगल सुतों को देख सुमित्रा, उर में नित आनंद मनाती।
लखकर हास उभय के आनन, हर्षित प्रेम नीर बरसाती॥

पौढ़ाकर सुंदर पलने में, युगल सुतों को दुलराती थी।
अद्भुत जोड़ी देख-देखकर, चिंतन में वह खो जाती थी॥

भावी जीवन की परिभाषा, युगल सुतों में वह पढ़ती थी।
शिल्पी बनकर, कुशल शिल्प वह, उभय सुतों के उर गढ़ती थी॥

तीन गुणों की तीन रानियाँ, सब पुत्रों का पालन करतीं।
अपना गुण वैशिष्ट्य सहज ही, शिशुओं में वे निश दिन भरतीं॥

इसीलिए चारों शिशुओं में, अद्भुत गुणता साम्य हुआ था।
ज्ञान, वीरता, त्याग भाव का, चारों में तादात्म्य हुआ था॥

चारों के तन अलग-अलग थे, किंतु आत्मा एक तत्त्व थी।
सगुण-अगुण, अद्वैत-द्वैत या, श्रुति दर्शन की पूर्ण सत्त्व थी॥

रुदन सुनें जननी शिशुओं का, सरपट दौड़ उठाती उनको।
कोई भी माँ हुई सामने, वही हृदय चिपकाती उनको॥

किलकारी सुनकर माताएँ, परम उमंग समाएँ तन-मन।
बोल तोतले बोल-बोलकर, हँसे-हँसाएँ गाएँ प्रतिदिन॥

ऐसा अद्‌भुत दृश्य अलौकिक, राजमहल में नित होता था।
'रवि' अपलक यह दृश्य देखकर, परमानंद हृदय बोता था॥

तीन जननियों से प्रतिपालित, दौड़ लगाएँ घुटनों के बल।
किलकारी देकर भागें जब, रपटें-गिरें उठें ढूँढ़ें हल॥

किलकारी सुनकर माताएँ, निशदिन निज को धन्य मानतीं।
चिर भविष्य के सपनों का वह, उर में विशद वितान तानतीं॥

गच में जड़ित फटिक में छाया, लख शिशु उसे पकड़ना चाहे।
भाव-विभोर धरा भी तत्क्षण, अद्‌भुत छवि उर भरना चाहे॥

एक-दूसरे के पीछे वे, भागें ज्यों प्रतियोगी कोई।
पकड़ें-लिपटें, खींचें-काटें, हुआ विदेह देखि सो सोई॥

कभी परस्पर प्यार करें वे, अग्रज अनुजों को दुलरावें।
भाग चलें वे दूर शक्ति भर, जननी जब उनके ढिग आवें॥

जननी भी उनकी अनुकृति हो, छोटे-छोटे कदम बढ़ातीं।
पकड़ा-पकड़ा कह हुलसित हो, स्वयं हँसे अरु उन्हें हँसातीं॥

ठुमक-ठुमक जब चलें पुत्र सब, देखि जननि हिय में हर्षायीं।
त्रिय जननी चारों पुत्रों की, रखें सँभाल कृपण की नाईं॥

दूध-कटोरी लेकर जननी, पुत्रों के जब ढिग आती हैं।
सहज रूप नटखट पुत्रों को, गो पय नहीं पिला पाती हैं॥

किंचित् पिया भाग जाते फिर, दूर खड़े जननी को देखें।
जननी सयनन उन्हें बुलाएँ, अद्‌भुत छवि 'रवि' उर में लेखें॥

खीर, भात, दधि मुख लिपटाकर, आँगन में वे दौड़ लगाते।
कमर करधनी, पैजनियाँ स्वर, थे कानों को सहज लुभाते॥

किलकत दाँत दूध के दिखते, मोती से शोभा देते थे।
चंचलता, नटखटपन से वे, मन विषाद सब हर लेते थे॥

राम, शत्रुहन दौड़ लगाते, गिरे अचानक ठोकर खाकर।
विचलित मन कौसल्या धाईं, उठा लिया शत्रुहन दिवाकर॥

कंठ लगाकर मातु कौसला, ने रिपुसूदन को दुलराया।
करके शांत प्रथम उनको तब, जननी ने निज राम उठाया॥

रिपुसूदन को प्यार किया अति, राम दृश्य यह देख रहे थे।
जननी के मन की भाषा को, अपने उर में लेख रहे थे॥

एक दिवस जब रामचंद्र ने, रिपुसूदन को धौल जमाई।
मातु कौसला को यह पीड़ा, किंचित् भी मन रास न आई॥

तत्क्षण डाँटा था जननी ने, राम शत्रुहन अनुज तुम्हारा।
सबसे छोटा प्यारा है यह, मेरे नयनों का ध्रुवतारा॥

इसको किंचित् कष्ट न देना, है सौगंध तुम्हें जननी की।
तुम अग्रज हो, अनुज तुम्हारा, रखना चिंता हृदय मनी की॥

राम सदा जननी की शिक्षा, अपने हृदय मध्य रखते थे।
रिपुसूदन की चिंता रघुपति, सबसे अधिक किया करते थे॥

कभी खेल में भरत लखन यदि, रिपुसूदन को दंडित करते।
सदा डाँटते राम उन्हें थे, रिपुसूदन की पीड़ा हरते॥

भोजन समय अगर रिपुसूदन, कभी विलंबित हो जाते थे।
राम भोज्य का एक ग्रास भी, उनके बिना नहीं खाते थे॥

भरत, लखन भी अग्रज के सँग, उनकी विकल प्रतीक्षा करते।
रिपुसूदन के आने पर ही, लेकर भोज्य क्षुधा निज हरते॥

रिपुसूदन के लिए महल में, भाग-दौड़ तब मच जाती थी।
निज समक्ष पाकर ही उनको, सबके हृदय शांति आती थी॥

कौसल्या सम, कैकेयी भी, वर व्यवहार किया करती थी।
रिपुसूदन के लिए भरत को, सहसा डाँट दिया करती थी॥

देती सीख यही निज सुत को, भरत! शत्रुहन सबसे न्यारा।
उस पर सदा प्यार बरसाना, हम सबका वह हृदय दुलारा॥

मातु सुमित्रा भी लक्ष्मण को, सदा सीख यह ही देती थीं।
लक्ष्मण से रिपुसूदन के हित, वचन, सुरक्षा का लेती थीं॥

सभी जननियाँ रिपुसूदन का, सबसे अधिक ध्यान रखती थीं।
अनुरागित नयनों से वे सब, उनको हरदम ही लखती थीं॥

इसके कारण रिपुसूदन को, भ्राता सभी नेह करते थे।
संस्कारों से प्रतिदिन उनमें, अपनी गुणता को भरते थे॥

धमा-चौकड़ी चारों सुत की, प्रति मन में प्रमोद भरती थी।
धरा स्वयं निज त्राता को लख, उर में गहन तोष भरती थी॥

शिशु लीला से सुख दे माँ को, विभु ने अपने वचन निभाए।
धर्म धारणा के हित ही तो, नारायण नर बनकर आए॥

इन्हें देखकर धर्म स्वयं भी, धारयिता को मचल रहा था।
उसने भी तो विवश मना ही, असुरों का संत्रास सहा था॥

धर्मधारणा के हित ही विभु, अंशन सहित धरा पर आए।
जन्म मनुज का लेकर ही तो, विभु ने अपने बचन निभाए॥

बालसुलभ क्रीड़ाओं से वे, रहे जननियों का मन हरते।
वय से अधिक विवेक दिखाकर, नृप उर सहज तोष वे भरते॥

धीरे-धीरे चंद्र कला से, बढ़कर हुए किशोर सभी थे।
हर्षित नृपति, रानियाँ तीनों, नाचे मन के मोर तभी थे॥

राम सभी के अग्रज थे ही, अंतर्मन दायित्व बोध था।
सब अनुजों की चिंता करते, यह लख नृप उर अमित मोद था॥

थे शत्रुहन सभी से छोटे, सहज प्यार सबका मिलता था।
उनके लिए राम के उर सर, निशदिन नेह कमल खिलता था॥

सबसे अधिक ध्यान रिपुसूदन, पर श्रीराम दिया करते थे।
अनुरागित उर से निशदिन वे, हर्षोल्लास हृदय भरते थे॥

दोनों हुए क्रिया से पालित, कर्म उभय का वर अभीष्ट था।
कैकेयी थी कर्म शिक्षिका, लोक हेतु ही युगल इष्ट था॥

पुरखों से वर मिली वीरता, अनुवांशिक गुणता उनमें थी।
त्याग, ज्ञान, अरु क्रिया समाहित, दया, क्षमा, ममता मन में थी॥

युग-युग से यह सर्वमान्य है, जग व्यवहार यही होता है।
अग्रज और अनुज पर ही तो, कुल का प्यार अधिक होता है॥

इसीलिए थे राम, शत्रुहन, सूर्यवंश के अमित दुलारे।
यद्यपि भरत, लखन भी सबके, थे अतिप्रिय नयनों के तारे॥

दिवा रात्रि में अधिक समय तक, चारों साथ रहा करते थे।
प्रतिदिन ही वे खेल-खेल में, चिर भविष्य में रँग भरते थे॥

साथ पहनना, साथ ओढ़ना, साथ-साथ था शयन बिछौना।
सुख-दुख सबके साथ-साथ थे, काल-माल में भाव पिरोना॥

राजकुमारों की शिक्षा का, नृप ने योग्य समय जब जाना।
चारों सुत लेकर तब सँग में, आए नृपति पूज्य गुरुथाना॥

कर प्रणाम नृप बोले गुरुवर!, शिक्षा हेतु सुतों को लाया।
चारों की छवि लख गुरुवर का, तन रोमांचित, मन हर्षाया॥

एवमस्तु कह गुरु वसिष्ठ ने, शुभ आशीष दिया चारों को।
गहन दृष्टि देखा गुरु ने ज्यों, शूर परखता असि धारों को॥

कहा नृपति ने अति विनम्र स्वर, गुरुवर! आप सर्व ज्ञानी हैं।
सकल विश्व में हे महर्षि! तव, ब्रह्म ज्ञान युत बड़ मानी हैं॥

हो ब्रह्मर्षि, जितेंद्रिय, पावन, त्रिकालज्ञ, वेदज्ञ, नीतियुत।
राजकुमारों को हे गुरुवर! निज प्रतिभा से गढ़ें प्रीतियुत॥

राजकुमारों की शिक्षा हो, सहज प्रकृति अनुसार विप्रवर।
चारों सुत कर रहा समर्पित, तव पावन चरणों में गुरुवर॥

शास्त्र, शस्त्र दोनों की शिक्षा, भारत की पहचान रही है।
न्याय धर्म के लिए सदा से, यही परम प्रतिमान रही है॥

दोनों में ही हों पारंगत, तभी वंश का नाम करेंगे।
भारत की गौरव गरिमा में, मिलकर नवल विहान भरेंगे॥

युग का धर्म जाननेवाले, हे मुनि! आप तत्त्व ज्ञानी हैं।
जन चेतना कराह रही है, असुर बढ़. रहे अभिमानी हैं॥

लोक भावना नींव बनाकर, भावी महल बनाना होगा।
संकट ग्रस्त मनुजता अपनी, उसे मुक्त करवाना होगा॥

भानुवंश के शशि, दिनकर मैं, इसीलिए कर रहा समर्पित।
शिल्पी बनकर इन्हें सँभालें, पद पंकज मम श्रद्धा अर्पित॥

गुरु वसिष्ठ ने नृप दशरथ को, भविता से संतुष्ट किया था।
निज के प्रति विश्वास नृपति का, वचनों से परिपुष्ट किया था॥

गुरु वसिष्ठ ने कहा नृपति ये, होनहार हैं चारों बालक।
साहस, शील, विनय करुणायुत, होंगे यह जग के प्रतिपालक॥

नामकरण के समय नृपतिवर, इनके सद्‌गुण समझाए थे।
तदनुसार ही नाम रखे थे, शास्त्रोचित जो भी भाए थे॥

बड़े पुत्र हैं अतुल प्रतापी, भू का भार हरेंगे निज बल।
असुरों की संस्कृति विनाश कर, कर देंगे वसुधा को निर्मल॥

होंगे सभी सहायक भ्राता, किंतु कनिष्ठ विलक्षण होगा।
रहकर मुकर करेगा रचना, राम हेतु का सह प्रण होगा॥

वीर, प्रतापी वर विवेक युत, श्रुतियाँ स्वयं प्रकाशित होंगीं।
सहज वृत्ति है त्याग, वीरता, ऋचा कर्म से भासित होंगी॥

अपने पौरुष के बल पर यह, दुष्टों का संहारक होगा॥
रिपुसूदन संज्ञा है सार्थक, निर्बल का उद्धारक होगा।

अपने प्रण के प्रतिपालन में, राम नया अभियान करेंगे।
रिपुसूदन उनसे निर्देशित, कौसल नवल विहान करेंगे॥

रामचंद्र की भाव भावना, पर यह अद्‌भुत कार्य करेगा।
रामराज्य स्थापित करके, जन-गण, मन की पीर हरेगा॥

सेवाभावी, निर्मल मन है, भ्राताओं को आदर देगा।
कुल के कष्ट सदा हँसकर वह, अपने शीश स्वयं ले लेगा॥

भानुवंश की विजय पताका, तब दुनिया में लहराएगी।
नृप तव पुत्रों की यश गाथा, जन वाणी युग-युग गाएगी॥

पूर्णरूप आश्वस्त हुए नृप, गुरु का तब आभार किया था।
शिष्टाचार निभाकर नृप ने, गुरुवर को उपहार दिया था॥

यद्यपि राजकुमार अवध के, आश्रम में साधारण जन थे।
था वर वेश ब्रह्मचारी का, तन पर केवल अधोवसन थे॥

जैसे अन्य ब्रह्मचारी थे, वैसे ही यह चारों रहते।
कष्ट साध्य जीवन आश्रम का, मुदित हृदय से चारों सहते॥

सहज स्वभाव परखकर गुरु ने, किया पाठ्यक्रम था निर्धारित।
हों सर्वांगपूर्ण विकसित सब, गुरु दीक्षा इस पर आधारित॥

बनें पूर्ण मानव, शिक्षार्थी, चिंतन गहन किया था गुरु ने।
तन-मन, बुद्धि और आत्मा हित, अभिनव मंत्र दिया था गुरु ने॥

भू-मंडल में सर्वश्रेष्ठ थी, हे भामिनि! भारत की शिक्षा।
गुरुकुल पद्धति के माध्यम से, शुचि संस्कारों की थी दीक्षा॥

राजा रंक सभी आश्रम में, एक समान दिखाई देते।
कुलपति गुरुकुल का गुरु ही था, जिसकी शिष्य चरण रज लेते॥

शिक्षा में वैदिक मूल्यों का, परिपालन अक्षरशः होता।
राजा भी गुरु के चरणों को, श्रद्धा सहित सदा था धोता॥

अगर मार्ग में कुलपति का रथ, किसी नृपति को मिल जाता था।
एक ओर रुक जाता नृप रथ, गुरु रथ सहज मार्ग पाता था॥

शिक्षा कभी न थी साक्षरता, सर्वांगीण विकास हेतु था।
संस्कारों का उद्‌भव केतन, मानवता का सुघड़ सेतु था॥

भरत भूमि की पावन शिक्षा, राजनीति से दूर रही थी।
इसीलिए पावन उद्‌गम से, ऋषि वाणी रस धार वही थी॥

किंतु आह! दुर्भाग्य आज तो, शिक्षा भौतिकता में अटकी।
साक्षरता ही प्राण व्यवस्था, मानवता सुपंथ से भटकी॥

शिक्षा का उद्देश्य शास्त्रयुत, है, परिपूर्ण बनाना मानव।
किंतु आज की विकृत वासना, बना रही मानव को दानव॥

धन का कल, कलिकाल मनुज है, दानवता पूजित होती है।
वर्तमान शिक्षा सतही है, नैतिकता निशदिन रोती है॥

चिर गुरुकुल पद्धति कलियुग में, बन सकती मानव सहयोगी।
नहीं अन्यथा भ्रष्ट पंथ हो, मनुज बनेंगे दानव, भोगी॥

विकृत समाज व्यापक विकृतियाँ, इस कारण ही तो अविजित हैं।
सुकृतियाँ निर्बल निरुपायी, हो असुरों से आज विजित हैं॥

किंतु सनातन संस्कृति शिक्षा, 'रवि' फिर से गौरव पाएगी।
कर्म वीरता कर्म भूमि की, निश्चित परिवर्तन लाएगी॥

उमा! अवध में गुरु वसिष्ठ का, आश्रम अति उत्कर्ष प्राप्त था।
श्रुतियों का अनुशीलन शिक्षण, शस्त्र ज्ञान भी प्रचुर व्याप्त था॥

मनोयोग से अल्पकाल में, सब पुत्रों ने विद्या पाई।
शस्त्र, शास्त्र दोनों में सबके, तन-मन सहज, निपुणता छाई॥

थे किशोर वय नृपति पुत्र सब, किंतु प्रखरता शिखर चढ़ी थी।
मानो श्रुतियों की परिभाषा, वाणी माँ ने स्वयं पढ़ी थी॥

एक दिवस वे वय किशोर में, गए शिकार हेतु सब कानन।
मृग का पीछा करते सहसा, छूट गए वन में रिपुसूदन॥

चिंतातुर हो गए सभी तब, चप्पा-चप्पा छान रहे थे।
निश्चित संकट में रिपुसूदन, सब मन में यह मान रहे थे॥

तभी अचानक एक ओर से, सिंह दहाड़ सुनाई दी थी।
लक्षित ओर बढ़े जब वे सब, आकृति अनुज दिखाई दी थी॥

विस्मयकारी दृश्य देखकर, सबका मन अतिशय असहज था।
रिपुसूदन ने मल्ल युद्ध में, नाहर किया परास्त सहज था॥

लखकर सभी अचंभित मन से, बढ़े अनुज की ओर तीव्रतर।
रिपुसूदन ने नाहर छोड़ा, भाग गया वह पूँछ दबाकर॥

विकल मना तब सजल नयन हो, सबने रिपुसूदन तन देखा।
नाम मात्र के घाव देखकर, मन में खिंची प्रशस्ति सुरेखा॥

तभी राम ने रिपुसूदन को, आह्लादित हो गले लगाया।
कमल नयन बन गए मेघ तब, अविरल नेह नीर बरसाया॥

भरत लखन ने भी रिपुसूदन को, अतिशय तब प्यार किया था।
पौरुष देख अनुज का अद्‌भुत, भ्राताओं का मुदित हिया था॥

मातु-पिता, गुरु सुना पराक्रम, अति प्रमुदित थे सब निज उर में।
किंतु अग्रजों को समझाया, चूक सुरक्षा व्यूह प्रवर में॥

दिव्य शूरता रिपुसूदन की, अवध नगर में पिटा ढिंढोरा।
बढ़-चढ़कर सब करें प्रशंसा, नजर उतारें देव निहोरा॥

देवि! कुमारों के जीवन की, एक और है रुचिर कहानी।
स्वर्ण पृष्ठ जोड़े भविता में, जिसे सुनाते ऋषि-मुनि ज्ञानी॥

था निषाद सेवक दशरथ का, सेना में नायक पद पर था।
अतिशय था विश्वासी नृप का, सभा मध्य वह चिंतक वर था॥

समरभूमि में लड़ते-लड़ते, नृप प्रिय नायक अमर हुआ था।
प्राप्त वीर गति युवा आयु में, इतिहासिक वह समर हुआ था॥

था सुत उसके एक अभी जो, केवल पाँच वर्ष वय पूरा।
विधवा पत्नी, अरु अनाथ सुत, शूर स्वप्न रह गया अधूरा॥

नृप ने मान दिया विधवा को, राजमहल में उसे लगाया।
जिससे उस सैनिक के सुत ने, साथ कुमारों का था पाया॥

धीरे-धीरे उस बालक में, गुणता राजमहल की आई।
शूरवीर का रक्त रगों में, जननी से वर शिक्षा पाई॥

स्वीकृत सखा कुमारों का वह, उनके साथ सहज रहता था।
सेवाभाव, भक्ति स्वामी की, निर्झर झरने सा बहता था॥

भ्राता सभी निषाद पुत्र को, निर्मल प्यार दिया करते थे।
कभी किसी अभियान गए तो, उसको साथ लिया करते थे॥

एक दिवस जब नृप दशरथ ने, समाचार अनुचर से पाया।
नरभक्षी केहरि ने आकर, अवधपुरी आतंक मचाया॥

सुनकर समाचार दशरथ ने, प्रमुख नायकों को बुलवाया।
नरभक्षी को मार गिराने का उनको आदेश सुनाया॥

सुना कुमारों ने जब यह सब, नृप से स्वयं विमर्श किया था।
केहरि वध की सकल योजना, का स्वमेव दायित्व लिया था॥

लेकर भ्राता, सखा साथ में, कानन गए स्वयं रघुराई।
सबका ही दायित्व बताकर, पूर्ण योजना सुगढ़ बनाई॥

निर्देशित कर दिया राम ने, तरु पर सावधान सब रहना।
केहरि को मैं ही मारूँगा, पड़े किसी को कुछ भी सहना॥

अंतिम यह आदेश मान लें, नहीं बाण छोड़ेगा कोई।
इसका जो दुर्लक्ष्य करेगा, मम अपराधी होगा सोई॥

अलग-अलग तरु चढ़े सभी जब, राम अन्य तरु ओट खड़े थे।
करें प्रतीक्षा केहरि के वे, धनुष खींच रघुवीर अड़े थे॥

पार्श्व भाग से तभी सिंह ने, रघुवर बदन छलाँग लगाई।
दामिनि सम तब राम सखा ने, निज शर छोड़ा, जान भलाई॥

गिरा सिंह भू पर बेसुध हो, प्राण पखेरू शीघ्र उड़े थे।
राम अवज्ञा का चिंतन कर, सब सम्मुख अव्यक्त खड़े थे॥

देख अवज्ञा राम क्रोध में, बोले दंड मिलेगा तुमको।
कैसे तुमने शर छोड़ा है, था आदेश प्रथम ही सबको॥

विनत भाव से वीर पुत्र ने, गुरु गंभीर गिरा उच्चारी।
दंड विहँस स्वीकार करूँगा, किंतु बात प्रभु! सुने हमारी॥

नरभक्षी ने पृष्ठ भाग से, वार कर दिया था स्वामी पर।
यदि अनर्थ हो जाता कुछ भी, कैसे धैर्य बाँधते नृपवर॥

मैं भी नृप सेवक का सुत हूँ, और अकिंचन सखा तुम्हारा।
करूँ प्राण देकर प्रभू रक्षा, यही पुण्यतम धर्म हमारा॥

वीर पिता का रक्त रगों में, उसका कर्ज चुकाया मैंने।
आज्ञा का उल्लंघन करके, आपद्धर्म निभाया मैंने॥

प्रभु! तव आज्ञा उल्लंघन का, चेतन मन अपराध किया है।
है स्वीकार दंड जो प्रभु दें, खेद न किंचित्, मुदित हिया है॥

उसी समय विनयी स्वर में तब, रिपुसूदन ने किया निवेदन।
प्रभु आपत्तिकाल मर्यादा, नहीं मानता है निर्मल मन॥

आप सदा निर्मल मन पूजक, दंड भला कैसे दे सकते?
थी विपरीत परिस्थिति निश्चित, सखा हाथ फिर कैसे रुकते?

ये तो सीख आपकी है प्रभु, जो न मित्र दुख होहिं दुखारी।
होते अधम, सखा कहलाते, उन्हें विलोकत पालत भारी॥

फिर बोले हे भ्रात! मित्र ने, नहीं तनिक अपराध किया है।
उसने तो कर्तव्य निभाकर, संज्ञानित ही गरल पिया है॥

रिपुसूदन की सम्मति में तब, सहमति भरत, लखन ने दी थी।
शांत भाव से तभी राम ने, सखा भावना मानित की थी॥

नरभक्षी मारे जाने की, घटना सुनी नृपति ने कानो।
हर्ष-विषाद हुआ मन में था, सुधियों के घन बरसे मानो॥

स्वामिभक्त सेवक के सुत ने, फिर से परिचय दिया भक्ति का।
पास बुलाकर कहा नृपति ने, अभिनंदन है शूर शक्ति का॥

सभा मध्य अगले दिन नृप ने, वीर निषाद पुत्र बुलवाया।
रघुवर रक्षा, सिंह हनन का, सबको विशद वृतांत सुनाया॥

वाह! वाह! कर उठी सभा सब, जय-जयकार हुआ भारी था।
अमर शहीद निषाद पुत्र का, सकल अवध ही आभारी था॥

रिपुसूदन की तर्क शक्ति का, सबने ही सम्मान किया था।
राज्य सभा में हुई प्रशंसा, तात नृपति ने नेह दिया था॥

सभा मध्य तब अवध नृपति ने, अनुपम यह निर्देश दिए थे।
शृंगवेरपुर सहित गाँव दस, सुत निषाद के नाम किए थे॥

पुण्यात्मा दशरथ नृप की तब, सभा नगर में हुई प्रशंसा।
लक्ष्मी और शारदा दोनों, पूरी करें नृपति की मनसा॥

उमा! सुशिक्षित सभी सुतों से, दशरथ आनंदित होते थे।
परमानंद बरसता निशदिन, सुख की सेज सदा सोते थे॥

बालचरित्र प्रसंशा पूरित, हुए तरुण अब चारों भाई।
शौर्य-विवेक न्याय प्रियता से, यश गाथा भू-मंडल छाई॥

यथाशक्ति चारों पुत्रों की, कथा मनोहर कही भवानी।
सरस सुनाया बालचरित 'रवि', वालमीकि तुलसी से जानी॥

सर्ग सातवाँ अतिशय पावन, जो निर्वंशी सुने पढ़ेगा।
उसकी पूर्ण अभीप्सा होगी, निश्चित आगे वंश बढ़ेगा॥

गाधिज ऋषि संकल्प साथ ले, आएँगे अब अवध पुरी में।
राम-लखन को साथ लिए वे, तेज भरेंगे धर्म धुरी में॥

असुरों के विनाश का प्रण ले, राम कंटकों को छाँटेंगे।
अद्‌भुत शौर्य साधना से वे, संत, विप्र, गुरु सुख बाँटेंगे॥

फिर विदेह के देश पहुँचकर, जनकराज को तृप्त करेंगे।
उनके पूर्ण मनोरथ करके, परिवारों में सौख्य भरेंगे॥

(इतिश्री सर्ग सात)

सर्ग-आठ

मंगलाचरण

शिव हैं देवाधिदेव मेरे भी आराध्य देव,
शिव से सुभाषित यह सारा संसार है॥
शिव की कृपा से भ्रम ग्रंथियाँ खुलेंगी नाथ,
उमानाथ मैं अनाथ बोधदृष्टि सार है॥
'रवि' शिवेश वंदना में हाथ जोड़ विनत आज,
भोले आप का तो उर नेह का आगार है॥
मेरी अभिलाषा की पूर्ति हो दयालु देव,
फेरो हाथ कृपायुक्त सुत की गुहार है॥

★★★

दिव्य तेजयुत पुत्रों के सँग, प्रमुदित नृप दशरथ रहते थे।
ज्यों विरंचि के साथ सुशोभित, दिग्पालों से सुत दिखते थे॥

वेदों का अनुशीलन प्रतिदिन, चारों पुत्र किया करते थे।
श्रुतियों का संस्कारित जीवन, दशरथ पुत्र जिया करते थे॥

जन हित में संलग्न रहें नित, विधि पारंगत शूरवीर थे।
सत्य, पराक्रम, वरद विवेकी, युद्ध कला में निपुण धीर थे॥

दस आधार बिंदु जीवन के, जिन्हें धर्म निर्देशित करता।
धृतिः, क्षमा, दम आदि सभी गुण, प्रति कुमार निज उर में भरता॥

रथ, हय, गज संचालन विद्या, सभी कुमारों ने पाई थी।
चतुरंगिणी सैन्य योजकता, कुशल शिक्षकों से आई थी॥

सुत सर्वज्ञ यशस्वी, ज्ञानी, लज्जाशील, दूरदर्शी थे।
कर्तव्यों में दत्तचित्त वे, मानवता के संस्पर्शी थे॥

एक दिवस नृप पूज्य ब्राह्मणों, के सँग बैठ विमर्श कर रहे।
उनके परामर्श को दशरथ, हर्षित होकर हृदय भर रहे॥

उसी समय आ द्वारपाल ने, नृप को यह संदेश सुनाया।
आए विश्वामित्र पूज्य वर, अति तेजस्वी ऋषि बतलाया॥

ऋषि आगमन सुना जब दशरथ, सबको ले दरवाजे आए।
स्वागत किया यथोचित मुनि का, शुभाशीष पा नृप हर्षाए॥

आदर सहित ब्राह्मणों ने भी, कौशिक का सम्मान किया था।
चरण वंदना कर उनकी तब, सबने पावन अर्घ्य दिया था॥

शिष्टाचार सविधि कर नृप ने, ऋषि को अतिथि भवन ठहराया।
मनोनुकूल व्यवस्थित स्वागत, पाकर ऋषि का मन हर्षाया॥

कौशिक ऋषि का सुना आगमन, आए गुरु वसिष्ठ ऋषि मानित।
अतिथि महर्षि पूजकर गुरु ने, किया गाधि सुत को सम्मानित॥

कुशल क्षेम के बाद नृपति तब, सबको लेकर गए सभा में।
तेजस्विता गुणित अभिवृद्धित, हुई सहज ही सभा प्रभा में॥

सभा हुई थी पूर्ण व्यवस्थित, समुचित आसन सभी विराजे।
दो ब्रह्मर्षि सभा समुपस्थित, पौरुष, धर्म, मोक्ष वर साजे॥

पुलकित गात नृपति दशरथ ने, विनत भाव से वचन उचारे।
मुनिवर का आगमन अमृत-सम, तृषित भूमि ज्यों मेघ पधारे॥

है सौभाग्य अवध का ऋषिवर!, हम सब अतिशय आनंदित हैं।
कृपया कहें हेतु आने का, श्रवण हेतु हम उत्कंठित हैं॥

आप उपस्थित अतिथि रूप में, इस नाते भी देव हमारे।
हे राजर्षि, ब्रह्म ऋषि भी प्रभु, पावन स्वयं हुए घर-द्वारे॥

आप सुपात्र सर्व अधिकारी, आज्ञा करें मुझे हे मुनिवर।
होगा मेरा अहोभाग्य प्रभु, तव आज्ञा पालन कर ऋषिवर॥

जन्म सफल हो जाएगा ऋषि, प्रभु आज्ञा पालन कर पाऊँ।
मर्त्य लोक का सौख्य भोगकर, मोक्ष सहज ही मैं पा जाऊँ॥

ऋषि यात्रा उद्देश्य जानकर, पुण्य मनोरथ जान सकूँगा।
करके पूर्ण आपकी इच्छा, धन्य भाग निज मान सकूँगा॥

नृप के अति विनम्र वचनों को, सुनकर विश्वामित्र मुदित थे।
पूर्ण मनोरथ हुआ जानकर, ऋषि उर में शत भानु उदित थे॥

कौशिक मुनि ने नृप दशरथ की, अतिशय तभी प्रशंसा की थी।
भानुवंश के पूर्ण दिवाकर, की नृप को तब संज्ञा दी थी॥

वैवस्वत मनु से अभिसिंचित, नृपति आपका वर तन-मन है।
हैं विचार गो, विप्र संत हित, लोक हितैषी शुचि चिंतन है॥

तदनंतर कौशिक महर्षि ने, कारण निज आगमन बताया।
असुर डालते विघ्न यज्ञ में, इस कारण ही नृप मैं आया॥

अनुष्ठान कर रहा नृपति मैं, उसका हेतु लोक हितकारी।
रक्त, माँस की वर्षा करके, हमें सताते राक्षस भारी॥

हैं मारीच, सुबाहु नाम के, दो इच्छाधारी मायावी।
रावण के वे अनुचर हैं नृप!, सिद्ध क्षेत्र में परम प्रभावी॥

ऋषि-मुनियों का जीना दूभर, मानव का भक्षण करते हैं।
दानव की संस्कृति मानव में, बलपूर्वक! राजन्! भरते हैं॥

हे नर पुंगव! भू मंडल पर, असुरों का आतंक बढ़ रहा।
सुर भयभीत, मनुज संत्रासित, उग्रवाद अब शिखर चढ़ रहा॥

इसीलिए पावन संस्कृति की, रक्षा ही युग धर्म हमारा।
ऋषियों का अभीष्ट यह पावन, क्रियाशील है ऋषि कुल सारा॥

इस अभीष्ट के लिए नृपतिवर!, राम-लखन सुत हमें दीजिए।
असुर विनाश सुनिश्चित है ही, इसका यश नृप स्वयं लीजिए॥

गाधितनय की वाणी सुनकर, सहसा नृप तन मूर्च्छा छाई।
करने लगे विलाप नृपति तब, ज्यों ही बदन चेतना आई॥

करते हुए विलाप नृपति ने, कहा महर्षि राम अति प्यारा।
प्राण माँग लो, राम न माँगों, चौथेपन का राम सहारा॥

असुरों से संघर्ष हेतु ऋषि, स्वयं बजाऊँगा रणभेरी।
मैं चलता हूँ साथ आपके, और चलेगी सेना मेरी॥

कौशिक ऋषि ने कोप सहित तब, कहा उचित व्यवहार नहीं है।
प्राण जायँ पर वचन न जाई, परंपरा में धार नहीं है॥

दशरथ बोले हे महर्षिवर!, मेरे सुत वय से कुमार हैं।
कैसे युद्ध करेंगे उनसे, जो मायावी कुटिल खार हैं॥

बोले तब महर्षि दशरथ से, राम नहीं साधारण मानव।
अपनी अद्‌भुत शक्ति बुद्धि से, मार गिराएँगे सब दानव॥

मोहजनित अज्ञान तुम्हारे, नृप! मन की बाधा भारी है।
मोह सकल ब्याधन कर मूला, इससे परम बुद्धि हारी है॥

हैं सर्वज्ञ वसिष्ठ जानते, इनसे ही अनुमोदन ले लें।
साथ-साथ ही राम चंद्र का, मम आवेदन पर मन ले लें॥

ऋषि वसिष्ठ ने नृप दशरथ को, तब सारी भविता समझाई।
कौशिक ऋषि के साथ राम की, होगी नृप सब भाँति भलाई॥

भू-मंडल में ऋषि कौशिक सा, कोई प्रज्ञावान नहीं है।
शस्त्र, शास्त्र दोनों विद्या में, इनसे बढ़कर ज्ञान नहीं है॥

इनके संरक्षण में हे नृप! राम, लखन ऊर्जा पाएँगे।
पूर्ण शक्ति संपन्न बनेंगे, कुल यश जग में फैलाएँगे॥

हैं संपन्न शक्ति सब कौशिक, सारे असुर भस्म कर सकते।
अपने अनुष्ठान पर ऋषिवर, कवच सुरक्षा का धर सकते॥

युग निर्माण हेतु है इनका, इसीलिए हे नृप! यह आए।
भाग्य हमारा अतिशय पावन, जिस कारण ऋषि दर्शन पाए॥

पावन वाणी कौशिक ऋषि की, सत्य स्वयं ही संपोषित है।
राम नहीं साधारण मानव, नृपति! पूर्व से ही घोषित है॥

सुनकर वाणी गुरु वसिष्ठ की, नृप दशरथ संतुष्ट हो गए।
मोह-पाप को काट नृपति तब, संकल्पों से पुष्ट हो गए॥

बुलवाया नृप ने पुत्रों को, देव लगे दुदंभी बजाने।
भावी फल को जान मुदित हो, नभ से सुमन लगे बरसाने॥

आए सभा मध्य सब भाई, ऋषि गुरु-पितु को शीश नवाया।
अपलक देख रहे ऋषि कौशिक, प्रभु की कैसी अद्‌भुत माया॥

तभी नृपति ने राम-लखन को, बुलवाने का हेतु बताया।
नृप दशरथ का निर्णय दोनों, के अंतर्मन को अति भाया॥

अनुज शत्रुहन सुनकर निर्णय, उत्तेजित मन, आकुल तन थे।
रिपुसूदन के रहते अग्रज, युद्ध करें, औचित्य मनन ! थे॥

विनयी स्वर में रिपुसूदन ने, किया सभा के मध्य निवेदन।
क्षमा माँग, कह रहा तात मैं, इस निर्णय से नहीं मुदित मन॥

अग्रज जाएँ युद्ध करें अरु, अनुज बैठ सुख भोग करेगा?
नहीं नीतियुत यह निर्णय है, कैसे मन उर तोष भरेगा?

आज्ञा दें हे तात! लखन सँग, असुरों से मैं युद्ध करूँगा।
शपथ आपके शुचि चरणों की, विजयी होकर ही लौटूँगा॥

सुनकर ओजपूर्ण वाणी को, ऋषि द्वय सहित सभी हरषाए।
भ्रातृ प्रेम को देख सभी मन, थे अतीव संतोष समाए॥

तभी राम ने गुरुवाणी से, अनुज शत्रुहन को समझाया।
है विपरीत परिस्थिति चहुँ दिशि, अवधपुरी पर भी है छाया॥

राज्य और परिवार सुरक्षा, के हित दोनों अवध रहोगे।
भरत-शत्रुहन दोनों मिलकर, नृप पितु का सहयोग करोगे॥

निर्देशित जब हुए राम से, रिपुसूदन तब शांत हो गए।
सधे हुए वर शब्द राम के, भविता के भी बीज बो गए॥

तदनंतर गुरु और पुरोहित, कुल ने किया स्वस्ति का वाचन।
कुशल क्षेम के लिए सभी ने, किया इष्ट का तब अभ्यर्चन॥

फिर अभिमंत्रित किया उभय को, शुभ मंगल मंत्रों के द्वारा।
सबने दिया अशीष शीश पर, डाल पुष्प अक्षत शुभ सारा॥

बरसे सुमन, दुंदुभी बाजी, मनहर सुरभित पवन चली थी।
बजे शंख-घड़ियाल आदि सब, भू सुर की कामना फली थी॥

दशरथ ने कौशिक ऋषिवर से, अति विनम्र तब किया निवेदन।
प्रभु! तुम इनके मात-पिता हो, करना क्षमा मान कर बचपन॥

इनके रक्षक आप आज से, ऋषिवर यह हैं प्राण हमारे।
रखना इन्हें सँभाल सदा प्रभु, इनके केवल आप सहारे॥

लेकर चले राम-लक्ष्मण को, ऋषिवर विश्वामित्र भवानी।
हुए प्रफुल्लित सुर नर मुनि सब, हलचल भू-मंडल ने जानी॥

अस्त्र-शस्त्र सज्जित कुमार द्वय, बदन वस्त्र वर आभूषण थे।
आगे-आगे ऋषिवर कौशिक, पावन संस्कृति के भूषण थे॥

श्याम, गौर दोनों अति सुंदर, छाती चौड़ी भुज विशाल हैं।
कमर पीत पट हाथों में धनु, काँधे तरकस कंठ माल हैं॥

योजन डेढ़ अयोध्या से चल, सरयू तट विश्राम किया था।
कौशिक ऋषि ने रघुनंदन पर, शक्तिपात तत्धाम किया था॥

बला, अतिबला शक्ति राम को, ऋषि ने सौंपी थी प्रमुदित मन।
कर अभ्यास निरंतर श्रम से, रघुवर ने की ग्रहण मुदित मन॥

गाधिज ऋषि ने कठिन तपस्या, से विशेष विद्या पाई थी।
उनका तपबल प्राप्त राम में, दोनों शक्ति उतर आई थी॥

बला अतिबला विद्या पाकर, रघुनंदन भू पर अजेय थे।
शत-शत सूर्य शक्ति से युत वे, भू-मंडल में अप्रमेय थे॥

पहुँच प्रयाग राम लक्ष्मण तब, पावन संगम मुदित नहाए।
पूजन कर गुरु सहित भ्रात द्वय, अंतर्मन में अति उमगाए॥

आगे चलकर गाधिज ऋषि ने, वन ताड़का उन्हें दिखलाया।
इसमें ही दुर्धर्ष राक्षसी, है ताड़का नाम बतलाया॥

ऋषि से निर्देशित रघुवर ने, तब धनु की प्रत्यंचा खींची।
धनु टंकार हुई जब भारी, दहल गई सब दिशा प्रतीची॥

सुना ताड़का ने भीषण स्वर, बदन अतीव क्रोध भर लाई।
आया शब्द जिधर से कर्कश, उसी दिशा में दौड़ लगाई॥

ऋषि! लख सम्मुख दुष्ट ताड़का, प्रभु को इंगित कर समझाए।
रघुवर ने आक्रांता निशिचरि, पर तब भीषण शर बरसाए॥

माया विविध दिखाई उसने, किंतु ताड़का नहीं बची थी।
रघुपति के भीषण बाणों से, वन में हाहाकार मची थी॥

धूल धूसरित हुई ताड़का, सबको सहसा मुक्ति मिल गई।
जगन्नियंता के हाथों से, वसुधा के मन कली खिल गई॥

दे आशीष मुदित ऋषिवर ने, दोनों को अभिसिक्त किया था।
तप-बल प्राप्त सभी अस्त्रों को, मुदित राम को सौंप दिया था॥

तदनंतर ले राम-लखन को, कौशिक मुनि निज आश्रम आए।
कंद-मूल फल मधुर भोज्य दे, नेह सहित ऋषि शयन कराए॥

प्रातकाल उठि रामलखन ने, ऋषि को सादर नमन किया था।
कहा 'यज्ञ अब करें निडर हो', रक्षा का दायित्व लिया था॥

विश्वामित्र, मुनिवरों के सँग, करने लगे यज्ञ तब पावन।
सुनि मारीच, सुबाहु, निशाचर, दौड़े करने यज्ञ अपावन॥

सावधान रघुवर ने तत्क्षण, विनु फर बाण चाप पर धारा।
लक्ष्य किया मारीच, गिरा तब, सत योजन सागर के पारा॥

संधाना फिर अग्निबाण प्रभु, असुर सुबाहु गिरा था भू पर।
क्षण भर में ही भस्म हुआ वह, जय-जयकार करें सुर मुनिवर॥

उसी समय वर वीर लखन ने, सभी कटक राक्षस संहारे।
भाग-भागकर छिपे कहीं भी, लक्ष्मण ने निकालकर मारे॥

नभ मंडल से सुमन वृष्टिकर, देवों ने दुंदुभी बजाई।
श्रीरघुवीर और लक्ष्मण की, सुर नर मुनि ने महिमा गाई॥

कुछ दिन किया वास आश्रम में, गूढ़ तत्त्व ऋषियों से पाए।
राम-लखन सान्निध्य अलौकिक, पाकर ऋषि-मुनि गण हरषाए॥

कथा-पुराण-उपनिषद् सुनकर, राम अतीव प्रसन्न हुए थे।
ऋषियों की तप कृपा प्राप्त कर, युगल-ज्ञान के शीर्ष हुए थे॥

कुछ दिन हुए व्यतीत हर्षयुत, विश्वामित्र कही यह बानी।
जनकपुरी में धनुष यज्ञ है, संगम अनुपम, नृप, ऋषि मानी॥

आमंत्रण है जनकराज का, हम भी चलें देखने कौतुक।
तब प्रत्यक्ष देख पाएँगे, वर जानकी स्वयंवर हेतुक॥

विश्वामित्र सहित दोउ भाई, चले देखने घनुष यज्ञ थे।
राम-लखन कर रहे अनुसरण, मन में वे मुनि के कृतज्ञ थे॥

कौशिक के उर दूर दृष्टि थी, 'असुरों का संहार' हेतु था।
इसीलिए नृपराज जनक का, अति वांछित संबंध केतु था॥

ऋषि कौशिक की चिंत्य योजना, मूर्त रूप लेगी वसुधा पर ।
चले जनकपुर के पथ पर वे, जहाँ बनेंगे राम सियावर॥

पथ में देखा आश्रम निर्जन, नीरवता चहुँदिशि थी छाई।
जिज्ञासा मन हुई राम के, सहज प्रश्न पूछा चितलाई॥

गाधिज मुनि ने प्रमुदित मन से, विशद कथा तब कही भवानी।
मूर्ति अहिल्या, गौतम ऋषि की, मर्म कथा परिपूर्ण बखानी॥

गौतम ऋषिवर की भार्या थी, अद्भुत रूप राशि की स्वामी।
इंद्र विवेक शून्य हो आए, ऋषि का रूप धरे अति कामी॥

कर संसर्ग इंद्र जब भागे, समिधा ले गौतम ऋषि आए।
सुरपति, भामिनि सत्य जानकर, ऋषिवर निज उर बहुत लजाए॥

तन जल उठा, क्रोध में उनका, श्राप कठोर दिया सुरपति को।
फिर ऋषि श्राप दिया पत्नी को, दोनों प्राप्त हुए दुर्गति को॥

तभी अहिल्या से क्रोधित मन, कहा महामुनि कुलटा भोगी।
शाप मुक्त होगी तुम तब ही, जब रघुनंदन पग रज लोगी॥

इस प्रकार दे शाप दुखी मन, ऋषि गौतम तब गए हिमालय।
परित्याग कर भामिनि, आश्रम, ऋषि रहते अब नग देवालय॥

तब से जड़वत् हुई अहिल्या, पाप शमन संकल्प लिया है।
अति कठोर तप से तपती वह, षट विकार को होम दिया है॥

प्राणि मात्र इस तपोमूर्ति का, नहीं देख सकता है आनन।
उद्घाटित कलंक के कारण, भी निर्जन है आश्रम आँगन॥

प्रभु दर्शन अभिलाषा पाले, सतत साधना में रहती है।
वर्षों से जल रही ग्लानि में, अगणित कठिन ताप सहती है॥

ऋषि के साथ राम-लक्ष्मण ने, आश्रम मध्य प्रवेश किया था।
कृपा सिंधु रघुनाथ राम का, तब अतिशय परितृप्त हिया था॥

अद्भुत दीप्तिमान तप-बल से, धूम बीच अनुपम छवि देखी।
पूर्ण चंद्र परिव्याप्त मेघ से, सुंदरता ज्यों विधि ने लेखी॥

ज्यों सूरज की किरण नीर की, झीनी चादर बीच ढकी हो।
धवल चंद्रिका को कोहरे की, ज्यों दीवार न रोक सकी हो॥

राम अहिल्या के आश्रम में, श्राप सहज ही दूर हो गया।
सामाजिक अभिशाप त्याग का, राम पहल से स्वयं खो गया॥

हुआ श्राप का अंत राम के, दर्शन मुनि-पत्नी ने पाए।
लेकर पग रज रघुनंदन की, उसने निज सौभाग्य मनाए॥

अब सबको दिख रही अहिल्या, कृपा सिंधु ने तार दिया था।
तिमिर हटाकर निर्मलता दे, तप का पुण्य, उदार दिया था॥

स्वीकृत कर आतिथ्य राम ने, तब शुभ रूप प्रदान कर दिया।
भेज दिया गौतम ऋषि के ढिग, पति पद पावन मान भर दिया॥

रघुनंदन की कृपा देखकर, देव यक्ष, नर, किन्नर हर्षित।
सुरभित सुमन बरसते नभ से, करें नृत्य अप्सरा प्रदर्शित॥

मुदित मना तब ऋषि कौशिक सँग, राम-लखन मिथिला में आए।
जनकपुरी पहुँचे जब ऋषिवर, शुभ संदेश जनक नृप पाए॥

जाना अवध कुमार साथ में, परम प्रफुल्लित वर विदेह थे।
योग्य दिया सत्कार उन्हें सब, स्वागत के वे स्वयं गेह थे॥

इधर अवध में भरत-शत्रुहन, राजकाज में हाथ बँटाते।
नृप दशरथ भी गुणता लखकर, प्रमुदित हृदय परम सुख पाते॥

नृप दशरथ रिपुसूदन को भी, नित नूतन दायित्व सौंपते।
राज्य शत्रुओं के अंतस्तल, रिपुसूदन से सहज लरजते॥

सीमाओं की उचित सुरक्षा, की चिंता निशदिन करते थे।
कुशल प्रबंधन के द्वारा वे, सभासदों का मन हरते थे॥

भ्राताओं के समाचार वे, नित्य कुशलता से मँगवाते।
सुनकर विजय राम-लक्ष्मण की, अवधपुरी में मोद मनाते॥

जनकपुरी में ऋषि कौशिक का, स्वागत किया जनक ने भारी।
अवध कुमारों को देखा जब, हुए जनक ऋषि के आभारी॥

नृप इच्छा पर कौशिक ऋषि ने, परिचय उनका विशद बताया।
गौतम सुत, ऋषि सतानंद, के तन-मन में रोमांच समाया॥

आग्रह पूर्वक सतानंद ने, मातु अहिल्या कथा सुनी थी।
रघुनंदन प्रताप की महिमा, मन-ही-मन में मुदित गुनी थी॥

शापमुक्त माँ हुईं जानकर, सतानंद ऋषि सजल नयन थे।
माता-पिता मिलन को सुनकर, सतानंद अति प्रमुदित मन थे॥

राम-लखन की मनहर छवि लख, बदन विदेह-विदेह हो गया।
कोमल गात, याद प्रण की कर, उर में पश्चाताप बो गया॥

किया इष्ट का विनत संस्मरण, अपनी इच्छा प्रकट बताई।
जागा मन विश्वास जनक के, हृदय शांति सहसा तिर आई॥

कुशिक पुत्र से जनकराज ने, अति विनम्र स्वर किया निवेदन।
तव आगमन धन्य हम सारे, धन्य वंश मेरा यह तन-मन॥

जनकराज ने अतिथि जनों को, फिर रुचिकर आवास टिकाए।
आवश्यक सुविधाओं के भी, अति अनुकूल प्रबंध कराए॥

प्रातः उठ प्रमुदित विदेह तब, ऋषिवर कौशिक के ढिग आए।
कर प्रणाम ली कुशल क्षेम तब, वार्ता के संदर्भ बढ़ाए॥

पूछा ऋषि ने जनकराज से, नृपति! यज्ञ का हेतु बताओ।
ठाना अनुष्ठान अति भारी, क्यों मन के संकल्प सुनाओ?

मिथिलापति ने सहज भाव से, धनुष यज्ञ का हेतु बताया।
सिया सुता के परिणय के हित, यह पुनीत ऋषि! यज्ञ रचाया॥

सुता विलक्षण अतिशय ऋषिवर, वीर शुल्क कर दिया सुनिश्चित।
जो संधान करेगा शिव धनु, उससे सिय का परिणय निश्चित॥

मिथिलापति ने तब विस्तृत सब, शंभु धनुष की कथा सुनाई।
सिया हेतु संकल्प चुना क्यों? यह गाथा ऋषि को समझाई॥

'यज्ञ हेतु' जब गया बताया, राम-लखन भी गुरु समीप थे।
श्रद्धा, मूर्तिमती हो मानो, उभय सुशोभित दीप्त दीप थे॥

फिर सब गए यज्ञ मंडप में, नृप ने सबको धनुष दिखाया।
देख धनुष प्रभु राम हृदय में, अति विश्वासी भाव समाया॥

निश्चित तिथि मुहूर्त पर प्रमुदित, सभी यज्ञ परिसर में आए।
हुए व्यवस्थित अतिथि नृपति जब, तब सेवक ने वचन सुनाए।

शिव का धनुष चढ़ाएगा जो, वही सिया को वरण करेगा।
घोषित वीर शुल्क यह सिय का, शौर्यवान यह क्षत्र धरेगा।

सबने किए प्रयत्न अनेकों, शिव धनु किंचित् हिला न पाए।
चिंतातुर हो गए जनक तब, जनक सिया के ढिग चलि आए॥

रुँधे कंठ से सजल नयन तब, कंपित अधर, जनक यह बोले।
वीर विहीन हुई यह वसुधा, आह! करूँ क्या शंकर भोले॥

आह! रहो अविवाहित बेटी, असह्य बज्र का पात हुआ है।
परिणय शुल्क किया क्यों घोषित, कैसा यह परिताप हुआ है॥

नृप की वाणी सुन रघुनंदन, ने गुरुवर की ओर निहारा।
कौशिक ने तब कहा राम से, वीरोचित अब कर्म तुम्हारा॥

उठो राम अब चाप चढ़ाओ, वर-विदेह का ताप हरो तुम।
करके कौतुक सिया विवाहो, सबके उर आनंद भरो तुम॥

यह अतीव उपयुक्त समय है, समय न क्षणभर राम! गँवाओ।
सिया सहित सब ही तनाव में, कृपा सिंधु संताप मिटाओ॥

सुनकर वाणी ऋषि कौशिक की, राम उठे गुरु शीश नवाते।
चले धनुष की ओर सहज मन, मस्त चाल गजराज लजाते॥

पहुँच धनुष के पास राम ने, शिव शंकर का किया संस्मरण।
भानुवंश के तरुण भानु ने, कुल पौरुष का किया संवरण॥

रघुनंदन को निर्निमेष तब, नयन सहस्त्रों देख रहे थे।
अपने मन की भाव भावना, से राघव को लेख रहे थे॥

लक्ष्मण अति उत्साह समाए, अटल खड़े पर वीर वेश थे।
जैसे भूमि धार निज सिर पर, अचल हुए नगराज शेष थे॥

भरा हुआ रोमांच हृदय में, हलचल रक्त शिराओं में थी।
था उद्वेलन मन के अंदर, फड़कन लखन भुजाओं में थी॥

सीता अतिशय व्याकुल मन से, माँ गौरी का सुमिरन करतीं।
कृपा करेंगीं माँ निश्चित ही, उर में नव उड़ान वह भरतीं॥

कृपा करो हो जाय भार कम, शिव धनु का हे मातु भवानी।
हैं अतीव कोमल कुमार माँ, नव ऊर्जा भर दो कल्याणी॥

देखा राम, सिया को आकुल, दामिनि सम शिव धनुष उठाया।
प्रत्यंचा खींची त्यों टूटा, शब्द घोर भूमंडल छाया॥

खंड हुए थे दो शिव धनु के, रघुवर ने सम्मान दिया था।
शीश लगा धनु रखा सुआसन, जनकराज का मुदित हिया था॥

करतल ध्वनि कर रहे संत जन, पुलकित गात सभी नर-नारी।
आनंदाश्रु बहे नयनों से, जय-जयकार हो रही भारी॥

उछल रहे थे लखन हृदय में, था अतिरेक भावनाओं का।
सीता नयन झरें अनुरागित, था अभिषेक कामनाओं का॥

तेजपुंज गाधिज ऋषि पावन, उन्नत शीश किए थे अविचल।
आनन विलसित विकसित तन-मन, पाया ऋषि गुरुता का शुचि फल॥

कौतुक देखि उमा! चतुरानन, सुमन वृष्टि थे स्वयं कर रहे।
देव सभी दुंदुभी बजाते, हर्ष सभी निज हृदय भर रहे॥

मागध, सूत और बंदीजन, विरुदावली सरस स्वर गाते।
जनकवंश के वर लोगों से, मूल्यवान न्योछावर पाते॥

झाँझ, मृदंग, शंख, शहनाई, मंगल वाद्य लगे तब बजने।
गीत मांगलिक गायँ नारियाँ, लगा मंच वरमाला सजने॥

श्रीहत हुए दंभ उरवाले, तन-मन मलिन दिखाई देते।
दृष्टि बचाकर खिसक रहे कुछ, कुछ खिसियात बधाई देते॥

जनकराज, सिय मातु सुनयना, के उर बदन नेह पुलकित थे।
तृषित फसल ज्यों तृप्त वृष्टि से, दोनों ऐसे ही प्रमुदित थे॥

घेर लिया सिय को सखियों ने, कंठ लगाकर नीर बहातीं।
सिय भीगें आनंद समाईं, भावावेश अश्रु बरसातीं॥

तभी जनक नृप हाथ जोड़कर, ऋषिवर के समीप चलि आए।
दृग गीले, रोमांच बदन में, उर में अति आनंद समाए॥

हुआ कृतज्ञ मुनीन्द्र! आपसे, बार-बार वंदन करता हूँ।
मेरा हुआ अभीष्ट पूर्ण है, तव पद कमल शीश धरता हूँ॥

रघुनंदन का अमित पराक्रम, देख लिया अपने नयनों से।
संभव नहीं शारदा लिख दे, कौन कहेगा फिर वचनों से॥

शंकर चाप टूटना ऋषिवर, यह अतिशय अचिंत्य घटना है।
आज हृदय विश्वास हुआ ऋषि, तिमिर धरा का अब छँटना है॥

रघुनंदन को पाकर सीता, जग में यश विस्तार करेगी।
उभय कुलों में निज कृत्यों से, नित नूतन आनंद भरेगी॥

वीर्य शुल्क से पाया इसने, मनोनुकूल पराक्रमी पति है।
गुरुवर यह विश्वास हुआ मन, असुर संस्कृति की अब इति है॥

हे ऋषि! मिथिलापति की कन्या, प्रभु परिणय के हित तत्पर है।
आज्ञा दें मुनीष! हमको अब, शुभ मुहूर्त जयमाल प्रवर है॥

एवमस्तु कह ऋषि कौशिक ने, हाथ उठा आशीष दिया था।
सतानंद ऋषि को नृप ने तब, तदनुसार संकेत किया था॥

पा अनुशासन तात-मातु का, सिया हाथ जयमाल सुहाई।
रघुनंदन के कर कमलों में, सुरभित सुमन माल वरुआई॥

देव, नाग, नर, यक्ष आदि सब, हर्षित सुमन वृष्टि थे करते।
शहनाई, मंगल गायन स्वर, वातावरण सौख्य से भरते॥

सतानंद ऋषि, सहित पुरोहित, मंगल मंत्रोच्चार कर रहे।
शंखध्वनि गुंजित नभ मंडल, सभी ओर से पुष्प झर रहे॥

पार्श्व ओर से घेर चल रही, सखियाँ अनुजाएँ अति सुंदर।
छवि के बीच महा छवि शोभित, मूर्ति गढ़ी ज्यों स्वयं पुरंदर॥

सीता-राम सभी नयनों के, केंद्र बिंदु उस समय बने थे।
जिनके जैसे भाव हृदय में, युगल उसी अनुसार गुने थे॥

दुर्जन गुनें कलुष मन में ले, संत हृदय आशीष दे रहे।
राम कुमारि, कुमार सिया को, लख कर दीर्घ उसाँस ले रहे॥

अद्‌भुत वातावरण वहाँ का, देव, यक्ष, नर, किन्नर मोहे।
लक्ष्मण राम समीप खड़े ज्यों, बाल हंस छवि दोनों सोहे॥

जनक नंदिनी ने प्रभु सम्मुख, होकर जब जयमाल उठाई।
सिहरन हुई सिया के तन में, देख राम वर की ऊँचाई॥

असमंजस में सिया किस तरह, रघुवर को माला पहिनाऊँ।
मैं छोटी कद में रघुवर से, युक्ति कौन सी मैं अपनाऊँ॥

मन संकोच और यह चिंतन, सिय आनन पर दिया दिखाई।
देखा लखन ओर दृग कातर, सिय मन गति समझे लघु भाई॥

रुचिर उपाय विचार विनत उर, गिरे लखन प्रभु कमल चरण में।
उन्हें उठाने झुके राम ज्यों, सिय माला पहनाई क्षण में॥

अट्टहास गूँजा मंडप में, लखन सिया की लख चतुराई।
होने लगी पुष्प की वर्षा, हँस-हँस देते सभी बधाई॥

सभी प्रसन्न हुए ऐसे ज्यों, स्वयं विनोद उतर आया हो।
हास भाव भी अविचल होकर, ज्यों भू-मंडल पर छाया हो॥

राम स्वयं यह जान सभी कुछ, हर्षित मन आनन शर्माये।
मंद-मंद मुसकान अधर ले, वरमाला सिय ओर बढ़ाए॥

कर जयमाला, उठी भुजाएँ, प्रभु प्रत्यक्ष क्षितिज से शोभित।
व्योम धरा का मिलन हो रहा, अनुपम दृश्य सकल मन मोहित॥

मेली माल कंठ सीता के, पुष्प बरसने लगे सुगंधित।
जय-जयकार गूँजता नभ में, सुर, मुनि, संत हृदय आनंदित॥

चारण, भाट उच्च मधु स्वर में, विरुदावली सुनाते हर्षित।
जनकसुता के कीर्ति व्योम में, भानुवंश का भानु प्रभासित॥

मंडप में हर्षद्ध्वनि भारी, आनन सभी प्रफुल्लित दिखते।
अनुपम रसविभोर वर शोभा, शेष प्रयत्न पूर्वक लिखते॥

सियाराम शोभित थे ऐसे, रस शृंगार साथ सुंदरता।
अद्‌भुत दिव्य मनोहर जोड़ी, प्रति मन सहज तोष अति भरता॥

थे समक्ष उर्मिला लखन दृग, था अनुराग उभय आनन पर।
स्वप्न सदृश घट रहा सभी कुछ, लिखी नेह की भाषा मन पर॥

सभी प्रफुल्लित नृत्य मुदित मन, हर्षोल्लास वहाँ छाया था।
जनकपुरी के घर-घर उत्सव, ज्यों रसराज उतर आया था॥

उसी समय जमदग्नि पुत्र ने, मंडप बीच प्रवेश किया था।
शिव धनु खंडित हुआ जानकर, उनका अतिशय क्रुद्ध हिया था॥

मेरे पूजक परशुराम शिवि! शोषित जन के थे उद्धारक।
अत्याचारी राजाओं के, बने हुए थे वे संहारक॥

शोषक अन्यायी भूपों का, परशुराम ने दलन किया था।
उनसे प्राप्त भूमि, धन, वैभव, शोषित जन को बाँट दिया था॥

निर्बल के भगवान् बने थे, अन्यायी के महाकाल थे।
परम तपस्वी, शौर्य, त्यागयुत, नैतिकता के उच्च भाल थे॥

सुने नाम जो परशुराम का, सहज काँपता उसका उर था।
दुष्ट भाग जाते शत योजन, फैला भू पर तेज प्रचुर था॥

देखा सबने परशुराम को, मंडप में कोलाहल भारी।
रूप सजे अद्‌भुत महर्षि वर, ऋद्धि-सिद्धि उनकी आभारी॥

जटाजूट सिर, मूँज जनेऊ, काँधे धनु तूणीर सुहाए।
कर विकराल परशु वर शोभित, उन्नत भाल त्रिपुंड सजाए॥

आँखें लाल, अजान बाहु वे, क्रोध बदन दे रहा दिखाई।
अनहोनी की आशंका से, मंडप में नीरवता छाई॥

तभी सिया बढ़ गईं अकेली, पगरज ले निज शीश झुकाया।
सुता! रहो सौभाग्यवती तुम, मुनि आशीष दिया, सिय भाया॥

रामलखन भी सहज रूप से, परशुराम के ढिग चलि आए।
संस्कृति, त्याग, तपस्या को तब, भ्राताओं ने शीश नवाए॥

देकर तब आशीष उभय को, पूछा प्रश्न जनक से ऋषि ने।
किसने शिव धनु तोड़ा बोलो? शिव अपमान किया है किसने?

रामभद्र ने अति विनम्र स्वर, धनु भंजन की कथा सुनाई।
तर्क विनय के द्वारा प्रभु ने, परशुराम की व्यथा मिटाई॥

अनुज लखन ने भी विनोद में, कतिपय तर्क किए ऋषिवर से।
किंतु राम की सूझ-बूझ ने, शुभ आशीष लिया मुनिवर से॥

हो संतुष्ट, जान प्रभु कौतुक, प्रभु को तपबल अंश दे दिया।
देख अलौकिक दृश्य सभी ने, दैविक परमानंद ले लिया॥

परशुराम फिर मिले गाधिसुत, भविता का संदर्भ सजाया।
ऋषियों की योजना सुफल हो, कहकर मुनि ने शंख बजाया॥

हुई हर्ष ध्वनि तब मंडप में, नीरवता की हुई विदाई।
जनकराज ने पूजा ऋषि को, सुत जमदग्नि गए हर्षायी॥

विश्वामित्र समय शुभ जाना, तभी बुलाया जनक राज को।
नृप! भेजो संदेश अवध अब, आएँ दशरथ लगन काज को॥

गया संदेशा पुरी अयोध्या, लहर अपार हर्ष की छाई।
विश्वामित्र मुनीन्द्र निदेशित, दशरथ चले बरात लिवाई॥

जनकपुरी में चक्रवर्ति का, हुआ बारात सहित अति स्वागत।
स्वयं जनक पहुँचे सीमा पर, स्वागत पाकर प्रमुदित आगत॥

दशरथ संग राम लक्ष्मण से, जनकराज ने बालक देखे।
भ्रमित हो गए वर विदेह भी, अपलक नेत्र हृदय में लेखे॥

मर्म नृपति दशरथ ने समझा, जनक पड़े भ्रम में अतिशय हैं।
कहा भरत शत्रुहन नृपति यह, राम-लखन के अनुज उभय हैं

परिचय जान जनक आह्लादित, कैसा अद्‌भुत साम्य समाया।
दोनों जोड़ी ही अद्‌भुत हैं, समता ने नृप हृदय लुभाया॥

जान सुअवसर गुरु वसिष्ठ ने, अवध पक्ष परिचय करवाया।
मिथिलापति के कुल का परिचय, सतानंद ने विशद सुनाया॥

जनकराज स्वागत अगवानी, कर बरात जनवासे लाए।
उत्तम पेय, विविध व्यंजन पा, सभी बराती अति हर्षाए॥

बजे कर्ण प्रिय वाद्य अनेकों, गायन नृत्य गमक चहुँदिशि थी।
दीपमालिका छटा अनोखी, हर्षोल्लास पूर्ण वह निशि थी॥

तभी राम-लक्ष्मण भी आए, सबको मुदित प्रणाम किया था।
सभी मिले रोमांचित होकर, स्वजनों का अति मुदित हिया था॥

दोनों सुत छाती चिपकाकर, दशरथ का मन अति उमगाया।
ऋषि कौशिक श्रद्धा से पूजे, समुचित आसन पर बैठाया॥

गुरु वसिष्ठ ने भी कौशिक को, आदर सहित किया अभिनंदित।
भ्रात सभी भेंटे उत्साहित, अग्रज हुए अनुज से वंदित॥

गुरु वसिष्ठ ने राम-लखन को, अति प्रसन्न मन नेह दिया था।
दंड प्रणाम कर रहे दोनों, वर शिष्यों को उठा लिया था॥

आह्लादित निज कर कमलों से, दोनों के तब सिर सहलाए।
कीर्ति-केतु सज्जित शिष्यों को, नेह नीर से थे नहलाए॥

भाई भेंटे सभी परस्पर, अनुजों ने अग्रज सन्माने।
अग्रज लगा कंठ आशीषें, देव नेह यह देख लुभाने॥

इधर भवन में जनकराज ने, जाकर स्वजनों को बतलाया।
अवध कुमार चार अति सुंदर, गुण वैशिष्ट्य साम्य समझाया॥

सिया सुता भी चार भगनियाँ, चारों का अनुराग परस्पर।
चारों बनें अवध की शोभा, अवध कुमारों की तिय बनकर॥

सिया सहित सारे स्वजनों को, यह प्रस्ताव बहुत मन भाया।
अनुज कुशद्ध्वज सहित रानियों, के मन अतिशय हर्ष समाया॥

प्रातकाल उठि शीघ्र जनक नृप, अनुज सहित जनवासे आए।
नृप दशरथ का अभिवादन कर, कुशध्वज का परिचय करवाए॥

हे नृप! यह हैं अनुज हमारे, 'कुशध्वज' नृप संकाश्यपुरी के।
पावन इक्षु नदी जल पीते, चक्र सदा यह धर्म धुरी के॥

इनकी दो कन्याएँ राजन, सौम्य रूप संस्कारवती हैं।
सुता हमारी सिया उर्मिला, धवल चाँद सी दीप्तिमती हैं॥

तव चारों सुत को जामाता, पाकर धन्य हो सकेंगे हम।
कृपा आपकी मिल जाए तो, सहज अनन्य हो सकेंगे हम॥

सुनकर यह प्रस्ताव अवधपति, के तन में रोमांच समाया।
समीपस्थ बैठे गुरुवर को, भी प्रस्ताव बहुत मन भाया॥

एवमस्तु कह नृप दशरथ ने, जनक कथन स्वीकार कर लिया।
हर्षित नृप ने उभय भ्रात को, निज बाँहों में सहज भर लिया॥

अज नंदन ने परम ब्रह्म का, श्रद्धायुत आभार जताया।
सब खुशियाँ दे एक साथ प्रभु, दिया मुझे मेरा मन भाया॥

फिर कुशध्वज अरु जनक वहाँ से, गए महल में अति हर्षायी।
समाचार शुभ सुना जनक से, अंतःपुर में खुशी समाई॥

इधर अवधपति ने स्वजनों को, समाचार यह सरस सुनाया।
जिसने सुना वही रोमांचित, सबके उर आनंद समाया॥

जनकपुरी की हाट वीथिका, समाचार सुन भर आई थीं।
नाच उठे प्रमुदित नर-नारी, खुशियाँ घर-घर में छाई थीं॥

जनक सुता सिय और उर्मिला, क्रमशः परिणय राम, लखन से।
भरत तिया बन गई मांडवी, कुशध्वज पालित बड़े जतन से॥

वेद रूप शत्रुहन भामिनी, बनी स्वयं श्रुतिकीर्ति सुपावन।
स्वतः पूर्ण हो गईं ऋचाएँ, पा कुशध्वज कन्या मन भावन॥

सभी निभाईं लोक-रीतियाँ, हास्य-विनोद वहाँ था छाया।
सभी जोड़ियाँ देख-देखकर, कामदेव भी स्वयं लजाया॥

आई द्रवित विदाई बेला, अश्रु सभी के नयनों में थे।
दुख विछोह का, सुख परिणय का, दोनों सबके नयनों में थे॥

जनकराज ने दिए अनेकों, मूल्यवान् उपहार नृपति को।
बाँट दिए अंत्यज सुपात्र को, हर्ष अपार अवध अधिपति को॥

अनुज कुशध्वज सहित जनक ने, बाराती जन को सन्माना।
समुचित दे उपहार सभी को, दिया सेवकों को नजराना॥

दशरथ से भेंटे दोउ समधी, सतानंद ऋषिवर वसिष्ठ से।
संबंधी-समधी मुनि भेटें, सब वरीय भेंटे वरिष्ठ से॥

दिया दहेज विदेह असीमित, दशरथ ने स्वीकार किया था।
जनक राज की पुण्य भावना, को नरपति ने मान दिया था॥

सजल नयन हो जनक राज ने, कहा अवधपति से विनम्र स्वर।
नाथ! अबोध बेटियाँ मेरी, सौंप रहा हूँ तुम्हें सुहृदवर॥

कभी भूल हो जाए इनसे, बेटी समझ क्षमा कर देना।
प्रभु हैं तात आज से इनके, उर ममता से दुख हर लेना॥

अपने उर की शुचि निधि सौंपी, हुआ अकिंचन मैं सेवक हूँ।
दोनों राज्य आपके ही हैं, भ्रात सहित मैं अनुदेशक हूँ॥

विह्वलता में सब नयनों से, सहज बह चली अश्रुधार थी।
वर संयोग, वियोग-योग की, विदा प्रेम की कुटिल धार थी॥

तदनंतर चारों दुल्हन की, अति अनुरागित हुई विदाई।
पलटि पलट सुजनों से भेंटें, हर्ष विषाद भावना भाई॥

उभय मातु समझातीं तनया, बेटी कुल मर्यादा रखना।
सास-ससुर, पति सेवा की तुम, चिंता सदा सर्वदा रखना॥

था विछोह का शोक हृदय में, सभी विलाप कर रहे भारी।
हुई पराई सुता आज हैं, जो आँगन की थी अनियारी॥

भेंटी सखियाँ सजल नयन हो, जननी बिलख-बिलख भेंटी थीं।
मेघ बने से नयन बरसते, नयनों की तारा बेटी थीं॥

माताएँ मिल सभी वरों को, रोली अक्षत तिलक लगातीं।
करें आरती, नजर उतारें, अनुपम छवि लख हृदय सोहातीं॥

लोक रीतियाँ पूर्ण हुईं जब, तब बरात की हुई विदाई।
नाच रहे नर-नारी, प्रमुदित, सुमन वृष्टि करते हर्षाई॥

इस प्रकार से जनक राज ने, मिथिलापति को मोद दिया था।
विदा समय प्रिय संभाषण से, सबका ही मन मोह लिया था॥

चारों दुल्हन लेकर सँग में, पहुँचे दशरथ अवध पुरी में।
हुआ अभूतपूर्व वर स्वागत, मानो उत्सव इंद्रपुरी में॥

कलियुग में यह सर्ग सुपावन, मन के कलुष सभी हर लेगा।
सर्ग आठवें की इति होती, पारायण इच्छित फल देगा॥

नौवाँ सर्ग अयोध्या की सब, घटनाओं का परिचय देगा।
आगत वधुओं का स्वागत कर, अवधराज इतिहास रचेगा।

लोक हेतु में कैकेयी हठ, चौदह वर्ष राम वन जाएँ।
दो वरदान नृपति से माँगे, भरत लाल युवराज बनाएँ॥

राम-लखन सिय का वन जाना, प्रजा दुखारी अवधपुरी की।
किंतु वचन से डिगे नहीं नृप, रक्षा करनी धर्म धुरी की॥

आज कथा विश्राम ले रही, उमा! कथा यह जग कल्याणी।
'रवि' लेगा ऊर्जा तुलसी अरु, वालमीकि से जो अति ज्ञानी॥

(इतिश्री सर्ग आठ)

सर्ग-नौ

मंगलाचरण

हे महेश करता हूँ वंदना विनत भाव,
तेजपुंज आप मुझे तेज का ही दान दो॥
करते हो विश्व का कल्याण नित्य घूम-घूम,
त्रिपुरारी आज तुम मुझको कल्याण दो॥
राम बोला तुलसी बनाए पूज्य तुमने ही,
राम बोला जैसा कुछ 'रवि' को भी ज्ञान दो॥
हूँ अबोध बालक मैं कवियों के मध्य प्रभु,
कविता सुकीर्ति पाए ऐसा वरदान दो॥

★★★

अति सत्कार मिला मिथिला में, सभी बराती तोष समाए।
चले विदा ले जनकराज से, उर सबका ही मोद मनाए॥

वाद्य बज रहे मंगलकारी, यात्रा शोभा वरनि न जाई।
कई जगह ले वास चले फिर, अवधपुरी थी अब नियराई॥

नगर निवासी समाचार सुन, परम उछाह हृदय भर लाए।
भव्य रूप से नगर सजाया, घर-घर मंगल कलश सजाए॥

सुना रानियों ने संदेशा, राजमहल में कोलाहल था।
दौड़े दास दासियाँ तत्पर, विधना ने दे दिया सुफल था॥

महल सजाया गया भव्यतम, मंगल कलश सजे थे द्वारे।
सजी अल्पना, पुष्पित सज्जा, नाच रहे प्रमुदित चौबारे॥

सभी रानियाँ, सजा थालियाँ, रोली, अक्षत, पुष्प आरती।
वेश और श्रृंगार दिव्यतम, सुंदरता भी स्वयं हारती॥

पुरी अयोध्या के लोगों ने, अगवानी के साज सजाए।
राजमार्ग के उभय ओर थे, सुंदर वंदनवार लगाए॥

इत्र सुगंधित विविध मनोहर, छिड़के गए नगर रुचिकर थे।
हाट वीथिका सजे हुए थे, पूर्ण सुसज्जित मंदिर घर थे॥

तोरण द्वार कलात्मक विधि से, जगह-जगह थे गए लगाए।
अनुपम शोभा अवधपुरी की, इंद्रपुरी भी देख लजाए॥

मंगल वाद्य लगे सब बजने, गूँज रही पग-पग शहनाई।
मागध, सूत और बंदी जन, गावें विरुदावली बनाई॥

सकल बरात संग नृप दशरथ, ने जब किया प्रवेश नगर में।
शगुन हो रहे शुभ फलदायक, स्वागत होता डगर-डगर में॥

सुरभित पुष्प बरसते चहुँ दिशि, आह्लादित सब नाच रहे थे।
परमानंद अयोध्या छाया, शेष कथानक बाँच रहे थे॥

याद आ गया नृप दशरथ को, निज विवाह पर स्वागत अपना।
थे नर-नारी अति उत्साहित, शोभा देख लगे वर सपना॥

परम प्रफुल्लित नृप दशरथ जब, पहुँचे राजमहल दरवाजे।
तीनों रानी देख सामने, अधर तुष्टि मुसकान विराजे॥

रखी कहारों ने जब डोली, नृप निज भूषण सभी उतारे।
कर न्योछावर बाँट दिए सब, करें कहार घोष जयकारे॥

परछन करके करें आरती, प्रमुदित मन से सब माताएँ।
सुत वधुओं की नजर उतारें, शोभा देख-देख उमगाएँ॥

अगणित रत्न और आभूषण, न्योछावर करतीं प्रमुदित मन।
पुलकित परमानंद समाए, सुफल मानती अपना जीवन॥

मंगल गीत नारियाँ गातीं, मन में सब उल्लास समाए।
मंत्रोच्चार पुरोहित जन का, शुचिता प्रति मन में सरसाए॥

चारों जोड़ी देख मनोहर, उपमा हीन हुई माँ वाणी।
पुलकित गात देखती सबको, हृदय सराहे माँ कल्याणी॥

वेद रीति, कुल रीति पूर्णकर, वधुओं ने अंदर पग धारे।
साथ-साथ शोभित सब दूल्हा, रवि, शशि मानो स्वयं पधारे॥

निश्चित थे सिंहासन सज्जित, चारों जोड़ी तहाँ विराजीं।
दिव्य झाँकियाँ चित्त लुभाएँ, ज्यों हों देव मूर्तियाँ साजीं॥

माँएँ करें निछावर प्रमुदित, मूल्यवान उपहार लुटातीं।
लेत बलैयाँ अधर माथ धर, उर में तीनों अति सुख पातीं॥

वांछित सबने ही वधुओं की, मुँह देखन की रीति निभाई।
दे उपहार, प्रशस्ति अधर पर, सबने मुखरित खुशी मनाई॥

राजा दशरथ ने ड्योढ़ी में, बैठ मुदित मन नेग लुटाए।
याचक, मागध, सूत आदि ने, मन से जो चाहे सो पाए॥

विश्वामित्र, वसिष्ठ वरद ऋषि, नृपति सहित सब महल पधारे,
साथ ब्राह्मणों की टोली थी, मानो ब्रह्म कृपा पग धारे॥

ऋषि कौशिक, वसिष्ठ, अरु ब्राह्मण, हुए रानियों से अभिनंदित।
चरण धोय, बैठाय सुआसन, रुचिकर भोज्य परोसे प्रमुदित॥

फिर देकर आवास श्रेष्ठतम, सुविधा समुचित सभी जुटाई।
ऋषि द्वय सहित तपोमुख कुल को, नृप की अतिथि भावना भाई॥

राम, भरत, लक्ष्मण, रिपुसूदन, कर भोजन निज कक्ष सिधाए।
निशा स्वप्न बुनने में बीती, मन में नव संदर्भ सजाए॥

इधर सभी महिषी वधुएँ ले, निज-निज भवन गईं हर्षाईं।
नेह सहित भोजन करवाकर, बेटी सम निज साथ सुलाईं॥

दो बहुओं के साथ सुमित्रा, सुख सागर में डूब गई थी।
दोहरे सुख को हृदय समाए, विधि की परम कृतज्ञ हुई थी॥

इधर-उधर श्रुतिकीर्ति उर्मिला, बीच सुमित्रा शोभित ऐसे।
चिति, मति उभय ओर संस्थापित, आत्मा मध्य विराजे जैसे॥

लगकर हृदय सुमित्रा के वे, सोईं दोनों परम तुष्ट हो।
ज्यों शिशु माँ उर की धड़कन सुन, सो जाता है पूर्ण पुष्ट हो॥

मातु सुमित्रा देर रात तक, सोई नहीं खुशी के मारे।
भविता की कल्पना अपरिमित, जिसकी गुरुता से कवि हारे॥

सभी रानियों के सँग नृप ने, प्रातः सारे कर्म निभाए।
ऋषियों के ढिग पहुँच नृपति ने, शुभ आशीष सभी से पाए॥

रोली अक्षत पुष्प आदि से, हुए उभय ऋषि नृप से वंदित।
भेंट, वस्त्र, फल, गोधन, भूधन, से भी किए उभय अभिनंदित॥

पुत्र-पुत्रवधुओं ने भी तब, ऋषियों से आशीष लिया था।
पदरज लेकर लोक रीति से, सबको ही सम्मान दिया था॥

दे नैवेद्य भेंट दे नृप ने, ऋषि ब्राह्मण सब विदा कर दिए।
कृतज्ञता का भाव प्रकट कर, शुभाशीष निज शीश धर लिए॥

वधू, सुतों को साथ लिए फिर, मंदिर गए सभी हरषाए।
पूजे देव वधू सुत सबने, श्रद्धापूर्वक इष्ट मनाए॥

फिर आए सब अंत:पुर में, वंश रीति कर मोद मनाने।
कंकण को खोले जाने की, सुखदाई वर रीति निभाने॥

गहरी चार परातें तत्क्षण, कुशल दासियाँ लेकर आईं।
जल संपूरित कर उनके ढिग, अलग-अलग जोड़ी बैठाईं॥

चुहल कर रहे सभी परस्पर, वातावरण परम सुखदायक।
लोक गीत गा रही नारियाँ, जननी पूजे देव विनायक॥

लोक रीति प्रारंभ हुई जब, सभी प्रफुल्लित विहँस रहे थे।
कंकण खोल रही थी वधुएँ, मन में मधुमय भाव बहे थे॥

हँसी, ठिठोली के मुखरित स्वर, गूँज रहे थे राजमहल में।
भाभी, मामी रिश्ते में जो, सबसे आगे वही पहल में॥

राम, लखन, शत्रुहन, भरत ने, निज-निज भामिनि कंकण खोले।
उठा ज्वार भाटा भावों का, प्रगट वदन यद्यपि अनबोले॥

फिर परात के पानी में वे, कंकण डाले सभी गए थे।
प्रतियोगी से वर-वरनी ने, जल के अंदर खोज लिए थे॥

कोई जीत गई थी दुलहन, कोई दूल्हा जीत गया था।
हाथों का संस्पर्श नीर में, संकोची घट रीत गया था॥

रिपुसूदन श्रुतिकीर्ति मोदयुत, दोनों कंकण उभय हाथ थे।
विहँस रहे सारे समुपस्थित, कंकण के सँग हाथ साथ थे॥

नयन-नयन से मिले खिले मन, 'श्रुति' ने अपने नयन झुकाए।
देख रहे अपलक रिपुसूदन, 'कीर्ति' सहज आनन मुसकाए॥

उसी समय कैकेयी माँ ने, विहँस कहा ओरे! रिपूसूदन!
शक्ति दिखाता भला बहू को, छोड़ हाथ से दोनों कंकन॥

रिपुसूदन ने कहा बिहँसकर! यह तो माते! पक्षपात है।
जीत रहा हूँ मैं हे माते! यह तो मुझ पर खुला घात है॥

छोड़ा कंकण रिपुसूदन ने, सभी हँस रहे, सभी मुखर थे।
हुए प्रगाढ़ सभी दंपति यों, मिले हृदय से हृदय प्रवर थे॥

लोक रीतियाँ पूर्ण हुईं जब, आनंदोत्सव गया मनाया।
वर नारियाँ, वंश, सचिवों की, उन सबको था गया बुलाया॥

था महिला संगीत नियोजित, सभी नारियाँ नाची गाईं।
धूम मची थी राजमहल में, सभी रानियाँ अति हर्षाईं॥

नृत्य गान के वर कौसल से, वधुओं ने सबका उर जीता।
जननी हुलसें देख उर्मिला, वर श्रुतिकीर्ति, मांडवी सीता॥

उत्सव का जब हुआ समापन, सभी प्रफुल्लित आनंदित थे।
करें निछावर बहुओं पर निधि, राजमहल में चाँद उदित थे॥

तत्पश्चात् जननियों ने मिल, सब बधुओं की नजर उतारी।
कृतज्ञता ईश्वर को देकर, बार-बार होतीं बलिहारी॥

सभी रानियों ने प्रमुदित मन, कुल के सब व्यवहार किए थे।
सभी उपस्थित महिलाओं को, मूल्यवान उपहार दिए थे॥

सायंकाल जननियों ने तब, चारों युगल साथ बैठाए।
निज हाथों से षटरस व्यंजन, अनुरागित मन से खिलवाए॥

उमा! उस समय चारों जोड़ी, दिव्य तेजयुत अति शोभित थीं।
'कवि' छवि कैसे लिख पाएगा, स्वयं शारदा सम्मोहित थीं॥

अति विशिष्ट सज्जित कक्षों में, गए युगल एकांत वास में।
नवल पथिक, नव जीवन सुरभित, भावों का अतिरेक श्वाँस में॥

सुरभित पुष्प पराग दिव्यतम, भ्रमर अलौकिक तेजपुंज थे।
राग सिंधु ले रहा हिलोरें, प्रकट स्वयं शृंगार कुंज थे॥

बीते दिवस निशा आह्लादित, अति उमंग आनंद समाए।
नाँचे मन मयूर हर्षित हो, श्वाँस-राग, ऋतुराज सुनाए॥

अवध दुल्हनें आईं जब से, नदियाँ ऋद्धि-सिद्धि की बहतीं।
नित्य नए मंगल होते थे, घड़ियाँ सुफल कहानी कहतीं॥

वर ऐश्वर्य अवध का वर्णन, शेष शारदा से दुष्कर है।
कवि 'रवि' आभाषित तुलसी से, वालमीकि भी शुचि पुष्कर है॥

हुई फलित मधु लता मनोरथ, प्रमुदित नगर श्रेष्ठ जन भारी।
वधुओं का लख शील, रूप, गुण परम प्रफुल्लित सब महतारी॥

राज्य, अयोध्या, नगर, महल सब, राजकुमारों से शासित थे।
सुयश प्रकाश फैलता चहुँदिशि, सुत भी नृप से अनुशासित थे॥

राजकुमार सभा में रहते, तर्क युक्त संभाषण करते।
नृपति सराहें प्रतिदिन उनको, तुष्टि भावना नित उर भरते॥

कैकेयी रानी के भ्राता, परिणय उत्सव में आए थे।
शौर्य, कुमारों का लखकर वे, मन ही मन अति हरषाए थे॥

कैकय राज्य दुष्ट असुरों का, दंश उस समय झेल रहा था।
सीमाओं से शत्रु निरंतर, निर्भय होकर खेल रहा था॥

कैकय वीर कुमार युधाजित, ने संकट नृप को बतलाया।
वीर शत्रुहन और भरत को, भेजा जाय नृपति मन भाया॥

दोनों को बुलवाकर नृप ने, त्वरित 'हेतु' का किया विवेचन।
नृप का निर्णय सुन हरषाया, भरत और रिपुसूदन का मन॥

तभी आ गए राम-लखन भी, निर्णय सुन प्रतिवाद जताया।
क्षमा करें हे तात! वचन मम, सुनें! हृदय जो मेरे आया॥

है शत्रुहन सभी से छोटा, हम सबकी आँखों का तारा।
मुझको ही आज्ञा दें नृपवर! मैं अग्रज, यह धर्म हमारा॥

हाथ उठाकर रोका नृप ने, नहीं! शत्रुहन ही जाएगा।
है विश्वास शौर्य पर इसके, विजय सुनिश्चित ही पाएगा॥

पहले गए राम लक्ष्मण तुम, कौतुक करके ही आए थे।
देख शौर्य दशरथ पुत्रों का, सुर-गण-मुनि प्रशस्ति गाए थे॥

भू-मंडल में जान सकें सब, चार सूरमा दशरथ जाए।
इसीलिए यह ही जाएँगे, फिर से विश्व प्रशंसा गाए॥

सुनकर तर्क नृपति दशरथ का, राम विनत हो शांत हुए थे।
रिपुसूदन की भुजा फड़कती, तन-मन से विक्रांत हुए थे॥

ले आशीष मातु त्रय का फिर, तात समीप गए दोउ भाई।
दे निर्देश चूमकर मस्तक, हृदय लगाया नृप उमगाई॥

श्रद्धाभाव विनत पुत्रों ने, तब गुरुवर को शीश नवाया।
'विजयी भव' कह गुरु वसिष्ठ ने दोनों को निज कंठ लगाया॥

तत्पश्चात् भरत, रिपुसूदन, रघुनंदन को शीश नवाए।
रामचंद्र ने युगल भ्रात तब, भुज समेट निज हृदय लगाए॥

फिर लक्ष्मण से मिले शत्रुहन, नेहित वंदन किया भ्रात को।
अति अनुरागित लखन लाल ने, बाँहों में भर लिया भ्रात को॥

दो वधुओं-श्रुतिकीर्ति, मांडवी, को सासों ने तभी बुलाया।
तुम दोनों जाओ साजन सँग, मनभाया संदेश सुनाया॥

सुनकर दोनों बहिनें हर्षित, चरण वंदना की सासों की।
माथे पर पद धूलि लगाई, जीत हुई मन विश्वासों की॥

शक्तिरूप श्रुतिकीर्ति, मांडवी, वीर, धीर के चली साथ में।
अस्त्र-शस्त्र से सज्जित रथ थे, धनुष बाण भी उभय हाथ में॥

मामा के सँग अलग-अलग रथ, चले भरत, शत्रुहन वीर थे।
दुष्ट दलन करने का प्रण ले, कैकय को चल दिए धीर थे॥

दिवा रात्रि तक यहाँ पिता की, राम-लखन सेवा करते थे।
अवध राज की हर पीड़ा को, अपने श्रम से वे हरते थे॥

अंतर्बाह्य सुरक्षा पूरी, राम-लखन के अंतर्गत थी।
जन कल्याणी लोक नीति ही, राजकाज में वर सम्मत थी॥

जन-जन करे प्रशंसा मुखरित, राम हुए नायक जन-जन के।
दया, क्षमा, करुणा, वरुणालय, परम तपस्वी जन रंजन के॥

नृपति, राम की कीर्तिकथा सुन, प्रतिदिन उर में मोद मनाते।
अपनी वयोवृद्धि की सुध कर, भविता के नृप साज सजाते॥

एक दिवस शुभ समय जानकर, नृप दशरथ गुरु आश्रम आए।
वंदन करके गुरु वसिष्ठ को, अपने मन के भाव बताए॥

गुरुवर मेरा चौथापन है, बने राम युवराज हमारा।
हैं नृपेंद्र के सद्‌गुण उसमें, राम हुआ जन-जन का प्यारा॥

परम विज्ञ गुरुवर वसिष्ठ तब, मन में मंद-मंद मुसकाए।
प्रकट रूप नृप अभिलाषा में, अपनी सम्मति मुखर जताए॥

पा गुरु अभिमत नृप दशरथ ने, सभा मध्य संदेश सुनाया।
लोकपाल, भूपाल आदि को, शीघ्र अयोध्या गया बुलाया॥

सबकी सम्मति ले नृप ने तब, गुरुवर से यह वचन उचारे।
शुभकर योग शोध लें ऋषिवर, राम बनें युवराज हमारे॥

गूढ़ रहस्यमयी वाणी में, ऋषि वसिष्ठ ने कहा नृपति से।
जब होवे अभिषेक राम का, वही समय शुभ मम सम्मति से॥

प्रमुदित नृप ने तब सुमंत अरु, सचिवों को निर्देश सुनाए।
हो अभिषेक प्रबंध शीघ्रतर, जैसा गुरुवर के मन भाए॥

समाचार 'अभिषेक राम का', फैला चहुँदिशि पवन वेग से।
हर्ष, विमर्श, ज्वार भाटा का, मन-मन में अतिशय प्रवेग से॥

भरत भूमि के ऋषि-मुनियों में, चिंता मेघ गहन घिर आए।
राम नहीं आए यदि कानन, रक्ष विनाश कौन कर पाए?

ब्रह्म अंश अवतरण हेतु है, संस्कृति रक्षा, असुर समापन।
संतों का संताप दूर हो, और पुनीत धर्म संस्थापन॥

किंतु अगर अभिषेक हो गया, तब उद्‌देश्य पूर्ण क्या होगा?
आह! असुर संत्रास घोर तम, पावन भरत भूमि ने भोगा॥

चिंतित ऋषियों ने तब मिलकर, एक योजना सुघट बनाई।
जिस पर शुचिसम्मति ऋषियों ने, सारे सुरगण की भी पाई॥

गुरु वसिष्ठ के पास दूत फिर, गया और संदेश सुनाया।
सकल योजना सुन मुनीन्द्र के, उर में अति संतोष समाया॥

विशद योजना की कल्पकता, स्वयं वसिष्ठ हृदय तिर आई।
कैसे पूर्ण योजना हो यह, गुरु-मन ने कल्पना सजाई॥

फिर गुरु ने निज दूत भेजकर, सत्या को आश्रम बुलवाया।
ब्रह्म अंश अवतरण हेतु सब, विधिवत् ऋषिवर ने समझाया॥

किंतु राम से नेह अपरिमित, काँप गई ऋषि वाणी सुनकर।
नेत्रों से आँसू बह निकले, शिथिल गात भविता को सुनकर॥

झर-झर नीर बहे नयनों से, रुकने का अब नाम न लेते।
कैकेयी के मन मानस को, गुरुवर विविध सांत्वना देते॥

किंतु रहे गुरु असफल पूरे, तभी राम भी आश्रम आए।
कैकेयी सँग गुरुवर ने ही, थे रघुनंदन भी बुलवाए॥

देख वहाँ का दृश्य अचानक, राम हृदय में अति अधीर थे।
सुनी योजना ऋषियों की तो, हर्षित आनन धीर-वीर थे॥

आँचल सिर रख रघुनंदन ने, माँ को राष्ट्र धर्म समझाया।
जननी! अपयश तुम पाओगी, किंतु ब्रह्म की ही यह माया॥

लौकिक निंदा भले मिले पर, जननी धर्म निभा पाओगी।
अपने इस निर्णय से माता, नवयुग धरती पर लाओगी॥

पृथवी का संत्रास मिटाकर, शीघ्र लौटकर जब आऊँगा।
सारे भू-मंडल के सम्मुख, तव यश, मुखरित स्वर गाऊँगा॥

असुरों के संहार बिना माँ, भू का भार हटेगा कैसे?
बिना गए वनवास राम के, मानव त्रास मिटेगा कैसे?

अगर राम को राम बनाना, तो माँ! गरल पियो तुम हँसकर।
धर्म हेतु लो अपयश निज सिर, माँ मुझको वनवास भेजकर॥

गले लगाकर रघुनंदन को, कैकेयी रोई जी भर के।
मोह बह गया आँसू बनकर, हृदय बना कुंदन तप करके॥

गोपन यह सब रहे योजना, सबने तब संकल्प लिया था॥
रानी कैकेयी, रघुवर ने, तदनंतर प्रस्थान किया था॥

शांत किंतु उद्वेलित मन से, जननी, रघुवर महल पधारे।
राम मुदित मन, जननी व्याकुल, तन–मन की सुधि सभी बिसारे॥

उभय गए निज भवन मुकर पर, कैकेयी मन चिंता भारी।
आकुलता आनन पर छाई, रघुनंदन से वे अनियारी॥

रात नहीं सोई कैकेयी, मंथन पुनि–पुनि चला हृदय में।
करवट बदल–बदल निशि काटी, लगा अपरिचित भानु उदय में॥

इधर मातु वाणी ने आकर, स्वयं मंथरा की मति फेरी।
माँ की ममता में कैकेयी, बदल न जाए मति अनघेरी॥

अति विश्वासी कैकेयी की, उसके सँग कैकय से आई।
दासी थी पर बाल्यकाल से, सखी रूप सत्या को भाई॥

राम मोह से वशीभूत जब, विचलित था कैकेयी का मन।
तभी मंथरा ने समझाया, 'लोक हेतु' का हुआ प्रस्फुटन॥

लिया कलंक देवि कैकेयी, दशरथ से वरदान माँगकर।
किंतु हेतु था अति पावनतम, दाह सहा उसने जीवनभर॥

'रवि' यदि श्रेष्ठ हेतु हो सम्मुख, करता समय त्याग की आशा।
संत हृदय सर्वदा लिखेगा, निज की बलिदानी परिभाषा॥

नीति शास्त्र उद्भाषित करते, तज दो एक, हेतु यदि कुल का।
तज परिवार स्वयं का दो तब, जब हो हेतु गाँव के फल का॥

जनपद का यदि हित सम्मुख हो, गाँव हेतु का छोड़ो सपना।
अगर सृष्टि का हित हो सम्मुख, तब सर्वस्व त्याग दो अपना॥

कैकेयी ने इसीलिए तो निज गौरव का त्याग किया था।
लोक हेतु अर्पित कर खुद को, जग निंदा का गरल पिया था॥

कोप प्रदर्शन करके अपना, दशरथ से माँगे दो वर थे।
देवासुर संग्राम समय जो, देने कहे स्वयं नृपवर थे॥

यद्यपि सत्या के विवाह का, शुल्क यही तय किया गया था।
कैकेयी सुत ही नृप होगा, वचन पिता को दिया गया था॥

यदि सिंहासन लिप्सा होती, यही नृपति को याद दिलाती।
वचन बँधे थे स्वयं अवधपति, सहज भरत को नृप बनवाती॥

किंतु स्वार्थ था नहीं हृदय में, निर्मल थी कैकेयी रानी।
धर्म धारणा हित वर माँगे, थी भावना लोक कल्याणी॥

भरत पुत्र युवराज बने अरु, चौदह वर्ष राम वन जाएँ।
दो वर माँग लिए कैकेयी, सुनकर ऋषि सब मोद मनाएँ॥

प्रिये! न दो वनवास राम को, भरत राजगद्दी पाएगा।
बिलख कह रहे थे नृप दशरथ, जीवन में तम भर जाएगा॥

पूरी रात शिथिल तन दशरथ, मूर्च्छित क्षण-क्षण में होते थे।
समझाते कैकेयी को वे, बिलख-बिलखकर फिर रोते थे॥

विविध भाँति कैकेयी को तब, कर प्रयत्न सबने समझाया।
पर संकल्पित डिगी न रानी, लोक हेतु ही उर को भाया॥

भोर हुई तो कैकेयी ने, रघुवर को निज भवन बुलाया।
'नृप दशरथ से दो वर माँगे', विस्तृत घटनाक्रम बतलाया॥

श्रद्धापूर्वक कैकेयी की, पगरज रघुवर ने सिर धारी।
तात नृपति को भी समझाया, किंतु मोह नृप धी पर भारी॥

सुनकर समाचार पट रानी, कौसल्या भी दौड़ी आई।
और सुमित्रा आतुर मन से, कैकेयी के भवन सिधाई॥

समझाया उन दोनों ने भी, कैकेयी अरु राम न माने।
लगे फड़कने अंग दाहिने, दोनों वाम विधाता जाने॥

देख नृपति की दशा विकल मन, रो-रो वे नृप को समझातीं।
निंदा करतीं कैकेयी की, विह्वल हो उर दुख भर लातीं॥

ज्ञात हुआ जब परिजन पुरजन, सभी अचंभित शोकग्रस्त थे।
सुनकर दो वर कैकेयी के, जन-जन के सब हृदय त्रस्त थे॥

जिसने सुना वही आतुर हो, दौड़ा द्रुतगति महल ओर था।
नगर-डगर में जहाँ देखिए, व्याकुलता थी और शोर था॥

कोस रहे कैकेयी को सब, आपस में यह वचन उचारें।
भरत बनें युवराज किंतु क्यों, रघुनंदन कानन पग धारें?

आकुल-व्याकुल अवध प्रजा सब, उमड़ी भीड़ महल के द्वारे।
दुखी हृदय रोकर कहते सब, हुआ विधाता वाम हमारे॥

इधर राम निज कक्ष गए जब, सिय को घटनाक्रम बतलाया।
दुखी हुईं अति जनकनंदिनी, सहसा हिय उनका भर आया॥

प्राणनाथ! मैं साथ चलूँगी, चिंतन कर बोलीं जब सीता।
दुष्कर कष्ट अपरिमित वन में, समझाएँ रघुवर परिणीता॥

तर्क-विमर्श हुआ दोनों में, किंतु राम भी मान गए थे।
निश्चित संकल्पित हैं सीता, भविता को भी जान गए थे॥

तभी आ गए लखन लाल भी, आनन उनके क्रोध प्रकट था।
भैया! बोलो यह सब क्या है? वाणी में भी रोष विकट था॥

क्यों जाओ कानन भैया तुम?, होगा तव अभिषेक समय पर।
देखें कौन रोक पाएगा, तात कष्ट पाएँ क्यों गुरुतर?

देखा राम क्रोध में भ्राता, सिर कर फेर निकट बैठाए।
वचन, विवशता, नृप दशरथ की, रघुकुल रीति उन्हें समझाए॥

अग्रज की मधुमय वाणी सुन, लक्ष्मण बरबस शांत हो गए।
वन के दुर्धर कष्ट भ्रात को, चिंतन कर वह क्लांत हो गए॥

जब चैतन्य हुए लक्ष्मण तो, बोल उठे मैं साथ चलूँगा।
आज्ञा दें मुझको हे रघुवर! मैं तव दायाँ हाथ बनूँगा॥

रघुवर ने बहुविधि समझाया, किंतु बात पर लखन अडिग थे।
'जाओ माँगो आयसु माँ से', रामाज्ञा पा जननी ढिग थे॥

लक्ष्मण ने आज्ञा माँगी तो, मातु सुमित्रा सजल नयन थीं।
आनन पर विषाद तिर आया, मन में पूरी तरह अयन थीं॥

देख दशा जननी की लक्ष्मण, बोले रोषपूर्ण तब ऐसे।
मैंने आज्ञा माँगी जननी, अति विषाद मन में है कैसे?

भैया राम जा रहे वन को, उनका कष्ट नहीं क्या माता?
नहीं उदर से जाया तुमने, इसीलिए सम भाव न आता?

बिलख पड़ीं तब मातु सुमित्रा, बेटा बात नहीं है ऐसी।
मैंने उसको दूध पिलाया, अलग भावना क्यों अरु कैसी?

खेद मुझे है इसका बेटा, मैंने जो संस्कार दिए थे।
उनसे विरत तुम्हारा मन क्यों, अब तक जो संस्कार जिए थे?

लखन! सिया ही मातु तुम्हारी, अग्रज राम पिता सम प्यारे।
उनका आयसु ही अंतिम है, फिर आए क्यों पास हमारे?

इसीलिए मन में विषाद है, राम मुझे तुमसे भी प्यारा।
हम सबकी आँखों की पुतली, मेरे उर से है अनियारा॥

सुनकर वचन मातु के लक्ष्मण, उर में अति संतोष समाए।
चरण वंदना की जननी की, नयन नेह आँसू भर आए॥

थी उर्मिला वहाँ समुपस्थित, सारी बात सुनी थी उसने।
स्वाभिमान जागा निज पति पर, सेवा-त्याग सजाया जिसने॥

पति आनन संकोच देखकर, कहा उर्मिला ने विनम्र स्वर।
बाधक नहीं बनूँगी मैं प्रिय! निज संकल्प निभाएँ हँसकर॥

माताओं की सेवा करके, तव कर्तव्य निभाऊँगी मैं।
सियाराम के सँग जाएँ वन, तव चरणों को ध्याऊँगी मैं॥

मुझे गर्व है अपने पति पर, जग-कल्याण हेतु है जिसका।
जिसका पति प्रभु का सेवक हो, उन्नत शीश रहेगा उसका॥

मेरा ध्यान अगर आए तो, आँख बंद करना मिल लूँगी।
विचलित कभी न होना पथ से, प्रियतम! विरह विहँस सह लूँगी॥

कहते-कहते नयन उर्मिला, करने लगे नीर की वर्षा।
किंतु देख संकल्प वधू का, मातु सुमित्रा का मन हर्षा॥

रखा हाथ लक्ष्मण ने तिय सिर, पद वंदन तब किया मातु का।
तभी उर्मिला ने आद्रित मन, वक्ष सहारा लिया मातु का॥

दोनों बाँहों में समेटकर, जननी ने उर्मिला सँभाली।
मिली शांति दोनों को ऐसी, स्वाति बूँद चातक ने पा ली॥

भूषण, वस्त्र राम-सीता ने, सभी महल में छोड़ दिए थे।
वल्कल वस्त्र पहन वनवासी, वेश स्वयं से धार लिए थे॥

वर आभूषण, वस्त्र राजसी, लक्ष्मण ने भी छोड़ दिए तब।
पहने वल्कल वस्त्र मुदित मन, धनुष बाण तूणीर लिए तब॥

पिता समीप गए फिर तीनों, दशरथ व्याकुल शिथिल गात थे।
वल्कल वस्त्रों में देखा जब, नृप पर अनगित वज्रघात थे॥

नृपति हृदय थी अतिशय पीड़ा, झर-झर नीर बहे नयनों से।
रहे देखते निर्निमेष वे, कह न सके कुछ भी बयनों से॥

रघुपति सहित लखन सीता ने, मातु-पिता के चरण छुए तब।
चले राम-लक्ष्मण-सिय वन को, नृप परिजन बेहाल हुए सब॥

रघुकुल की यह रीति सदा से, प्राण जाएँ पर वचन न जाई।
दशरथ-रघुवर दोनों ने ही, प्रण करके यह रीति निभाई॥

फिर आशीष हेतु तीनों ही, गुरु वसिष्ठ के आश्रम आए।
आवश्यक विमर्श गुरु से कर, शुभाशीष गुरुवर से पाए॥

इधर सुमंत आ गए नृप ढिग, नरपति को बहुविधि समझाया।
किंचित् जब चैतन्य हुए नृप, नृप ने तब आदेश सुनाया॥

प्रिय सुमंत! सिय-राम-लखन को, रथ पर बैठाकर ले जाओ।
राम नहीं यदि आएँ वापस, सीता को वापस ले आओ॥

शांत, क्लांत मंत्रीवर ने तब, नृप आदेश किया था पालन।
रथ बैठाए राम, लखन, सिय, नयन नीर बह रहा, दुखी मन॥

अवध प्रजा चल पड़ी साथ में, जन-जन में अतिशय विषाद था।
नेत्रों से आँसू बहते थे, बेसुध सब तन-मन प्रमाद था॥

सरयू पार कई योजन तक, उन्मादित सब चले आ रहे।
बार-बार रघुवर लौटाएँ, किंतु न वापस अवध जा रहे॥

स्वयं राम रथ से उतरे तब, बहुविधि राम प्रजहि समझाए।
चिर प्रयत्न के बाद नारि-नर, व्याकुल मना अवधपुर आए॥

शृंगवेरपुर पहुँच राम ने, गंगा तट पर रथ रुकवाया।
रथ से उतर सिया लक्ष्मण सँग, किया प्रणाम सुमंत सुदाया॥

जोरि पाणि कर बोले रघुवर, तात आप परिवारी मेरे।
हैं सुविज्ञ, शुचि, धर्म धीरयुत, ज्ञानवान वर गुणी घनेरे॥

है कुल, पिता सघन संकट में, आप स्वयं दायित्व निभाएँ।
समझाकर बहुभाँति सभी को, मम वियोग संताप मिटाएँ॥

करें भरत सहयोग आप चिर, राजकाज में वर पारंगत।
सरल हृदय अति अनुज हमारा, उसके साथ रहे तव अभिमत॥

यह कह राम कंठ रुँध आया, सजल दृगांचल, उर आकुल था।
अति अधीर मातुल सुमंत भी, अश्रु बहें तन-मन व्याकुल था॥

फिर सुमंत धर धीरज बोले, राम, सिया को तुम समझाओ।
नृप दशरथ की गुरु इच्छा है, मेरे संग सिया लौटाओ॥

किंतु सिया थीं सकल असहमत, सचिव सुमंत अयोध्या आए।
आईं नहीं लौटकर सीता, जान अतीव नृपति दुख पाए॥

इधर राम ने पावन सुरसरि, कथा सिया लक्ष्मणहि सुनाई।
फिर तीनों ने हाथ जोड़कर, गंगा की वर महिमा गाई॥

पावन गंगा में मज्जन कर, पथ का श्रम सब दूर हुआ था।
पावन जल पीकर तीनों का, हृदय मोद उत्तुंग हुआ था॥

श्रृंगवेरपुर के भूपति गुह, ने यह समाचार जब पाया।
आए राम, लखन, सिय सँग में, कुल के सहित मुदित मन धाया॥

पार्वती! भामिनि मम प्यारी, आज यहीं विश्राम कथा का।
सर्ग नवम जो पढ़े प्रेम से, अंत स्वयं हो मोह व्यथा का॥

दसवाँ सर्ग सुनो हे भामिनि! शोक, नेह, सुख साथ चलेगा।
दशरथ मरण, मिलन गुह, केवट, त्याग भाव का सुमन खिलेगा॥

परिजन, पुरजन और भ्रात सब, चित्रकूट आएँगे मिलकर।
परम प्रफुल्लित सब नर-नारी, होंगे भरत सुभाषा सुनकर॥

'रवि' साष्टांग कर रहा वंदन, उमा मातु अरु माँ वाणी का।
अनुपम कृपा पुंज उद्भासित, मम सिर कर माँ कल्याणी का॥

(इतिश्री सर्ग नौ)

सर्ग-दस

मंगलाचरण

माता शारदे के बिना नहीं पूर्ण होते काम,
मातृ शक्ति पद कंज 'रवि' का प्रणाम है॥
नाम परवान चढ़े यदि पुत्र का तो मातु,
मातु की पवित्र कोख का ही होता नाम है॥
ममता की सिंधु-इंदु सी पवित्र-प्रभामयी,
मातु तेरा नाम ही तो शुचि तीर्थ धाम है॥
अतल वितल या कि स्वर्ग यानी तीनों लोक,
पूरी सृष्टि में सभी से ऊँचा तेरा नाम है॥

★★★

भूपति गुह, निज कुल सचिवों सँग, आया जब गंगा के तट पर।
वनवासी लख वेश राम-सिय, दुखी हुआ उसका अभ्यंतर॥

विकल मना भूपति निषाद ने, रघुनंदन को किया दंडवत्।
दयासिंधु श्री रामचंद्र ने, लिया उठाय सखा तब प्रणवत्॥

दोनों की आँखों में पानी, दोनों उर की कथा सुनाते।
नेह प्रगाढ़ अकिंचन के प्रति, राम भक्त वत्सल कहलाते॥

कुशलक्षेम पूछी दोनों ने, उभय हृदय भावातिरेक था।
आकुलता दोनों के उर में, प्रश्नों का आकाश एक था॥

भावों का अतिरेक रुका जब, गुह ने तब अनुचर बुलवाए।
भोज्य पदार्थ, विविध मधु शर्बत, रखे समक्ष साथ जो लाए॥

अर्घ्य समर्पण कर निषाद ने, कहा महाबाहो का स्वागत।
उदित आज सौभाग्य हमारे, प्रभु मम आज हुए अभ्यागत॥

ग्रहण करें यह तुच्छ भेंट अरु, भोज्य पेय ले क्षुधा मिटाएँ।
सेवक मैं, कुल सचिव सभी तव, दें आशीष हृदय उमगाएँ॥

आविर्भूत हुए रघुवर ने, सजल नयन हो वचन उचारे।
मित्र! नहीं कर सकता हूँ मैं, स्वीकृत यह उपहार तुम्हारे॥

मातु-पिता की आज्ञा से मैं, चौदह वर्ष रहूँगा वन में।
कंदमूल फल ही खाऊँगा, पहनूँ वल्कल वस्त्र बदन में॥

विस्मित था वह राम गिरा सुन, नयनों में आँसू भर आए।
विधना की गति टाल सका को, कह गुह ने यह वचन सुनाए॥

शृंगवेरपुर की धरती को, प्रभु अपनी ही धरती मानें।
निस्संकोच करें प्रभु शासन, मेरा राज्य स्वयं का जानें॥

कहा राम ने वचन बँधा मैं, कुछ भी ग्रहण नहीं कर सकता।
वनवासी अब जीवन मेरा, पुर में पाँव नहीं धर सकता॥

हूँ प्रसन्न अतिशय तुमसे मैं, सखा! नेह भरपूर दिया है।
पैदल चलकर आए हो तुम, अति मानित व्यवहार किया है॥

कहकर तब रघुकुल भूषण ने, बाहु गुहा की ओर बढ़ाए।
खींच लिया अपनी बाँहों में, प्रमुदित होकर कंठ लगाए॥

फिर रघुवर ने कहा लखन-सिय, नहीं बँधे तुम वचन पास में।
ग्रहण करो सानंद भोज्य यह, भूपति गुह हैं इसी आस में॥

सिया-लखन ने एक साथ ही, अस्वीकृत प्रस्ताव कर दिया।
अपने विनत वचन के द्वारा, प्रभु के मन विश्वास भर दिया॥

आप रहेंगे वन में जैसे, हम वैसे ही साथ रहेंगे।
सभी त्रास हम ही ले लेंगे, शेष ताप ही आप सहेंगे॥

सुनकर वचन लखन-सीता के, सभी उपस्थित सजल नयन थे।
रसोद्रेक हो गया वहाँ तब, करुणा रस के सभी अयन थे॥

सीता, राम, लखन ने शुचितम, गंगाजल का पान किया था।
तत्पश्चात् बैठकर आसन, परमब्रह्म का ध्यान किया था॥

फिर निषाद, लक्ष्मण ने मिलकर, कुश की शैय्या रुचिर बनाई।
आग्रह कर श्रीराम बुलाए, आएँ मातु सिया संग भाई॥

रहते थे हर पल पद पंकज, मखमल के गद्दों पर जिनके।
आज वही सोए कुश शैय्या, उद्धारक जो जन-गण-मन के॥

सोए नहीं लखन गुह निशि वह, रक्षक बनकर रात बिताई।
गुह का यह व्यवहार देखकर, लखन हृदय अति प्रीति समाई॥

पूर्ण निशा पर्यंत लखन गुह, रहे राम की बातें करते।
चर्चा में ही लक्ष्मण, गुह दृग, बार-बार आँसू से भरते॥

प्रातकाल उद्घोष करंजक, सुन प्रभु लक्ष्मण टेर बुलाए।
शीघ्र वन गमन हेतु व्यवस्था, के सारे उपक्रम समझाए॥

सारे उपक्रम पूर्ण हुए जब, संन्यासी का वेश बनाया।
धनुष, बाण, तूणीर, खड्ग भी, राम लखन ने बदन सजाया॥

आए सब तब गंगा तट पर, फिर निषाद ने नाव मँगाई।
केवट ने अति प्रमुदित होकर, धोए पग सीता रघुराई॥

राम, लखन, सीता संकल्पित, होकर हर्षित नाव चढ़ गए।
सार्थक प्रण पूरा करने हित, कंटक पथ पर पाँव बढ़ गए॥

इधर सुमंत अयोध्या जाकर, व्याकुल मिले नृपति दशरथ से।
समाचार सब उन्हें सुनाए, राम न विचलित कानन पथ से॥

नहीं सिया भी आईं वापस, जान नृपति ने धीरज छोड़ा।
बिलख-बिलख रोए वे मुखरित, भू पर पटक शीश निज फोड़ा॥

विकल मना अस्थिर दशरथ को, रो-रो रानी द्वय समझाएँ।
किंतु अधीर नृपति क्षण-क्षण में, राम-राम! सीता! चिल्लाएँ॥

मूर्च्छित कभी, कभी कुछ चेतन, भू पर नृप उठते-गिरते थे।
राम-राम, हा राम! पुकारें, नयनों से आँसू झरते थे॥

मोह ग्रसित दशरथ का अंतर, राम वियोग नहीं सह पाया।
भविता का आवेग प्रबलतम, काल मौत बनकर चलि आया॥

हाहाकार मचा पुर में था, आह! महल श्री हीन हुआ था।
अवधपुरी में सहसा मानो, शोक तिमिर ने चरम छुआ था॥

नहीं अयोध्या में चारों सुत, नृप दशरथ परलोक सिधारे।
काल चक्र की गति के आगे, निश्चित सब पुरुषारथ हारे॥

नृप दशरथ का मृत्यु सँदेशा, फैला चारों ओर तीव्रतर।
सभी कोसते कैकेयी को, दुख आया घनघोर अवध पर॥

बिलख-बिलख रोतीं कौसल्या, धीर सुमित्रा समझाती थीं।
किंतु छोड़कर धीर स्वयं भी, अश्रु नदी दृग उपजाती थीं॥

लिपट नृपति के मृत शरीर से, रो-रो पीट रही निज छाती।
समझाएँ कुल वरद नारियाँ, वे भी सभी अश्रु बरसाती॥

दास-दासियाँ परिवारी जन, विकल विलाप कर रहे भारी।
करते कैकेयी की निंदा, फिर कहते मति विधना मारी॥

कैकेयी भी ठगी हुई सी, बैठी एक ओर थी ऐसे।
तीक्ष्ण बाण से घायल हिरनी, तड़प रही मरने को जैसे॥

आए तब गुरुवर वसिष्ठ भी, साथ अन्य मंत्री सुमंत थे।
मुख पर शांति प्रभासित लेकिन, हृदय ज्वार चिंतन अनंत थे॥

सभी रानियों को गुरुवर ने, अन्य भवन में था भिजवाया।
बृहद पात्र में तेल भराकर, गुरु ने मृत शरीर रखवाया॥

फिर सब समाचार वाहक से, कैकय देश गए भिजवाए।
अवध त्रास गुरु कथन बताकर, भरत-शत्रुहन गए बुलाए॥

उधर भरत-शत्रुघ्न समर में, कैकय भू पर जूझ रहे थे।
अवधपुरी के घटनाक्रम से, वे दोनों अनबूझ रहे थे॥

रिपुसूदन का रण कौसल लख, कैकय नृपति बलैयाँ लेते।
सभी नायकों के सम्मुख वे, मुखरित उन्हें प्रशंसा देते॥

गुप्तचरों का सुघट संगठन, रिपुसूदन ने वहाँ बनाया।
सतत समीक्षा अरु प्रबंध में, सेनापति को गया लगाया॥

सेनाओं का पुनर्गठन कर, अलग-अलग वाहिनी बनाईं।
पूर्ण प्रशिक्षित कर उनको तब, कैकय सीमा गई लगाईं॥

कैकय के सारे रिपुओं को, रिपुसूदन ने कुचल दिया था।
अपने कुशल प्रबंधन द्वारा, षड्यंत्रों को विफल किया था॥

तात मृत्यु, वनवास राम का, समाचार जब वाहक लाया।
भरत, शत्रुहन सहित सभी के, उर में अति संताप समाया॥

दामन छोड़ दिया धीरज ने, साहस भी कर गया पलायन।
उर में झंझावात भयानक, तोड़े सभी शांति वातायन॥

चक्रवात, भूकंप अचानक, जिस प्रकार सबकुछ हर लेता।
सिंधु प्रलय बन ज्यों जड़ चेतन, के जीवन में तम भर देता॥

वैसे ही इस समाचार ने, भरत शत्रुहन की गति की थी।
अश्रुपात नयनों से अविरल, मर्मांतक हिय पीड़ा दी थी॥

वेगवान अश्वों से दोनों, चले अवधपुर भारी मन से।
चिंताग्रस्त भरत, रिपुसूदन, अतिशय शिथिल हुए थे तन से॥

दुष्कर हुई अवध की यात्रा, दिवस वर्ष सम लगते उनको।
मन का विहग अवध पर उड़ता, भाव कुभाव दाहते तन को॥

पहुँचे दोनों अवधपुरी में, देखे सभी दुखी नर-नारी।
बिद्ध हिरन सा भय आनन पर, प्रतिछाया विषाद तम भारी॥

यद्यपि जोहें मग पुरवासी, किंतु प्रलय सी नीरवता थी।
कुम्हलाए मुख कहें कहानी, अभिवादन में नीरसता थी॥

क्लांत भरत, शत्रुहन हृदय में, था अतीव संताप समाया।
विकल दृगों से अविरल आँसू, आह काल यह दुर्दिन लाया॥

इस प्रकार डूबे विषाद में, दोनों राजमहल जब आए।
ड्योढ़ी में गुरुवर वसिष्ठ को, सचिवों सहित खड़ा वे पाए॥

मुख मलीन तन शिथिल सभी के, देख परस्पर करुणा फूटी।
बिलख पड़े तब भरत, शत्रुहन, धीरज की मर्यादा टूटी॥

गुरु वसिष्ठ ने समझाया तब, भाषा धर्म, नीति युत सानी।
विवश विश्व, भविता के सम्मुख, विधिहु न काल चक्र गति जानी॥

अविचल मना हुए जब दोनों, गुरु ने विशद कथा समझाई।
कैकेयी को दो वर देकर, कैसे मृत्यु नृपति ने पाई॥

सुनकर सारे घटनाक्रम को, भरत शत्रुहन शोक समाए।
भरत स्वयं को कारक मानें, घन संताप बदन पर छाए॥

गुरु प्रेरित तब सभी वहाँ से, आए जहाँ नृपति का शव था।
सभी रानियाँ परिजन आकुल, हृदय विदारक रोदन रव था॥

देख पिता का शव दोउ भ्राता, कटे विटप से गिरे धरा पर।
गुरु वसिष्ठ बहुविधि समझाएँ, उभय तड़पते धैर्य त्यागकर॥

तभी मातु कैकेयी ने आ, भरत शीश नेहित कर फेरा।
निज जननी पहचान घृणा से, माँ की ओर भरत ने हेरा॥

तड़प रहे थे भरत, शत्रुहन, तात!, तात!, हा तात! पुकारें।
अश्रु धार नयनों से अविरल, बिलख-बिलखकर धीरज हारें॥

तभी मातु कौसल्या ने आ, भरत-शत्रुहन को सहलाया।
दोनों भेंटे जननि कंठ से, आँसू का सैलाब बहाया॥

बहुत देर तक कौसल्या भी, उनको वक्ष लगाकर रोई।
तीनों एकाकार हो गए, तन-मन की बरबस सुधि खोई॥

जननि सुमित्रा ने आकर फिर, तीनों को बहुविधि समझाया।
स्वयं रो रही बिलख-बिलखकर, तब भी गुरु दायित्व निभाया॥

भरत विकल हो कैकेयी को, रोते-रोते कोस रहे थे।
आज प्रज्ञ सुत की वाणी से, मर्यादा तटबंध बहे थे॥

अविचल होकर कौसल्या ने, भरत, शत्रुहन को समझाया।
दोष न किंचित् कैकेयी का, होनी की ही यह सब माया॥

तभी सुमित्रा ने कौसल्या, से अपनी सहमति जतलाई।
सृष्टि सभी भविता के वश में, प्रचलित उक्ति जननि बतलाई॥

मातु सुमित्रा, कौसल्या से, सुनी शत्रुहन ने यह वाणी।
सहसा रोकर बोल उठे वे, नहीं सत्य यह माँ! कल्याणी॥

वेद शास्त्र युग-युग से गाते, कर्म प्रधान विश्व में माता।
जो जैसा करता इस जग में, वैसा ही फल कारक पाता॥

जननी यही कहावत जग में, युग-युग से दोहराई जाती।
अगर दुहें हम पय छलनी में, भविता क्यों कर निंदा पाती?

अगर बबूल पेड़ हम बोएँ, आम, अनार नहीं मिल सकते।
लता काट दी जाए जड़ से, उसमें सुमन नहीं खिल सकते॥

जिस डाली पर बैठे हों हम, उसको काट अगर हम डालें।
क्यों कर नहीं गिरेंगे नीचे, बोलो कैसे कौन सँभाले?

होनी ही यदि सबकुछ माता, कोई कर्म करे क्यों जग में?
मंजिल कैसे मिल पाएगी, पग न बढ़ें यदि निश्चित मग में?

क्षमा करें मुझको हे जननी! निर्बल भाग्य-सहारा लेते।
असफलता या दोष सिद्धि पर, होनी के सिर सब मढ़ देते॥

आग लगाएँ निज कुटिया को, अपने ही हाथों नर-नारी।
भला कहाँ है दोष भाग्य का, पूर्ण दोष कर्ता का भारी॥

किंतु स्वार्थ के कारण प्राणी, ऐसा सोच नहीं पाता है।
वर प्रकाश को छोड़ मूढ़ जन, तिमिर ब्याज में ले आता है॥

स्वार्थ अतीव भयंकर अवगुण, सब दोषों का जनक यही है।
स्वार्थी पतित कर्म से होता, सदियों से यह उक्ति सही है॥

काम, क्रोध, मद, लोभ, मोह सब, मार्ग, पतन के वेद बताते।
इन सबका है गेह स्वार्थ ही, ऋषिगण युग-युग से दोहराते॥

है विभीषिका जन-जीवन की, रहें स्वार्थ के वश में प्राणी।
पर समष्टिगत भाव पूज्य है, संतों की यह पावन वाणी॥

सुन विवेचना रिपुसूदन की, गुरु वसिष्ठ उर तोष समाए।
सहज रूप उनके अधरों से, सहमति शब्द प्रकट हो आए॥

प्रज्ञावान भरत ने भी तब, रिपुसूदन से सम्मति मानी।
'यही कर्म का सत्य विवेचन, वर सम्मत ऋषि-मुनि, विज्ञानी॥'

पर मम जननी कैकेयी को, केवल स्वार्थ रास आया है।
इस कारण विनाश का पथ ही, बुद्धिहीन को अति भाया है॥

मार दिया मम साधु पिता को, भैया को वन भेज दिया है।
कुल कलंकिनी है तू माता, कुल का सब सुख छीन लिया है॥

धर्म धुरी, मम प्राण राम को, क्यों तूने वनवास दिया है?
अवध प्रजा, माँ कौसल्या पर, क्यों कर यह अपघात किया है?

नित तेरा उर राम हेतु ही, प्रति पल क्यों धड़का करता था?
राम क्षुधा पर तव आँचल से, पय क्योंकर छलका करता था?

मैं अरु भैया गिरे कहीं तो, क्यों पहले थी उन्हें उठाती?
चोट लगे उनको यदि किंचित्, थी नयनों से अश्रु बहाती?

यदि था कलुषित भाव हृदय में, तो क्यों अपना दूध पिलाया?
हे पापिनि! तेरे उस पय का, भैया ने यह कर्ज चुकाया॥

तूने किया अनर्थ अवध का, राम, सिया, लक्ष्मण वन धाए।
गहन शोक दे दिया सभी को, तात नृपति ने प्राण गँवाए॥

अपने पैर कुल्हाड़ी मारी, विधवा हुई स्वयं तू माता।
कौन मूढ़ होंगे इस जग में, सूली अपने लिए बनाता॥

जो दुष्कृत्य किया है तूने, उससे अवध कष्ट में आया।
सूर्य वंश की धवल पताका, पर माँ! तूने दाग लगाया॥

पापकर्म यह जननी तेरा, भरत नहीं स्वीकार करेगा।
प्राणों के बदले सिंहासन, कभी न अंगीकार करेगा॥

मेरे प्राण, राम, कुल घातिनि, माँ सीता है श्रद्धा मेरी।
मार दिया, मेरे हित मुझको, है अति संघातक मति तेरी॥

पाप ताप में जलो निरंतर, किंचित् साथ नहीं मैं तेरे।
उनको वापस मैं लाऊँगा, जिनका हाथ शीश पर मेरे॥

हैं निर्दोष राम, लक्ष्मण, सिय, क्यों कर वन में कष्ट उठाएँ?
राम अवध के राजा बनकर, वंश केतु जग में लहराएँ॥

आह! कोख तेरी क्यों जन्मा? है अतीव संत्रास हृदय में।
मेरा पाप यही है गुरुतर, केवल मुक्ति मिलेगी क्षय में॥

तब गुरुवर ने बड़े यत्न से, अति संतापित भरत बुलाए।
दोनों भ्रात भुजाओं में ले, अति अनुरागित कंठ लगाए॥

गुरु ने तब संयत वाणी से, मर्त्य लोक का धर्म बताया।
निगमागम का किया विवेचन, जीवन का वर मर्म बताया॥

अंतिम श्वाँस ले रहे जन को, संजीवनि नव जीवन देती।
मरणांतक पीड़ा को औषधि, क्षण में गुणता से हर लेती॥

ज्यों घनघोर तिमिर में दामिनि, पथ का किंचित् भान कराती।
और अटारी रखे दीप की, ज्योति लक्ष्य का ज्ञान कराती॥

उसी तरह ऋषि की वाणी ने, किया प्रभाव कुमारों पर था।
उठे उभय गुरु संग यंत्रवत्, ध्यान अग्र व्यवहारों पर था॥

कर अंतिम संस्कार पिता का, शास्त्रोचित सब धर्म निभाए।
श्राद्धकर्म कर भरत लाल ने, विधिवत् ब्राह्मण भोज कराए॥

सारी विधियाँ पूर्ण हुईं जब, गुरु वसिष्ठ ने वचन सुनाए।
भरत सँभालो सिंहासन अब, सबका ताप न्यून हो जाए॥

काटो अब विषाद की कारा, अवध राज्य की श्री लौटाओ।
है अशांत जन-जीवन सारा, शांति अवध में वापस लाओ॥

बिना नृपति के राज्य भरत यह, नहीं सुरक्षित रह पाएगा।
वंश शौर्य 'रवि' में प्रमाद से, दाग सहज ही लग जाएगा॥

कहा भरत ने तत्क्षण गुरु से, नहीं अवध है बिना नृपति के।
राम अयोध्या के राजा हैं, हम सब अनुचर उन अधिपति के॥

रिपुसूदन के रहते गुरुवर, अवध पूर्णतः है संरक्षित।
जहाँ आपसे हैं पथ दर्शक, राज्य भला कैसे असुरक्षित?

किंतु न यह सिंहासन मेरा, सिंहासन तो अग्रज का है।
मैं तो केवल अनुचर उनका, गुरु तव शब्द दाहता सा है॥

मैं जाऊँगा कानन गुरुवर!, अग्रज को वापस लाऊँगा।
सौंप उन्हें अधिकार अवध का, अनुचर बनकर सुख पाऊँगा॥

लौटे नहीं अगर भ्राता तो, मैं भी उनके साथ रहूँगा।
जो भी कष्ट सहेंगे भ्राता, मैं वह सारे कष्ट सहूँगा॥

बचन भरत के सुनकर सबके, उर में अति शीतलता आई।
ज्यों मिल गई बूँद स्वाती की, सबको बात भरत की भाई॥

मानो मिली अतुल्य संपदा, मन में अति उत्साह समाया।
गए सभी अपने भवनों को, भरत वचन सबके उर भाया॥

दिवस चौदहवें भरत-शत्रुहन, बैठे थे अति चिंतित मन से।
गत घटनाक्रम से दोनों ही, अतिशय शिथिल हुए थे तन से॥

तभी मंथरा सँग कैकेयी, आई निज सुत को समझाने।
करो पुत्र! स्वीकार राज्य यह, वन मत जाओ राम बुलाने॥

मैं विधवा हो गई भले ही, किंतु समय की माँग यही है।
राज्य अवध का तुम्हीं सँभालो, राम रहें वन यही सही है॥

सुन जननी की अप्रिय वाणी, तड़पे भरत उस समय ऐसे।
हृदय मध्य अनजाने में ज्यों, तीक्ष्ण बाण धँस जाए जैसे॥

हुए अचेतन भरत क्रोध में, रिपुसूदन ने त्वरित सँभाला।
क्लांत गात था कांतिहीन ज्यों, पड़े नवल अंकुर पर पाला॥

चेतन हुए भरत वर ज्यों ही, तभी मंथरा लगी बताने।
जननि गिरा अति अर्थपूर्ण है, मानो भरत लगी समझाने॥

क्रोध आ गया रिपुसूदन को, पहले से ही सुना बहुत था।
दुर्घटना की कारक कुबड़ी, मन में यह अंकित अभिमत था॥

बोल उठे शत्रुहन चीखकर, इस दुष्टा ने अवध उजाड़ा।
इसने ही माँ कैकेयी के, कान भरे अरु हृदय बिगाड़ा॥

इस विनाश की कारक है यह, पिता मरण का मूल यही है।
इसने किया अनाथ सभी को, बंधु गमन का शूल यही है॥

यही कृतघ्न पापिनी नागिन, भैया को वनवास दिलाया।
इसके कारण सूर्यवंश पर, ऐसा दुर्निवार दिन आया॥

नेत्र क्रोध से लाल हो गए, झपट केश पकड़े रिपुसूदन।
लिया घसीट मंथरा को तब, चीख पड़ी भय छाया आनन॥

लगा भरत को, आज मंथरा, निश्चित ही मारी जाएगी।
रिपुसूदन की यश गाथा पर, अपयश की छाया छाएगी॥

बोल उठे तब भरत अनुज से, शौर्य तुम्हारे है रग-रग में।
हे रिपुसूदन! परम प्रतापी, नारी है अवध्य इस जग में॥

मार दिया इसको यदि तुमने, क्षमा न राम करेंगे तुमको।
मर्यादा के मेरुदंड वे, पुरुषोत्तम कहते सब उनको॥

परम प्रतापी शत्रु विनाशक, अपयश निज कर मत लो भ्राता।
वेदों के साक्षात् रूप तुम, नैतिकता के हो व्याख्याता॥

सुनकर यह आदेश भरत का, रिपुसूदन मन में सकुचाए।
छोड़े केश मंथरा के तब, क्रोध अश्रु नयनों में आए॥

घृणा, क्रोध, अतिरेक हृदय का, आनन पर द्रष्टव्य सरल था।
थूका एक ओर रिपुसूदन, मानो बेबस पिया गरल था॥

मूर्च्छित हुई मंथरा को तब, कैकेयी ने होश दिलाया।
छिड़का जल उसके आनन पर, मृदु वाणी से धीर बँधाया॥

बँधी हुई क्रौंची के सम ही, कुब्जा भय से काँप रही थी।
सिंह पाश से छूटी हिरनी सी घटनाक्रम भाँप रही थी॥

कैकेयी ने भरत सन्निकट, आकर नेहित स्वर समझाया।
ताज मुदित स्वीकार करो सुत, भाग्य हमारा शुभ दिन लाया॥

कुपित भरत ने कैकेयी को, तब कटु वचनों से धिक्कारा।
नहीं साथ में तेरे हूँ मैं, मेरे केवल राम सहारा॥

मै तो राघव का सेवक हूँ, सिया राममय मेरा मन है।
शोणित का कण-कण न्योछावर, उनको ही अर्पित जीवन है॥

है मेरा संकल्प यही अब, शीघ्र विपिन में मैं जाऊँगा।
पद अंबुज को पकड़ भ्रात के, उनको गृह वापस लाऊँगा॥

नहीं रंच स्वीकार भरत को, पापिनि माँ की स्वार्थ पिपासा।
हे प्रभु! छाँटो शीघ्र अवध से, पाप ताप का गहन कुहासा॥

अतिशय व्यथित हुई कैकेयी, गुरु वसिष्ठ भी सोच समाए।
लोक हितैषी सकल योजना, कैसे मूर्त रूप ले पाए?

दिवस पंद्रहवें गुरु वसिष्ठ मुनि, चिंतित सभा मध्य चलि आए।
आज्ञा दे दूतों को गुरु ने, सभी सभासद भी बुलवाए॥

बुला लिए थे भरत, शत्रुहन, उनको वर आसन बैठाया।
पूर्ण व्यवस्थित हुई सभा तो, गुरुवर ने आदेश सुनाया॥

है नृपहीन राज्य कौसल अब, भरत! राज्य अभिषेक सही है।
भ्राता राम, तात दशरथ का, विधि सम्मत आदेश यही है॥

आज राज्य अभिषेक हेतु तुम, हर्षित सब संस्कार कराओ।
परम प्रतापी अज नंदन के, शेष सभी कर्तव्य निभाओ॥

सहज भाव से उठे भरत तब, झुककर सबको शीश नवाया।
नहीं पूर्ण कर सकता हूँ मैं, गुरुवर का आदेश सुनाया॥

धर्म धुरंधर नृप दशरथ का, सुत हूँ धर्म समझता हूँ मैं।
गुरुवर की शिक्षा पाई है, नीर-क्षीर कर सकता हूँ मैं॥

नहीं उचित है किंचित् भी ये, कालिख मुख लगवाऊँ कैसे?
अग्रज का अधिकार छीनकर, मैं अभिषेक कराऊँ कैसे?

भ्रात राम हैं अति तेजस्वी, पुरुखों के गुण कर्म प्रभारी।
सूर्यवंश दे जन्म उन्हें विभु, का अतिशय जग में आभारी॥

मेरी माँ ने पाप किया जो, उसका शमन करूँगा मैं ही।
जो अनिष्ट का कुत्सित कारण, उसका दमन करूँगा मैं ही॥

क्षमा करें गुरु, मान्य सभा जन, यह आदेश न मानूँगा मैं।
धर्म विरुद्ध हुआ निर्देशन, धर्मोचित क्या जानूँगा मैं?

इसीलिए निर्णय है मेरा, अग्रज को वापस लाऊँगा।
सूर्यवंश के सिंहासन पर, युग के रवि को बैठाऊँगा॥

फिर सुमंत से साधु भरत ने, विनयी स्वर में वचन उचारे।
रघुनंदन को वापस लाने, हों तैयार प्रमुख जन सारे॥

हय, हाथी, रथ, गाड़ी, सेना, विधिवत् सब तैयार कराएँ।
परिजन, पुरजन, मंत्री, नायक, चलें साथ श्रीराम मनाएँ॥

सुफल मनोरथ जान हर्ष से, यह सुमंत ने कथन सुनाया।
जाएँगे वन भरत राम ढिग, वापस आएँगे रघुराया॥

मुदित सभा ने करतल ध्वनि से, यह आदेश किया अनुमोदित।
हर्ष लहर जन-गण में फैली, सुनकर यह आदेश यथोचित॥

सेनापतियों से सेना को, विधिवत् राजाज्ञा समझाई।
चतुरंगिणी सेन को तब अति, साधु भरत की सन्मति भाई॥

अति प्रमुदित वांछित जन, सैनिक, कूच हेतु तैयार हो गए।
हर्ष सिंधु की प्रबल लहर से, अति विषाद के चिह्न खो गए॥

गुरु, परिजन, पुरजन, मंत्रीगण, चले भरत सँग राम मनाने।
अनथक चले हृदय अति उत्सुक, सिया राम को वापस लाने॥

रिपुसूदन सुमंत ने मिलकर, मार्ग व्यवस्था की संचालित।
खान-पान, आवास-चिकित्सा, रिपुसूदन से थी प्रतिपालित॥

शुभे! यहीं विश्राम कथा का, आज भरत का भजन करें हम।
टूट रहे संबंध स्वार्थ में, 'हम' का शाश्वत भाव भरें हम॥

दसवाँ सर्ग सुनो हे भामिनि!, महाकाव्य में अति न्यारा है।
है समष्टिगत भाव त्याग का, निर्देशन अतिशय प्यारा है॥

स्वार्थों से जो टूट रहे कुल, ज्योतिवाह यह सर्ग बनेगा।
सुयश, शांति, वैभव, विकास का, प्रति कुल सहज वितान तनेगा॥

सर्ग ग्यारहवाँ धर्म-नीति अरु, भ्रात प्रेम उद्घोष करेगा।
भरत-शत्रुहन में नव जीवन, नव कर्मों का भान भरेगा॥

राम-राज्य की लोक हितैषी, परिकल्पना यहीं जन्मेगी।
चित्रकूट में रिपुसूदन को, नीति, प्रतीत, सुप्रीति मिलेगी॥

हे विश्वंभर आशुतोष शिव, 'रवि' साष्टांग नमन करता है।
तव अनुकंपा से बन दीपक, तम से निशदिन ही लड़ता है॥

लघु दीपक हूँ किंचित् हे प्रभु!, नेह वर्ति घटने मत देना।
अगर बुझाए झंझा आकर, अपनी कृपा ओट कर लेना॥

(इतिश्री सर्ग दस)

सर्ग-ग्यारह

मंगलाचरण

मंत्र दृष्टा ऋषि जिसे इंद्र कह पूजते हैं,
यम कह नित्य प्रति आरती उतारते॥
वायुदेवता पुकार वंदना करें सो नित्य,
वचनों से परे कह उर मे हैं धारते॥
वैष्णव कहते विष्णु शिव कहें शैव सब,
जैन अरिहंत कह श्रद्धा से निहारते॥
बौद्ध पूजें नित्य प्रभु बुद्ध अवतार कह,
विज्ञ प्रज्ञ शुद्ध-बुद्ध वंदना उचारते॥

★★★

गुरु, जननी, मंत्री, सेना सब, आतुर चले सभी जन मग में।
अनथक चले, हृदय अति उत्सुक, रँगा हृदय रघुपति के रँग में॥

सबमें था उत्साह अपरिमित, प्रियवर उन्हें मिलेंगे वन में।
दर्शन कर श्रीराम लखन सिय, सौम्य सुगंध भरेगी मन में॥

संकट आया अवधपुरी पर, निश्चित ही वह हट जाएगा।
वापस आएँ राम लखन सिय, पुर में स्वर्ग उतर आएगा॥

यही सोचकर यात्रीगण सब, मुख पर मृदु मुसकान लिए थे।
राम नेह का अनुपम अमृत, आत्मबोध से सभी पिए थे॥

यात्रा श्रम की थकन किसी पर, किंचित् नहीं दिखाई देती।
भरत, शत्रुहन की ममता भी, पथ के कष्ट सभी हर लेती॥

शिल्पी, वैद्य, कुशल अभियंता, यात्रा में सब साथ-साथ थे।
अगर समस्या आई कोई, तत्क्षण समुचित योग्य हाथ थे॥

सेना सहित हजारों वाहन, रथ, हय, गज की गणना दुष्कर।
मग की धूल छा रही नभ में, कांति विहीन हो रहा पुष्कर॥

गुप्तचरों से जब निषाद ने, विस्तृत समाचार यह पाया।
भरत लिए सेना अति भारी, चिंता अति उर में भर लाया॥

क्या श्रीराम लखन से लड़ने, भरत वाहिनी संग जा रहे?
क्या सत्ता के मद में अंधे, कुत्सित चिंतन हृदय ला रहे?

सोच सखा को लगा भरत ने, राम-लखन वध ठान लिया है।
सत्ता मेरी रहे अकंटक, ऐसा उसने मान लिया है॥

करने दो-दो हाथ भरत से, राम सखा सन्नद्ध हो गया।
नैतिकता का चिर अनुरागी, संकल्पों से बद्ध हो गया॥

किंतु शीघ्र ही नृप निषाद की, शंका का हो गया निवारण।
भरत, राम के सतत हितैषी, तनिक न द्वेषी है उनका मन।

सत्य जान भूपति निषाद तब, अतिशय ग्लानि हृदय भर लाया।
स्वागत करने बंधु भरत का, राम सखा उत्साहित धाया॥

अति उत्साहपूर्ण कर स्वागत, सखा राम की कथा सुनाई।
कहाँ रुके थे, किधर गए वे, बंधु लखन, सिय सँग रघुराई॥

सुन सब कथा, देख कुश शैया, भरत विषाद हृदय भर लाए।
नयन अश्रु भर ले कर भू रज, रोमांचित सब अंग लगाए॥

भ्रात प्रेम लख सभी उपस्थित, उर अभिभूत हुए अति भारी।
भरत दृगों से अविरल आँसू, देख अतीव विकल नर-नारी॥

जैसे शयन किया रघुवर ने, वैसे उपक्रम भरत निभाए।
भोर जाग भू वंदन कर वे, सुर-सरिता के तट पर आए॥

कर मज्जन दे अर्घ्य पिता को, किया भरत ने सुरसरि वंदन।
वेश बनाया संन्यासी का, भाल सजाया रुचिकर चंदन॥

रिपुसूदन ने भी मज्जन कर, भ्रात भरत सम वेश बनाया।
गुरु, जननी, वर, संत, विप्र जन, का वंदन कर शीश नवाया॥

फिर भूपति गुह ने नावों से, सबको गंगा पार कराई।
चले शत्रुहन भरत उसी पथ, जिस पथ गए सिया रघुराई॥

छोड़ा भरत शत्रुहन ने रथ, चले पयादे राम मनाने।
बौराई सी भीड़ दौड़ती, युगल बंधु का दर्शन पाने॥

उभय भ्रात की सुंदरता लख, नवयौवना मोद मन पावें।
अंतर्मन के भाव स्वयं के, जान स्वयं से स्वयं लजावें॥

नर-नारी लख सुकुमारों को, मोद क्षोभ उर में भर लाते।
सोच मार्ग की कठिनाई को, पैदल देख तरस मन खाते॥

भरत-राम का प्रेम जानकर, करें प्रशंसा सब नर-नारी।
कैकेयी की निंदा करते, कहें बुद्धि विधना ने मारी॥

झुंड-झुंड इस तरह विकल जन, दर्शन हेतु खड़े थे मग में।
कंदमूल फल लिए खड़े कुछ, कई चले यात्री बन सँग में॥

सांध्य समय लख सुंदरतम वन, किया विमर्श भरत रिपुसूदन।
यहीं करें ठहराव आज हम, श्रम से सबके हुए शिथिल तन॥

सुन विमर्श अधिपति निषाद ने, कहा भरत से विनयी स्वर में।
आगे भरद्वाज ऋषि आश्रम, जिनकी ख्याति अवनि अंबर में॥

कानन जाते समय राम, सिय, लक्ष्मण आश्रम में ठहरे थे।
ऋषिवर ने अपने अभिमत के, उन सब में कुछ भाव भरे थे॥

हो सकता है उन्हें ज्ञात हो, राम यहाँ से कहाँ सिधारे।
ऋषिवर की अनुकंपा पाकर, कट जाएँगे त्रास हमारे॥

सुनें वचन यह गुरु वसिष्ठ ने, तत्क्षण सहमति मुखर जताई।
चलें भरत! ऋषि भरद्वाज ढिग, जग में उनकी अति प्रभुताई॥

निश्चित मार्ग प्रशस्त करेंगे, त्रास पाश को भी काटेंगे।
सूर्य वंश के अंधकार को, तीक्ष्ण तेज से वे छाँटेंगे॥

सुनकर अति अनुकूल गिरा गुरु, भरत-शत्रुहन तोष समाए।
गुरुवर को आगे कर दोनों, विनत भाव ऋषि आश्रम आए॥

समाचार सुन भरद्वाज ऋषि, ने की तब उनकी अगवानी।
अर्घ्य, पाद्य, फल दे उनको फिर, कुशल क्षेम पूछी मृदु बानी॥

भरत शत्रुहन ने तदनंतर, ऋषि चरणों में नमन किया था।
अवध कुमारों को ऋषिवर ने, मुक्त हस्त आशीष दिया था॥

अर्घ्य पाद्य फल दे दोनों को, ऋषिवर ने पूछी कुसलाई।
विनत कुमारों ने मुनिवर को, अवध कथा संपूर्ण सुनाई॥

भरद्वाज ऋषि के उर संशय, किंचित् अब अवशिष्ट नहीं था।
भरत हृदय की पावनता लख, चिंतन का आधार कहीं था॥

तभी अवध कुल गुरु वसिष्ठ ने, पूछी कुशल क्षेम ऋषिवर से।
'सर्वमेव कुशलम्' कह मुनि ने, ऋषि को थाम लिया निज कर से॥

गुरु वसिष्ठ ने तब मुखरित स्वर, भूरि-भूरि की भरत प्रशंसा।
रिपुसूदन के शौर्य तेज की, विधिवत् ऋषि से की अनुशंसा॥

तब दशरथ नंदन को ऋषि ने, नेहपूर्ण यह वचन सुनाए।
करें यहीं विश्राम रात में, अवधपुरी से जो जन आए॥

भरत बदन लख चिंता रेखा, हर्षित मुनिवर वचन उचारे।
किंचित् चिंता करें न प्रिय सुत! आज सभी हैं अतिथि हमारे॥

भोजन अरु आवास सभी की, पूर्ण व्यवस्था हो जाएगी।
मंत्री, पुरजन, परिजन, सेना, निश्चित तुष्टि हृदय पाएगी॥

देव करेंगे सभी व्यवस्था, तपबल का आलोक यही है।
लोक हेतु उपयोग शक्ति का, ऋषि-मुनियों के लिए सही है॥

ऐसा कह मुनि भरद्वाज ने, प्राची मुख कर ध्यान लगाया।
हो करबद्ध मंत्र संबंधित, पढ़ देवों को हेतु बताया॥

दिव्य अतिथि सत्कार व्यवस्था, क्षण भर में हो गई वहाँ पर।
सभी चमत्कृत हुए देख यह, ऐसा वर सत्कार कहाँ पर?

गुरु, जननी, सेना, जन, सब ही, आश्रम के ही अभ्यागत थे।
दिव्य अशन आवास प्राप्त कर, यात्री अब शैथिल्य विरत थे॥

प्रातर्विधि के बाद भोर ही, गुरु, कुमार, मुनि कुटिया आए।
राम, सिया, लक्ष्मण निवास के, समाचार मुनि से सब पाए॥

रघुनंदन को भरद्वाज ने, कहा राम आश्रम आए थे।
लखन सिया सँग रात बिताकर, चित्रकूट के हित धाए थे॥

ढाई योजन पर पर्वत है, चित्रकूट है नाम सुपावन।
'मंदाकिनी' निकट बहती है, चारों ओर घना निर्जन वन॥

अति रमणीक प्रकृति का नर्तन, सघन वृक्ष आकर्षित करते।
अगणित सुमन सुवासित निशिदिन, प्रति उर में नवजीवन भरते॥

पावन सरिता शैल मध्य में, पर्णकुटी निर्मित अति सुंदर।
रहते वहाँ लखन, सिय के सँग, कृपा पुंज श्रीराम पुरंदर॥

इस आश्रम के आगे यमुना, के दक्षिण तट से तुम बढ़ना।
दो पथ आएँगे जब आगे, बाएँ से फिर दक्षिण मुड़ना॥

चित्रकूट के लिए यही पथ, भरत! अतीव सुसंगत होगा।
सेना, वाहन, संख्या को लख, इसी मार्ग का अभिमत होगा॥

सुविधापूर्वक शीघ्र पहुँचकर, सब प्रिय राम दरस पाएँगे।
आप सभी के शुचिप्रयास से, त्रास अवध के कट जाएँगे॥

इसके बाद जननियों ने भी, भरद्वाज ऋषि दर्शन पाए।
परम तपस्वी की पग रज ले, अति संतृप्त, हृदय उमगाए॥

ऋषि आशीष मार्गदर्शन ले, चले भरत रिपुसूदन पथ पर।
चले सभी निज-निज वाहन चढ़, जननी गुरु भी अपने रथ पर॥

चित्रकूट की ओर वेग से, धाए वे श्रीराम मनाने।
चले निरंतर बिना रुके सब, प्रिय को शीघ्र-शीघ्रतर पाने॥

नहीं थकान बदन पर किंचित्, सबके उर उत्साह समाया।
ढाई दिन अनथक चलने पर, चित्रकूट गिरि जब नियराया॥

तभी निषादराज ने इंगित, कर पावन पर्वत दिखलाया।
यहीं रह रहे राम सिया सँग, लक्ष्मण अग्रज की प्रति छाया॥

भरत, शत्रुहन, सहित सभी जन, सुनकर यह अतिशय हर्षाए।
गिरि को कर प्रणाम श्रद्धायुत, तीव्र वेग से कदम बढ़ाए॥

मंदाकिनी तीर पहुँचे जब, कर प्रणाम सब उर हर्षाए।
मानो हुए राम के दर्शन, निकट जान सब ही सुख पाए॥

रथ, हय, गज, सेना चलने से, उड़ी धूल जो नभ में छाई।
भाग रहे घबराए वनचर, लख उर राम सोच भर आई॥

चिंतित रघुवर ने इंगित कर, कहा लखन वह क्या है देखो?
नभ पर धूल मेघ सी छाई, विकल भागते मृग क्यों लेखो?

शाल वृक्ष पर तत्क्षण चढ़कर, कहा भ्रात से लक्ष्मण ने तब।
दीख रही है सेना भारी, अस्त्र-शस्त्र से सज्जित हैं सब॥

ध्वजा फहरती है रथ, हय, गज, हेतु शत्रु जैसा है दिखता।
आक्रामकता साफ झलकती, दृश्य समर की भाषा लिखता॥

अरे! ध्वजा पर अवध चिह्न है, लगता भरत समर हित आया।
निष्कंटक निज राज्य बनाने, हमें मारने सेना लाया॥

भैया! थामो हाथ धनुष अब, काँधे पर तूणीर सजाओ।
मैं समरांगण में जाता हूँ, आप शिखर से लक्ष्य लगाओ॥

शपथ आपके शुचि चरणों की, आज भरत को मैं मारूँगा।
सन्मुख मेरे जो आएगा, उन सबको भी संहारूँगा॥

सत्ता मद से ग्रसित भरत अब, अतिशय निर्मम हुआ आज है।
'प्रभुता पाहि काहि मद नाही', उक्ति सदा से सजी साज है॥

यह कह तरु से उतरे लक्ष्मण, अस्त्र-शस्त्र अति वेग सँभाले।
विषम व्याल विकराल बाण भी, काँधे सजे तूण में डाले॥

तभी राम ने क्रुद्ध लखन से, कहा शांत हो जाओ भाई।
रंच मात्र भी सत्ता मद की, छाया नहीं उसे छू पाई॥

भरत पुनीत साधु मन से है, कभी न मद स्वीकार करेगा।
तीन लोक का राज्य त्यागकर, मुझको अंगीकार करेगा॥

धर्म छोड़ सकता शशि, दिनकर, किंतु भरत साक्षात् धर्म है।
नैतिकता का प्रबल पक्षधर, स्वार्थ रहित निष्काम कर्म है॥

काम, क्रोध, मद, लोभ छोड़कर, युग का हंस भरत है मेरा।
नीर-क्षीर का है विवेक शुचि, कुटिल वृत्ति ने कभी न घेरा॥

और जहाँ शत्रुहन अनुज है, नीति प्रकाश पुंज अति पावन।
रंच अनीति न होने देगा, है वह वेद रीति मन भावन॥

लक्ष्मण! दोनों भ्रात भक्त हैं, नैतिकता के हैं अनुगामी।
निश्चित आए हमें मनाने, पूर्ण रूप से वे निष्कामी॥

आए होंगे जब वापस पुर, तब घटनाक्रम जाना होगा।
मातु कृत्य को साधु भरत ने, पाप, ताप ही माना होगा॥

तड़पे होंगे मत्स्य सदृश वे, अति संताप समाए होंगे।
कर दुर्लक्ष्य जननि इच्छा का, हमें बुलाने आए होंगे॥

भ्रात प्रेम दोनों में अद्भुत, नहीं हमारा अहित करेंगे।
सूर्यवंश की परम प्रतिष्ठा, कलुष कदाचित् नहीं भरेंगे॥

लगता है सौमित्र हृदय में, सत्ता सुख की चाह शेष है।
लोक-विकार प्रभावी मन पर, क्रोध तमस छाया विशेष है॥

लव संकेत करूँगा यदि मैं, भरत राज्य तुमको दे देगा।
रंच मात्र अवसाद न लाकर, वह वनवास मुदित मन लेगा॥

लक्ष्मण सुन विश्वास राम का, मुख पर आई लज्जा छाया।
अंग-अंग हो गए शिथिल अरु, उर में अति संकोच समाया॥

भरत हेतु, शुचि प्रेम राम उर, देख देवगण मन हर्षाए।
दिव्य दुंदुभी बजा-बजाकर, सुमन सुगंधित तब बरसाए॥

तभी हुई आकाश गिरा यूँ, धन्य-धन्य प्रभु परम चिरंतन!।
धर्म धुरी हैं भरत जगत् में, अतिशय पावन उनका चिंतन॥

हे रघुनंदन! आप कसौटी, कुंदन सहज समझ जाते हो।
निज विवेक से जान सत्यता, नेह अपरिमित बरसाते हो॥

राम सिया के सहित सभी जन, सुर वाणी सुनकर हर्षाए।
निज अपराध जान लक्ष्मण ने, क्षमा! क्षमा! कह अश्रु गिराए॥

दुखी लखन को देख सिया ने, निज कर कमल शीश तब फेरा।
सजल नयन, अपराध बोध से, लक्ष्मण ने रघुवर को हेरा॥

समझ भाव श्रीराम निकट आ, लक्ष्मण को निज कंठ लगाया।
झर-झर बरसा नीर दृगों से, नेह समुद्र प्रकट हो आया॥

ऋषि-मुनि, सीता देख दृश्य यह, नयन सजल हो गए सभी थे।
इसी समय कतिपय वनवासी, धाय उपस्थित हुए तभी थे॥

उनकी देख अतीव व्यग्रता, सबके उर उत्कंठा जागी।
तत्क्षण निकट पहुँच रघुवर ने, तब आगमन समीक्षा माँगी॥

तभी सभी वनवासी जन ने, निज आगमन हेतु बतलाया।
भरत सहित सेना आने का, विस्तृत सब संदेश सुनाया॥

हे प्रभु! अनुज भरत आए हैं, परिजन-पुरजन साथ लिए हैं।
वापस होंगे आप अवधपुर, सभी हृदय में आस किए हैं॥

मंदाकिनि तट ठहरा सबको, शीघ्र भरत अब आते होंगे।
अवधपुरी वापस जाने का, शुभ संदेशा लाते होंगे॥

भरत आगमन सुना राम ने, तन-मन में रोमांच समाया।
नयनों में भर सुख के आँसू, सबको विह्वल गले लगाया॥

करने लगे प्रतीक्षा सब मिल, भरत शत्रुहन आनेवाले।
अपलक सभी निहारें उस पथ, जो पथ आश्रम लानेवाले॥

इधर पुण्य मंदाकिनि सलिला, प्रमुदित मन से सभी नहाए।
फिर निषाद शत्रुहन साथ ले, भरत राम से मिलने धाए॥

जननि कृत्य मन सोच-सोचकर, ग्लानि भरत के उर में आई।
अति शैथिल्य बदन पर छाया, दूर हुई सब हृदय दृढ़ाई॥

थके हुए से चलें कभी वे, कभी स्वयं मन को समझाएँ।
सुधि कर करुणा करुणाकर की, अति वेगित पग पंथ बढ़ाएँ॥

बाह्य जगत् से पूर्ण विरत वे, गत घटनाक्रम के मंथन में।
रघुवर के आश्रम आए कब? जान न पाए वे चिंतन में॥

रिपुसूदन की वाणी से ही, भरत चेतना वापस आई।
देखो पर्णकुटी रघुवर की, सुनि तन प्रबल तरंग समाई॥

देखा भरत समक्ष कुटी अरु, राम खड़े बाँहें फैलाए।
मूर्च्छित होकर गिरे धरा पर, लख श्रीराम वेग अति धाए॥

घुटनों के बल बैठ राम ने, उठा भरत को गले लगाया।
उन्मादी सम माथा चूमें, संवेदना मेघ घिर आया॥

गरम आँसुओं के प्रपात ने, किया भरत का तन-मन चेतन।
तत्क्षण पकड़ चरण रघुवर के, भू पर लोटे भरत विकल मन॥

तब रघुवर ने उठा भूमि से, अनुज भरत को धीर बँधाया।
पड़े राम के पद रिपुसूदन, मंगल शुभाशीष तब पाया॥

मन संकोच लिए लक्ष्मण ने, किया प्रणाम भरत को बढ़कर।
दोनों सहज हुए आलिंगित, बंधन नेह हुआ तब दृढ़तर॥

रिपुसूदन ने तभी भ्रात का, अति अनुराग किया पद वंदन।
बाँहों में तब उठा अनुज को, कंठ लगाया पुलकित तन-मन॥

परम आलौकिक दृश्य वहाँ का, निर्निमेष गुह देख रहा था।
करुणानिधि की करुणा लखकर, नयनों से सैलाब बहा था॥

तभी राम ने बाल सखा को, प्रेम सहित निज पास बुलाया।
पद पंकज पर लेटे गुह को, बाहु अजान मध्य दुलराया॥

सखा निषाद सहित सब ही तब, आश्रम के प्रांगण में आए।
तपस्विनी सीता के सँग ही, ऋषि-मुनिओं के दर्शन पाए॥

देख सिया को भरत-शत्रुहन, कटे वृक्ष से गिरे धरा पर।
बार-बार वंदन करते वे, सिय चरणों में शीश झुकाकर॥

तभी जानकी ने अतिनेहित, युगल कुमार शीश सहलाया।
अति संतापित भरत-शत्रुहन के मन में संतोष समाया॥

जैसे रोते शिशु का अंतर, जननी का संस्पर्श माँगता।
दुखद वियोग जननि का निश्चित, हर शिशु का है ह्दय दाहता॥

उसी प्रकार भरत रिपुसूदन, सिया राम हित तड़प रहे थे।
भाव तोड़ तटबंध धैर्य के, अश्रु बने अविराम बहे थे॥

जनक नंदिनी भी अति विह्वल, झरें दृगों से निर्झर अविरल।
बार-बार माथा सूँघे फिर, उभय शीश सहलाएँ करतल॥

रोए जी भर भरत-शत्रुहन, आँचल भीग गया ममता का।
सिया दृगों से अविरल आँसू, सिंचित करते तृषित लता का॥

सभी उपस्थित सजल नयन थे, चेष्टा रहित हुए तन सारे।
'रवि' यह दिव्य दृश्य लख अविचल, करुणा निकट खड़ी अनुहारे॥

शब्द हो गए मौन स्वयं ही, भाव-भंगिमा भाषा बाँचे।
पग में बाँध अश्रु के नूपुर, झूम-झूम करुणा रस नाचे॥

तभी समय अनुकूल जानकर, राम सखा ने वचन उचारे।
'आए गुरु, जननी, परि, पुरजन, ठहरे मंदाकिनि तट सारे॥'

समाचार जब सुना विशद यह, रोमांचित तन-मन हर्षाए।
रिपुसूदन को वहीं रोककर, सब मंदाकिनि तट पर आए॥

यथानुरूप भेंट कर सबसे, सबको प्रभु ने धीर बँधाया।
जिसके हृदय भाव जैसा था, राम रसायन वैसा पाया॥

आश्रम में सीता देवर से, अवध कुशलता पूछ रही थीं।
जिज्ञासा वर देख शत्रुहन ने गाथाएँ विशद कही थीं॥

श्वसुर मरण को जान जानकी, के मन में संताप समाया।
सोच सुमित्रा कौसल्या गति, नयनों ने नद अश्रु बहाया॥

तभी मातुगण गुरु ले सँग में, रघुवर ने आश्रम पग धारे।
भरत-सुमंत-लखन सँग गुह भी, सचिव आदि भी साथ पधारे॥

कर सत्कार सिया ने सबको, श्रद्धा से आसन बैठाया।
अर्घ्य, पाद्य, फल आदि भेंटकर, शुभ आशीष सभी से पाया॥

भावज के सँग रिपुसूदन भी, तत्परता से थे सहयोगी।
पुण्य समर्पण भाव समाए, क्रियाशील वर अभिनव योगी॥

फिर सासों को आदर से सिय, पर्णकुटी के अंदर लाईं।
विधवा वेश देखकर उनका, उर में अति विषाद भर लाईं॥

गले लगीं जब कौसल्या के, नयनों ने अवसाद बहाया।
तोष ज्योति से मन मंदिर के, त्रास तिमिर को सहज हटाया॥

मिली सुमित्रा, कैकेयी सिय, सबके नयन अश्रु बरसाते।
वक्ष लगाती वे सीता को, तृषित हृदय वर शांति समाते॥

कैकेयी अपराध बोध से, पूर्णरूप से घिरी हुई थी।
प्रायश्चित का भाव हृदय में, पर मन में अति डरी हुई थी॥

किंतु जानकी के स्वागत से, कैकेयी-मन तोष समाया।
रघुनंदन के व्यवहारों ने भी सुख का तब कोष लुटाया।

पिता मरण को जान राम के, हृदय अतीव विषाद भरा था।
किंतु हृदय में संकल्पों का, पावनतम उन्माद झरा था॥

इसीलिए हो सावधान वे, समुचित सब व्यवहार कर रहे।
पूर्ण सुनिश्चित दिव्य योजना में अनुकूलित रंग भर रहे॥

अतिथिगणों की भोज व्यवस्था, हुई सिया के निर्देशन में।
साथ लखन रिपुसूदन सेवक, सौख्य भरा सबके तन-मन में॥

फिर आवास व्यवस्था सबकी, आश्रम के अनुकूल हुई थी।
पर्णकुटी भी अवध रानियों, के हित पुण्य दुकूल हुई थी॥

प्रातः उठकर शीघ्र सभी जन, मज्जन कर प्रांगण में आए।
आश्रम के ऋषियों ने सबको, विधिवत् ध्यान, योग करवाए॥

आश्रम के चहुँ ओर प्रकृति का, नर्तन अद्‍भुत अतुलनीय था।
रंग-बिरंगे सुरभित सुमनों, का समूह भी दर्शनीय था॥

शीतल मंद सुगंध पवन भी, सबके तन-मन को सहलाती।
आश्रम की वर शांति सभी के, अंतस्तल को सहज लुभाती॥

नीरवता को चीर कूकती, कोयल का स्वर मन को हरता।
मोर-पपीहा का पावन स्वर, वातावरण मनोहर करता॥

निर्भय बैठे कुल हिरनों के, तत्क्षण सभा अंश लगते थे।
शावक माँ से लाड़ लड़ाते, अति नटखट क्रीड़ा करते थे॥

मनोहारिणी प्रकृति रम्यता, चंदन वृक्ष सुगंध लुटाते।
वर अध्यात्म स्वयं समुपस्थित, सहज शांति सब उर में पाते॥

हुआ समापन योग सभा का, उठे भरत यह गिरा उचारी।
हे वरेण्य ऋषि-मुनि, मम अग्रज, सुनें हृदय की पीड़ा भारी॥

मुझे अनुज सँग अरिमर्दन हित, जब मातुल-गृह भेज दिया था।
तभी अवध में मेरी माँ ने, अति कुत्सित अपराध किया था॥

दो वर माँगे साधु पिता से, सबकुछ नष्ट-भ्रष्ट कर डाला।
अग्रज को वनवास भेजकर, सबके उर विषाद भर डाला॥

विधवा हुईं सभी माताएँ, हुए अनाथ हम सभी भाई।
अवधपुरी के जन मानस के, मुख से दूर हुई अरुणाई॥

जननी के इस कुटिल कर्म ने, सबको अति संताप दिया है।
रौरव नर्क मिलेगा इसको, ऐसा कुत्सित कर्म किया है॥

अति कठोर अप्रिय वाणी सुन, रघुकुल भूषण शोक समाए।
हृदय विदीर्ण हुआ सहसा ही, नयनों में आँसू भर लाए॥

रुँधे कंठ से कहा राम ने, यह समुचित व्यवहार नहीं है।
'जननी का इस तरह अनादर', मुझको अंगीकार नहीं है॥

किंचित् दोष नहीं माता का, विधि-विधान भी यही प्रबल है।
सानुकूल व्यवहार मातु का, हृदय जननि का शुचि निर्मल है॥

ऋषियों का आदेश यही है, युग का धर्म यही कहता है।
चौदह वर्ष बिताऊँ वन में, चिंतन हृदय यही रहता है॥

कातर हमें बुलाती वसुधा, मंद पड़ रहे माँ के स्वर हैं।
कौन हरेगा पीर धरा की, भोग वृत्ति में डूबे सुर हैं॥

राष्ट्र धर्म ललकार रहा है, सत्य सनातन संस्कृति व्याकुल।
नैतिकता निर्वस्त्र हो रही, शांत पड़े हैं वीरों के कुल॥

संभवतः! इस कारण ही तो, विधना ने यह रचना की है।
मुझे दिया वनवास सुचिंतित, तुम्हें अवध की गद्दी दी है॥

इसीलिए प्रिय! करूँ निवेदन, माँ को दोष न किंचित् देना।
विधि इच्छा फलवती हुई है, माँ को मान सुनिश्चित देना॥

नहीं! नहीं! हे भ्रात क्षमा कर, चलें अवध निज राज्य सँभालें।
दोष न किंचित् मेरा भ्राता, सेवक हूँ मैं मुझे निभा लें॥

कहकर रोने लगे भरत तब, सभा तभी निस्तब्ध हो गई।
क्रंदन सुन दशरथ कुमार का, दृढ़ता सहसा कहीं खो गई॥

बाँध भुजाओं में भ्राता को, रघुनंदन ने कंठ लगाया।
टूटे ज्यों तटबंध बाँध के, आँसू का सैलाब बहाया॥

भर अनुराग राम ने तत्क्षण, रखा अनुज के शीश कमल कर।
कहा अनुज! तुम हंस वंश के, पावन निर्मलता तव अनुचर॥

दोष न किंचित् भरत तुम्हारा, साधुवृत्ति तव आभूषण है।
शपथ तुम्हारी मेरे उर में, नहीं बिंदु सम भी दूषण है॥

सभा मध्य से कैकेयी ने, तभी प्रकट यह गिरा उचारी।
नहीं दोष है भरत पुत्र का, फिर क्यों सहे ताप यह भारी?

यदि अपराध किया है मैंने, क्यों फिर सजा भोगता सुत है?
तुम्हीं कह रहे राम! गुणों में, भरत विश्व में अति अद्‌भुत है॥

तो फिर क्यों संताप दे रहे, शीघ्र लौट कर चलो अवधपुर।
ताप भरत का हरो राम अब, कौसल के तुम बनो नृपतिवर॥

तभी राम ने अश्रु पोंछकर, कहा मातु श्री का वंदन है।
जननी के पावन चिंतन का, राम कर रहा अभिनंदन है॥

किंतु अभीष्ट यही है मुझको, रहकर चौदह वर्ष विपिन में।
निशिचरहीन करूँ धरती को, निर्भयता भर दूँ जन-गण में॥

माँ! तुम तो साकार क्रिया हो, फिर क्यों यह आग्रह करती हो?
पीड़ित मानवता में जननी, घोर निराशा क्यों भरती हो?

है युगधर्म आज रविकुल का, वसुधा का संताप मिटाए।
त्रास काटकर मानवता के, नैतिक मूल्य पुनः सरसाए॥

तभी सुमित्रा ने सहसा ही, अति विनम्र स्वर वचन उचारे।
युग का धर्म निभाएँगे ये, लखन शत्रुहन अनुज तुम्हारे॥

समर हेतु भेजो इनको ही, असुर मारकर यह आएँगे।
सूर्यवंश के साथ दूध का, ऋण चुकता भी कर पाएँगे॥

युद्ध जीतकर आएँगे जब, तब सब इन पर गर्व करेंगे।
अपने प्रबल पराक्रम से यह, जीवन में अमरत्त्व भरेंगे॥

तभी राम ने शांत मना हो, कहा मातु यह धर्म नहीं है।
संकट में डाले अनुजों को, अग्रज का यह कर्म नहीं है॥

जीवित नहीं पिता अब जग में, मैं ही हूँ संरक्षक इनका।
असुर शक्तिशाली मायावी, डंका बजता जग में उनका॥

उनके सम्मुख इनको भेजूँ, यह दुष्कृत्य न कर पाऊँगा।
अगर हो गई अनहोनी तो, अनुज कहाँ से मैं लाऊँगा?

थूकेगी दुनिया तब मुझ पर, खुद को क्षमा करूँगा कैसे?
गिर जाऊँगा खुद नजरों से, उर की पीर हरूँगा कैसे?

खड़े हो गए तभी शत्रुहन, क्या अग्रज यह उचित बात है?
सघन मोह छाया तव उर में, इसीलिए यह बज्रपात है॥

प्रभु! तव अनुज पूर्ण सक्षम हैं, असुरों का संहार करेंगे।
सूर्यवंश के कीर्ति-केतु में, निश्चित नूतन रंग भरेंगे॥

शपथ आपके शुचि चरणों की, असुर समर में सँहारूँगा।
रावण के संपूर्ण वंश को, बीन बीनकर मैं मारूँगा॥

रक्षा करूँ आपके प्रण की, तभी दिखाऊँगा मुख अपना।
सत्य वचन कह रहा भ्रात मैं, निश्चित पूर्ण करूँगा सपना॥

पूछो भरत भ्रात से अग्रज, कैकय में रिपुदल संहारा।
उद्भट भट आए जो सम्मुख, सबको बिनु प्रयत्न ही मारा॥

स्वयं बताया माताओं ने, क्यों है नाम शत्रुहन मेरा।
सहज मारकर रिपुदल को मैं, काट सकूँगा तमस घनेरा॥

इसीलिए गुरुवर वसिष्ठ ने, 'रिपुसूदन' यह नाम दिया है।
पय के बदले माताओं ने, ऐसा मुझसे वचन लिया है॥

है आशीष आपका भी तो, धरती को भय मुक्त करूँगा।
असुर संस्कृति का मर्दन कर, मानवता की पीर हरूँगा॥

अनुजों के रहते समरांगण, में अग्रज क्यों कर जाएगा?
भानुवंश का सुयश जगत् में, क्या इससे गरिमा पाएगा?

नहीं! नहीं! यह उचित नहीं है, मुझमें प्रभु विश्वास जताएँ।
असुर दमन हित भेजें मुझको, स्वयं अयोध्या वापस जाएँ॥

धन्य! धन्य! कह उठी सभा तब, देवों ने दुदुंभी बजाई।
सुमनों की बरसात हो रही, रिपुसूदन की देख दृढ़ाई॥

अग्रज के प्रति प्रेम अलौकिक, देख सभी के मन हर्षाए।
धन्य पुत्र अब कोख हमारी, कह जननी ने अश्रु बहाए॥

ध्वनि अनुमोदन किया सभा ने, बोले तभी राम मृदुवाणी।
नीति-रीति सम्मुख रखकर ही, करे विचार सभा कल्याणी॥

मानूँ यह प्रस्ताव आज तो, कुल की रीति निभा पाऊँगा?
निज संकल्प छोड़कर कैसे, भानुवंश-ध्वज लहराऊँगा?

रघुकुल की यह रीति सदा से, प्राण जाएँ पर वचन न जाई।
साधु पिता नृप दशरथ ने भी, मृत्यु वरण कर रीति निभाई॥

उनके वचनों में बँधकर ही, मैं गिरि कानन में आया हूँ।
निशिचरहीन करूँगा वसुधा, यह संकल्प साथ लाया हूँ॥

फिर मैं कैसे फिरूँ वचन से, कैसे मुख कालिख लगवाऊँ?
यह प्रस्ताव मानकर कैसे, पिता वचन से मैं टल जाऊँ?

इसीलिए कर रहा निवेदन, भरत सँभाले राज्य अवध का।
मैं संकल्पित रहूँ विपिन में, पूर्ण हेतु हो रावण वध का॥

तभी भरत ने अति विह्वल हो, सजल नयन यह गिरा उचारी।
कैसे यह सब कर पाऊँगा? वृत्ति जानते आप हमारी॥

कहा राम ने भरत शांत हो, रिपुसूदन सब काम करेगा।
सदा तुम्हारे निर्देशों का, पालन यह निष्काम करेगा॥

अंतर्बाह्य सुरक्षा का भी, यह ही उत्तरदायी होगा।
तुम हो राज्य प्रमुख कौसल के, रिपुसूदन अनुयायी होगा॥

गुरु वसिष्ठ से हैं, पथदर्शक, त्रिकालज्ञ, पंडित, विज्ञानी।
तात सुमंत विवेकी अतिशय, नीतियुक्त गुणकर्म प्रमानी॥

इनका कुशल मार्गदर्शन ही, राजनीति का ज्योतिवाह है।
परामर्श शास्त्रोचित चिंतन, अवध राज्य की योग्य राह है॥

सचिव अनेक योग्य-मेधावी, परम राज्य कर्तव्य परायण॥
मेधा का सम्मान सतत हो, खुलें प्रगति के सब वातायन।

ज्ञान-कर्म अरु उपासना की, यह सब मूर्तिमती माताएँ।
इनका वर आशीष प्राप्त कर, सूर्य वंश का ध्वज लहराएँ॥

अनुज! वधू श्रुतिकीर्ति, मांडवी, प्रज्ञावती शास्त्र अनुगामी।
बुद्धि प्रभासित ऋचा प्रभा सी, नैतिक दर्शन की वह स्वामी॥

क्रियाशील सहयोग उभय का, प्रामाणिकता को लाएगा।
निश्चित ही तव रीति-नीति में, तत्त्व प्रखरता का आएगा॥

वधू उर्मिला हुई अकेली, उसका ध्यान शत्रुहन रखना।
पहले भोजन उसे कराना, उसके बाद ग्रास तुम चखना॥

तव भामिनि श्रुतिकीर्ति सदा ही, उसकी सेवा में तत्पर हो।
अवधपुरी के राजकाज में, उसका भी सम्मानित स्वर हो॥

सभी विधायी कार्य हेतु तुम, सहमति पारस्परिक बनाना।
राजतंत्र में लोकतंत्र का, नंदन-वन रुचि से सरसाना॥

सभासदों के प्रस्तावों पर, हो निष्पक्ष सभा में मंथन।
सब स्वाधीन विचारें मिलकर, लोक हितैषी हो सब चिंतन॥

सभी नीतियाँ अवध राज्य की, नैतिकता से हों अनुमोदित।
आत्म नियंत्रित जन-गण-मन हो, निर्बल सहज रूप संपोषित॥

सभी स्वस्थ हों, सभी निरोगी, पारस्परिक प्रेम विकसित हो।
ऋद्धि-सिद्धि घर-घर में नाचे, जनमेदनी शक्ति हुलसित हो॥

कृषि सत्ता का केंद्र बिंदु हो, कृषक बनें संपन्न देश में।
उत्पादन में रहे संतुलन, रहे प्रचुर खाद्यान्न देश में॥

मूल्य नियंत्रित वणिक कर्म हो, रहें नीतियुत सब व्यापारी।
न्यून करों का आरोपण हो, जन-जन नृप का हो आभारी॥

उत्पादन पर ही आधारित, घर-घर निज उद्योग लगाए।
राज्य करे सहयोग अहर्निश, संसाधन उनको दिलवाए॥

चारों वर्ण दृष्टि में रखकर, सभी नीतियाँ संचालित हों।
हो अनुश्रवण निरंतर उनका, सदाचार से प्रतिपालित हों॥

चलें अबाध अवध सीमा में, ज्ञान और विज्ञान साधना।
जन-कल्याण हेतु शासन की, हो अंत्योदय मान-साधना॥

मिलें सुअवसर रोजगार के, क्षमता के अनुसार सभी को।
द्वेष न हो किंचित् आपस में, पक्षरहित व्यवहार सभी को॥

बुद्धिमान को मान मिले अरु, समरसता पग-पग पर फूले।
कला, गीत, संगीत अहर्निश, कलाकार सँग झूला झूले॥

शिल्पी शिल्प साधना में रत, कवि की वाणी ज्योति जगाए।
सुरसरि सम बहकर जन-जन के, उर में पावनता सरसाए॥

गुरुकुल के कर्तव्य मार्ग पर, कंटक एक न रहने देना।
ऋषि कुल, संत वृंद विप्रों को, किंचित् पीर न सहने देना॥

शिक्षा संस्कारों की अनुचर, बनकर बढ़े सृजन के पथ पर।
सदाचार यौवन का भूषण, गुरुजन चलें मान के रथ पर॥

गोधन के संरक्षण हित में, नीति रहे अत्यंत प्रभावी।
अर्थतंत्र की रीढ़ यही है, पीढ़ी श्रेष्ठ बनेगी भावी॥

नारी जहाँ मान पाती है, वहाँ देव रहते निशदिन हैं।
जहाँ नहीं नारी सम्मानित, बढ़ता वहाँ तिमिर पल छिन है॥

प्राणि मात्र में ईश्वर रहता, शास्त्र सदा से यह कहते हैं।
जड़ चेतन सबमें ही भ्राता, प्राण एक से ही रहते हैं॥

सदा करें अभ्यास युद्ध का, चतुरंगिनी सेन कौसल की।
ज्ञात रहे सामर्थ्य शत्रु का, रहे सूचना अरि छल-बल की॥

गुप्त संगठन हो सुविचारित, संदेशों का नित प्रवाह हो।
सत्यनिष्ठ कर्तव्य परायण, गुप्तचरों का ज्योतिवाह हो॥

इसीलिए निष्पक्ष भाव से, सबका हित करना तुम मन से।
हो चहुँमुखी विकास राज्य में, वर सहयोग मिले जन-जन से॥

किंतु सदा यह ध्यान रहे प्रिय! राजदंड की धमक चाहिए।
शठ के साथ नीति शठता की, अवध राज्य में चमक चाहिए॥

सुनो भरत-शत्रुघ्न बात यह, प्रजा तुम्हारी साध्य सदा हो।
साधन है शासन सेवा का, अंकुश में भी मर्यादा हो॥

न्याय व्यवस्था हो अति पावन, निष्पक्षता राज्य का गहना।
न्यायपालिका के विकार को, राई भर तुम कभी न सहना॥

पर्यावरण रहे अनुकूलित, प्रकृति संतुलित संरक्षित हो।
खनिज संपदा का दोहन भी, राजदंड से आरक्षित हो॥

वन्य प्राणियों की प्रजाति भी, लुप्त न कोई होने पाए।
मानव का संबंध नेह से, पशुओं से नित बनता जाए॥

रघुवर का आदेश सुना जब, भरत कंठ सहसा भर आया।
बहने लगे अश्रु आँखों से, मन में अति संताप समाया॥

बोले भरत न शक्ति हृदय में, जो यह कठिन कार्य कर पाऊँ।
संकल्पना आपकी अद्भुत, भला प्राण कैसे भर पाऊँ?

तभी राम ने कहा भरत! वर, क्योंकर चिंतित हो तुम ऐसे?
अनुज शत्रुहन साथ तुम्हारे, सफल नहीं होंगे तुम कैसे?

बन जाओ तुम ध्वजा अवध की, सबल दंड रिपुसूदन होगा।
अवध राज्य की राजनीति का, निश्चित वेदोचित मन होगा॥

भरत! वंश के भानु बनो तुम, तव प्रकाश रिपुसूदन मेरा।
दोनों के संयुत प्रयास से, कटे अवध का तमस घनेरा॥

भरत! अनुज रिपुसूदन अपना, परम विलक्षण प्रज्ञ धीर है।
शस्त्र-शास्त्र दोनों का स्वामी, समर भूमि में अतुल वीर है॥

दया, क्षमा, करुणा, ममता तो, इसके अद्भुत आभूषण हैं।
काम, क्रोध, मद, लोभ, मोह सब, किंचित् नहीं हृदय दूषण हैं॥

वेदोचित सब रीति-नीति का, प्रिय रिपुसूदन मूर्तिमंत है।
उत्प्रेरक बनना तुम इसके, गुण क्षमता इसमें अनंत है॥

यही अवध की राजनीति में, अति आदर्श रूप लाएगा।
इसकी अथक साधना से ही, अवध श्रेष्ठतम बन पाएगा॥

देना नेह इसे तुम अपना, निश्चित अद्‌भुत कर जाएगा।
पाकर शुभ आशीष तुम्हारा, नवयुग कौसल में लाएगा॥

आप सभी मेरे अनुजों को, निर्मल नेह सदा ही देना।
इनके अंतर्मन की पीड़ा, वरद आप कृपया हर लेना॥

सभा करे स्वीकार निवेदन, जो कुछ मैंने कहा अभी है।
लोकधर्म अरु पिता वचन का, पूर्णतया निर्वाह तभी है॥

वर संबोधन सुन रघुपति का, शिवि! सब सभा हुई अति मोदित।
ओंकार की ध्वनि मुखरित कर, यह प्रस्ताव किया अनुमोदित॥

जाना जन-कल्याण हेतु जब, गुरु दायित्व स्वयं का जाना।
भरत शत्रुहन ने रघुवर का, यह आदेश विवश मन माना॥

बोले भरत राम से, हे प्रभु!, शिरोधार्य आदेश आपका।
जीवन होगा तव समान ही, वेश वही जो वेश आपका॥

अग्रज! दे दो चरण पादुका, सिंहासन पर शोभित होंगी।
अवध राज्य की सभी नीतियाँ, तव अनुसार नियोजित होंगी॥

रीति-नीति में निश्चित ही प्रभु! मेरा सब सहयोग रहेगा।
कार्य रूप में रिपुसूदन की, क्रिया शक्ति का योग रहेगा॥

निश्चित ही निर्देश आपके, मूर्त रूप तब ले पाएँगे।
हो जाएँगे स्वप्न पूर्ण जब, भ्रात! अवध वापस आएँगे॥

तभी शत्रुहन ने दृढ़ स्वर से, भुजा उठाकर कहा राम से।
इस आज्ञा का पालन विधिवत्, भ्राता! होगा तव सुनाम से॥

यथाशक्ति मैं भ्रात भरत को, किंचित् कष्ट न होने दूँगा।
राष्ट्र पंथ पर अरि दल को मैं, काँटे कभी न बोने दूँगा॥

कर साष्टांग प्रणाम वरद जन, राम समीप शत्रुहन आए।
सिया राम की पग रज लेकर, संकल्पित हो माथ लगाए॥

किया भरत ने भी ऐसा ही, जय-जयकार हुआ अतिभारी।
चरण पादुका ले रघुपति से, जब श्रद्धा से सिर पर धारी॥

शंखनाद गूँजे चहुँ दिशि तब, सुरभित सुमन बरसते नभ से।
देव दुंदुभी लगे बजाने, वनचर खड़े हुए हतप्रभ से॥

राम, सिया, लक्ष्मण ने जननी, त्रय का शुभ आशीष लिया तब।
छाती लगा जननियों ने भी, आलिंगन मधुकोष पिया तब॥

फिर श्रद्धा से गुरु वसिष्ठ को, राम-सिया, लक्ष्मण ने पूजा।
कहा राम ने परम हितैषी, गुरुवर नहीं अवध का दूजा॥

त्रिकालज्ञ ऋषि कुलगुरु मेरे, शुभ आशीष रहे अनुजों पर।
अवध राज्य की सभी नीतियाँ, सदा धर्म की ही हों अनुचर॥

राजनीति यदि धर्म दंड से, गुरु! सर्वदा नियंत्रित होगी।
ऋद्धि-सिद्धि, वर-शांति सुमति भी, तब स्वयमेव निमंत्रित होगी॥

एवमस्तु कह गुरु वसिष्ठ ने, निज कर राम शीश पर धारा।
कहा पूर्ण होगा निश्चित ही, राम पुण्य संकल्प तुम्हारा॥

कर प्रणाम मातुल सुमंत को, रुँधे कंठ से रघुवर बोले।
तात! इन्हें सन्मार्ग बताना, नयन विवेक रखें नित खोले॥

सजल नयन हो तब सुमंत ने, तीनों के सिर पर कर फेरा।
कहा शीघ्र तम कट जाएगा, आएगा सुत नवल सवेरा॥

मंदाकिनि तट तक सब आए, भावपूर्ण फिर हुई विदाई।
चित्रकूट में करुणा रस ने, नयनों से करुणा बरसाई॥

मुड़-मुड़ देखें रोएँ जननीं, भरत शत्रुहन अश्रु बहाएँ।
सबके नयन अश्रु सम्पूरित, किंतु विवश वे कदम बढ़ाएँ॥

शिवे! राष्ट्र-निर्मिति का इस विधि, हुआ यज्ञ प्रारंभ पुण्यतम।
चौदह वर्ष अथक श्रम से ही, हट पाएगा असुर सघन तम॥

सर्ग ग्यारहवाँ परिवारों में, नेह त्याग का गान बनेगा।
राजनीति का पथदर्शक बन, आदर्शों का मान बनेगा॥

सर्ग बारहवें में कौसल की, दशा-दिशा निर्धारित होगी।
रीति-नीति, संस्कार-साधना की भी राह विचारित होगी॥

आज कथा विश्राम ले रही, सुनो सभी ऋषि-मुनि विज्ञानी।
कल आगे प्रारंभ करूँगा, तब तक लें विश्राम भवानी॥

'रवि' यह कथा अतीव पुण्यतम, संतापित जन की उद्धारक।
त्याग, प्रेम की शुचि संपोषक, मोह जनित भ्रम की संहारक॥

जो भी पढ़े-सुने श्रद्धा से, मोह तिमिर जड़ से कट जाए।
विमल बुद्धि के भानु उदय से, कुमति कुहासा भी छँट जाए॥

(इतिश्री सर्ग ग्यारह)

सर्ग-बारह

मंगलाचरण

वंदना वर भरत भू की, विश्व की सिरमौर है जो।
भोग से परितृप्त आतप, मनुजता का ठौर है जो॥
हैं जहाँ श्रीराम आए, मातृभू रज परम चंदन।
कृष्ण की सोलह कलाएँ, कर रहा है विश्व वंदन॥
बुद्ध जिन महावीर ने आ, शांति के शुभ गीत गाए।
और इस पावन धरा पर, ईश को अवतार भाए॥
दुष्ट जन संहार करके, कर्म की संस्थापना की।
शक्ति ने संस्कार करके, धर्म की संस्थापना की॥
हैं जहाँ के मूल्य शाश्वत, कर्म कण-कण में रमा है।
अंश ईश्वर का सभी में, धर्म तृण-तृण में रमा है॥
कर रहा 'रवि' जन्म भू की, वंदना विनयावनत हो।
भरत भू की, पुण्य भू की, लोक अर्पित ही भनित हो॥

★★★

चरण पादुका आगे रथ पर, रख सब चले अवध निज नगरी।
मानो स्वयं राम हों सँग में, मोद भरी थी उर की गगरी॥

पहुँचे नंदी ग्राम भरत जब, पर्णकुटी आवास बनाया।
रामपादुका को आसन पर, विधिवत् रख आनंद सजाया॥

रघुनंदन की चरण पादुका, तब पूजीं नृप-अवध मानकर।
चौदह वर्ष हेतु संकल्पित, हुए राम सम अनुशासन पर॥

वनवासी श्री रामचंद्र सा, स्वयं भरत का जीवन होगा।
जटाजूट वल्कल वस्त्रों में, वास यही नंदी वन होगा॥

वहीं व्यवस्थित हुए भरत जब, तब सब अवधपुरी में आए।
शेष जनों को उत्साहित हो, सबने यात्रा वृत्त सुनाए॥

जान कुशलता राम, लखन, सिय, सबके उर आनंद समाया।
किंतु न वापस आए हैं वे, सुनकर उर विषाद भर आया॥

सुना सकल वृत्तांत धैर्य से, सबने शांत भाव निज कानों।
सरिता में डूबे प्राणी को, सहसा मिला किनारा मानों॥

पहुँच महल में रिपुसूदन ने, माताओं को धैर्य बँधाया।
सब स्वजनों की चिंता करके, रुचिकर भोजन स्वयं कराया॥

भोर उठे मज्जन अर्चन कर, नंदी ग्राम भरत ढिग आए।
रघुवर चरण पादुका सम्मुख, वर ध्यानस्थ उन्हें वे पाए॥

मन ही मन करके प्रणाम तब, बैठ गए शत्रुहन वहाँ पर।
थे ध्यानस्थ सिद्ध योगी सम, पद्मासन में भरत जहाँ पर॥

सँग आए गुरुवर वसिष्ठ को, निकट उच्च आसन बैठाया।
देख भरत के भ्रातृ प्रेम को, गुरु के हृदय नेह भर आया॥

रिपुसूदन के साथ मांडवी, सचिव सुमंत साथ थे आए।
निज भार्या श्रुतिकीर्ति, ध्वजा सम, नीतिविज्ञ वे सँग में लाए॥

नेत्र सजल हो गए सभी के, लखकर भरत वेश को सहसा।
तिया मांडवी विकल हृदय में, चिंतन बाँध टूटने जैसा॥

बैठे शांत सभी थे लेकिन, मन में अति चिंतन प्रवाह था।
रिपुसूदन के हृदय पटल पर, भविता का अब ज्योतिवाह था॥

ध्यान भंग जब हुआ भरत का, गुरु वसिष्ठ के दर्शन पाए।
स्वजनों को सम्मुख लखकर वे, शांत किंतु उर में हर्षाए॥

कर प्रणाम गुरुवर वसिष्ठ को, फिर सबकी पूछी कुशलाई।
तिया मांडवी सहित सभी ने, सर्व कुशल समवेत बताई॥

तभी भरत से रिपुसूदन ने, कहा भ्रात मेरा अभिमत है।
करें नीतियों का निर्धारण, कर मंथन जो प्रभु का मत है॥

विपिन गए रघुनंदन सीता, रोष विषाद भरा प्रति उर है।
है गंभीर चुनौती सन्मुख, तनिक विलंब नहीं हितकर है॥

हम सबको है ज्ञात भली विधि, राम सिया जन-जन के प्यारे।
लोक लुभावन जन नायक वे, व्यष्टि सृष्टि से वे अनियारे॥

प्रथम चुनौती है समक्ष यह, प्रजा करे विश्वास हमारा।
हम सब भ्रात राम अनुगामी, राम रजायसु ही सिर धारा॥

इसी दृष्टि से विशद योजना, भैया शीघ्र बनानी होगी।
इसके लिए सभा की बैठक, अब तत्काल बुलानी होगी॥

जिसमें नरपति, भूपति, कुलपति, यूथप सब बुलवाए जाएँ।
हो स्वतंत्र चिंतन मंथन तब, विशद विचार सभी के आएँ॥

जीवन मूल्यों की उन्नति तब, जन-जन पर होगी आधारित।
जनता सभी नीतियों को खुद, मुदित करेगी सिर पर धारित॥

जो दायित्व दिया रघुवर ने, हम सब उसे निभा पाएँगे।
अवध देश में तब निश्चित हम, अभिनव लोकतंत्र लाएँगे॥

रुके शत्रुहन तभी भरत ने, गुरु वसिष्ठ की ओर निहारा।
अर्थपूर्ण मुसकान समेटे, गुरु ने गुरुतर वचन उचारा॥

निश्चित ही रिपुसूदन का मत, समयोचित अरु नीति युक्त है।
लोकतंत्र में तंत्र लोक का, सब शास्त्रों में यही व्यक्त है॥

बोल पड़ी श्रुतिकीर्ति विनत हो, कृपया सुने सभी मम वाणी।
राजनीति की दिशा दशा हो, निश्चित लोकोन्मुख कल्याणी॥

पर विमर्श में सभी वर्ग हों, सर्व ग्राह्यता सोच हमारी।
सभी वर्ग के प्रतिनिधि आएँ, ऐसी बने योजना सारी॥

कहा भरत ने निश्चित ही यह, करना समीचीन अब होगा।
सब वर्गों के प्रतिनिधि आएँ, जन-जन से जुड़ना तब होगा॥

रिपुसूदन तुम करो व्यवस्था, ऐसी तिथि निर्धारित कर लो।
आ जाएँ सब प्रतिनिधि जिसमें, ऐसा सब सुविचारित कर लो॥

'जो आज्ञा' कह रिपुसूदन ने, श्रद्धायुत तब शीश झुकाया।
निज भार्या श्रुतिकीर्ति साथ में, शुभ आशीष भरत से पाया॥

रुकी मांडवी वहीं भरत सँग, शेष अवधपुर वापस आए।
बृहत् सभा की पूर्ण योजना, मंथन कर शत्रुहन बनाए॥

सभी वर्ग के वर प्रतिनिधि सब, रिपुसूदन ने किए निमंत्रित।
पूर्ण सफल हो सके योजना, कोई प्रतिनिधि रहे न वंचित॥

इसके लिए योग्य सचिवों को, रिपुसूदन ने तुरत बुलाया।
बाँट दिए दायित्व सभी को, हेतु सभी सचिवों को भाया॥

नंदी ग्राम सुनिश्चित तिथि पर, विस्तृत सभा हुई आयोजित।
कई दिनों तक चला सुमंथन, हुआ सभी नवनीत नियोजित॥

उमा! शत्रुहन का उद्‌बोधन, आदर्शों का मेरुदंड था।
धर्माधिष्ठित, लोक लुभावन, सरस, प्रभावी, वर प्रचंड था॥

ओजपूर्ण, सम्मोहक, रोचक, ऋचा प्रभा से आवेष्ठित था।
बहती प्रज्ञा अविरल जिसमें, हर श्रोता ही उत्कंठित था॥

सुन प्रशस्ति माँ पार्वती ने, शिवशंकर से किया निवेदन।
वर्णन करें नाथ विस्तृत जो, दिया शत्रुहन ने उद्‌बोधन॥

'रवि' गौरा की जिज्ञासा लख, शंभु हृदय अति नेह समाया।
रिपुसूदन के उद्‌बोधन को, शिव ने विस्तृत सरस सुनाया॥

शुभे! उस समय रिपुसूदन के, आनन पर अति तेज प्रकट था।
हृदय भरा विश्वास असीमित, संकल्पों का अक्षय घट था॥

वाक्य-वाक्य वर अर्थ समाहित, रीति-नीति का उद्‌घोषक था।
सरस, मनोहर बोधगम्य अरु, श्रेष्ठ व्यवस्था का पोषक था॥

प्रथम प्रणाम किया गुरजन को, फिर श्रीराम हेतु समझाया।
चित्रकूट में भेंट राम से, और राम निर्देश सुनाया॥

बोले, राम रजायसु पाकर, भरत राज्य संचालक होंगे।
प्रभु के वापस आने तक वे, अवध प्रजा के पालक होंगे॥

हम सब उनके सहयोगी हैं, राम रजायसु को मानेंगे।
चौदह वर्ष भरत भ्राता में, रघुनंदन को ही जानेंगे॥

भैया राम हुए संकल्पित, धरती असुर विहीन करेंगे।
अपने शौर्य-पराक्रम से वे, मानवता की पीर हरेंगे॥

हम सब उनके प्रिय अनुयायी, उनके आदेशों को मानें।
भरत रूप में भैया को ही, नरपति अवध राज्य का जानें।

उनके वर सपनों का कौसल, हम सब मिलकर आज बनाएँ।
अवध राज्य के कण-कण में हम, जीवन मूल्य श्रेष्ठ पनपाएँ॥

तब तक हम सब अग्रजनों को, किंचित् भी उर चैन न आए।
कौसल की वर देख व्यवस्था, जब आदर्श स्वयं सकुचाए॥

आज इसी के लिए सभी हम, बैठे हैं चिंतन करने को।
हो गंभीर, सार्थक चर्चा, भावी सुफल नींव भरने को॥

प्रभु चरणों को कर प्रणाम मैं, निज विचार प्रस्तुत करता हूँ।
प्रभु आकांक्षा को रख सम्मुख, नीति-रीति में रँग भरता हूँ॥

सबसे पहले शासक प्रतिनिधि, स्वार्थ रहित कर्तव्य निभाएँ।
कर प्रारंभ सुधार स्वयं से, निज को गुण संपन्न बनाएँ॥

शासक-सेवक हों जनता के, नहीं राज का मद उनमें हो।
विद्वज्जन का मान करें नित, श्रद्धा उनके प्रति मन में हो॥

व्यक्ति राष्ट्र की प्रथम इकाई, नीति शास्त्र युग-युग से गाते।
मिलकर आपस में मानव सब, अपना एक समाज बनाते॥

यही समाज पूर्णता पाकर, राष्ट्र विश्व में बन जाता है।
शुभ आदर्शों के माध्यम से, पावन संस्कृति सरसाता है॥

असुर भोगवादी संस्कृति के, प्रबल समर्थक वसुंधरा पर।
हम सुर संस्कृति के संपोषक, प्राण निछावर ऋतंभरा पर॥

हमने तो सदैव मानव में, ईश्वर को रमते देखा है।
जड़, चेतन, कण-कण तृण-तृण में, ईश तत्त्व को ही लेखा है॥

अतः व्यक्ति आराध्य राज्य का, राजतंत्र उसका साधक हो।
उसे हटाया जाए तत्क्षण, जो इसके पथ में बाधक हो॥

हो चहुँमुखी विकास व्यक्ति का, व्यापक जागृति लाई जाए।
तन-मन, मेधा, आत्मा जागे, ऐसी नीति बनाई जाए॥

मानव से ही यह समाज है, राज्य उसी की एक इकाई।
व्यक्ति सभी हों सुखी राज्य में, पाए तब शासन प्रभुताई।

हर मानव के लिए राज्य में, मूलभूत सब सुविधाएँ हों।
अन्न, वस्त्र, गृह मिले सभी को, नहीं रंच भी बाधाएँ हों॥

मन की शक्ति मान में होती, शास्त्र सर्वदा से कहते हैं।
मानव को सम्मान मिले तो, मन में सद्‌विचार बहते हैं॥

ज्ञान, बुद्धि का, प्रमुख भोज्य है, ज्ञान प्रसार योजना गत हो।
हर मानव की बुद्धि हेतु प्रिय, विषयों का शिक्षण विधिवत् हो॥

हंस चेतना का विकास भी, हर मानव में करना होगा।
पावनतम अध्यात्म भाव अब, जन-गण-मन में भरना होगा॥

मानव को परिपूर्ण बनाना, लक्ष्य राज्य का हो निर्धारित।
शिक्षा का पथ निष्कंटक हो, संस्कारों पर हो आधारित॥

ग्रहण करे मानव श्रमपूर्वक, पावनतम पुरुषार्थ चतुष्ट्य।
अर्थ, धर्म, अरु काम मोक्ष का, लक्ष्य, मनुज उर भरे अभ्युदय॥

चार आश्रमों की नियमितता, हेतु नीति का हो निर्धारण।
इसके पथ में जो हों संकट, उन सबका हो शीघ्र निवारण॥

सकल राज्य में मानव जीवन, जब होगा आश्रम आधारित।
तभी राज्य की जनता सारी, राज्यादर्श करेगी धारित॥

ब्रह्मचर्य, गार्हस्थ तथा शुचि, वानप्रस्थ, संन्यास आश्रम।
इन्हें प्रभावी करने के हित, हो गुरु के निर्देशन में श्रम॥

पूर्ण राज्य में जगह-जगह पर, हों संस्कार महोत्सव भारी।
वर संतों का हो उद्‌बोधन, सुने राज्य की जनता सारी॥

भ्रात राम संकल्प पुण्यतम, जन-जन को बतलाए जाएँ।
जो आदेश दिए भ्राता ने, जनता को समझाए जाएँ॥

नीति विधान महोत्सव द्वारा, जन-गण-मन होगा संस्कारित।
जीवन के आदर्श मूल्य तब, जन-जन स्वयं करेगा धारित॥

साथ-साथ इस नई व्यवस्था, पर जनता विश्वास करेगी।
उत्साहित हो शासन के सँग, सृजन हेतु हुंकार भरेगी।

ब्रह्मचर्य आश्रम का पालन, निश्चित ही करवाया जाए।
पाँच वर्ष के हर बच्चे को, गुरुकुल में भिजवाया जाए॥

कन्याओं के लिए अलग से, भी गुरुकुल का प्रावधान हो।
हों विदुषी महिला संचालक, संस्कारों का भी विधान हो॥

सहज वृत्ति का अनुशीलन कर, गुणधर्मों का हो संपादन।
मिले वही वैशिष्ट्य प्रमुखतः, बालक जिसमें रमे सहज मन॥

सर्वाधिक गुरुकुल विद्या की, चिंता हमको करनी होगी।
नव पीढ़ी में कूट-कूटकर, नैतिकता अब भरनी होगी॥

हों संवेदनशील हृदय में, किंतु नारियल सी दृढ़ता हो।
करें नित्य मर्यादा पालन, नैतिकता की संप्रभुता हो॥

आत्म विजय, इंद्रिय जय करके, शासक, धर्म प्राण बन जाएँ।
गर्हित कर्म त्याग कर पावन, वेदोचित कर्तव्य निभाएँ॥

चलें स्वयं कर्तव्य पंथ पर, जन-जन को उत्प्रेरित कर दें।
निष्ठा श्रम से जन-जीवन में, दैविक सभी श्रेष्ठता भर दें॥

पर नारी को माता समझें, पर संपत्ति लोष्ठवत् मानें।
द्वारे आए अतिथि जनों को, पावन देव तुल्य ही जानें॥

परनिंदा से दूर रहे नित, आत्म प्रशंसा शीश न धारें।
गुणवानों का करें कीर्तन, दुखी जनों का ताप निवारें॥

राग, द्वेष निर्लिप्त भावना, का प्राकट्य आचरण में हो।
भेदभाव से रहित दंड दें, निष्पक्षता संवरण में हो॥

काम, क्रोध, मद, लोभ, मोह अति, मत्सर हृदय नहीं हों किंचित्।
प्रजाजनों को निर्मल मन से, करें नेह से नित अभिसिंचित॥

हो विपत्ति में धैर्य अपरिमित, साहस-शील भरा हो उर में।
लोक दीनता नष्ट-भ्रष्ट कर, समरसता भर दें घर-घर में॥

शासक जब गुणवान बनेंगे, होगी प्रजा आचरण वाली।
नीति-रीति का पालन होगा, पग-पग नाचेगी खुशहाली॥

तभी राज्य में सब विधियों का, प्रमुदित मन होगा अभिनंदन।
मातृभूमि का सदाचरण से, प्रजा करेगी तब पद वंदन॥

जस राजा, तस प्रजा राज्य की, है यह उक्ति युगों से चर्चित।
शासक के ही गुण धर्मों से, होती प्रजा सदा पथ दर्शित॥

उद्‌गम ही यदि हुआ प्रदूषित, कैसे निर्मल धार बहेगी।
सत्ताधीशों के कर्मों से, मानवता संताप सहेगी॥

इसीलिए शासन के प्रतिनिधि, सदाचार के प्रतिपालक हों।
दृढ़ संकल्प शक्ति के द्वारा, सभी विकारों के घालक हों॥

शासन के सब प्रतिनिधियों की, गहन समीक्षा चले निरंतर।
किंचित् क्षमा नहीं हो उनको, कठिन दंड हो कदाचरण पर॥

तभी प्रजा सद्‌गुणी बनेगी, आएगा नवयुग धरती पर।
लग जाएँगे पंख प्रगति को, ऋद्धि-सिद्धि नाचेगी घर-घर॥

पीढ़ी का निर्माण इस तरह, शिक्षा द्वारा जब तक होगा।
नागरिकों के परिष्कार का, यज्ञ साथ ही अनथक होगा॥

है सौभाग्य आज इस युग का, ऋषि-मुनि गण हैं लोक हितैषी।
हो अबाध परिभ्रमण राज्य में, निश्चित बने योजना ऐसी॥

तंत्र करे सहयोग अहर्निश, गुप्त रूप से इन ऋषियों को।
ऋषिगण निज वाणी से प्रेषित, करें प्रजा में सद् विषयों को॥

सदाचार ही धर्म जगत् में, कदाचार होता अधर्म है।
धर्म प्राण जन-जन हो जाए, श्रेष्ठ राज्य का यही मर्म है॥

इससे ही समता, ममता का होगा सकल राज्य में डेरा।
ऋद्धि-सिद्धि, वैभव नाचेगा, होगा युग का नवल सवेरा॥

मात्र देव आराधन को ही, अज्ञानी जन धर्म बताते।
केवल निज कल्याण हेतु वे, परमारथ के भाव मिटाते॥

ऐसे में लौकिक ऋषियों को, घर-घर शंख बजाना होगा।
गली-गली में घूम-घूमकर, यह अज्ञान मिटाना होगा॥

परहित सरिस धर्म नहि भाई, ऋषि, जन-जन में भरें यत्न से।
है अधर्म परपीड़ा जग में, समझाएँ सबको प्रयत्न से॥

'यत् पिंडे तत् ब्रह्मांडे' का, पावन भाव भरें जन-जन में।
'ईशावास्यमिदं सर्वं' का, गूँजे मंत्र सभी के मन में॥

'त्यागपूर्वक भोग सर्वदा', का नैतिक सिद्धांत बताएँ।
दया, क्षमा, करुणा, ममता का, भाव सभी के मन में लाएँ॥

लोभ, लालसा का अतिरेकित, भाव न किसी हृदय में जन्मे।
तब होगी आदर्श व्यवस्था, सौख्य प्रसून खिलेंगे मन में॥

अपनी ज्ञान मशाल जलाकर, जन-गण-मन का तमस मिटाएँ।
समरता की चिकनाई से, मानवता का दीप जलाएँ॥

मिटे विषमता सारे जग से, प्रीति परस्पर सभी निभाएँ।
हो शोषण से रहित व्यवस्था, ऐसा वातावरण बनाएँ॥

करें सुविकसित हर मानव में, सत्य सनातन धर्म पुण्यतम।
आएगा नवयुग भू पर तब, मिट पाएगा तभी सघन तम॥

प्रिये! तभी गुरुवर वसिष्ठ ने, रिपुसूदन से कहा मुदित हो।
प्रिय! परिभाषा करें धर्म की, जिससे निर्मल ज्ञान उदित हो॥

आज अधिकतर प्रजा धरा की, ईश वंदना धर्म मानती।
देव-देवियों की पूजा को ही, वह धर्माचरण जानती॥

तुम प्रिय शिष्य ज्योति श्रुतिधारी, सत्य सनातन धर्म बताएँ।
वेद दिवाकर के प्रकाश से, जड़ता का अब तमस मिटाएँ॥

भरत भूमि के हर कोने से, यहाँ प्रज्ञ प्रतिनिधि आए हैं।
भिन्न-भिन्न हैं वेश सभी के, भिन्न विचारों को लाए हैं॥

धर्म सुमंथन से निश्चित ही, सब में ऐक्य भाव आएगा।
जीवन के पावन मूल्यों को, पथ विकास का मिल जाएगा॥

भारत की पावन संस्कृति का, पोषण निश्चित ही तब होगा।
सत्य सनातन पुण्य धर्म का, भानु उदय प्रति उर जब होगा॥

इसीलिए वेदज्ञ शत्रुहन, अपना वर दायित्व निभाएँ।
वेदों के पावन प्रकाश में, सत्य सनातन धर्म बताएँ॥

सुनि गुरु का आदेश शत्रुहन, अंतर्मन में अति सकुचाए।
गुरु के सम्मुख शिष्य भला क्या, धर्म, नीति-सिद्धांत बताए॥

खड़े हो गए विनत शत्रुहन, कर प्रणाम गुरु को संबोधित।
हे! गुरुवर तव सम्मुख कैसे, करूँ सभा में धर्म विमोचित॥

आप विज्ञ, दृष्टा त्रिकाल के, तव चरणों में शिक्षा पाई।
धर्म नीति के हे व्याख्याता!, क्या बोलूँ संकोच विहाई?

गुरु ने लख संकोच शिष्य का, खोले अंतर के शुचि लोचन।
सिंचित कर अनुराग नीर से, उर संकोच किया गुरु मोचन॥

गुरु वसिष्ठ ने हर्षित मन से, कहा जगत् में सत्य यही है।
पिता-पुत्र, गुरुवर शिष्यों सा, कोई भी संबंध नहीं है॥

पिता-पुत्र से गुरु-शिष्यों से, किसी क्षेत्र में भी यदि हारें।
अति प्रसन्न होते हैं दोनों, जीत मान खुद की व्यवहारें॥

अन्य न कोई नाता ऐसा, और न ऐसी भाव भावना।
देना ही सीखा जीवनभर, लेने की मन नहीं कामना॥

इसीलिए हे शिष्य प्रवर तुम! गुरु आदेश करो अब पूरा।
हो जाऊँगा मैं प्रसन्न सुत, रहे न मन विश्वास अधूरा॥

जो आज्ञा कह रिपुसूदन ने, सत्य धर्म का मर्म बताया।
शास्त्रों के पावन प्रकाश में, धर्म सनातन वर समझाया॥

धर्म नहीं पूजा पद्धति है, नहीं ईश का भी वंदन है।
धर्म धारणा का ध्वज वाहक, मानवता का अभिनंदन है॥

अगर धर्म होता आराधन, रावण धर्म प्रवर्तक होता।
घोर तपस्वी होने पर भी, मान प्रतिष्ठा क्यों कर खोता?

क्यों असुरेंद्र कहा जाता वह, धर्महीन कहलाता क्यों कर?
रावण वध संकल्प हृदय में, रघुनंदन के आता क्यों कर?

चौंक उमा ने कहा शंभु से, हे प्रभु! सुने हृदय जो आया।
अगर अधर्मी था रावण तो, क्यों आशीष आपका पाया?

अधरों पर मुसकान लिए तब, शिव ने शिवि की ओर निहारा।
रावण को आशीष दिया क्यों, कारण शंभु बताया सारा॥

शुभे! प्रमुख है कर्म जगत् में, जिसका फल निश्चित मिलता है।
जैसा कर्म करेगा प्राणी, वैसा उसे फलित मिलता है॥

व्यक्ति बबूल लगाता है तो, काँटों का ही प्रतिफल होगा।
सींचेगा जो आम वृक्ष को, तो आमों का मधु फल होगा॥

विषयवार प्रश्नों के उत्तर, छात्र परीक्षा में देते हैं।
उत्तर के अनुसार अंक भी, सदा परीक्षक से लेते हैं॥

इसी प्रकार जगत् जीवन में, कर्म अनेकों करता प्राणी।
अलग-अलग परिणाम कर्मसः, मिलता उसको हे कल्याणी॥

घोर तपस्या कर दशकंधर ने, मुझसे परिणाम लिया था।
तब निष्पक्ष परीक्षक बनकर, ही मैंने वरदान दिया था॥

धर्मविहीन आचरण का भी, निश्चित वह प्रतिफल पाएगा।
श्री रघुनंदन के हाथों से, सीधा यमपुर को जाएगा॥

मातु उमा ने कहा शंभु से, समझ गई मैं मर्म कर्म का।
श्रेष्ठ यही चिंतन वसुधा पर, कर्म अनुसरण करे धर्म का॥

हे प्राणेश्वर! अब रिपुसूदन, का संबोधन सरस सुनाएँ।
अति उत्कंठित श्रोताओं की, उत्कंठा को शीघ्र मिटाएँ॥

सुनकर वाणी पार्वती की, कहा शंभु ने सुनो भवानी!
रिपुसूदन की गुरु मीमांसा, भामिनि! होगी जग कल्याणी॥

मनुज-दनुज के गुण कर्मों की, रिपुसूदन ने की परिभाषा।
धर्म-अधर्म किया उद्भासित, छाँटा भ्रम का पूर्ण कुहासा॥

कहा, असुर संस्कृति का पोषक, शोषक निर्बल जन का रावण।
घोर अधर्मी अन्यायी वह, काँप रहा वसुधा का कण-कण॥

सत्य सनातन धर्म जिन गुणों को, मानव का धर्म बताता।
दशकंधर उनको संस्कृति से, बलपूर्वक था रहा मिटाता॥

दंभ, दर्प, अभिमान, अदाया, क्रोध आदि असुरों के गुण हैं।
मानवता, शाश्वत मूल्यों के, घोर विरोधी यह अवगुण हैं॥

'मैं' के लिए सदा राक्षस गण, निर्बल का शोषण करते हैं।
पशुबल को आदर्श मानकर, हर मानव का सुख हरते हैं॥

आतंकित करते जनता को, निर्दोषों का रक्त बहाते।
शस्त्रों के द्वारा धरती पर, भय का वातावरण बनाते॥

जंगल का कानून चलाते, भोगवाद के ही साधक हैं।
हिंसा का तांडव करते वे, मानवता पथ के बाधक हैं॥

सत्य सनातन धर्म जगत् में, मानव मूल्यों का पोषक है।
सकल विश्व परिवार मानकर, सबके हित का उद्घोषक है॥

शुभ संकल्प, क्षमा, दम, शुचिता, सत्यऽक्रोध, ज्ञान, तप भूषण।
धैर्य, त्याग, अस्तेय, दान से, नष्ट करें मन के सब दूषण॥

स्वाध्यायी, निर्भयता, लज्जा, करुणा, आत्मशुद्धि का उपक्रम।
शास्त्रों के नित अनुशीलन से, दूर करें अज्ञान जनित भ्रम॥

यह सद्‌गुण सामान्य रूप से, धर्म धरा पर कहलाते हैं।
इनका पालन करनेवाले, धर्म धुरंधर बन जाते हैं॥

इन्हीं गुणों का सत्य सनातन, धर्म सदा आग्रह करता है।
'चरैवेति' के मूल मंत्र से, ज्ञान प्रकाश हृदय भरता है॥

चातुर्वर्णी अतुल व्यवस्था, भी है पूर्ण कर्म आधारित।
इसके विधिवत् पालन से ही, होगा वर्ण धर्म व्यवहारित॥

वर्ण व्यवस्था नहीं जन्म से, अब यह अलख जगानी होगी।
मूल भावना शास्त्रों की यह, सबको ही समझानी होगी॥

जननी का जब गर्भ त्यागकर, शिशु इस धरती पर आते हैं।
बुद्धि, ज्ञान, विज्ञान, अल्पता, एक समान सभी पाते हैं॥

मानव की यह प्रथम अवस्था, 'शूद्र' शब्द से संबोधित है।
वेद पुराणों उपनिषदों में, इसी शब्द से उद्‌बोधित है॥

कालांतर में निज प्रयत्न से, मानव नई योग्यता पाता।
मानव के विकास का यह क्रम, उसका नया जन्म कहलाता॥

वेदों को हृदयंगम करके, 'द्विज' शास्त्रों में वे कहलाते।
वही वर्ण बन जाता उनका, जैसी मनुज योग्यता पाते॥

'शूद्र' न सूचक जाति-पाँति का, वर्ण-धर्म का ही सूचक है।
नहीं जन्मनः कर्माधारित, इसी मर्म का ही द्योतक है॥

ब्राह्मण, क्षत्रिय, वैश्य, शूद्र हित, जो है वर्ण कर्म निर्धारित।
उनका पालन करने से ही, होता वर्ण धर्म व्यवहारित॥

गुण कर्मों पर ही आधारित, ऋषियों ने यह वर्ण बनाए।
मनु ने इस शुचि भाव-भूमि पर, रीति-नीति के विटप उगाए॥

अस्तु करें कर्तव्य, निर्वहन, सभी वर्ण अनुसार निरंतर।
पुष्ट तभी होगी मानवता, नेह स्रोत होगा अभ्यंतर॥

किंतु धर्म यह राजदंड का, इसमें विकृति कभी न आए।
कर्माधारित वर्ण व्यवस्था, जन्माधार नहीं बन पाए॥

चारों आश्रम निर्धारित जो, प्रति मानव उनको अपनाए।
इनका धर्म करे जो पालन, निश्चित परम लक्ष्य पा जाए॥

इसके पालन से पृथवी पर, शुचि आदर्श सहज आएँगे।
मंगलकारी, अतुल व्यवस्था, के गुणगान सभी गाएँगे॥

ब्रह्मचर्य एवं गृहस्थ वर, वानप्रस्थ संन्यास आश्रम।
जीवन को अति श्रेष्ठ बनाते, मन में कभी न रहता विभ्रम॥

ब्रह्मचर्य आश्रम जीवन की, अति सुदृढ़ आधारशिला है।
शिक्षा-दीक्षा, ज्ञान-साधना, को इससे आधार मिला है॥

इस आश्रम का लक्ष्य सदा से, मानव को परिपूर्ण बनाना।
तन, मन, मेधा, आत्मा को नित, कर्तव्यों का बोध कराना॥

ज्ञानवान, बलवान, वीर्ययुत, सहज बना देता मानव को।
उसकी सृजन धर्मिणी ऊर्जा, देव बना देती दानव को॥

है गृहस्थ जीवन अति पावन, मानव निज कर्तव्य निभाएँ।
पर पीड़ा का भान हृदय ले, लक्ष्य सहज ही वह पा जाएँ॥

अर्थ, काम इस आश्रम में ही, सुंदरतम पुरुषार्थ कहाते।
धर्माधिष्ठित अर्थ काम ही, वर पुरुषार्थ मोक्ष दिलवाते॥

वानप्रस्थ आश्रम मानव उर, सर्वत्याग का भाव जगाता।
चुकता कर समाज के ऋण को, भव सागर से वह तर जाता॥

वेद विहित संन्यास आश्रम, आत्मबोध का मार्ग बताता।
तत्व-साधना का शुचि साधन, संदेहों को सहज मिटाता॥

चारों आश्रम के नियमों का, पालन 'आश्रम धर्म' कहाता।
इससे अपनी भरत भूमि का, चिंतन अतिशय शुचिता पाता॥

वर्ण तथा आश्रम की जग में, है प्रगाढ़ता अन्योन्याश्रित।
निर्धारित नियमों का पालन, एक-दूसरे पर है आश्रित॥

इनका ही पालन 'वर्णाश्रम धर्म', धरा पर कहलाता है।
धर्म सनातन इस गुणता से, वर पहचान अलग पाता है॥

'प्रायश्चित' के लिए सनातन, धर्म नियम प्रतिपादित करता।
परिमार्जन निश्चित ही होगा, यही भाव सब उर में भरता॥

इसे धर्म नैमित्तिक कहते, या प्रायश्चित भी कहते हैं।
'चरैवेति' के भाव इसी से, मानव के मन में बहते हैं॥

कर्म और गुण जो मानव की, हो अभिन्न पहचान कराते।
अति महत्त्व है अंग धर्म का, शास्त्र इसे गुण धर्म बताते॥

जैसे खाँड़ मिठास धर्म से, ही जग में पहचानी जाती।
अग्नि गर्भ ले ज्वलनशीलता, भू पर निज वैशिष्ट्य बताती॥

यह गुण हटें अगर इनसे तो, इनका क्या अस्तित्व बचेगा?
हैं अभिन्न पहचान यही गुण, कैसे उनसे दूर हटेगा?

गर्भकाल से ही मानव के, बनते हैं संबंध अनेकों।
और कर्म कर जीवन में वह, करता है अनुबंध अनेकों॥

अनुष्ठेय दायित्व यही तो, वर गुण धर्म कहे जाते हैं।
जिनके कारण ही समाज में, सह अस्तित्व भाव आते हैं॥

मानव जीवन के हित में जो, सदाचार ऋषियों ने गाया।
ऋषि निर्धारित उन मूल्यों को, सकल विश्व ने भी अपनाया॥

जीवन की आदर्श संहिता, कहलाती सामान्य धर्म है।
सकल विश्व के चिंतन का भी, यह सुविचारित मान्य मर्म है॥

शास्त्र-मनीषी युगों-युगों से, पावन वाणी से दोहराते।
दस आधार धर्म के निश्चित, मानव मूल्य वही कहलाते॥

धैर्य, क्षमा, अस्तेय, निग्रही, आत्मनियंत्रण, इंद्रिय शुचिता।
सत्य, ज्ञान, अक्रोध, सुविद्या, इनसे भूषित हो मानवता॥

यह दस लक्षण ही दुनिया में, धर्माधार कहे जाते हैं।
इन्हें आचरित करनेवाले, धर्मप्राण संज्ञा पाते हैं॥

धर्म शास्त्र इन सब अंगों को, संयुत धर्म सनातन कहता।
इसकी पावनतम गुणता में, मानवता का सिंधु लहरता॥

धर्माधारित अर्थ प्राप्ति से, जन-गण, यश, वैभव पाता है।
और धर्म से अभिसिंचित हो, 'काम' सत्य, शिव बन जाता है॥

सत्यम् शिवम् सुंदरम् की तब, पावन संस्कृति वंदित होती।
वेदों की दैवीय चेतना, वसुधा पर अभिनंदित होती॥

धर्म प्राण जन ही इस भू पर, मूल्यों के ध्वजवाहक होते।
शोषित, पीड़ित, दलित जनों के, सहज मना उद्धारक होते॥

धर्म, लोक की रक्षा करता, होता रक्षित धर्म जहाँ है।
धर्म जहाँ हो गया प्रदूषित, पापों का साम्राज्य वहाँ है॥

धर्महीन मानव दुनिया में, पशुवत् ही जाना जाता है।
रहता लिप्त सदा भोगों में, मोक्ष न उसको मिल पाता है॥

आतंकी, अन्यायी बनकर, सदा स्वार्थ में ही जीता है।
शोषण करता निर्दोषों का, रक्त मनुजता का पीता है॥

कहें 'धर्म निरपेक्ष' स्वयं को, असुर पंथ के वे अनुगामी।
पाखंडी, अज्ञानी, पशुवत्, सर्व विकारों के वे स्वामी॥

इसीलिए ऋषि-मुनि, वर ज्ञानी, युग-युग से कहते आए हैं।
धर्माचरित मनुज ही भू पर, अतुल व्यवस्था ला पाए हैं॥

है शासन का आज कर्म यह, जन-जन धर्म प्राण बन जाए।
उच्चादर्श स्वयं पनपेंगे, इच्छित लक्ष्य पूर्णता पाए॥

इतना कर पाए यदि हम तो, निश्चित ही नवयुग आएगा।
पावनतम भारत माता का, भाल समुन्नत हो जाएगा॥

शिक्षा, कृषि, वाणिज्य, स्वास्थ्य, वन, खनिज, क्षेत्र संपोषित होगा।
द्वेषहीन, समता, ममता का, पुण्य स्वभाव स्वपोषित होगा॥

शोषण मुक्त व्यवस्था होगी, द्वेष विहीन सौम्य नर-नारी।
पावन प्रेम परस्पर होगा, फूलेगी समता की क्यारी॥

ताप न दैहिक, दैविक, भौतिक, किंचित् इस धरती पर होगा।
अपना धर्म निभाएँगे सब, नीतियुक्त सबका स्वर होगा॥

चिंतन कर हम सभी सभासद, ऐसी नीति करें निर्धारित।
राजनीति की दिशा, दशा हो, इन सब मूल्यों पर आधारित॥

इससे ही पावन वसुधा पर, नैतिक मूल्य प्रतिष्ठित होंगे।
राजनीति, मानव विकास के, उपक्रम सभी व्यवस्थित होंगे॥

ऐसा कह, फिर धन्यवाद दे, रिपुसूदन निज आसन बैठे।
सरस, सारगर्भित उद्‌बोधन, से वे सबके ही मन बैठे॥

की गुरु भरत, सुमंत सभी ने, रिपुसूदन की मुखर प्रशंसा।
अवध नीति आधार यही हों, अभिभाषण में की अनुशंसा॥

उमा! सभा ने करतल ध्वनि से, प्रमुदित कृतज्ञता ज्ञापित की।
विज्ञ सचिव वर सभासदों ने, वृहद् योजना प्रस्तावित की॥

उद्‌बोधन पर ही आधारित, हुआ नीतियों का निर्धारण।
परिपालन की बनी व्यवस्था, सबने लिया सफलता का प्रण॥

धन्यवाद प्रस्ताव समय पर, कहा भरत ने सुनें सभासद।
कभी न बैठूँगा सिंहासन, नहीं मुझे स्वीकार नृपति पद॥

नहीं निवास अवधपुर होगा, होगा नंदी ग्राम बसेरा।
रघुनंदन के ही समान अब, जीवन वर्ष चतुर्दश मेरा॥

कौसल के राजा रघुनंदन, मैं केवल उनका सेवक हूँ।
कार्य करेंगे रिपुसूदन अब, उनका मैं बस उत्प्रेरक हूँ॥

चरण पादुका रघुनंदन की, कौसल के सिंहासन साजें।
मानें नृपति सभी उनको ही, वे प्रतीक वन राम विराजें॥

रघुवर के निर्देश सदा ही, करें प्रशस्त हमारे पथ को।
हम सब मिल संयुक्त शक्ति से, गति दें राम-राज्य के रथ को॥

रिपुसूदन ने तभी विनत स्वर, कहा आर्य मेरा अभिमत है।
चरण पादुका हेतु महोत्सव, हो यह काल धर्म सम्मत है॥

भारत के कोने-कोने से, अनगिन जन एकत्रित आएँ।
रघुनंदन की चरण पादुका, के श्रद्धायुत दर्शन पाएँ॥

उन असंख्य जन के समक्ष ही, चरण पादुका अभिनंदित हों।
विधिवत् सिंहासन पर रखकर, मंगल गीतों से वंदित हों॥

आर्य भरत, गुरुवर वसिष्ठ तब, स्वयं करें सबको संबोधित।
सत्य प्रकट होने पर निश्चित, जन-गण हो जाएगा बोधित॥

रीति-नीति वर हेतु राज्य का, सबको विशद बताया जाए।
पारदर्शिता के माध्यम से, जन विश्वास जगाया जाए॥

तब निश्चित ही लोक योग से, नवल लक्ष्य को हम पाएँगे।
युगों-युगों तक श्रेष्ठ व्यवस्था, का गुणगान सभी गाएँगे॥

शुभ मुहूर्त इस आयोजन हित, गुरुवर करें आज निर्धारित।
पूर्ण सफलता आयोजन की, सभासदों पर हो आधारित॥

सभी उपस्थित सम्मानित जन, अपना-अपना क्षेत्र सँभालें।
चरण पादुका मान महोत्सव, को अपना सम्मान बना लें॥

उत्सव का प्रचार जन-जन में, यदि उत्साह जगा पाएगा।
अवधपुरी में निश्चित तिथि तब, जन सैलाब उमड़ आएगा॥

राज्य प्रतिष्ठा समारोह यह, तब उद्‌देश्य करेगा पूरा।
शासन के प्रति जन-गण-मन में, तब विश्वास भरेगा पूरा॥

त्रिकालज्ञ ऋषि गुरु वसिष्ठ ने, यह प्रस्ताव श्रेष्ठतम माना।
दे आशीष शत्रुहन को तब, वरद प्रशंसा से सम्माना॥

योग, लगन, ग्रह, नक्षत्रों का, किया विचार शास्त्रयुत मुनिवर।
चैत्र शुक्ल तिथि नौमीं का ही, उत्सव का मुहूर्त अति शुभकर॥

योग बना सर्वार्थ सिद्धि का, यह मुहूर्त अतिशय पुनीत है।
इच्छित फल निश्चित आएगा, कालचक्र से यह प्रतीत है॥

सुनी योजना भावी अद्‌भुत, सबने सहमति मुखर जताई।
ओंकार के तुमुल घोष ने, संकल्पों पर मोहर लगाई॥

उमा! पूर्ण चिंतन मंथन का, सार हुआ विधिवत् संयोजित।
मंथन का नवनीत पूर्णतः, नीति सृजन में हुआ नियोजित॥

शुभे! शत्रुहन चरित कथा का, आज यहीं विश्राम करेंगे।
कल फिर यहीं बैठकर भामिनि, शेष कथा में रंग भरेंगे॥

उमा! बारहवाँ सर्ग विश्व में, राजनीति आधार बनेगा।
आदर्शों का तभी धरा पर, पावन विशद वितान तनेगा॥

परम पुरातन धर्म सनातन, धवल रूप इससे पाएगा।
छद्म धर्म निरपेक्ष भाव भी, जन-गण-मन से मिट जाएगा।

सर्ग तेरहवें में अति विस्तृत, चरण पादुका उत्सव होगा।
सूर्य वंश की यश गाथा का, निश्चित नव विहान तब होगा॥

'रवि' शत्रुहन चरित, कलियुग में, सबका मार्ग प्रशस्त करेगा।
तुलसी की वाणी से मिलकर, अज्ञानी में ज्ञान भरेगा॥

रामचरितमानस तुलसीकृत, इस कलियुग की अतुल राह है।
'रवि' कृत चरित शत्रुहन निश्चित, इसका ही तो ज्योतिवाह है॥

(इतिश्री सर्ग बारह)

सर्ग-तेरह

मंगलाचरण

वीणा पाणि आपकी कृपा तो हमें प्राप्त ही है,
अन्यथा यह ऊँचे बोल कैसे मैं उच्चारता॥
थाती अनुभूतियों की छिपी अंतरंग में जो,
सबके समक्ष उसे कैसे मैं उघारता॥
मातु यदि आपका सहारा नहीं मिल पाता,
दिये के प्रकाश से अँधेरा कैसे हारता॥
शब्द-शब्द सुमनों से भाव रूप कलिका से,
आपका स्वरूप मातु कैसे मैं सँवारता॥

★★★

चैत्र शुक्ल नौमी तिथि को शिवि! अवधपुरी की छटा निराली।
नवल वधू सी सजी धजी वह, अलकापुरी सदृश छवि पाली॥

घर–घर मंगलगीत गूँजते, मानो राम अयोध्या आए।
वातावरण अतीव मनोहर, सबके मन उत्साह समाए॥

हाट वीथिका, महल, मार्ग सब, सज्जायुत अति आकर्षक थे।
सुमन महकते, विहग चहकते, तोरण द्वार सजे रोचक थे॥

सतयोजन तक सरयू तट पर, तंबू अगणित गए लगाए।
परम सुगंधित, रंग-बिरंगे, सुमनों से वे गए सजाए॥

साथ-साथ ही अगणित कुटियाँ, अतुल विहंगम दृश्य बनातीं।
भाग, पादुका उत्सव का बन, मानो मन ही मन हर्षातीं॥

उनमें अति अनुकूल व्यवस्था, अति विशिष्ट सब संसाधन थे।
महलों के समान सज्जित सब, शयन हेतु सुंदर आसन थे॥

पूरा क्षेत्र अतीव सुसज्जित, मनहर स्वागत द्वार बने थे।
योग्य सुरक्षा हेतु वहाँ पर, वांछित कई मचान तने थे॥

थे सन्नद्ध सुरक्षाकर्मी, सेवा कर्मी उत्साहित थे।
प्रमुदित सब संलग्न कार्य में, निज दायित्वों से वाहित थे॥

परम सुगंधित जल गुलाब का, छिड़का गया पूर्ण परिसर में।
मंद समीर, सुगंध बाँटता, घूमे घर-घर, डगर-डगर में॥

मंच विशाल सभा मंडप के, मध्य बना अतिशय सुंदर था।
अति आकर्षक रुचिकर सज्जित, सुंदरता का वर मंदर था॥

इसी मंच पर राम पादुका, श्रद्धा सहित अधिष्ठित होंगी।
अवध राज्य के सिंहासन पर, नृप के रूप प्रतिष्ठित होंगी॥

निकट इसी के एक-दूसरा, मंच बना सुंदर शोभित था।
लखकर सुंदरता दोनों की, प्रति दर्शक का मन मोहित था॥

उमा! मंच यह प्रथम मंच से, ऊँचाई में काफी कम था।
मानो श्रद्धायुत भावों से, मुख्य मंच के हित ही नम था॥

चारों ओर मंच के भामिनि! मार्ग व्यवस्थित दर्श हेतु थे।
और महोत्सव के परिसर में, शोभित अगणित अरुण केतु थे॥

उन्नत शीश किए लहराते, रघुकुल के यश को गाते थे।
यज्ञवह्नि की शिखा सदृश वह, अतुलनीय शोभा पाते थे॥

कल-कल, छल-छल बहती सरयू, अति मोहक स्वर उपजाती थी।
तटी दृश्य के प्रतिबिंबन से, वह अनुपम शोभा पाती थी।

आभाषित होता ज्यों सरयू, पुण्य महोत्सव से प्रसन्न है।
और अवध के राज वंश के, यश प्रवाह से वह प्रपन्न है॥

भुवन भास्कर प्रमुदित होकर, ज्योति रश्मियाँ लगा लुटाने।
रंग-बिरंगे परिधानों में, जन-सैलाब लगा था आने॥

ज्यों अनगिन सरिताएँ आकर, अति विशाल सागर बन जातीं।
पथ से आतीं जनरेखाएँ, परिसर को जन सिंधु बनातीं॥

नाना रूप अश्व, गज, रथ चढ़, यूथप, भूप अनेकों आए।
नायक, जनपति और महाजन, अनगिन अपने सँग में लाए॥

विविध वेशभूषा आकर्षक, आए बाल-वृद्ध, नर-नारी।
वनवासी, गिरिवासी आए, था उत्साह हृदय में भारी॥

सुंदर युवक-युवतियाँ सज्जित, वस्त्राभूषण मनहर पहने।
सुंदरता को सुंदर करते, दमकें तन पर नगयुत गहने॥

अलग-अलग क्षेत्रों से आईं, लोक नर्तकों की टोली थी।
भिन्न-भिन्न थे वेश सभी के, भिन्न-भिन्न उनकी बोली थी॥

किंतु सभी में शुचि संस्कृति का, भाव दृष्टिगोचर होता था।
अति आकर्षक नृत्य सभी के, मन में मोद सहज बोता था॥

बीच-बीच में सूर्यवंश की, जय-जयकार करें नर-नारी।
तुरही, शंख, मृदंग, ढोल, ढप, का स्वर गूँज रहा था भारी॥

अवधपुरी में भी नर-नारी, बाल-वृद्ध उत्साहित सारे।
निश्चित इस पावन उत्सव से, होंगे सब दुख दूर हमारे॥

हटा विषाद तमस जन-मन से, नव प्रभात उत्साह जगाए।
राम चरण पादुका महोत्सव, ने मन मोद वृक्ष उपजाए॥

अति आकर्षक, परिधानों में, रेला था असंख्य जन-गण का।
लोक महोत्सव सफल हो रहा, वर्णन दुष्कर है इस क्षण का॥

निश्चित समय भरत, रिपुसूदन, गुरुवर सहित वहाँ पर आए।
माताओं के सँग भार्याएँ, श्रुति, मांडवी साथ वे लाए॥

अलग मंच पर निश्चित आसन, गुरु वसिष्ठ सँग सभी विराजे।
अतिथि भूप भी निज सुजनों सँग, अन्य आसनों पर तब साजे॥

मानद ऋषि कुल और पुरोहित, प्रथम मंच पर हुआ सुशोभित।
तभी प्रज्ञ गुरुवर वसिष्ठ ने किया उपस्थिति को संबोधित॥

हे! शुचि चिर संस्कृति संवाहक, जन-गण-मन तव अभिनंदन है।
राजवंश-रघुवंश कर रहा, सभी अतिथियों का वंदन है॥

अति महत्त्व का दिवस आज है, नवयुग का प्रारंभ हो रहा।
तपी भगीरथ का कुल मिलकर, आदर्शों के बीज बो रहा है॥

निशिचरहीन धरा यह करने, कानन प्रभु श्रीराम गए हैं।
इसीलिए उत्सव आयोजित, सम्मुख यह संदर्भ नए हैं॥

सत्य सनातन संस्कृति अपनी, असुरों से पद्दलित हो रही।
इसीलिए पावन भारत माँ, बिलख-बिलखकर आज रो रही॥

रघुकुल भूषण रामचंद्र ने, यही श्रेष्ठ संकल्प लिया है।
निशिचरहीन करूँगा वसुधा, ऋषिकुल को यह वचन दिया है॥

चित्रकूट में रघुनंदन ने, हम सबको यह हेतु बताया।
राजवंश अरु अवध प्रजा का, क्या कर्तव्य विशद समझाया॥

उनका ही आदेश मानकर, भरत अवध वापस आए हैं।
नृप उनको ही मान, उन्ही की, चरण पादुका वे लाए हैं॥

कहा राम ने हम सबसे यह, चौदह वर्ष रहूँगा वन में।
असुरों का आतंक नष्ट कर, भरूँ अभय जन-जन के मन में॥

तब आऊँगा अवधपुरी मैं, अवध नृपति दायित्व निभाने।
तब तक अवध राज्य की जनता, भरत भ्रात में मुझको माने॥

भरत, शत्रुहन दोनों ही मिल, राजकीय कर्तव्य निभाएँ।
मेरे निर्देशों पर चलकर, पावन संस्कृति अमर बनाएँ॥

करें व्यवस्था से संचालन, ले सँग में निज माताओं को।
आप सभी सहयोग करें नित, रामचंद्र के भ्राताओं को॥

रघुकुल भूषण रामचंद्र ने, जन-जन से अनुरोध किया है।
वही नेह मम अनुजों को दें, जो मुझको वर नेह दिया है॥

भरत, शत्रुहन अवध नृपति का, पा आदेश लौटकर आए।
रामचंद्र की चरण पादुका, श्रद्धासहित साथ ले आए॥

नृपति राम का हेतु समझ अब, धीरज सबको धरना होगा।
रघुनंदन के आदेशों का, पालन सबको करना होगा॥

मानें रामचंद्र को राजा, साधु भरत संचालक मानें।
कालजयी रिपुसूदन को हम, अवध प्रजा का पालक जानें॥

साधु भरत चौदह वर्षों तक, कठिन व्रती संन्यासी होंगे।
वल्कल वस्त्र पहन, फल भोजन, नंदीग्राम निवासी होंगे॥

उनका है संकल्प यही अब, भ्रात राम सम जीवन होगा।
धर्म निभाएँगे रिपुसूदन, उनका शुभ निर्देशन होगा॥

कर करबद्ध भरत रिपुसूदन, उठे किया सबको अभिवादन।
करतल ध्वनि गूँजी नभमंडल, रोमांचित जन-जन का तन-मन॥

गगन बेधते जयकारों के, मध्य असंख्य भुजाएँ उठतीं।
ज्यों अगाध सागर में लहरें, तुमुल घोषकर उठती-गिरतीं॥

उमा! दृश्य यह अकथनीय था, मैंने स्वयं सभी कुछ देखा।
नारद, शेष, दिनेश सभी ने, दृश्य विहंगम निज उर लेखा॥

गुरु वसिष्ठ ने जान सुअवसर, फिर प्रारंभ किया उद्‌बोधन।
साधु भरत प्रारंभ करें अब, राम चरण पादुका सुपूजन॥

राजवंश के साथ शत्रुहन, पूजन में सहभाग करेंगे।
फिर क्रमबद्ध सभी आगंतुक, अर्चन कर निज ताप हरेंगे॥

मान्य पुरोहित गण अब कृपया, सस्वर करें स्वस्ति का वाचन।
रोली, अक्षत, पुष्प आदि से, हो प्रारंभ पादुका अर्चन॥

गुरुवर का आदेश प्राप्त कर, सभी पधारे मुख्य मंच पर।
शुरू हुआ पादुका महोत्सव, पाठ करें पौरोहित सस्वर॥

सामूहिक मंत्रों का वाचन, पावनता अति बढ़ा रहा था।
ज्यों गंगोत्री से गंगा का, कल-कल निर्मल नीर बहा था॥

शंखों का भी घोष साथ मिल, जन-मन को संतृप्त कर रहा।
आगंतुक हर एक हृदय में, पावन श्रद्धा भाव भर रहा॥

राजवंश के बाद अतिथियों ने, पदत्राण प्रतिष्ठा की थी।
शिवि! आगत जन ने श्रद्धा से, नवल तंत्र को स्वीकृति दी थी॥

राम चरण पादुका महोत्सव, का उद्देश्य हुआ था पूरा।
आक्रोशित उर शांत हुए थे, रहा न मन विश्वास अधूरा॥

माताओं के उर पीड़ित थे, अनायास वैधव्य मिला था।
अति संतापित कैकेयी का, दोहरे दुख से हृदय हिला था॥

इस आयोजन ने सबके उर, तोष दीप प्रज्ज्वलित कर दिया।
आगंतुक जन-गण के मन में, शासन का विश्वास भर दिया॥

आयोजन के बाद देश के, रुके सुनिश्चित प्रतिनिधि सारे।
रिपुसूदन ने योग्य रूप से, दे सम्मान सभी मनुहारे॥

अगले दिन से सात दिवस तक, लंबी परिचर्चा का क्रम था।
इस चर्चा से रीति-नीति में, शेष न कोई भी विभ्रम था॥

राजतंत्र में लोकतंत्र की, सकारात्मक पहल हुई थी।
रिपुसूदन के ही मानस की, पूर्ण योजना सफल हुई थी॥

वैदिक दर्शन का मंथन कर, निकला जो नवनीत वहाँ पर।
उसने किया समापन विभ्रम, संकल्पों के दीप जलाकर॥

कई समितियाँ गठित हो गईं, विषयवार योजना बनाने।
राजतंत्र में लोकतंत्र का, शुचि नंदन उपवन सरसाने॥

निश्चित अवधि सभी की तय कर, स्वयं शत्रुहन बने प्रभारी।
दायित्वों के निष्पादन से, पूर्ण सभा उनकी आभारी॥

रिपुसूदन का वर निर्देशन, प्रज्ञ जनों का श्रम रँग लाया।
व्यापक विधियाँ हुईं व्यवस्थित, नव्य चेतना का युग आया॥

राज्य सभा की गठन प्रक्रिया, का प्रारूप बना अभिनव था।
लोक हितों की श्रेष्ठ भावना, का जिसमें पावन कलरव था॥

मानव जीवन का विकास क्रम, हुआ सुनिश्चित धर्म नीति से।
आएगा 'रवि' नवयुग भू पर, जन-जन की पावन सुप्रीति से॥

चिंतन यही सभी के मन में, सबके उर संकल्प समाया।
उत्प्रेरक थी नवल व्यवस्था, भाव तंत्र का सबको भाया॥

सब विधियों के केंद्र बिंदु में, मानव ही अतिशय विशिष्ट था।
भाव अवध के पूर्ण राज्य में, रहे न कोई अब अशिष्ट था॥

राजतंत्र में लोकतंत्र का, अतुलनीय संयोग हो गया।
रविकुल का जन-जन में फिर से, शुचि प्रियता का योग हो गया॥

प्रारूपों के अनुमोदन हित, सभा विशेष गई बुलवाई।
जिसने गहन समीक्षा करके, अपनी सम्मति सहज जताई॥

फिर प्रारूप लिए रिपुसूदन, वेगित नंदी ग्राम सिधारे।
किया विमर्श भरत से सम्यक्, बने भरत के सबल सहारे॥

साधु भरत का अनुमोदन ले, अवधपुरी रिपुसूदन आए।
रख प्रारूप पादुका सम्मुख, नेत्र बंद कर, शीश झुकाए॥

थे श्रीराम स्वयं समुपस्थित, अनुज शीश अंबुज कर फेरा।
विह्वल, विकल नेत्र उन्मीलित, रिपुसूदन ने प्रभु को हेरा॥

रामाशीश प्राप्त रिपुसूदन, रोमांचित तन सुधि बिसराई।
पुलकित बदन, नयन विस्फारित, प्रभु छवि विगत विमूर्च्छा आई॥

विगत विमूर्च्छा रिपुसूदन ने, घटना को प्रभु सम्मति माना।
नवल सृजन के इस उपक्रम को, प्रभु आशीष मिला यह जाना॥

आह्लादित, रोमांचित तन-मन, रिपुसूदन गुरुवर गृह धाए।
जो अनुभूति हुई थी उनको, उत्साहित गुरुवरहि सुनाए॥

गुरु वसिष्ठ ने भी रिपुसूदन, के मन का विश्वास बढ़ाया।
शुभाशीष मिल गया राम का, यह विश्वास हृदय में आया॥

माताओं से मिले शत्रुहन, यह सब घटना उन्हें बताई।
माताओं के उर ममता की, सरिता वेगवती लहराई॥

झरने लगे अश्रु नयनों से, संस्मृतियों ने घेरा डाला।
एक-एक कर चित्र उभरते, कैसे रामलला को पाला॥

'रवि' करुणा का सिंधु सहज ही, समा गया सबके तन में था।
प्रकट हो रहा वाणी से सब, अब तक का जो भी मन में था॥

बहुत देर तक मातु-शत्रुहन, चर्चा करते रहे राम की।
बार-बार दृग द्रवित सभी के, संस्मृतियाँ कर दया धाम की॥

जिस प्रकार सागर उफनाकर, तट पर चिह्न छोड़ देता है।
जिस प्रकार सैलाब नदी का, मार्ग हठात् मोड़ देता है॥

और बाद में नीरवता ही, तट के साथ-साथ रहती है।
पर सरिता अपने नव पथ पर, कल-कल, छल-छल कर बहती है॥

इसी तरह शत्रुघ्न-मातु की, आकुलता सब शांत हुई थी।
विधु से दमक रहे बदनों की, आभा सारी क्लांत हुई थी॥

तभी चरण पादुका महोत्सव, की संस्मृतियाँ हुईं प्रभावी।
सबने ही विश्वास जताया, होगा अद्‌भुत कौसल भावी॥

इस परिचर्चा से माताओं के, मुख हर्ष लहर तिर आई।
जिसे देख शत्रुहन हृदय ने, सहसा शांति अकल्पित पाई॥

कौसल्या माँ ने रिपुसूदन को, भर अंक हृदय लिपटाया।
श्रम से थके श्रमिक ने जैसे, सघन वृक्ष का आश्रय पाया॥

दोनों के ही नयन आँसुओं, से सहसा अति आर्द्र हुए थे।
ममता सागर की लहरों ने, मानो उन्नत शीर्ष छुए थे॥

मातु सुमित्रा कैकेयी ने, फिर शत्रुहन शीश सहलाया।
माताओं की ममता पाकर, तन ने निज चैतन्य भुलाया॥

'पुत्र यशस्वी हो' कह जननी, त्रय ने वर आशीष दिया था।
परम प्रफुल्लित रोमांचित तन, सुत ने ममता अमिय पिया था॥

चरण वंदना कर तीनों की, रिपुसूदन निज भवन सिधारे।
जहाँ प्रतीक्षित थी श्रुति आतुर, अमित, अतुल प्रियता उर धारे॥

पिय को श्रमित देख श्रुति वेगित, स्वर्ण पात्र शीतल जल लाई।
धोय चरण, मुसकान अधर ले, दे अनुराग थकान मिटाई॥

फिर भोजन कर रिपुसूदन ने, तिय को सब वृत्तांत सुनाया।
निज पिय का दायित्व बोध लख, तिय श्रुतिकीर्ति हृदय हर्षाया॥

रोम-रोम पिय को अर्पण कर, भामिनि भाव-विभोर हो गई।
पिय की सबल भुजाओं में बँध, यामिनि के संग स्वयं खो गई॥

थी श्रुतिकीर्ति, कीर्ति वेदों की, वेद प्रकाश स्वयं रिपुसूदन।
एकाकार हो गए दोनों, 'शिव-सुंदर' का था अनुमोदन॥

भोर जाग मज्जन अर्चन कर, दोनों गए उर्मिला गृह थे।
कर प्रणाम पूछी कुसलाई, पिय-तिय निर्मल मन विग्रह थे।

राम, लखन, सिय समाचार सब, जो थे गुप्तचरों से पाए।
सावधान हो रिपुसूदन ने, लखन तिया को सभी सुनाए॥

समाचार सुन पिय, सिय, रघुवर, नयन उर्मिला सजल हो गए।
चिर सुधियों के चित्र अचानक, पीड़ाओं के बीज बो गए॥

सँभल गई उर्मिला अचानक, शुचि विवेक ने मार्ग दिखाया।
त्याग, भाव उद्दीप्त हो गया, मन ने तोष भाव उपजाया॥

पोंछ आँसुओं को तत्क्षण ही, बोली यह मन की दुर्बलता।
प्रियतम सेवक रघुनंदन के, मैं प्रियतम की पूर्ण सफलता॥

मैं यदि दुर्बल हुई तनिक भी, तो यह पतिव्रत धर्म नहीं है।
पति वर साधक रघुनंदन के, बनूँ साधना कर्म यही है॥

सुन यह गिरा उर्मिला की तब, भाव-विभोर हुए रिपुसूदन।
उर में बढ़ी असीमित श्रद्धा, प्रज्ञा का हो गया समर्पण॥

गद्गद हुए शत्रुहन ने फिर, कहा देवि! शत-शत वंदन है।
चरम त्याग की भाव भावना, का श्रद्धायुत अभिनंदन है॥

देवि! आपकी यश गाथा को, जन-जन, युग-युग तक गाएगा।
कर संस्मरण आपका पावन, त्याग नया जीवन पाएगा॥

मुझे और श्रुतिकीर्ति प्रिया को, आप सदा किंकर ही जाने।
तव सेवा में रहूँ निरंतर, चरण कमल अनुरागी माने॥

सुन मृदुवाणी रिपुसूदन की, उर्मिल मन संतुष्ट हुआ था।
नेह, त्याग का वरद भाव भी, दृढ़ता से संपुष्ट हुआ था॥

जान समय अनुकूल शत्रुहन, ने भावी योजना बताई।
शासन की वर नीति उर्मिला, के मानस को अतिशय भाई॥

विज्ञ उर्मिला से सब सुनकर, देवर को आशीष दिया था।
लख अनुराग उर्मिला उर का, अति हर्षित श्रुतिकीर्ति हिया था॥

मुदित हृदय शत्रुहन उसी क्षण, प्रतिनिधि सभा हेतु थे धाए।
वहाँ प्रतीक्षारत प्रतिनिधि थे, देख शत्रुहन सब हर्षाए॥

किया निवेदित नमन प्रथमतः, राम पादुका अरु सिंहासन।
सभा मातु गुरु को प्रणाम कर, बैठे रिपुसूदन निज आसन॥

पाकर वर संकेत-शत्रुहन, बोले सचिव सुमंत सुवाणी।
आप सभी के श्रम से निश्चित, बनी नीतियाँ जन कल्याणी॥

पर इनको कार्यान्वित करने, हित योजना बनानी होगी।
जन-जन की जीवन शैली में, आदत इनकी लानी होगी॥

तभी सार्थक होगा श्रम यह, आप सभी गौरव पाएँगे।
युगों-युगों तक श्रेष्ठ व्यवस्था, के शुचि गीत सभी गाएँगे॥

इसीलिए वर मान्य सभा अब, चिंतन कर रणनीति बनाए।
जिससे पृथवी पर मानवता, निश्चित ही पावन पथ पाए॥

सभासदों के परामर्श से, नीति क्रियाविधि हुई व्यवस्थित।
हर चिंतन के केंद्र बिंदु में, भाव शत्रुहन के समुपस्थित॥

बनी राजमाता कौसल्या, सभा मध्य उनका गौरव था।
नैतिकता के नव जीवन का, युग प्रारंभ हुआ अभिनव था॥

पूज्य राजमाता कौसल्या, ने प्रमुदित सम्मति जतलाई।
रिपुसूदन की दूर दृष्टि भी, कौसल्या माँ को अति भाई॥

रिपुसूदन के निर्देशन में, हुई योजनाएँ संचालित।
सतत सभी के अनुशीलन से, हुईं लोक मन से प्रतिपालित॥

स्वयं शत्रुहन ने जा-जाकर, ऋषियों से आशीष लिया था।
साधक ने ज्यों तप-बल से मिल, योग्य पंथ का अमिय पिया था॥

सकल राज्य में संस्कारों के, अगणित उत्सव गए कराए।
पूजनीय मुनियों के प्रवचन, शनैः-शनैः परिवर्तन लाए॥

जन-गण-मन में जीव प्रकृति हित, सहज दया करुणा भर आई।
संस्कारों की सतत साधना, मूल्याधिष्ठित नवयुग लाई॥

निज कर्तव्यों का परिपालन, ही मानव ने धर्म बनाया।
प्रीति परस्पर प्रति मानव के, मानस में गुण कर्म समाया॥

शिक्षा प्रथम वरीय देश में, युवा बन रहे थे मेधावी।
स्वार्थहीन आचरण गुरुजनों, से गुरुकुल अति हुए प्रभावी॥

चारों वर्णों की परिभाषा, शास्त्रोचित कर्मणा हुई थी।
मानव के चिंतन चरित्र की, नीति स्वतः धर्मणा हुई थी॥

स्वयं शत्रुहन ने श्रम करके, ऋषिकुल का आशीष लिया था।
श्रेष्ठ समाज विनिर्मित करने, ऋषियों ने सहयोग दिया था॥

चारों वर्ण, कर्म आधारित, कर्तव्यों पर अविचल चलते।
जन-जीवन के मन मानस में, नैतिक मूल्य सहज ही पलते॥

आश्रम धर्म करें व्यवहारित, कौसलवासी सारे मानव।
देख श्रेष्ठतम राज्य व्यवस्था, हुए सशंकित सारे दानव॥

ऋषिकुल और शत्रुहन के श्रम, से अनुपम उपलब्धि मिली थी।
संस्कारों की सुमन वाटिका, अवध राज्य में सहज खिली थी॥

राम-राज्य की विमल कल्पना, के आधार बने रिपुसूदन।
किंतु प्रसिद्धि परान्मुख रहकर, साधक बने, भानु कुलभूषण॥

कथा यहाँ विश्राम ले रही, किंतु मर्म यह हम सब जाने।
'राम-राज्य' के वर संस्थापक, प्रज्ञ शत्रुहन को ही मानें॥

चौदह वर्ष राम थे वन में, लखन राम के बने सहाई।
पूर्ण समय तक साधु भरत भी, नंदी ग्राम बसे थे जाई॥

भरत रहे केवल उत्प्रेरक, स्वयं रसायन थे रिपुसूदन।
प्रभु की विमल प्रेरणा से शिवि! आप्लावित था उनका तन-मन॥

इसीलिए कर्तव्य निभाकर, सबको यह आदर्श दिखाया।
कर्ता-भाव त्यागकर मन का, 'राम-राज्य' वट वृक्ष लगाया॥

शिवे! सर्ग तेरहवाँ निश्चित, भू-मंडल का भ्रम छाँटेगा।
राम-राज्य के संस्थापन का, सत्य प्रकाश सहज बाँटेगा॥

प्रेरक बन निष्काम भावना की, यह सर्ग रश्मियाँ देगा।
भस्म करेगा खारों का वन, प्रति उर नवल बसंत भरेगा॥

सर्ग चतुर्दश रिपुसूदन की, विस्तृत गरिमा को गाएगा।
स्वार्थ तिमिर में भटके मानव, को पावन पथ बतलाएगा॥

(इतिश्री सर्ग तेरह)

सर्ग-चौदह

मंगलाचरण

अंधकार को मिटा के ज्ञान का प्रकाश देती,
शारदा की कृपा से ही कवि मान पाता है॥
कलिकाल में कराल काल के कुचक्र काट,
दिव्य चेतना विकास सत्य जीत जाता है॥
मातु तव कृपा बुद्धिहीन बुद्धिमान् होता,
कृपा बिन बुद्धिमान यश को लजाता है॥
'रवि' की बिसात क्या है नाप सके भाव सिंधु,
मातु वीणापाणि तव कृपा काव्य आता है॥

★★★

दिवा रात्रि का भेद भुलाकर, करते अनथक श्रम रिपुसूदन।
किंचित् कर्ता भाव न मन में, रघुनंदन को अर्पित तन-मन॥

तिय श्रुतिकीर्ति, प्रेरणा बनकर, निशि दिन पिय का साथ निभाती।
साधक की वह बनी साधिका, पिय को सुख दे वह सुख पाती॥

राजमहल का सभी प्रबंधन, परम कुशलता से वह करती।
सेवा और समर्पण से वह, मोद-प्रमोद सभी उर भरती॥

भगिनि उर्मिला सहित मातु सब, श्रुति पर नेह लुटाती अविरल।
उसकी प्रज्ञा और त्याग के, गीत परस्पर गातीं प्रतिपल॥

राजमहल के सभी सदस्यों, की निश्चित वह केंद्र बिंदु थी।
संतापित हर एक हृदय की, अनुपम निर्मल ज्योति इंदु थी॥

सेवक-अनुचर, दास-दासियाँ, श्रुति को अपना हितू मानते।
उसके संकेतों को ही वह, जीवन का शुचि कर्म जानते॥

और राजमाता कौसल्या, श्रुति की रोज बलैयाँ लेतीं।
यद्यपि थी उर्मिला जिठानी, किंतु मान श्रुति को वे देतीं॥

थी श्रुतिकीर्ति सभी की प्यारी, उसने साध्य सभी को माना।
महल निवासी हर प्राणी का, सुख-दुख उसने अपना जाना॥

देख तिया को रिपुसूदन भी, उर में अति प्रमुदित होते थे।
प्रज्ञ समर्पण पा तिय का वे, श्रांति मुक्त सुख से सोते थे॥

शिवि! भार्या का प्रज्ञ समर्पण, पति की शक्ति बढ़ा देता है।
निश्चित ही पिय को हे भामिनि! यश के शिखर चढ़ा देता है॥

वेद विज्ञ शत्रुहन तिया भी, प्रज्ञ त्याग की अटल मूर्ति थी।
थे साक्षात् वेद रिपुसूदन, वह वेदों की धवल कीर्ति थी॥

पत्नी पति के लिए सदा ही, उमा! अनेक रूप होती है।
माँ, भगिनी, वर मित्र, प्रणीता, बनकर परम सौख्य देती है॥

कभी वत्सला माँ के सम वह, पति पर निर्मल नेह लुटाती।
कभी भगिनि सी क्रीड़ा करती, कभी मित्र बन राह दिखाती॥

जीवन नैया को माझी बन, निज कौसल से वह खेती है।
कभी प्रेयसी बन आलिंगन, बाँध ताप सब हर लेती है॥

यह सम्भव प्रज्ञा से केवल, प्रज्ञा संग सुमति रहती है।
प्रज्ञाहीन नारि यदि हो तो, कुल में सदा कुमति रहती है॥

प्रिये! जहाँ है सुमति सुवासित, रिद्धि-सिद्धि की सुरसरि बहती।
और कुमति का वास जहाँ हो, वहाँ विपत्ति सदा ही रहती॥

शिव से यह मीमांसा सुनकर, गौरा मन ही मन सकुचाईं।
पूर्व जन्म की कटु संस्मृतियाँ, मानस पटल सहज तिर आईं॥

ग्रसित हुईं अपराध बोध से, सुधि करके निज की नादानी।
निर्निमेष चैतन्यहीन शिवि, के उर की गति शंकर जानी॥

कोमल कर से उमा शीश को, नेहसिक्त शिव ने सहलाया।
मलय पवन की शीतलता को, मानो तप्त देह ने पाया॥

विगत विषाद हुआ पल भर में, पूर्ण चेतना में शिवि आईं।
अधरों पर मुसकान प्रदर्शित, मुख पर किंतु सकुचि की झाँईं॥

लंबी साँस खींच तब शिवि ने, कहा परम प्रभु सत्य यही है।
प्रज्ञा है विवेक की सहचर, प्रज्ञा का आलोक सही है॥

निश्चित ही नारी समाज की, एक मुख्य आधार शिला है।
इससे ही परिवार भाव को, देव-तुल्य आधार मिला है॥

अगर विवेकशील हो नारी, कुल को शिखर चढ़ा सकती है।
पति, संतानों को प्रयत्न से, नैतिक पंथ पढ़ा सकती है॥

संतानों के लिए जननि ही, संस्कारों की दाता होती।
प्रथम वरेण्य शिक्षिका बनकर, सर्व विकास प्रदाता होती॥

पति की सत्य सहचरी बनकर, सचिव कार्य वह कर सकती है।
निज विवेक से पति जीवन में, पूर्ण सफलता भर सकती है॥

किंतु तभी यह संभव है जब, नारी हो विवेक की चेरी।
निश्चित वहीं सुमति रहती है, मिलती है संपत्ति घनेरी॥

इससे इतर नारियाँ हों तो, नर्क वहाँ चलकर आ जाता।
लाख प्रयत्न करे मानव तो, नहीं शांति वातायन पाता॥

दे विचार नवनीत उमा ने, मन का सब विषाद धो डाला।
जग की सभी नारियों के हित, बीज प्रेरणा का बो डाला॥

होती 'रवि' सम्मति जिस घर में, निश्चित वहाँ देव बसते हैं।
अगर कुमति हो घर-आँगन में, उस पर सभी लोग हँसते हैं॥

रघुकुल में रिपुसूदन भार्या, पति का दायाँ हाथ बनी थी।
निश्चित ही वह राजवंश की, मूल्यवान अति श्रेष्ठ मनी थी॥

इसके कारण ही रिपुसूदन, ऊर्जायुक्त सदा रहते थे।
कर्म योग के योगी बनकर, निर्मल सरिता से बहते थे॥

अतुल साधना रिपुसूदन की, शनैः-शनैः परिवर्तन लाई।
कौसल के जन-जन ने श्रम से, नीति कर्म की फसल उगाई॥

दया, क्षमा, करुणा, ममता का, प्रति उर में हो गया बसेरा।
करें परस्पर प्रीति जीव सब, द्वेष भाव का कहीं न डेरा॥

पूर्ण दिवस की गहन समीक्षा, तिय से विशद शत्रुहन करते।
परामर्श से समाधान के, नित्य नए अनुशीलन गढ़ते॥

समय-समय पर माताओं से भी वह परामर्श करते थे।
गुरुवर, भरत, योग्य सचिवों के, चिंतन को उर में धरते थे॥

सबके चिंतन को लेकर वे, शुचि नवनीत निकाला करते।
उसे निर्णयों के दीपक में, निज विवेक से डाला करते॥

राज्य सभा की गहन प्रक्रिया, लोक चेतना पर आधारित।
शून्य खर्च की दिव्य योजना, लोक रीतियों पर व्यवहारित॥

कर्तव्यों की बोध गम्यता, से परिवारी मुखिया होता।
स्वाभाविक ही नेह सूत्र में, हर सदस्य को वही पिरोता॥

शत परिवारों के मुखियाजन, से मिल गाँव सभा बन जाती।
भौगोलिक संस्थिति के कारण, यह संख्या घट-बढ़ भी जाती॥

कई समितियाँ गाँव सभा में, इन्हीं सदस्यों से बनती थी।
अंतर्निहित योग्यता सबकी, ग्राम्य उन्नयन को जनती थी॥

सभी समितियों के प्रधान मिल, अपना मुख्य प्रधान बनाते।
चयनित समिति प्रधान गाँव के, ही पदेन मंत्री बन जाते॥

चतुर्मुखी दायित्व सभी के, सभी परस्पर उत्तरदायी।
गाँव-गाँव में जिसके कारण, अद्भुत गति विकास ने पाई॥

ग्राम मंत्रिपरिषद् समूह का, जो प्रधान चयनित हो जाता।
जनपद की सामान्य सभा में, वह सदस्य का दर्जा पाता॥

निगरानी के लिए समितियाँ, इन्हीं सदस्यों में बन जातीं।
ग्राम्य मंत्रिपरिषद् समूह के, श्रम प्रयत्न से गुणता लातीं॥

समिति प्रधान सर्वसम्मति से, उनमें मुख्य प्रधान बनाते।
शेष प्रधान जिला परिषद् के, वरद सदस्य स्वयं बन जाते॥

यही प्रधान जनपदों के सब, पार्षद राज्य सभा के होते।
अपनी प्रज्ञा परामर्श से, बीज समुन्नति के सब बोते॥

इन निर्वाचित सभासदों की, कुल संख्या का एक तिहाई।
नामित होते थे सदस्य गण, शीर्ष समिति करती अगुवाई॥

शीर्ष समिति में भरत शत्रुहन, गुरुवर सहित राज माताएँ।
लखन तिया, श्रुतिकीर्ति, मांडवी, थी सुमंत सी वर प्रतिभाएँ॥

काव्य, कला, संगीत शिल्प के, इसमें प्रतिनिधि मानित होते।
विद्या, शोध, चिकित्सा, सेना, सब क्षेत्रों से नामित होते॥

तकनीकी, विज्ञानी, ज्ञानी, वरद मनीषी, वर व्यापारी।
सब क्षेत्रों से प्रतिनिधि नामित, सभी वर्ग होते आभारी॥

राज्यसभा में इनका अभिमत, कुशल कसौटी माना जाता।
सभी योजनाओं में इनका, योग्य विमर्श मान था पाता॥

सभी जनपदों के प्रतिनिधिगण, निज क्षेत्रों के उत्तरदायी।
वरद विशेषज्ञों के कारण, उत्कर्षों में नव गति आई॥

सब संवेदनशील विषय भी, पहले शीर्ष समिति में आते।
संयोजित कर परामर्श को, रिपुसूदन प्रारूप बनाते॥

यह प्रारूप विमर्श हेतु फिर, निश्चित राज्य सभा में जाते।
सभासदों की स्वीकृति से ही, रूप योजना का वे पाते॥

विधिवत् विस्तृत मंथन द्वारा, फलरूपी नवनीत निकलता।
जिससे ही अभिसिंचित होकर, सतत विकास दीप था जलता॥

कौसल के ऋषि-मुनि जो पावन, उनसे भी संपर्क सतत था।
मेधा के सम्मुख रिपुसूदन, का सिर श्रद्धा से अवनत था॥

फलस्वरूप हर मेधावी की, मेधा सृजन हेतु तत्पर थी।
निर्माणों की लता विहँसकर, चढ़ी उदय के उच्च शिखर थी॥

सभी लगे थे सृजन यज्ञ में, सबके तन-मन थे उत्साहित।
कोई नहीं वहाँ अनुदेशक, सब थे निज विवेक से वाहित॥

जन-कल्याण हेतु ऋषिकुल सब, अनुसंधान निरंतर करता।
अपनी प्रज्ञा से जन-जीवन, में आह्लाद निरंतर भरता॥

थे आयाम अनेकों लेकिन, जनकल्याण गर्भ में रहता।
जिससे अनुसंधान निरंतर, कथा सृजन की पल-पल कहता॥

सबके उर में भाव यही था, कौसल का उत्कर्ष सजाएँ।
रघुनंदन के शुचि सपनों का, अपना भारतवर्ष बनाएँ॥

सबके ही मन थे संकल्पित, सभी राज्य के थे सहयोगी।
सभी स्वयंसेवक, निष्ठायुत, सभी कर्म के थे वर योगी॥

न्याय-व्यवस्था अतिशय दृढ़ थी, किंतु वाद-प्रतिवाद न कोई।
सबके मन थे न्यायपालिका, उर किंचित् अवसाद न कोई॥

दया, क्षमा, करुणा, ममता का, प्रति उर में हो गया बसेरा।
करें परस्पर प्रीति जीव सब, द्वेष भाव का कहीं न डेरा॥

शत्रु भाव मिट रहा मनों से, प्रीति परस्पर सहज बढ़ रही।
सामाजिक वैषम्य मिटाकर, समरसता परवान चढ़ रही॥

अति स्वाभाविक वर्ण व्यवस्था, शास्त्रों के अनुसार चली थी।
नहीं जन्मनः कर्माधारित, पुण्य भावना हृदय पली थी॥

पाँच वर्ष की संतानों को, निश्चित गुरुकुल भेज जाता।
जहाँ योग्य आचार्यों द्वारा, वह शुचि संस्कारों को पाता॥

आश्रम में शैशव की निशदिन, सहज वृत्ति परखी जाती थी।
वय किशोर आने तक चिह्नित, अंतर्वृत्ति राह पाती थी॥

सहज वृत्ति अनुसार सभी का, होता निर्धारित विद्या क्रम।
अल्प काल में ही जिस कारण, मिट जाता अज्ञान जनित भ्रम॥

उसी समय से वर्ण व्यवस्था, का प्राकट्य दिखाई देता।
सहज वृत्ति अनुसार शिष्य जब, स्वयं कर्म को था चुन लेता॥

कोई शिक्षा अरु शिक्षण का, लक्ष्य लिए आगे बढ़ता था।
कोई श्रुति के साथ-साथ ही, युद्ध शास्त्र को भी पढ़ता था॥

कोई वैदिक ज्ञान प्राप्त कर, वणिक ज्ञान का अर्जन करता।
कोई विद्या से विरक्त हो, सेवा भाव हृदय में भरता॥

ब्राह्मण, क्षत्रिय, वैश्य, शूद्र शुचि, वर्ण इस तरह ही बन जाते।
बाल्यकाल में सहज वृत्ति से, कर्म चयन कर वर्ण बनाते॥

इसके कारण पूर्ण देश में, श्रेष्ठ व्यवस्था का युग आया।
हर मानव ने सहज वृत्ति से, अपना वर्ण धर्म अपनाया॥

स्वीकृत स्वयं वर्ण कर्तव्यों, का पालन करते सब हर्षित।
सामाजिक जीवन में मानो, शास्त्र व्यवस्था होती कर्षित॥

ब्राह्मण सतत साधना करके, सबको योग्य राह दिखलाता।
सब वर्णों को कर्तव्यों का, अध्यापन कर ज्ञान कराता॥

सभी वर्ण विद्याओं का वह, अनथक श्रम से अर्जन करता।
योग्य रीति से सब वर्णों में, तद्अनुसार योग्यता भरता॥

क्षत्रिय, वैश्य, शूद्र भी निज-निज, वर्ण धर्म का पालन करते।
सेवा का वर भाव हृदय ले, मानवता की पीड़ा हरते॥

सभी आश्रमों का पालन भी, करने लगे देश के वासी।
नवल चेतना आई उर-उर, नष्ट सभी आलस्य उदासी॥

अति अनुकूल नीति शासन की, कृषि उद्योग समुन्नत होते।
रिद्धि-सिद्धि घर-घर में आई, निर्भय हो सुख से सब सोते॥

कृषि सिंचन के लिए अनेकों, साधन सृजित किए शासन ने।
बूँद-बूँद जल सदुपयोग का, लक्ष्य बनाया था जन-जन ने।

उन्नत बीज, पौध की किस्में, विज्ञानी नित सृजित कर रहे।
कृषक जनों के जीवन में वे, नित नूतन सामर्थ्य भर रहे॥

रसमय मधुर फलों की उन्नत, किस्में श्रम से गई उगाईं।
कृषि विज्ञानी जन की खोजें, फसल क्रांति का युग ले आईं॥

गौ रक्षा संवर्धन के हित, शासन ने योजना बनाई।
ऋषियों के नित संबोधन से, गौ ने शाश्वत श्रद्धा पाई॥

गाय और गौवंश मनुज के, जीवन के आधार बन गए।
गोपालन के सद्विचार ही, जन-जन के मन सार बन गए॥

सहकारी गौशालाओं का, व्यय था सब समाज से पोषित।
राजतंत्र का प्रोत्साहन भी, गोपालन के हित था घोषित॥

गोबर, मूत्र, विनिर्मित खादें, लगीं दिव्य फसलें उपजाने।
दुग्ध, दही, घृत प्रचुर रूप से, लगी प्रजा गायों से पाने॥

नदियाँ बहने लगी दूध की, मेधा दिव्य दिव्यतर होती।
सुमति सुनिश्चित हुई अवध में, सुख की वर्षा घर-घर होती॥

लगा नाचने वैभव घर-घर, सद्विचार का अमृत पीते।
अनुशासन अनुगामी बनकर, परम शांति से जीवन जीते॥

वन संरक्षित, प्रकृति सुरक्षित, बने सौख्य के अतुल प्रदाता।
सुरभित पुष्प, मधुर फल, भेषज, कोटि-कोटि जन-जीवन पाता॥

जलचर, नभचर, थलचर प्राणी, शुभकारी हैं यह सब अपने।
सह अस्तित्व भावना पूरित, 'ईषावास्यमिदं' के सपने॥

फलस्वरूप मानव, जड़ चेतन, का संबंध बना अति गहरा।
अपवादों के लिए अहर्निश, राज्यतंत्र का सक्रिय पहरा॥

खनिज संपदा के दोहन की, योग्य नीति थी गई बनाई।
अतुलनीय संतुलन प्रकृति से, अति उपलब्धि धरा ने पाई॥

मानो रिपुसूदन के श्रम पर, सागर हँस उपहार लुटाए।
रत्न अनेकों देने के हित, तट पर उछल-उछलकर आए॥

यज्ञों की अनवरत शृंखला, ऋषि कुल से संचालित होती।
और होम की सतत प्रक्रिया, भी घर-घर में पालित होती॥

जिससे मेघ अपेक्षित समुचित, करने लगे नीर की वर्षा।
जिसके कारण जड़ चेतन का, जीवन सहज रूप से हर्षा॥

नदियाँ जल से हो संपूरित, जन-जन को सामर्थ्य बाँटतीं।
सौख्य प्रदाता बनीं अहर्निश, जनता का दुख दैन्य छाँटतीं॥

प्रकृति सहज पाकर अनुकूलन, दिव्य रूप से लगी विहँसने।
रिपुसूदन की वर मेधा से, पूर्ण हो रहे प्रभु के सपने॥

प्रकृति नियंत्रित करती प्राणी, प्राणी प्रकृति सुरक्षित करता।
कल्याणी शुचि भाव हृदय ले, मानव सबकी पीड़ा हरता॥

ऋषि, रक्षा आयुध अनुशीलन, के नित-नूतन लक्ष्य गढ़ रहे।
सुर संस्कृति के संरक्षण हित, निशदिन उनके कदम बढ़ रहे॥

असुरों की सब गुप्त सूचना, इन ऋषियों से मिल जाती थीं।
अरिमर्दन की रीति-नीति में, यह ही मुख्य जगह पाती थीं॥

जन-कल्याण भाव ले उर में, ऋषि कुल सतत साधना करता।
रिपुसूदन के स्वप्न सिंधु में, नव उपलब्धि निरंतर भरता॥

लोक हितैषी इन्हीं कारणों, से ऋषि गण पूजे जाते थे।
आश्रम भी शासन, जन-जन से, स्वाभाविक श्रद्धा पाते थे॥

सब विज्ञानी ऋषि गण भी नित, नूतन अनुसंधान कर रहे।
मानव मन में स्वास्थ्य चेतना, का उपयोगी ज्ञान भर रहे॥

तन के त्रय दोषों में कैसे, वर संतुलन बनाया जाए।
कैसे सुर दुर्लभ शुचि तन को, कंचन सा चमकाया जाए॥

कैसे हो दीर्घायु मनुज तन, और निरोगी रहे सदा ही?
वज्र समान कठोर देह हो, मन से योगी रहे सदा ही॥

प्राणायाम, योग, भेषज का, व्यापक अनुसंधान हो गया।
इन सबका शिक्षा पाठों में, विधिवत् नवल विधान हो गया॥

जन-जागरण हेतु ऋषियों ने, फिर व्यापक अभियान चलाया।
जिसके कारण पूर्ण देश में, स्वास्थ्य चेतना का युग आया॥

आयुर्वेद अवतरण का यह, श्रेष्ठ काल महिमा से मंडित।
स्वास्थ्य चेतना की जागृति से, हुए मिथक परिपूर्ण विखंडित॥

अल्प मृत्यु कर गई पलायन, रोगहीन मानव का जीवन।
दैहिक, दैविक ताप न किंचित्, षट् विकार से विरत मनुज तन॥

काम, क्रोध, मद, लोभ, मोह अरु, मत्सर नष्ट हो गए मन से।
असंतुलन कफ, पित्त, वात का, भाग गया मानव के तन से॥

मानव जीवन बना निरोगी, नैतिक चिंतन हृदय समाया।
पुण्य चेतना हुई पुरस्कृत, जीवन दीर्घ मनुज ने पाया॥

सोलह संस्कारों का पावन, कर्म पुरोहित विधिवत् करते।
जन-जीवन में नैतिकता को, यत्नपूर्वक थे वे भरते॥

अगणित शुचि संस्कार महोत्सव, जगह-जगह पर गए कराए।
जो मानव में सहज रूप से, शनैः शनैः परिवर्तन लाए॥

कवि, साहित्यकार सम्मानित, जन-जागरण कर रहे भारी।
प्रजाजनों से था प्रोत्साहन, तंत्र कृतज्ञ और आभारी॥

जीवन क्रम हो गया व्यवस्थित, बने चार पुरुषार्थ प्रभावी।
धर्माधारित अर्थ, काम ही, मोक्ष प्राप्ति का साधन भावी॥

न्याय व्यवस्था में सदैव ही, पथदर्शक था सदा धर्म ही।
हर निर्णय के केंद्र बिंदु में, रहता था वर धर्म मर्म ही॥

जीवन की आचार संहिता, शास्त्रों में ऋषियों ने गाई।
वही धर्म की परिभाषा भी, सबने सहज रूप अपनाई॥

शिक्षा के सब पाठ्यक्रमों में, नैतिकता के भाव समाए।
जिसने हर विद्यार्थी के मन, नैतिक मूल्य सहज पनपाए॥

तन-मन-मेधा आत्मा के हित, पाठ्यक्रमों को गया बनाया।
इसीलिए मानव ने अपना, अति परिपूर्ण रूप था पाया॥

वेदविहित जीवन जन-जन का, चिर उत्कर्ष मनुज ने पाया।
शाश्वत मूल्यों की परिभाषा, को जीवन का अंग बनाया॥

नारी ने संस्कारित होकर, संस्कारों की पौध लगाई।
उसकी पावन सतत साधना, कौसल में नवयुग ले आई॥

जहाँ नारियाँ हों संस्कारित, 'रवि' वह देश शिखर चढ़ता है।
अपनी पीढ़ी के पौरुष से, नव इतिहास श्रेष्ठ गढ़ता है॥

चौदह वर्ष शत्रुहन के श्रम, ने पीढ़ी को योग्य बनाया।
जिसके ही कारण कौसल ने, अति उत्कर्ष सहज ही पाया॥

दंभ, दर्प, अभियान, अदाया, का किंचित् व्यवहार नहीं था।
असुर वृत्ति का मानव द्वारा, कहीं शेष आचार नहीं था॥

धैर्य, क्षमा, अस्तेय, ज्ञान, तप, संकल्पों का नवयुग आया।
आत्म शुद्धि, निर्भयता, लज्जा, का मानव में भाव समाया॥

सत्य, त्याग, अक्रोध भावना, मानव मन में सहज समाई।
स्वाध्यायी बनकर मानव ने, दिव्य ज्ञान की ज्योति जगाई॥

दिव्य बोध का अश्वमेध भी, सामूहिक ऋषियों ने ठाना।
भू-मंडल ने भरतभूमि को, मन से ज्ञान शिरोमणि माना॥

खग, मृग निर्भय हो वन-उपवन, नानाभाँति किलोलें करते।
मनहर कुंजन क्रीड़ा से वे, अति आनंद हृदय में भरते॥

खग मृग की अन्यान्य जातियाँ, अनुकूलन से स्वयं बढ़ी थीं।
इनकी रूप राशियाँ मानो, विधि ने निज कर स्वयं गढ़ी थीं॥

खेत खाद्य उपजाते वांछित, तरु स्वादिष्ट मधुर फल देते।
अति गुंजित सुरभित पुष्पों के, दल मानव का मन हर लेते॥

आवागमन हेतु पथ अगणित, कौसल भर में गए बनाए।
दोनों ओर सभी पथ के तरु, विटप अनेकों गए लगाए॥

कूप, बावड़ी, तालाबों की, नवल श्रृंखला गई बनाई।
और सराय धर्मशालाओं, की संख्या भी गई बढ़ाई॥

इनके निर्माणों में जन-जन, का सहयोग सतत रहता था।
सामाजिक दायित्व बोध का, भाव सभी उर में बहता था॥

अर्थ संचयन का अतिरेकित, भाव न किसी हृदय में आता।
पूर्ण आय का दसवाँ हिस्सा, सबका ही समाज हित जाता॥

राजकोष के लिए करों का, ऐसा विमल विधान हुआ था।
कब कैसे ले लिया नीर को, मेघ समान प्रमान हुआ था॥

कैसे लिया मेघ ने पानी, नहीं जान पाता है कोई।
वर्षा समय प्रसन्न हृदय से, करते सभी प्रशंसा सोई॥

राज्य करों का प्रमुदित मन से, सब करते भुगतान निरंतर।
देख चहुँमुखी वर विकास को, करते सभी प्रशंसा खुलकर॥

सीमा की चौकसी अहर्निश, करते खुद शत्रुघ्न समीक्षा।
रक्षातंत्र आयुधों की वे, समय-समय पर करें परीक्षा॥

तंत्र सूचना का विकसित कर, अति सुदृढ़ आधार बनाया।
अंतर्बाह्य सूचनाक्रम का, नियमित ही व्यवहार बनाया॥

अति विशिष्ट अभ्यासों का क्रम, सैन्य बलों में नियमित चलता।
अति दुष्करतम लक्ष्य योजना, में मिलती थी पूर्ण सफलता॥

सभी पड़ोसी राज्यों की भी, शक्ति न्यूनताएँ सब जानीं।
तंत्र व्यवस्थित तदनुसार ही, सकल योजनाएँ गुण खानीं॥

सक्रिय था सहयोग सभी का, सब शासन के अंग हुए थे।
जन-जन के सहयोग सिंधु ने, आदर्शों के शिखर छुए थे॥

अतुल साधना रिपुसूदन की, कौसल में परिवर्तन लाई।
श्रद्धा, श्रम, सहयोग, साधना, ने मूल्यों की फसल उगाई॥

राम-राज्य की श्रेष्ठ कल्पना, ने आकार लिया था वैसा।
रिपुसूदन ने वही किया था, रघुवर हृदय भाव था जैसा॥

प्रकृति हुई अनुकूल पूर्णतः, मानो रिपुसूदन पर हरसी।
ऋद्धि-सिद्धि, समृद्धि अवध में, घर-घर झूम झूमकर बरसी॥

'रवि' शशि सहित सभी नक्षत्रों, की गति लय भी सानुकूल थी।
फलतः सरिता सिंधु लहर भी, नहीं तोड़ती निज दुकूल थी।

उचित लाभ लेकर व्यापारी, करता था व्यापार अवध में।
गुणवत्ता, ईमान, समर्पण, जन-गण का व्यवहार अवध में॥

संस्कृति का संरक्षण पावन, प्रति उर का कर्तव्य बन गया।
जन-गण के चिंतन चरित्र से, मानदंड शुचि भव्य बन गया॥

राज्य सूचना तंत्र व्यवस्थित, तंत्र भूमिका हुई प्रभावी।
प्राप्त सूचना पर आधारित, रीति-नीति बनती थी भावी॥

रघुवर से संपर्क निरंतर, इसी तंत्र का सतत कार्य था।
रिपुसूदन के लिए राम का, वर विमर्श शुचि अपरिहार्य था॥

कभी-कभी शत्रुहन स्वयं भी, चित्रकूट जाया करते थे।
गुप्त भेंट क़रके विमर्श से, समाधान पाया करते थे॥

कौसल के सब समाचार सुन, राम हृदय में गद्गद होते।
अनुज साधना श्रम को सुनकर, बीज प्रशंसा के थे बोते॥

इस प्रकार शिवि! राम-राज्य के, आदर्शों को गढ़ा गया था।
धर्म, कर्म, संस्कृति की उन्नत, परिभाषा को पढ़ा गया था॥

यह आदर्शों की परिभाषा, युग-युग तक गाई जाएगी।
हर पीढ़ी की राजनीति भी, इससे पावन पथ पाएगी॥

राम-राज्य के आदर्शों को, विश्व वंद्य माना जाएगा।
रिपुसूदन की भा से भासित, उपादान जाना जाएगा॥

उमा! शत्रुहन की वर गाथा, का अब हम विश्राम करेंगे।
शुभ प्रभात में रस वर्षा से, उर में नव अभिराम भरेंगे॥

सर्ग चौदहवाँ इस धरती पर, होगा राज्य व्यवस्था पोषक।
इन आदर्शों के पालन से, नहीं रहेगा शोषित शोषक॥

राम और रिपुसूदन दोनों, नित नूतन अभियान करेंगे।
दुखी जनों के मन में श्रम से, विश्वासों का भान भरेंगे॥

सर्ग पंचदश में हे भामिनि! पूर्ण महत् घटनाक्रम होगा।
संकल्पों के लिए राम का, और शत्रुहन का श्रम होगा॥

(इतिश्री सर्ग चौदह)

सर्ग-पंद्रह

मंगलाचरण

सदा ही उपासना होती है अनिकेत भाव,
उर चेतना प्रवाह लोकहित गाता है॥
रोम-रोम व्याप्त त्याग दिव्य निर्मला विराग,
कर्मयोग श्वाँस-श्वाँस मूर्त रूप पाता है॥
होती न अभीप्सा यह लोक में प्रसिद्धि मिले,
सिद्धि अर्पिता स्वभाव भक्ति बन जाता है॥
ऐसी शुचि साधना की पुण्यतम मूर्ति आप,
शत्रुहन मातु कृपा सुख की प्रदाता है॥

★★★

इस प्रकार से हे कल्याणी, रिपुसूदन का श्रम रँग लाया।
अल्पकाल में अवध राज्य ने, अति आदर्श रूप था पाया॥

तभी उमा प्रभु महादेव से, बोलीं यह संकोच विहाई।
हे कल्याण मूर्ति शिव शंकर, मेरे मन जिज्ञासा आई॥

था अनथक श्रम रिपुसूदन का, उनका नाम नहीं क्यों आता?
सृजन अलौकिक रिपुसूदन का, क्यों फिर राम-राज्य कहलाता?

प्रिये! प्रश्न यह स्वाभाविक है, कह शिव मंद-मंद मुसकाए।
हो आनंद विभोर शंभु ने, भामिनि को कारण समझाए॥

हे शिवि! राजा जो होता है, यश-अपयश उसको ही मिलता।
जबकि राज्य का दिव्य दिवाकर, अनत साधकों से ही खिलता॥

सभी पादुका के माध्यम से, रघुवर को नृप मान रहे थे।
भरत शत्रुहन भी तो मिलकर, यह वितान ही तान रहे थे॥

क्रिया रूप से रिपुसूदन की, श्रम साधना दिव्य रँग लाई।
किंतु कृते श्रीराम उन्होंने, यह उपलब्धि अपरिमित पाई॥

और दूसरा कारण भी है, रिपुसूदन हैं जिनकी संतति।
उपासना की मूर्ति सुमित्रा, त्याग समर्पण उनकी अभिमति॥

दो बेटे अति प्रज्ञ वीर वर, साध्वि सुमित्रा ने जाए थे।
जन्मकाल से त्याग-समर्पण, की शिक्षा उनसे पाए थे॥

एक समर्पित किया राम को, एक भरत के साथ-साथ था।
एक विपिन में रामचंद्र का, एक अवध का मुख्य हाथ था॥

और सुमित्रा स्वयं जागकर, निस्पृह सबकी सेवा करती।
अपने निर्मल त्याग भाव से, श्रद्धा भाव सभी उर भरती॥

नहीं अपेक्षा कोई मन में, अपना नाम केतु लहराए।
और न किंचित् भाव हृदय में, कोई उनके यश को गाए॥

शिवि! निरपेक्ष भावना से ही, मानव परमहंस बन पाता।
इस जग में अक्षय यश पाकर, सीधा मुक्ति धाम वह जाता॥

स्वार्थ अभीप्साएँ मानव को, निश्चित ही निराश करती हैं।
और निराशाएँ जीवन में, दुख का तिमिर सदा भरती हैं॥

यदि बचना संताप ताप से, रंच न हृदय अपेक्षा पालो।
कर्म करो निष्काम भाव से, 'रवि' यह जीवन वृत्ति बना लो॥

जग जीवन का सार यही है, युग-युग से सब शास्त्र बताते।
सुधी-मनीषी सदा सर्वदा, से यह सत्य हमें समझाते॥

समझा नहीं तथ्य यह मानव, इस कारण दुख से वह मरता।
जीता सदा अपेक्षाओं में, मरते समय अपेक्षा करता॥

सिद्ध जिन्हें निष्काम भावना, परहित सदा गरल पीते हैं।
'मैं' का भाव नष्ट हो जाता, 'हम' के लिए सदा जीते हैं॥

उपासना प्रतिमूर्ति सुमित्रा, भी 'हम' की साक्षात् मूर्ति थीं।
संतापित हर एक हृदय हित, चिर औषध की सतत पूर्ति थीं॥

उनके वर संस्कार प्राप्त कर, रिपुसूदन भी बड़े हुए थे।
राम-राज्य संस्थापन करने, अटल सत्य ले अड़े हुए थे॥

उनकी भार्या धवल कीर्ति सी, साथ शत्रुहन का देती थीं।
उनके सब संताप विहँसकर, स्वयं शीश पर ले लेती थीं॥

उमा! सुनो घटना विशिष्ट जो, कर्तव्यों पर है आधारित।
निज धर्मों को तिय रिपुसूदन करती थी कैसे व्यवहारित॥

एक दिवस कौसल्या माँ जब, अर्धरात्रि निद्रा से जागीं।
छत पर देख एक परछाई, करने तर्क हृदय में लागीं॥

अर्धरात्रि में महल छत्त पर, यह है कौन सुरक्षा कैसी?
समझ नहीं आता है मुझको, आकृति लगती नारी जैसी?

स्वर था उच्च राज महिषी का, पूछा कौन अटारी पर है?
दे उत्तर तत्काल भला क्या, नहीं मृत्यु का किंचित् डर है?

ऊपर से नारी स्वर गूँजा, 'माँ! मैं हूँ श्रुतिकीर्ति आपकी'।
हूँ संलग्न धर्म में अपने, रक्षक मैं यश कीर्ति आपकी॥

रक्षक! धर्म! नहीं समझी मैं, नीचे आकर हेतु बताओ।
जाग रही क्यों साधक सी तुम, विस्तृत यह मुझको समझाओ॥

ज्यों आई श्रुतिकीर्ति सामने, चौंक गईं कौसल्या सहसा।
थी तो पुत्रवधू सम्मुख पर, वेश सैन्य अधिकारी जैसा॥

काँधे पर तूणीर हाथ में, थामा एक धनुष दुर्धर था।
कमर कृपाण बाण तरकस ज्यों, खड़ा वीर सन्नद्ध समर था॥

विस्फारित कौसल्या बोली, बेटी! यह क्यों वेश बनाया?
कहाँ पुत्र रिपुसूदन मेरा, क्या कोई संकट घिर आया?

नहीं! नहीं! माँ अवधपुरी पर, संकट भला कौन ला सकता।
परम प्रतापी तनय आपके, अवधपुरी में अरि आ सकता?

माँ तव पुत्र आर्य रिपुसूदन, गुप्त भ्रमण पर नगर गए हैं।
इसीलिए हे माँ मेरे भी, प्रस्तुत यह कर्तव्य नए हैं॥

कौन साथ में गया पुत्र के, क्या है साथ सुरक्षा पूरी?
कहाँ-कहाँ जाएगा निशि में, कितनी निश्चित यात्रा दूरी?

यह कहकर माता कौसल्या, अतिशय विचलित विकल हो गईं।
ज्ञानमूर्ति की ज्ञान रश्मियाँ, निज प्रयास में विफल हो गईं॥

लख अति विकल राजमाता को, साहस दिया वीर बाला ने।
परम प्रतापी सुत माँ तेरे, गढ़ा आर्य को माँ ज्वाला ने॥

श्रद्धेया कैकेयी माँ ने, क्रिया शक्ति का बोध कराया।
जिसके कारण आर्य वीर में, अति साहस का भाव समाया॥

माँ! लगभग प्रतिदिन ही तव सुत, भ्रमण हेतु बाहर जाते हैं।
आवश्यक सब गुप्त सूचना, अवध राज्य की वे पाते हैं॥

सूर्यवंश का रक्त प्रवाहित, माँ! तव सुत के तन होता है।
परम प्रतापी के सम्मुख माँ, सब अरिदल साहस खोता है॥

एक अकेले आर्य पुत्र तव, शत-शत का मर्दन कर सकते।
माँ वह एक अक्षुणी सेना, सदा विजय श्री को वर सकते॥

अत: आर्य की रक्षा के हित, करो न माँ तुम चिंता किंचित्।
जो कुदृष्टि देखेगी उनको, होगी वह जीवन से वंचित॥

शासन सत्य जानने के हित, वेश बदल वे घूमा करते।
गुप्त सूचना पाकर सारी, शासन में वे गुणता भरते॥

जिसके कारण अवध राज्य में, आदर्शों का युग आया है।
अपनी इस पावन वसुधा ने, नव उत्कर्ष सहज पाया है॥

माँ! पत्नी का धर्म यही है, पति के व्रत में सहयोगी हो।
पत्नी रहे योग में तत्पर, पति जब स्वयं दिव्य योगी हो॥

माँ! फिर मैं कैसे सो सकती, राष्ट्रधर्म यह माँग रहा हो।
सुनकर यह पुकार पति मेरा, लक्ष्यपूर्ति हित जाग रहा हो॥

माँ! जब जाते आर्य भ्रमण पर, छत पर मैं पहरा देती हूँ।
आर्य प्रवर की अनुपस्थिति तक, कार्य सुरक्षा का लेती हूँ॥

चकित राजमाता कौसल्या, पुत्रवधू को देख रही थीं।
सम्मुख खड़ी वीर बाला के, साहस को उर लेख रही थीं॥

बोल उठी श्रुतिकीर्ति तभी यह, समझ मातु मन की अभिलाषा।
मैंने सीखी शस्त्र विधा माँ, पढ़ी युद्ध की भी परिभाषा॥

छोटी माँ कैकेयी के सम, युद्ध मातु मैं कर सकती हूँ।
रण-कौसल से विजय पात्र में, पूर्ण सफलता भर सकती हूँ॥

पति का हाथ दाहिना हूँ मैं, यही वृत्ति मैं अपनाऊँगी।
नारि अर्ध तन होती पति का, इस यथार्थ को समझाऊँगी॥

थी श्रुतिकीर्ति अप्रतिम सुंदर, उस पर साहस, शौर्य समाया।
तेज अलौकिक पुत्रवधू का, देख मातु का उर हर्षाया॥

ममता सिंधु हृदय में उमड़ा, माँ ने श्रुति को हृदय लगाया।
अधरों से अनुराग लुटाकर, नेत्र घनों ने नीर बहाया॥

शांत हुआ जब ज्वार हृदय का, आशीषों की झड़ी लगाई।
धर्म धारणा के कारण ही, श्रुति ने यह प्रशस्ति वर पाई।

अटल रहे सौभाग्य तुम्हारा, यश की ध्वजा शीर्ष लहराए।
जो संकल्पित लक्ष्य हृदय में, सहज शत्रुहन भी पा जाए॥

यह कह माँ निज भवन सिधारी, रिपुसूदन तिय छत पर आई।
भोर हुआ तब अरुणशिखा ने, 'जागो' जब आवाज लगाई॥

उसी समय आए रिपुसूदन, श्रुति ने स्वागत किया झूमकर।
उमड़-घुमड़कर प्रेम घनों ने, प्रेम नीर बरसाया जमकर॥

भीग गए दोनों के तन-मन, योग नींद में डूब गए फिर।
सब श्रम विगत हुआ तन-मन से, हुए सभी संदर्भ नए फिर॥

इस प्रकार हे शुभे! शत्रुहन, दिवा रात्रि अनथक श्रम करते।
हर पीड़ित तक स्वयं पहुँचकर, निज प्रयत्न से पीड़ा हरते॥

सीधे जुड़े हुए जन-जन से, गुप्त भ्रमण भी वे करते थे।
स्वयं जानकर सब सच्चाई, सत्य निर्णयों में भरते थे॥

सभी कार्य आयामों की नित, क्रमशः करते गहन समीक्षा।
प्रगति, आचरण, नैतिकता की, स्वयं सतत रखते परिवीक्षा॥

दुष्ट जनों में रिपुसूदन का, भय हर समय व्याप्त रहता था।
कहाँ प्रकट कब हो जाएँगे, खल मन ही खल से कहता था॥

और भद्र जन रिपुसूदन को, सदा नीति आदर्श मानते।
निर्बल, वृद्ध और ऋषि, त्यागी, सहज मना निज हितू जानते॥

इस कारण सब प्रजाजनों का, क्रियाशील सहयोग मिला था।
अवध राज्य के शासन सर में, लोकतंत्र का कमल खिला था॥

किंतु असुरगण अवध राज्य को, अपना वैरी मान रहे थे।
अवध देव संस्कृति का पोषक, रक्ष विरोधी जान रहे थे॥

इसीलिए वे अवध राज्य की, सीमाओं में भी घुस आते।
अवध सैन्य क्षमता के कारण, सदा पराजय ही वह पाते॥

अवध राज्य की पश्चिम सीमा, पर मधुरा अतिशय बलशाली।
लवणासुर शासक मधुरा का, दुर्धर, हिंसक, कुटिल, कुचाली॥

देवि! यही मधुरा अब मथुरा, तीर्थ विश्व में कहलाता है।
प्रभु श्रीकृष्ण यहीं जन्मे थे, जिससे यह पूजा जाता है॥

इसी नगर मधुरा का शासक, नित उत्पात किया करता था।
अवध राज्य की शांति अहर्निश, क्रूर कर्म से वह हरता था॥

समाचार यह सतत आ रहे, पश्चिम सीमा असुरक्षित है।
लवणासुर की असुर शक्ति से, हर दिन होती वह लक्षित है॥

एक दिवस पश्चिम सीमा के, यूथप, नायक, ऋषिगण आए।
मिलकर रिपुसूदन को सबने, विस्तृत निज संत्रास सुनाए॥

सुनकर उनकी करुण व्यथा को, हृदय शत्रुहन का भर आया।
नयन सजल थे किंतु रगों में, था अतीव आक्रोश समाया॥

डोरे लाल हुए आँखों के, रक्तवर्ण रिपुसूदन आनन।
फड़की दाहिनि भुजा, नासिका, अति आक्रोशित उनका तन-मन॥

मुट्ठी बँधी, हृदय संकल्पित, राक्षस से मैं युद्ध करूँगा।
असुरों का आतंक मिटाकर, दुखी प्रजा की पीर हरूँगा॥

'भद्रजनों निर्भय हो जाओ, निश्चित ही आतंक मिटेगा।
मातुभूमि का संकट तम भी, पूर्ण रूप से शीघ्र हटेगा॥'

आगंतुक जन को समझाकर, नंदी ग्राम शत्रुहन आए।
पश्चिम सीमा के संकट जो, भ्राता को विस्तृत समझाए॥

उभय भ्रात ने विशद मंत्रणा, कर विचार नवनीत निकाला।
युद्ध अवश्यंभावी है अब, दोनों ने ही दृढ़ मत पाला॥

आवश्यक सब चर्चा करके, अवधपुरी रिपुसूदन आए।
विशद मंत्रणा करने के हित, शीर्ष समिति को भी बुलवाए॥

अति गंभीर समस्या सम्मुख, संस्कृति पर संकट आया था।
पश्चिम सीमा पर लवणासुर, आतंकी बनकर छाया था॥

त्राहि-त्राहि कर रही प्रजा सब, यज्ञ ध्वंस से ऋषि आहत थे।
भोगवाद का नग्न प्रदर्शन, मानदंड सब मर्माहत थे॥

थी गंभीर चुनौती सम्मुख, कैसे असुरों का मर्दन हो।
अवध सुरक्षा, संस्कृति रक्षा, का संरक्षित पावन प्रण हो॥

शीर्ष समिति में रिपुसूदन ने, तर्क अनेक अकाट्य दिए थे।
अपने चिंतन के सँग सबके, चिंतन एकाकार किए थे॥

रिपुसूदन का यह अभिमत था, असुरों का हो पतन सुनिश्चित।
सत्य, सनातन, संस्कृति के सँग, अवध रहेगा पूर्ण सुरक्षित॥

शठता से ही शठ सुधरेगा, मंत्र हमें दोहराना होगा।
शठ से विनय, कुटिल से प्रीती, का व्यवहार भुलाना होगा॥

अपनी सत्य सनातन संस्कृति, निश्चित अधिक उदारमना है।
किंतु इसी अतिरेक भाव से, संकट का तम बहुत घना है॥

दया, क्षमा, करुणा, ममता सब, सद्पात्रों के लिए बने हैं।
पर कुपात्र पर यह गुणता ही, लाती संकट बहुत घने हैं॥

असुरों को पद दलित किए बिन, धर्म सुरक्षित नहीं रहेगा।
उनके बढ़ते अनाचार को, जन-जन क्योंकर और सहेगा?

अतः समर अब आवश्यक है, तभी असुर आतंक मिटेगा।
लवणासुर के मर्दन से ही, अनाचार का पंक मिटेगा॥

निर्भय रहें प्रजा जन सारे, शासन का यह परम धर्म है।
रहे राज्य में शांति व्यवस्था, सत्ता का यह प्रमुख कर्म है॥

इसीलिए मानद जन मुझको, युद्ध हेतु आदेश सुनाएँ।
और युद्ध का चिंतन करके, भावी सब रणनीति बनाएँ॥

तभी भरत ने कहा, अनुज प्रिय, मैं संग्राम हेतु जाऊँगा।
लवणासुर को हरा युद्ध में, विजय पताका लहराऊँगा॥

रिपुसूदन ने भरत चरण गह, कहा भ्रात यह अवसर मेरा।
आप वीतरागी हैं मन से, रखें ग्राम नंदी ही डेरा॥

यद्यपि आप असुर को निश्चित, धूल चटा सकते निज बल से।
किंतु अनुज यदि है समर्थ तो, अग्रज युद्ध करें क्यों खल से?

गुरु वसिष्ठ ने वार्ता का तब, सूत्र स्वयं के हाथ ले लिया।
'उचित शत्रुहन का कहना है,' कह मानो परिणाम दे दिया॥

एक राय से सभी सदस्यों, ने इस पर सम्मति जतलाई।
शीर्ष समिति से रिपुसूदन ने, मनवांछित आज्ञा थी पाई॥

शीर्ष समिति के प्रस्तावों को, रखा गया फिर राज्य सभा में।
सबकी प्रज्ञा से आलोकित, वृद्धि हुई थी नीति प्रभा में॥

सबने रिपुसूदन की मुखरित, की थी रण कौसल अनुशंसा।
प्रखर बुद्धि, बल, विक्रम, साहस, की सबने की मुखर प्रशंसा॥

सुनकर परम प्रशंसा सुत की, माताएँ उर हर्षित भारी।
लख श्रुतिकीर्ति विभोर हृदय अति, तन-मन की सुधि बुधि सब हारी॥

सभा मध्य फिर रिपुसूदन ने, कहा परीक्षा की घड़ियाँ हैं।
धैर्य और साहस दोनों ही, विजय माल की दो लड़ियाँ हैं॥

आज सभी से यही अपेक्षा, इन दोनों को भरें हृदय में।
जिससे शुचि सहयोग मिलेगा, अवध राज्य के नवल उदय में॥

युद्धकाल में सभी स्वयं का, पूर्ण रूप कर्तव्य निभाएँ।
कहीं न हो अवरोध कार्य में, निर्भय वातावरण बनाएँ॥

अतिशय सावधान हो सबको, नेत्र खुले नित रखने होंगे।
शत्रु मित्र इस युद्ध काल में, निश्चित हमें परखने होंगे॥

उत्तर, दक्षिण, पूर्व दिशा की, सीमाओं पर रहे सजगता।
गुप्तचरों की क्रिया शक्ति में, लाई जाए और प्रखरता॥

जो भी मित्र हमारे भूपति, नरपति इसमें जोड़े जाएँ।
अपने विश्वासी कुछ सैनिक, उनके सँग भी छोड़े जाएँ॥

इन सीमाओं पर सेना की, वांछित टुकड़ी करें सुरक्षा।
नगर ग्राम की रक्षा टोली, अंदर अवध करें प्रतिरक्षा॥

जिन ब्राह्मण, क्षत्रिय युवकों की, गुरुकुल दीक्षा पूर्ण हुई है।
व्यवहारों से शस्त्र ज्ञान की, अग्नि परीक्षा पूर्ण हुई है॥

ऐसे युवकों को पंजीकृत, कर अभ्यास कराया जाए।
नियमित और अनियमित सेना, का वर अंग बनाया जाए॥

ताकि युद्ध हित अल्प समय में, सिद्ध सभी को किया जा सके।
आवश्यक होने पर सबसे, सैन्य कार्य भी लिया जा सके॥

वनवासी युवकों को भी हम, सेना में भरती करवाएँ।
योग्य प्रशिक्षण देकर उनको, तंत्र सूचना का विकसाएँ।

आवश्यक रथ, हय, गज हमको, और सम्मिलित करने होंगे।
अस्त्र-शस्त्र भी अधुना युग के, सेना में अब भरने होंगे॥

इन सबके ही लिए आपके, अनुमोदन की प्रत्याशा है।
निर्णय के अधिकार मुझे हों, राज्य सभा से यह आशा है॥

रिपुसूदन की समर योजना, सभा सदस्यों को अति भाई।
राज्य सभा ने प्रस्तावों पर, स्वीकृति यथानुरूप जताई॥

जुटे समर की तैयारी में, राज्य सभा का पा अनुमोदन।
रण-संबंधी अधिकारों के, सर्व शक्ति संपन्न शत्रुहन॥

सेनापतियों की बैठक कर, सर्व सिद्ध योजना बनाई।
मुख्य सैन्यपति रिपुसूदन को, पा सेना में ऊर्जा आई॥

उत्साहित सेनापति नायक, एक-एक सैनिक उत्साहित।
जन-जन के मन में रिपुसूदन, रिपुसूदन मन राम समाहित॥

आगामी रण की तैयारी, एक मास में पूर्ण हो गई।
रिपुसूदन की अद्‌भुत क्षमता, भावी जय के बीज बो गई॥

युवक असंख्य शस्त्र के ज्ञाता, समरांगण के भी वर ज्ञानी।
हुए सभी सेना में शामिल, विजय सुनिश्चित मन में ठानी॥

ऋषियों ने वर्षों के तप से, प्राप्त सभी दिव्यास्त्र दे दिए।
समर भूमि में युद्ध योजना, के अनुभूतित शास्त्र दे दिए॥

सभी मित्र राजाओं ने भी, अपने रणबाँकुरे दिए थे।
युद्ध हेतु वर संसाधन जो, रिपुसूदन को अर्पि किए थे॥

चतुरंगिणी अवध की सेना, समर हेतु तैयार हुई थी।
वरद अजेय शक्ति संयोजित, उत्साही अभिसार हुई थी॥

किंचित् भी त्रुटि नहीं रही थी, पूर्ण सुसज्जित अवध वाहिनी।
बजने लगी युद्ध रणभेरी, लगीं फड़कने भुजा दाहिनी॥

माताएँ, पत्नियाँ, भगिनि अति, उत्साहित हो तिलक कर रहीं।
आन दिलाकर निजता की वे, रग-रग में उत्साह भर रहीं॥

सब माताएँ कोख, दूध की, लाज याद करवातीं सुत को।
पत्नी आन माँग की माँगे, कर संकल्पित करवा व्रत को॥

राखी बाँध भ्रात के कर में, भगिनि विजय का वचन माँगती।
पुरखों का गुण रक्त याद कर, संकल्पों का सुमन माँगती॥

रिपुसूदन की माताओं ने, भी प्रमुदित आरती उतारी।
अक्षत, रोली लगा भाल पर, कवच अशीष उढ़ाया भारी॥

कैकेयी माँ ने रण के गुर, हर्षित हो सुत को समझाए।
व्यूह योजना के रहस्य भी, रिपुसूदन को विशद बताए॥

ले आशीष मातु त्रय से फिर, रिपुसूदन निज भवन पधारे।
जहाँ किया स्वागत भामिनि ने, मंगल कलश शीश पर धारे॥

रोली, अक्षत सजा भाल पिय, प्रमुदित सैन्य वेश पहनाया।
कवच व्यवस्थित, बाँध कमर असि, काँधे पर तूणीर सजाया॥

करके मुदित आरती तिय ने, सूर्य वंश की कीर्ति सुनाई।
साक्षी करके कुल मर्यादा, फिर दी अपनी प्रेम दुहाई॥

लेकर वचन वीर पति से श्रुति, बोलीं अति अनुरागित वाणी।
माँग रही मैं वचन विजय का, माँगे मातृभूमि कल्याणी॥

माँग कर रही है संस्कृति भी, यही धर्म की भी पुकार है।
यही माँगता राष्ट्र आपसे, यही समय का भी विचार है॥

काल भाल पर लिखो पिया तुम, ऐसी अद्‌भुत अमिट कहानी।
युगों-युगों तक गाई जाए, तव यशगाथा जन कल्याणी॥

कहते-कहते श्रुति नेत्रों ने, भावावेशित अश्रु बहाए।
भावोद्रेक शत्रुहन मन में, भुजा बाँध तिय हृदय लगाए॥

बोली तब श्रुतिकीर्ति आर्य हे!, युद्ध भूमि में रहूँ संग में।
यदि आदेश आपका पाऊँ, साथ निभाऊँ समर रंग में॥

रण विद्या सीखी है मैंने, युद्ध भयंकर कर सकती हूँ।
निज रण कौसल से अरिदल में, त्राहि-त्राहि मैं भर सकती हूँ॥

सुन वाणी श्रुतिकीर्ति तिया की, रिपुसूदन मन बलि-बलि जाए।
चिबुक प्यार से गह हाथों में, रिपुसूदन निज ओर घुमाए॥

बोले, मुझे गर्व हे भामिनि! किंतु आज दायित्व तुम्हारा।
मेरी अनुपस्थिति में श्रुति तुम, बनो राज्य का सबल सहारा॥

माताओं के साथ उर्मिला, भाभी की सेवा करनी है।
हे भामिनि! जन-गण में तुमको, विश्वासी ऊर्जा भरनी है॥

एक वीर सेनानी के सम, नगर-महल की रक्षा करना।
न्यायमूर्ति बन न्याय प्रक्रिया, में तुम सत्य भावना भरना॥

संदेशों के माध्यम से हम, सतत परस्पर जुड़े रहेंगे।
राष्ट्र धर्म के लिए प्रिये अब, यह वियोग हम विहँस सहेंगे॥

यही कार्य दायित्व उभय का, अपना-अपना धर्म निभाएँ।
सूर्य वंश की यश गरिमा का, केतु गगन तक हम लहराएँ॥

हे प्राणेश्वरि! निश्चित ही मैं, लवणासुर को संहारूँगा।
रखना तुम विश्वास हृदय में, विजय सुनिश्चित ही धारूँगा॥

मैंने दिया विजय का वर है, तुमको भी हामी भरनी है।
निज कर्तव्य निभाओगी तुम, आज प्रतिज्ञा यह करनी है॥

ऐसा कहकर रिपुसूदन ने, निज कर तिय की ओर बढ़ाया।
'वचन दिया यह पति परमेश्वर', कह निज कर पति हाथ थमाया॥

हुए पूर्ण निश्चिंत शत्रुहन, तिय की वरद प्रतिज्ञा सुनकर।
हृदय हुआ आश्वस्त पूर्णतः, श्रुति की क्षमताओं को गुनकर॥

चरण धूलि पति की माथे रख, श्रुति ने फिर आशीष लिया था।
उर में पीर वियोग छुपाए, हँसकर पति को विदा किया था॥

रथ तक गई छोड़ने पति को, वहाँ सभी माताएँ आईं।
आनन पर मुसकान सभी के, उर में किंतु पीर की झाँईं॥

माताओं की चरण वंदना, की रिपुसूदन ने सिर रखकर।
कोटि-कोटि आशीष हृदय से, दिए मातु त्रय ने सुत लखकर॥

वहाँ उपस्थित गुरु वसिष्ठ अरु, गुरुमाता भी साथ खड़ी थीं।
माताएँ वधुओं को लेकर, गुरु के वंदन हेतु बढ़ी थीं॥

गुरु, गुरुमाता को रिपुसूदन, ने वीरोचित नमन किया तब।
'विजयी भव' कहकर दोनों ने, मंगलमय आशीष दिया तब॥

सभी सचिव गण भी समुपस्थित, एक-एक से मिले शत्रुहन।
चर्चा में कर्तव्य बोध लख, अंतर्मन में खिले शत्रुहन॥

तत्पश्चात् शत्रुहन रथ पर, चढ़े अस्त्र-शस्त्रों को जाँचा।
बैठ, बंदकर नेत्र, जोड़ कर, मंगल मंत्र हृदय में बाँचा॥

था रथ, दिव्य, अभेद्य, अलौकिक, डाह शिल्प भी जिससे करता।
जिसे देख अरि के सीने में, भय का सागर स्वयं लहरता॥

श्वेत अश्व से वाहित रथ वह, युद्ध हेतु था गया बनाया।
नृप दशरथ ने स्वयं इंद्र से, भेंट स्वरूप जिसे था पाया॥

उसी आलौकिक रथ पर चढ़कर, समर हेतु शत्रुहन जा रहे।
हो आरूढ़ दिव्य रथ पर वे, शोभा इंद्र समान पा रहे॥

नाम याद कर रिपुसूदन का, अरिदल सिहर-सिहर जाते थे।
सम्मुख आएँ जब रिपुसूदन, भय से अर्ध मृत्यु पाते थे॥

स्वयं सुमंत सारथी रथ के, अतुलित बुद्धि समाहित जिनमें।
अद्‌भुत रथ संचालन क्षमता, युद्ध चतुरता संचित मन में॥

अतुलनीय संयोग स्वयं ही, भावी रण-परिणाम दे रहा।
विजय वरण के लिए मुखर हो, रिपुसूदन का नाम ले रहा॥

जैसे ही रथ हुआ अग्रसर, सगुन हुए सब मंगलकारी।
धेनु वत्स को दूध पिलाती, मंगल कलश शीश धर नारी॥

हाट वीथिका, छत, चौराहे, भरे हुए थे अगणित जन से।
जय-जयकार कर रहे भारी, बरसाते वे सुमन सुमन से॥

कोई गाए विरुदावलियाँ, कोई मंगल गीत गा रहे।
आज असुर का मर्दन करने, उनके प्रिय शत्रुहन जा रहे॥

सेना के प्रस्थान मार्ग पर, जगह-जगह स्वागत का क्रम था।
विजय हेतु विश्वास सभी में, नहीं मनों में किंचित् भ्रम था॥

उत्साहित अगणित नर-नारी, सेना की कर रहे आरती।
सुमनों की बरसात हो रही, परम प्रफुल्लित दिव्य भारती॥

मार्ग किनारे खड़े पंक्ति में, अगणित शंख बजाते ऋषिगण।
सिद्ध स्वरों से वेद ऋचाएँ, तन्मय हो दोहराते ऋषिगण॥

पहुँचे नंदी ग्राम सभी जब, वहीं रात्रि में शिविर लगाया।
भरत सभी की चिंता करते, सबके हृदय नेह भर आया॥

निशि में भरत संग चर्चा हित, सेनापति सब गए बुलाए।
नियत समय पर सभी सैन्यपति, निश्चित सभा भवन में आए॥

रिपुसूदन ने राज्य प्रमुख से, सबका परिचय विशद कराया।
किसका क्या दायित्व युद्ध में? भ्रात भरत को सब समझाया॥

युद्ध योजना की आख्या सब, पुनर्समीक्षा हेतु बताई।
आज भरत वर के समक्ष भी, सब रणनीति युद्ध की आई॥

आंशिक संशोधन कर उसमें, सर्व समर्थित बनी योजना।
परम प्रफुल्लित भरत देखकर, अनुज गुणों को देव शोभना॥

साहस और योजना दोनों, का अद्भुत संगम मन भाया।
जिसके कारण भरत हृदय में, विश्वासों का सिंधु समाया॥

गए भरत के निजी कक्ष में, शयन हेतु फिर दोनों भाई।
बहुविधि चर्चा हुई उभय में, दोनों हृदय प्रीति बढ़ आई॥

प्रातकाल मज्जन अर्चन कर, सेनाओं ने कूच किया था।
था अतीव उत्साह सभी में, सबका अतिशय मुदित हिया था॥

संकल्पित थे हृदय सभी के, उस पर नायक वीर शत्रुहन।
असुरों से टक्कर लेने हित, रोमांचित थे सबके तन-मन॥

ग्राम-ग्राम अरु डगर-डगर में, खड़ी भीड़ दिन-रात न देखे।
वीर सैनिकों की सेवा कर, रिपुसूदन की छवि उर लेखे॥

सात दिवस की यात्रा करके, मथुरा सीमा जब नियराई।
अवध वाहिनी बढ़ आई है, यह सूचना असुर ने पाई॥

मथुरा में मच गई खलबली, खल ने सेनापति बुलवाया।
सेना हो तैयार युद्ध हित, करे कूच आदेश सुनाया॥

गुप्त सूचना तंत्र प्रमुख को, लवणासुर ने दोषी माना।
बंदी गृह में डाल उसे फिर, बुना युद्ध का ताना-बाना॥

कर पाए विद्रोह न कोई, ऐसा वातावरण बनाया।
अगणित निर्दोषों को उसने, सार्वजनिक फाँसी लटकाया॥

क्रोधवंत लवणासुर तत्क्षण, शून्य विवेक हुआ सहसा था।
अवध वाहिनी के आने से, हुआ पूर्ण पागल जैसा था॥

उमा! क्रोध पापों की जड़ है, वह विवेक को हर लेता है।
निश्चित ही क्रोधित मानव को, बढ़ा कुपथ पर ही देता है॥

यही घटित हो रहा असुर पर, रक्त-पिपासु बनाया उसको।
काट-काटकर उसे फेंकता, संदेहों में पाता जिसको॥

उमा! आज विश्राम कथा का, कल संदर्भ नए आएँगे।
चित्रकूट से श्रीलंका तक, रघुवर की यात्रा गाएँगे॥

सर्ग पंद्रहवाँ भानु वंश के, त्याग समर्पण को गाता है।
रामराज्य के संस्थापक का, मुख दर्पण सा दिखलाता है॥

सर्ग पंद्रहवें का पारायण, ज्ञान कोष मन के खोलेगा।
जन-जन का पाएगा आदर, सार सर्ग का जो बोलेगा॥

सर्ग सोलहवाँ राम कथा को, पंचवटी तक ले जाएगा।
नित्य पाठ करनेवाला 'रवि', मानव राम भक्ति पाएगा॥

(इतिश्री सर्ग पंद्रह)

सर्ग-सोलह

मंगलाचरण

मेरे निंदियारे नेत्र खोलती रहो हे मातु,
कहीं मैं प्रमादी बन लेखनी न छोड़ दूँ।
आपने जो दिव्य भव्य दी हैं निज प्रतिभाएँ,
लोकहित भावना से सबको ही जोड़ दूँ।
कलुष कलंक यदि ग्रसे मन-मानव को,
शब्द शक्तियों से शीश उनका मरोड़ दूँ।
वीणा-पाणि तव कृपा मिल जाए 'रवि' को तो,
नवरस भावसुधा काव्य में निचोड़ दूँ॥

★★★

शुभे! आज जो मथुरा नगरी, त्रेता में मधुरा कहलाती।
एक स्वतंत्र राज्य था मधुरा, मान राजधानी का पाती॥

मधुरा का राजा लवणासुर, क्रूर और हिंसक शासक था।
क्रोधी, कामी, कुटिल, कुचाली, असुरों का वह प्रतिपालक था॥

अवध राज्य की सीमाओं में, घुसकर वह उत्पात मचाता।
मार-काट कर, लूटपाट से, त्रास प्रजाजन को पहुँचाता॥

ऋषि-मुनियों की सतत साधना, में अशांति पैदा करता था।
किंचित् भी प्रतिकार हुआ तो, क्षण में प्राण सहज हरता था॥

धीरे-धीरे शक्ति असुर की, अवध हेतु संकट बन छाई।
ऋषि-मुनि और प्रजाजन ने भी, रक्षा करो गुहार लगाई॥

इस कारण ही अवध वाहिनी, रिपुसूदन के साथ बढ़ी थी।
मधुरा की सीमा पर आकर, युद्ध हेतु सन्नद्ध खड़ी थी॥

यमुना तट पर रिपुसूदन ने, सेना की छावनी बनाई।
असुरों की सेना में सहसा, क्या अब करें भावना आई॥

लवणासुर जल रहा क्रोध में, अपनों का ही रक्त बहाता।
जिस पर भी संदेह हुआ तो, उसको तत्क्षण ही मरवाता॥

चित्रकूट में राम, लखन, सिय, ऋषियों के सम जीवन जीते।
क्षुधा मिटाते कंदमूल, फल, शुचि मंदाकिनि का जल पीते॥

आश्रम में अगणित ऋषि-मुनि गण, साथ वृद्ध कुलपति रहते थे।
उनके साथ लखन, सिय, रघुवर, तप के कष्ट मुदित सहते थे॥

किंतु कुछ दिनों से आश्रम के, ऋषि-मुनि कुछ बदले से लगते।
कुलपति भी सिय, राम, लखन से, व्यवहारों में दूरी रखते॥

ज्यों आभास हुआ रघुवर को, अति विनम्र कुलपति से बोले।
हम तीनों से भूल हुई क्या, तथ्य कहें जो भी अनबोले॥

सुनकर वाणी रघुनंदन की, कुलपति ने यह गिरा उचारी।
भला भूल उनसे हो सकती, जो हों वर-विवेक आचारी॥

राम! एक भय व्याप्त सभी में, खर नामक राक्षस मायावी।
रहता यहीं पास के वन में, करता वह उत्पात प्रभावी॥

ऋषि-मुनियों के यज्ञ आदि में, विघ्न डालता है वह प्रतिदिन।
कब हर लेगा प्राण किसी के, भय रहता यह पल-पल, छिन-छिन॥

कभी विटप में बाँध किसी को, निर्दयता से पीटा करता।
कभी नखों को खींच घाव में, नमक मिर्च वह हँस-हँस भरता॥

कभी किसी को बाँध, पेड़ पर, उलटा लटकाया करता है।
अंग भंगकर कभी किसी के, जीवन में वह तम भरता है॥

देख तड़पते हुए किसी को, अट्टहास शठ करता ऐसे।
हुई अभीप्सापूर्ण अन्यथा, मिली प्रतीक्षित निधि हो जैसे॥

सत्य सनातन संस्कृति का यदि, कोई अनुयायी मिल जाता।
निश्चित ही खर राक्षस द्वारा, मर्मांतक पीड़ा वह पाता॥

रंचमात्र भी शक्ति किसी की, कभी नहीं वह बढ़ने देता।
अपना वैरी मान उसे वह, तुरत प्राण उसके हर लेता॥

आप रह रहे इस आश्रम में, यह संदेश मिला है खर को।
शीघ्र करेगा यहाँ आक्रमण, रोके कौन भला इस डर को॥

इसीलिए यह ऋषि-मुनि सारे, भय से पीले पड़े हुए हैं।
प्राण बचाएँ चले यहाँ से, इस पर ही सब अड़े हुए हैं॥

हे रघुनंदन! मुझको भी अब, यह प्रस्ताव उचित लगता है।
चलें सुरक्षित अन्य जगह पर, किसी समय वह आ सकता है॥

राम! साथ में चलें आप सब, नहीं सुरक्षित यह आश्रम है।
होगा यहाँ आक्रमण निश्चित, नहीं रंच भी कोई भ्रम है॥

सुनकर गिरा वृद्ध कुलपति की, रघुनंदन ने हृदय विचारा।
नहीं रोकना उन्हें उचित है, जिसका साहस भय से हारा॥

राम, लखन, सिय, ने ऋषियों को, श्रद्धा से फिर विदा कर दिया।
किंतु राम के उर घटना ने, एक नवीन विचार भर दिया॥

चित्रकूट में रहकर क्या हम, निज प्रण पूरा कर पाएँगे?
कर अधर्म का नाश विश्व में, धर्म धारणा भर पाएँगे?

रावण सहित प्रमुख असुरों का, मर्दन है उद्देश्य हमारा।
असुर चेतना को विनष्ट कर, बनूँ धर्म का सबल सहारा॥

उधर अवध के समाचार भी, हैं उत्साहित करनेवाले।
उभय भ्रात अब अवध राज्य में, शुभ प्रतीति ही भरनेवाले॥

अतः सुनिश्चित विशद योजना, पर ही कदम बढ़ाने होंगे।
उसके ही अनुरूप निरंतर, लक्ष्य नए नित पाने होंगे॥

करके विशद विचार राम ने, सिय लक्ष्मण को भी समझाया।
जान पूर्ण प्रस्ताव राम का, दोनों का ही हिय हर्षाया॥

अपने हृदय स्वयं रघुवर ने, सब भावी संकल्प गढ़े थे।
उसके ही अनुसार लखन सिय, के सँग पथ पर कदम बढ़े थे॥

मिला मार्ग में पावन आश्रम, तपस्थली उसको कहते थे।
प्राणिमात्र के हित में तत्पर, मुनिवर अत्रि वहाँ रहते थे॥

उनके साथ तपी भार्या थीं, आश्रम में ममता की सागर।
नाम पुण्य अनुसुइया उनका, शास्त्रों की अतिशय वे नागर॥

चित्रकूट से चलकर रघुवर, इसी अत्रि आश्रम में आए।
यहाँ लखन, सिय रघुनंदन ने, तपोमूर्ति के दर्शन पाए॥

स्वयं खड़े थे ऋषि स्वागत में, जिनकी सिद्धि करे अगवानी।
शीश झुकाते निशदिन जिनको, साधक, मुनि, ज्ञानी, विज्ञानी॥

'राम, लखन, सिय अभिनंदन है', अर्घ्य, पाद्य, स्वीकार करो अब।
आश्रम का आतिथ्य ग्रहण कर, सबके मन आनंद भरो अब॥

स्वागत वाणी सुनि मुनिवर की, ऋषि को नमन किया तीनों ने।
सत्कारे ऋषि ने अति नेहित, शुभ आशीष लिया तीनों ने॥

तभी अत्रि मुनि ने भार्या को, मुदित, मुखर आवाज लगाई।
देवि! तपी अनसुइया! देखो, बेटी निज आश्रम में आई॥

बेटी! कौन? कहाँ? कह, विस्मित, अनसुइया जब बाहर आईं।
राम, लखन, सिय की छवि लखकर, उर में अति ममता भर लाईं॥

मुनि से परिचय पा अनसुइया ने, सीता को गले लगाया।
उभय हृदय ने आत्मतत्त्व का, स्वाभाविक अवलंबन पाया॥

अनुपम भूषण, वसन सिया को, माँ अनसुइया ने पहराए।
अतुलित छवि सीता की लखकर, सुंदरता भी स्वयं लजाए।

अति वृद्धा थी माँ अनसुइया, केश श्वेत आनन तेजस्वी।
सतत साधना से तन जर्जर, हृदय किंतु परिपूर्ण मनस्वी॥

ऋषि पत्नी ने निज हाथों से, अति रुचि से भोजन करवाया।
तृषित हृदय ने मानो सहसा, गहन सिंधु ममता का पाया॥

बहुत रात तक ऋषि, ऋषि पत्नी, रहे लुटाते ममता सागर।
राम, लखन, सिय मुदिय हृदय अति, भावी नीति सूत्र को पाकर॥

प्रातः चले योजना पथ पर, ऋषि समूह के आश्रम आए।
देख अतीव प्रगट सुंदरता, तीनों के मन अति हर्षाए॥

यज्ञ, होम, साधना, ज्ञान का, आश्रम रूप दिखाई देता।
नैतिकता, श्रद्धा से पूरित, उर को आकर्षित कर लेता॥

स्वागत करके ऋषि समूह ने, असुरों के संदर्भ सुनाए।
रघुनंदन ने भी मुखरित स्वर, शब्द प्रतिज्ञा के दोहराए॥

सुनकर राम प्रतिज्ञा फिर से, ऋषिगण सब आश्वस्त हो गए।
कथन, उपकथन, ऋषि, रघुनंदन, भविष्यता के बीज बो गए॥

कर विश्राम उसी आश्रम में, भोर अग्रसर हुए राम थे।
मध्य सिया अति शोभित होती, पीछे लक्ष्मण धन्य धाम थे॥

आए फिर अति भीषण वन में, जिसे सभी दंडक वन कहते।
हिंसक, पशु, राक्षस, विषधर भी, जहाँ प्रचुर मात्रा में रहते॥

चले कोस भर दंडक वन में, असुर विराध सामने आया।
यद्यपि था गंधर्व श्राप ने, उसको दुर्धर असुर बनाया॥

शापित होकर भी कुबेर से, तप के द्वारा शक्ति पा गया।
नहीं मरेगा शस्त्रों द्वारा, इससे बन आतंक छा गया॥

उसने झपट उठाई सीता, राम-लखन उर क्रोध समाया।
मल्ल युद्ध में अति दुर्धर को, दोनों ने फिर मार गिराया॥

शापमुक्त हो गया स्वर्ग में, मुक्ति अकल्पित उसने पाई।
हुए अग्रसर योजित पथ पर, लक्ष्मण, सिया और रघुराई॥

आए वे शरभंग आश्रम, विस्मय हुआ देख अति भारी।
स्वयं इंद्र, रथ सहित उपस्थित, आनन भाव लिए मनुहारी॥

देवराज के संग वहाँ पर, देव अनेकों थे समुपस्थित।
पुण्यात्मा शरभंग मुदित मन, थे अपने आसन पर संस्थित॥

वहीं रोककर लखन सिया को, रघुनंदन आश्रम में आए।
देख राम को, इंद्र, देवगण, तत्क्षण सब आश्रम से धाए॥

कर प्रणाम पूछा रघुवर ने, हे मुनि! सुरपति क्यों आए थे?
मुझे देख तत्काल यहाँ से, इंद्र भला क्यों कर धाए थे?

दे आशीष राम को मुनिवर, बोले मैंने तप-फल पाया।
ब्रह्म लोक से इस कारण ही, देव समूह बुलाने आया॥

समाचार मिल गया मुझे था, आश्रम में प्रभु आनेवाले।
रुका इसी से नहीं गया मैं, दर्शन की अभिलाषा पाले॥

देख लिया प्रभु को सुरपति ने, इसीलिए आश्रम से धाए।
किंतु इंद्र के मुखरित स्वर यह, हम सब ऋषिगण को अति भाए॥

''मुनि देखो! वह राम आ रहे, मैं तत्काल अभी जाऊँगा।
प्रण जब पूरा होगा उनका, दर्शन हेतु पुनः आऊँगा॥''

आज्ञा पा फिर मुनि की रघुवर, लखन सिया को भी ले आए।
किया प्रणाम उभय ने मुनि को, शुभाशीष मुनिवर से पाए॥

आज्ञा पाकर तीनों ही तब, आसन पर मुनि सम्मुख बैठे।
ज्यों पुण्यात्मा के समक्ष ही, ब्रह्म लोक के सब सुख बैठे॥

मुनि शरभंग मुदित तब बोले, पूर्ण हुई मन की अभिलाषा।
हे नरश्रेष्ठ! हुए तव दर्शन, किंचित् उर अब नहीं पिपासा॥

अक्षय लोक विजय का फल मैं, हे प्रभु आज यहीं पाऊँगा।
धर्म परायण, नर पुंगव के, सम्मुख ब्रह्म लोक जाऊँगा॥

तभी राम ने कहा विनत हो, हे मुनिवर! ऐसा ही होगा।
जो मुनीन्द्र की इच्छा होगी, निश्चित सब वैसा ही होगा॥

किंतु एक गंभीर समस्या, जिसका हल मुनि हमें बताएँ।
रहूँ जहाँ संकल्प पूर्ति हित, ऐसा केतन आप सुझाएँ॥

सुन रघुनंदन की प्रिय वाणी, मुनि शरभंग सजग तब बोले।
नेत्र बंद कर चिंतन करके, मुनि ने अधर इस तरह खोले॥

हे! पुरुषोत्तम, सुनो यहाँ से, थोड़ी दूर दिव्य आश्रम है।
वही प्रवास हेतु अति उत्तम, जो मुनिवर सुतीक्ष्ण का श्रम है॥

इस रमणीक अरण्य प्रांत में, आश्रम एक व्यवस्थित सुस्थित।
वीर लखन भार्या सीता सँग, वहीं रहोगे पूर्ण सुरक्षित॥

तव निवास की ऋषि सुतीक्ष्ण ही, पूरी चिंता कर पाएँगे।
हे नरश्रेष्ठ! आप भी प्रण में, पूर्ण सफलता भर पाएँगे॥

रघुनंदन है समाधान यह, अब अनुकंपा दान मुझे दो।
पुण्य प्रयाण के बनो साक्षी, हे नर पुंगव! मान मुझे दो॥

सहमति में सिर हिला राम का, ऋषि ने अग्नि विमान सजाया।
अनल प्रज्ज्वलित कर, घृत आहुति, देकर वेद मंत्र दोहराया॥

निज जर्जर काया को ऋषि ने, फिर कर दिया अग्नि को अर्पित।
भस्म हो गई जर्जर काया, दिव्य कुमार हो गया प्रगटित॥

अग्नि राशि के ऊपर उठकर, युवा रूप ऋषि शोभित होते।
ब्रह्म लोक पहुँचे सीधे ही, परम सिद्ध जो स्वप्न सँजोते॥

तदनंतर धर्मज्ञ राम से, भेंट हेतु अगणित मुनि आए।
ऋषियों ने समूह में आकर, असुरों के अन्याय सुनाए।

ऋषि-मुनियों ने विविध भाँति तब, शौर्य प्रशंसा की रघुवर की।
हो अनाथ के नाथ ताप हर, गाकर महिमा सीता वर की॥

असुरों के अत्याचारों की, ऋषियों से सुन करुण कहानी।
रग-रग में अति क्रोध समाया, बहने लगा दृगों से पानी॥

करुणा सिंधु राम का तत्क्षण, हृदय अतीव विदीर्ण हो गया।
'निशिचर हीन करूँगा वसुधा', का प्रण अति विस्तीर्ण हो गया॥

भुजा उठाकर रघुनंदन ने, अपना प्रण फिर से दोहराया।
जय-जयकार भरा नभमंडल, ऋषियों का कुल अति हर्षाया॥

थी मुसकान सभी के आनन, देव मांगलिक वाद्य बजाते।
शंखद्ध्वनि का तुमुल घोष था, तरु अरु लता पुष्प बरसाते॥

कमल समान खिले ऋषि, मुनिवर, निर्मल, शांत किनारा पाया।
रघुनंदन का मुखरित प्रण स्वर, अमिय समान सुजन को भाया॥

ऋषि-मुनि, साधक, ब्राह्मण जन से, जो मंगल सत्कार मिला था।
लखन, सिया अरु रघुनंदन के, उर आनंद प्रसून खिला था॥

रात्रि किया विश्राम वहीं पर, भोर गमन की बेला आई।
राम, लखन, सिय की आश्रम से, हुई भावनापूर्ण विदाई॥

ऋषि शरभंग निदेशित पथ ही, यात्रा हेतु गया अपनाया।
मुनि सुतीक्ष्ण के शुभ दर्शन का, मत रघुनंदन के मन भाया॥

साथ चल पड़े अनगिन ब्राह्मण, युवा तपी परिव्राजक आए।
असुरों के संदर्भ क्रूरतम, सबने रघुपति को बतलाए॥

गिरि, कानन, सरिता बाधाएँ, लाँघ सभी आए ऋषि आश्रम।
तेजपुंज, साधक सुतीक्ष्ण के, दर्शन कर सब हुए विगत श्रम॥

ध्यान मग्न, पद्मासन में वे, अटल दिव्य प्रतिमूर्ति लग रहे।
अति सुपात्र साधक के मन की, अतुल साधना पूर्ति लग रहे॥

ऋषिवर के सम्मुख जाकर तब, सबने किया प्रणाम निवेदित।
फिर गंभीर गिरा में ऋषि से, किया राम ने नाम निवेदित॥

हे धर्मज्ञ महर्षि, 'राम मैं', तव दर्शन के हित आया हूँ।
तिया, अनुज, धर्मज्ञ अनेकों, मन संकल्प साथ लाया हूँ॥

चौंक सुतीक्ष्ण महामुनि ने तब, चिर अभिलाषी आँखें खोलीं।
बाँधा आलिंगन में प्रभु को, शांत सभी पर आँखें बोलीं॥

अश्रु बह रहे उभय दृगों से, ऋषि की हुई प्रतीक्षा पूरी।
दर्शन करके रघुनंदन के, रही न कोई आस अधूरी॥

शांत हुआ जब ज्वार नेह का, मन में अति संतोष समाया।
कुशल-क्षेम का समाचार भी, तभी राम ऋषिवर ने पाया॥

अश्रु पोंछकर ऋषि सुतीक्ष्ण ने, कहा राम का वर अभिनंदन।
आश्रम का आतिथ्य ग्रहणकर, माटी करें यहाँ की चंदन॥

हे नरश्रेष्ठ! आपको पाकर, ऋषिकुल सारा धन्य हो गया।
मुझ बूढ़े का तन-मन पावन, प्रभु का परम अनन्य हो गया॥

अन्न, फलों का रुचिकर भोजन, सबने ही अभिनंदित पाया।
ऋषि आश्रम का अति स्नेहित, स्वागत रघुनंदन को भाया॥

बोले फिर श्रीराम जोड़ कर, मैं अभिभूत हुआ दर्शन से।
भार्या, अनुज सहित बड़भागी, कृतज्ञता ज्ञापित तन-मन से॥

कृपा सिंधु रघुनाथ, वचन को, सुनि ऋषि भाव-विभोर हो गए।
त्रिकालज्ञ ऋषि के चिंतन में, भविता के तब बीज बो गए॥

ऋषि ने कहा! हृदय विश्वासी, अब असुरों का मर्दन होगा।
शक्ति पुंज हे राम! तुम्ही से सुखी, सुरक्षित जन-गण होगा॥

राम! आपके दर्शन की ही, साध लिए अब तक जीवित हूँ।
अब प्रयाण का समय आ गया, इस चिंतन तक ही सीमित हूँ॥

तप-बल, शुभ कर्मों से मैंने, ब्रह्म लोक को प्राप्त किया है।
आए थे देवेंद्र बुलाने, तव दर्शन तक समय लिया है॥

आज पूर्ण हो गया स्वप्न वह, करूँ प्रयाण समक्ष आपके।
होंगे संचित पुण्य और भी, यदि जाऊँ प्रत्यक्ष आपके॥

कहा राम ने ऐसा ही हो, किंतु कृपाकर सुने निवेदन।
करें मार्गदर्शन ऋषि मेरा, कैसे हो असुरों का मर्दन॥

ऋषि वरेण्य ने तब रघुवर को, असुर निकंदन गुर बतलाए।
परामर्श के गहन बिंदु सब, रघुनंदन के हृदय समाए॥

ऋषि विमर्श के ही अनुक्रम में, राम सभी ऋषियों से भेंटे।
आश्रम-आश्रम घूम-घूमकर, असुर मर्दनी तथ्य समेटे॥

तपी, पूज्य, मुनिवर सुतीक्ष्ण फिर, ब्रह्मलोक के लिए सिधारे।
रघुनंदन, लक्ष्मण, सिय सम्मुख, देव कुमार रूप वर धारे॥

फिर रघुनंदन को ऋषियों ने, सजल नयन से विदा किया था।
पाकर ऋषि आतिथ्य, ज्ञान वर, तीनों का अति मुदित हिया था॥

चयनित अति गुणवान युवा ऋषि, साधक वीर साथ में आए।
सभी राम के सहयात्री थे, वर दायित्व सभी ने पाए॥

लक्ष्य पूर्ति हित संघ शक्ति का, हुआ सहज बीजारोपण था।
पग-पग पर सत्कार हो रहा, सहयोगी वन का कण-कण था॥

ऋषि सुतीक्ष्ण का निर्देशन जो, उसी मार्ग पर बढ़े राम थे।
साधक, युवा, तपी परिव्राजक, साथ राम के पूर्ण काम थे॥

मिला अतीव मनोहर आश्रम, था अगस्त्य ऋषि के भाई का।
मानो वह संकेत दे रहा, उगते रवि की अरुणाई का॥

पाकर वर आतिथ्य वहाँ का, सभी अतिथि अतिशय हर्षाए।
आश्रम निशि कर वास प्रात में, निश्चित पथ पर कदम बढ़ाए॥

बाधाओं को जीत सभी तब, आए ऋषि अगस्त्य के आश्रम।
त्रिकालज्ञ के दर्शन पाकर, विगत शेष उर के सब विभ्रम॥

था अतिशय रमणीक आश्रम, जहाँ झूमकर प्रकृति नाचती।
अति विशालतम क्षेत्र समेटे, युद्ध नीति के पृष्ठ बाँचती॥

ऋषि अगस्त्य आयुध शास्त्रों के, थे भू पर अतुलित विज्ञानी।
उमा! विश्व में नहीं कहीं पर, था उनके समान बड़ ज्ञानी॥

आयुध अनुसंधान हेतु शिवि! अन्वेशिका बनी अति न्यारी।
अनुसंधान सतत होते थे, जिसके ऋषिवर स्वयं प्रभारी॥

निष्ठा, श्रम अनुसंधानों से, ऋषि ने वर दिव्यास्त्र बनाए।
संरक्षित आयुध शाला में, विधिवत् थे सब गए सजाए॥

उच्च कोटि के अनुसंधानी, ऋषि उस आश्रम में रहते थे।
गुरु अगस्त्य के निर्देशन में, निष्कर्षों के नद बहते थे॥

आव भगति, दर्शन, परसन कर, ऋषि ने जब आश्रम दिखलाया।
रघुनंदन के मन जहाज ने, मानो सहज किनारा पाया॥

अति स्वादिष्ट अन्न, फल, भोजन, सबने ऋषिवर के सँग पाए।
फिर चर्चा में राम चंद्र ने, पथ के यात्रा वृत्त सुनाए॥

चर्चा में ऋषि वर सुतीक्ष्ण का, विस्तृत सब संदेश सुनाया।
राम, लखन, सिय के निवास का, पूर्ण विषय ऋषि सम्मुख आया॥

ऋषि ने कहा राम से प्रियवर!, तपबल से सब जान रहा हूँ।
उसके ही अनुसार यहाँ पर, यह वितान सब तान रहा हूँ॥

राम! क्षेत्र यह पूर्ण सुरक्षित, असुर भयंकर भय खाते हैं।
अगर हुआ अन्याय कहीं पर, निश्चित उसका फल पाते हैं॥

राम यहाँ निश्चित आएँगे, था विश्वास हृदय के अंदर।
निशि दिन करता रहा प्रतीक्षा, सदा रहा अन्वेषी अंतर॥

रहकर यहाँ सुरक्षित राघव! पुण्य योजना पूर्ण करो तुम।
घायल संस्कृति के तन-मन में, फिर से प्रिय अमरत्त्व भरो तुम॥

साथ तुम्हारे वीर लखन हैं, सभी भाँति सहयोगी होंगे।
सतत आपकी सेवा में रह, कर्म योग के योगी होंगे॥

जनक नंदिनी सुकुमारी हैं, आनन से वह क्लांत हुई हैं।
लगातार यात्रा के कारण, मन से अति विश्रांत हुई हैं॥

दृढ़तर पतिव्रत धर्म हृदय में, संकल्पों की परिभाषा हैं।
भ्रमित नारियों के हित सीता, अखिल विश्व की शुचि आशा हैं॥

हैं अधिकांश नारियाँ जग में, जो पति का सामर्थ्य देखतीं।
इसके ही अनुसार हृदय में, प्रीति घृणा के अर्थ लेखतीं॥

धन-तन से सामर्थ्यहीन पति, उनका जीवन अंग न होता।
परित्याग कर देतीं उसका, जो तन-धन का वैभव खोता॥

अंतिम समय नर्क में जातीं, जन-जन उनको कुलटा कहता।
पीहर अरु ससुराल उभय कुल, सारे जग की निंदा सहता॥

पति तन-मन के कष्ट सहज ही, अपने तन में अनुभव करतीं।
त्याग-समर्पण से जो निशदिन, पति के कष्ट सदा ही हरतीं॥

पति के वर संकल्प स्वयं जो, दृढ़ता से अपने उर लेतीं।
पति के संकल्पों में श्रम से, पूर्ण सफलता जो भर देतीं॥

पति के मन की भाषा पढ़कर, जो अनुकूल भाव बोती है।
पति दुख को अपना दुख मानें, नारी वही श्रेष्ठ होती है॥

निश्चित ही हे राम! वही तो, गृहिणी पतिव्रता कहलातीं।
सती कही जाती दुनिया में, जन-जन का वह आदर पातीं॥

हे रघुनंदन! इस धरती पर, जनकनंदिनी पूज्य सती हैं।
राम! तुम्हारे संकल्पों में, सिया सर्वदा पूर्ण यती हैं॥

वन के कठिन कष्ट सहकर भी, सिया न किंचित् विचलित मन में।
रखना विधिवत् ध्यान सिया का, खुश यह रहें सदा इस वन में॥

अभी रहो तुम मेरे आश्रम, जब तक इच्छा राम तुम्हारी।
किंतु रहेगी असहज सीता, साधु संत के मध्य विचारी॥

राम! यहाँ से दो योजन पर, पंचवटी नामक शुचि वन है।
बहती गोदावरी पुनीता, सुंदरता हरती प्रति मन है॥

शांत मृगों की अनगिन टोलीं, दृष्टा के मन को हरतीं हैं।
कोयल, मोर, पपीहा वाणी, अतिशय मोद हृदय भरतीं हैं॥

संध्या और प्रभात खग कुलों, का कलरव तन क्लांति मिटाता।
प्रकृति नटी का पग-पग नर्तन, हर प्राणी को सहज लुभाता॥

मधुर फलों से लदे वृक्ष हैं, सुरभित सुमन लदी लतिकाएँ।
झरने उछल-उछल मृदु स्वर से, सबको अपने पास बुलाएँ॥

और सुरक्षा के हित भी यह, क्षेत्र सर्वदा उचित रहेगा।
विचरण मुक्त करेंगी सीता, उर में सुख हर समय बहेगा॥

पंचवटी है पास यहाँ से, सहज यहाँ से जुड़े रहोगे।
तंत्र सूचना का दृढ़ होगा, सतत लक्ष्य की ओर बढ़ोगे॥

वहीं बनाकर निज निवास तुम, रहो-करो अपना प्रण पूरा।
सावधान हो कर्म करो तुम, रहे न शुचि संकल्प अधूरा॥

युवा कटक जो आया सँग है, इस आश्रम में ही रह जाए।
साथ हमारे रहकर रघुवर, रण क्षमता, कौसल को पाए॥

कातर होकर व्यथित धरा यह, राम तुम्हारी ओर हेरती।
त्राहि-त्राहि करती मानवता, प्रति पल प्रति क्षण तुम्हें टेरती॥

मेरी जो भी शक्ति संयुजित, राम! उसे तुम अपनी जानो।
जो भी अनुसंधान, ज्ञान मम, सबकुछ मानवता हित मानो॥

जितने भी दिव्यास्त्र यहाँ हैं, राम तुम्हें वह अर्पित सारे।
कर आतंकवाद का मर्दन, शुचि संस्कृति के बनो सहारे॥

यह कहकर ऋषिवर अगस्त्य ने, सब दिव्यास्त्र राम को सौंपे।
मानो असुरों के सीनों में, ऋषि ने शूल अनेकों घोंपे॥

किया रात्रि विश्राम सभी ने, आश्रम में उत्साह समाया।
प्रति आश्रमवासी तपसी ने, अद्‌भुत राम रसायन पाया॥

भोर जाग मज्जन अर्चन कर, तीनों ऋषिवर के ढिग आए।
कर प्रणाम साष्टांग सभी ने, शुभाशीष ऋषिवर से पाए॥

आज्ञा ले ऋषि की रघुनंदन, सिया लखन के संग सिधारे।
गाँठ बाँधकर ऋषि वचनों को, पंचवटी के पथ पग धारे॥

आगे राम, मध्य थी सीता, पीछे लक्ष्मण सावधान थे।
दिव्यास्त्रों से सज्जित मानो, वे निर्णायक प्रावधान थे॥

पंचवटी के मध्य मार्ग में, गीध विशाल खड़ा जब देखा।
सावधान हो राम-लखन ने, राक्षस मान उसे तब देखा॥

बाण चढ़ाकर, धनुष हाथ ले, रघुनंदन ने परिचय माँगा।
परिचय से भ्रम मिटा गीध वह, निकला पिता मित्र बड़भागा॥

कुल का विस्तृत परिचय देकर, पिता मित्र कैसे समझाया।
वह जटायु, भ्राता संपाती, दोनों का निवास बतलाया॥

कहा पुत्रवत् राम-लखन तुम, मेरी पुत्रवधू सी सीता।
सदा रहूँगा यहाँ सहायक, किंचित् रहो न हृदय सभीता॥

जान पिता का मित्र सभी ने, किया प्रणाम गीध को हर्षित।
किया मुदित मन फिर जटायु ने, पंचवटी का मार्ग प्रदर्शित॥

पंचवटी में पहुँच राम, सिय, लखन, हृदय अतिशय हर्षाया।
पूर्ण अकल्पित, अति नैसर्गिक, पंचवटी को सुंदर पाया॥

भाव-विभोर हो गए तीनों, पंचवटी की लख सुंदरता।
अति रमणीक, सुपावन भावन, वातावरण मोद मन भरता॥

कहा राम ने लक्ष्मण से तब, हे सौमित्र! सुनो मम वाणी।
ऋषि अगस्त्य द्वारा निर्देशित, यही क्षेत्र अतिशय कल्याणी॥

वर उपयोगी क्षेत्र खोजकर, सुंदर आश्रम यहाँ बनाएँ।
जनकनंदिनी सहित अनुज हम, यहाँ रहें श्रम क्लांति मिटाएँ॥

तब रघुबर लक्ष्मण मिलकर, खोज लिया भू खंड सुशोभित।
प्रकृति रम्यता देख जहाँ की, हुई विदेह नंदिनी मोहित॥

गोदावरी नदी अति पावन, थोड़ी दूर सामने बहती।
श्वेत रक्तवर्णी पंकज दल, की वर कथा झील भी कहती॥

झरने-झरते यहाँ अनेकों, जीवन का संगीत सुनाते।
प्यासे पशु-पक्षी मानव के, तन की, मन की प्यास बुझाते॥

पुष्प गुल्म वर लता वल्लरी, तिलक, केवड़ा चंपा, चंदन।
हरसिंगार, गुलाब, चमेली, मिलकर बना रहे वन नंदन॥

आम्र, अनार, मौसमी, लीची, फलयुत वृक्ष सुशोभित होते।
मधु अंगूर, संतरा, कदली, देख सभी मन मोहित होते॥

बरगद, पीपल, शाल, नीम भी, शोभा में अभिवृद्धि कर रहे।
शमी, पलाश, कदंब, खैर तरु, परिसर में सौंदर्य भर रहे॥

दूर-दूर तक फैले पर्वत, सुंदरता को बढ़ा रहे थे।
पंचवटी की पावनता को, विजय शिखर पर चढ़ा रहे थे॥

मोर, पपीहा, कोयल, चातक, अनगिन पक्षी हृदय लुभाते।
मृग प्रजातियाँ, वनचर अगणित, दिव्य क्षेत्र में आश्रय पाते॥

ऐसी अतुलित छटा मनोहर, के ही मध्य बनाया आश्रम।
वीर लखन के प्रज्ञा श्रम से, आकर्षित बन पाया आश्रम॥

रहने लगे वहीं पर प्रमुदित, लक्ष्मण, सिया और रघुराई।
जलचर, थलचर, नभचर, सबने, सहज अभूत सुरक्षा पाई॥

प्रकृति विहँस कर साथ दे रही, सबकुछ ही अब सानुकूल था।
बरस रहा आनंद अपरिमित, भविता का आया दुकूल था॥

शुभे! सोलहवाँ सर्ग अभीप्सित, राम भक्ति का कारक होगा।
पढ़ने, सुनने वाले जन का, कलियुग में उद्धारक होगा॥

हे भामिनि! जन-गण कल्याणी, करूँ कथा का आज समापन।
कल रिपुसूदन से मधुरा में, होगा युद्ध यज्ञ उद्यापन॥

(इतिश्री सर्ग सोलह)

सर्ग-सत्रह

मंगलाचरण

वागदेवी ऐसी कुछ शक्ति दो कि लय-ध्वनि,
अर्थ की प्रतीतियों से भावनाएँ मिल जाएँ।
मेरे उर की पुकार कविता में फूट पड़े,
पाहन कलेजे मातु पोर-पोर खिल जाएँ।
'रवि' शब्द-शब्द रस सरिता हो वेगवती,
उर अवसाद दृढ़ भित्तियाँ भी हिल जाएँ।
आपके अगाध काव्य लोक के सरोवर में,
मेरी भाव-भावना के पुंडरीक खिल जाएँ॥

★★★

देवि! इधर मधुरा में तत्पर, अवध वाहिनी समर हेतु थी।
वीर शत्रुहन से अनुप्राणित, क्षमताओं की विजय सेतु थी।

रिपुसूदन के निर्देशन में, अतुल, अभेद्य सुरक्षा पाई॥
यमुना तट पर सैन्य छावनी, व्यूह पूर्ण थी गई बनाई।

सेना के थे भाग अनेकों, जगह-जगह अभ्यास चल रहा।
कुशल मार्गदर्शन के द्वारा, सब में शौर्य स्वभाव पल रहा॥

हय, गज, रथ, पैदल सेना में, तालमेल अच्छा बन जाए।
जिसके कारण समरांगण में, सेना विजय वरण कर पाए॥

इसीलिए चारों सेनाएँ, एक साथ अभ्यास कर रहीं।
अनुकूलन की प्रामाणिकता, का आपस में भाव भर रहीं॥

हर सैनिक में ओज भरा था, था संकल्प विजय का मन में।
फड़क रही थी वीर भुजाएँ, अद्‌भुत शक्ति समाहित तन में॥

व्याकुल मधुरा में लवणासुर, क्रोध अग्नि में जला जा रहा।
शंका को आधार बनाकर, निर्दोषों पर कहर ढा रहा॥

फिर उतावला हो लवणासुर, सेना ले यमुना तट आया।
जहाँ वीरवर रिपुसूदन को, खड़ा सिंह सा सम्मुख पाया॥

देखा उसने अवध वाहिनी, व्यूह बनाकर खड़ी हुई है।
अटल हिमालय के समान वह, सीना ताने अड़ी हुई है॥

फिर गरदन को घुमा पार्श्व में, निज सेना की ओर निहारा।
उर विश्वास छुड़ाए दामन, रहा न फिर संकल्प सहारा॥

फिर भी क्रोध अग्नि में जलता, अंग असुर के काँप रहे थे।
काट लिए निज होंठ असुर ने, रिपुसूदन सब भाँप रहे थे॥

रथ पर यों सन्नद्ध शत्रुहन, ज्यों हो शौर्य स्वयं समुपस्थित।
तन, रथ चमके अस्त्र-शस्त्र वर, ज्यों अनगिन दिनमान उपस्थित॥

क्रोधवंत लवणासुर को तब, कई शत्रुहन दिए दिखाई।
था अतिशय मदांध राक्षस वह, किंतु हृदय में भीति समाई॥

क्षण में हो चैतन्य असुर ने, रिपुसूदन को जब ललकारा।
दोनों ओर बजी रणभेरी, दोनों ओर लगा जयकारा॥

नभ मंडल में लगे गूँजने, तुरही, शंख, ढोल, नक्कारे।
एक ओर राक्षस की जय-जय, इधर शत्रुहन के जयकारे॥

लवणासुर ने कहा रिपुदमन, आज सुनिश्चित मरने आया।
मृत्यु खींचकर लाई तुझको, काल शीश तेरे मँडराया॥

कोमल गात, आयु बचकानी, शिशुता सी ही सोच तुम्हारी।
बाएँ हुआ विधाता तेरे, इससे बुद्धि गई सब मारी॥

अभी समय है प्राण बचा ले, क्षमा दान दे दूँगा तुझको।
सहज मरेगा युद्धभूमि में, परिवारी कोसेंगे मुझको॥

तुझ अबोध को मार दिया तो, मेरा शौर्य कलंकित होगा।
लवणासुर ने बालक मारा, सुन यश क्या अनुशंसित होगा?

इस कारण ही क्षमा दे रहा, जा तू लौट अयोध्या वापस।
लखकर तुझे, तोष मन होगा, तिय माता, भ्राता जो तापस॥

ऐसा कह दर्पित वह राक्षस, अट्टहास कर उठा भयंकर।
समर भूमि का तृण-तृण काँपा, किंतु शत्रुहन ज्यों प्रलयंकर॥

रोष हृदय था रिपुसूदन के, पर वाणी में अति संयम था।
भाषा थी शालीन किंतु प्रति, शब्द-शब्द में अतुलित दम था॥

कहा नृपति लवणासुर! यह सब, कायर जन की ही भाषा है।
शून्य विवेक, दर्प आवेष्ठित, असुर हृदय की परिभाषा है॥

अविवेकी, अभिमानी, शठ, तू, ऋषियों की साधना मिटाता।
कर अतिक्रमण अवध में प्रतिदिन, भय का वातावरण बनाता॥

भोगवाद तेरा अभीष्ट है, निर्दयता ही तेरा गहना।
मानवता का घोर विरोधी, भार धरा पर तेरा रहना॥

तुझको दंडित करने के हित, मैं मधुरा तक बढ़ आया हूँ।
तेरा सब आतंक मिटाने, तेरी छाती चढ़ आया हूँ॥

शुचि मानव मूल्यों का यदि तू, परिपालन संकल्प करेगा।
असुर धर्म को त्याग हृदय में, सुर संस्कृति का भाव भरेगा॥

तो शठ लवणासुर तेरे मैं, अपराधों को क्षमा करूँगा।
नहीं अन्यथा आज समर में, निश्चित तेरा दंभ हरूँगा॥

सुन ललकार शत्रुहन की तब, लवणासुर का धैर्य खो गया।
हुआ समर आदेश उभय से, रक्तपात प्रारंभ हो गया॥

जिसे देख अरि की सेना में, भय का भाव सहज भर आया॥
चतुरंगिणी अवध सेना ने, अति अजेयतम व्यूह बनाया॥

अवध वाहिनी के सदस्य सब, अनुशासन के अति हामी थे।
पूर्व योजना जो निश्चित थी, उसके ही सब अनुगामी थे॥

नायक अपनी टुकड़ी लेकर, दाएँ-बाएँ फैल रहे थे।
परिधि रूप में धीरे-धीरे, अरि सेना को घेर रहे थे॥

रिपुसूदन के तीन ओर से, अति अभेद्यतम व्यूह बना था।
निर्धारित रण संरचना में, सबका निज दायित्व घना था॥

रथारुढ़ राक्षस ने सहसा, रिपुसूदन को लक्ष्य बनाया।
तीक्ष्ण बाण को छोड़ शीघ्र वह, निकट शत्रुहन के बढ़ आया॥

बचा गए वह वार रिपुदमन, तत्क्षण बाण एक संधाना।
अरि का मुकुट गिरा दो योजन, रिपुदल ने यह असगुन माना॥

किंकर्तव्यविमूढ असुर तब, लगा शरो की वर्षा करने।
रिपुसूदन के प्रतिवारों से, लगा शत्रु का हृदय सिहरने॥

सेनाओं में घमासान था, धरा रक्त से लाल हो गई।
अवध नायकों की योजकता, रण में काल-कराल हो गई॥

निर्धारित जो पूर्व योजना, सेना ने वह कार्य किया था।
अरि सेना को चतुर्दिशा से, बढ़कर सहसा घेर लिया था॥

चक्रव्यूह निर्माण किया था, अवधवाहिनी ने कौसल से।
अरिदल किंचित् समझ न पाया, अति विश्वासी था खल-बल से॥

इधर शत्रुहन पल भर का भी, अवसर नहीं दे रहे खल को।
पलक झपकते काट रहे थे, अरिदल के मायावी छल को॥

रथ संचालन था सुमंत का, युद्ध नीति के जो विज्ञानी।
बिना कहे रथ वहीं जा रहा, मन में जो रिपुसूदन ठानी॥

अवध सैन्य की सफल नीति ने, लवणासुर को किया अकेला।
मध्य टुकड़ियों ने अरि दल को, मधुरा नृप से दूर धकेला॥

अवध वाहिनी ने चहुँदिशि से, घेर लिया था अरि सेना को।
मध्य भाग अरु चतुर्दिशा से, जकड़ दिया था अरि सेना को॥

उमा! सभी जनता मधुरा की, लवणासुर से त्रस्त बहुत थी।
उसके भीषण अन्यायों से, मन ही मन संत्रस्त बहुत थी॥

सेना की भी मनोदशा यह, किंचित् भी उत्साह न मन में।
केवल भयवश जूझ रहे थे, ऊर्जा स्रोत न उनके तन में॥

एक ओर खाई थी गहरी, एक ओर था कूप अँधेरा।
दोनों ओर मृत्यु का संकट, दोनों ओर तिमिर का घेरा॥

इसीलिए वे पूर्ण भयातुर, अवध सैन्य के हाथों मरते।
राक्षस के हाथों से अच्छा, समर मौत को श्रेष्ठ समझते॥

उस पर जो सम्मुख सेना थी, पूर्ण प्रशिक्षित, उत्साहित थी।
एक सूत्र में बँधी, एक तन, सी वह रण में संवाहित थी॥

अंदर-बाहर सभी ओर से, असुर सैन्य को घेर लिया था।
ज्यों अनाज को दो पाटों ने, मध्य स्वयं के पीस दिया था॥

भाला, असि, त्रिशूल, बाणों के, अति गंभीर प्रहार हो रहे।
अवध सैनिकों के घातों से, प्राण शत्रु को भार हो रहे॥

रथ, हय, गज, पैदल सेना सब, अनुशासित हो कदम बढ़ाती।
इसके कारण अवध वाहिनी, विजयी भाव समाती जाती॥

भय से असुर सैनिकों का तो, समरांगण में बुरा हाल था।
भीख माँगने लगे प्राण की, सबका नीचे झुका भाल था॥

इधर शत्रुहन लवणासुर में, निर्णायक अब युद्ध हो रहा।
क्रोध और श्रम से विचलित हो, लवणासुर निज धैर्य खो रहा॥

तभी शत्रुहन ने लक्षित कर, असुर पिनाक बीच से काटा।
प्रत्यंचा के साथ धनुष को, पूरा दो भागों में बाँटा॥

फिर क्रोधातुर लवणासुर ने, अन्य धनुष निज हाथ उठाया।
आग्नेयास्त्र रखा प्रत्यंचा, अभिमंत्रित कर उसे चलाया॥

आग्नेयास्त्र समझ रिपुसूदन, ने तब वरुण अस्त्र संधाना।
निष्क्रिय किया व्योम में उसको, लक्ष्य वेध रिपुदमन प्रमाना॥

शठ लवणासुर ने तब सहसा, सम्मोहन का अस्त्र चलाया।
किंतु प्रज्ञवर रिपुसूदन ने, क्षण में सभी प्रभाव मिटाया॥

रिपुसूदन के तीक्ष्ण बाण ने, सहसा असुर धनुष फिर काटा।
महाबली के वर कौसल ने, दुष्ट हृदय का सब भ्रम छाँटा॥

विद्युत् गति से जैसे ही फिर, लवणासुर ने खड्ग उठाई।
एक बाण के ही प्रहार से, रिपुसूदन ने भूमि गिराई॥

हो निराश तब दैत्यराज ने, हाथ लिया दुर्धर्ष दुधारा।
किया प्रहार शत्रुहन पर ज्यों, एक बाण से वह भी हारा॥

इसी तरह क्रोधित लवणासुर, ने क्रमशः सब अस्त्र चलाए।
किंतु शत्रुहन के विक्रम ने, मिट्टी में सब सहज मिलाए॥

पराक्रमी रिपुसूदन ने तब, अरि रथ को ही लक्ष्य बनाया।
एक बाण से काट चक्र द्वय, लवणासुर-रथ भूमि गिराया॥

अतिशय क्रोध हृदय में लेकर, असुर गदा लेकर तब धाया।
गदा हाथ ले रिपुसूदन को, उसने अपने सम्मुख पाया॥

युद्ध नीति का शुभे! उस समय पूरा पालन किया गया था।
रथ से उतर शत्रुहन द्वारा, गदा हाथ में लिया गया था॥

लवणासुर शत्रुहन उभय तब, आपस में ललकार रहे थे।
राक्षस की भाषा अति गर्हित, सभ्य शब्द शत्रुहन कहे थे॥

टकराए जब गदा उमा! तो, लगा व्योम विस्फोट हुआ हो।
घन, घर्षण से नभ दामिनि ने, नभ, भू-मंडल छोर छुआ हो॥

हुए सभीत सभी मन-ही-मन, सभी परस्पर राय विचारें।
कोई कहे फटी धरती है, कोई अन्य कथन उच्चारें॥

कोई कहे मरा लवणासुर, कोई अन्य राय देता था।
कोई कहता प्रलय आ रही, कुल के साथ भाग लेता था॥

देव साँस रोके अविचल हो, भविता का आकलन कर रहे।
क्या होगा परिणाम युद्ध का, व्याकुल हो सब मनन कर रहे॥

यही हाल सब ऋषि-मुनियों का, निर्णायक अब युद्ध हो रहा।
उभय पक्ष का हर शुभ चिंतक, अपने उर का धैर्य खो रहा॥

बहुत देर से गदा युद्ध में, दोनों कौसल दिखा रहे थे।
लगता ज्यों गुरु बने शत्रुहन, दाँव असुर को सिखा रहे थे॥

चूर-चूर हो गया असुर जब, थी मुसकान शत्रुहन आनन।
पलक झपकते रिपुसूदन ने, ढेर किया लवणासुर का तन॥

मूर्च्छित होकर गिरा धरा पर, ज्यों गिरि की चट्टान गिरी हो।
विजय सनातन संस्कृति की थी, असुरों की ज्यों आन गिरी हो॥

पा संकेत शत्रुहन का तब, बाँधा गया असुर विधिवत् था।
मूर्च्छा हटी, बँधा जब पाया, विगत जोश केवल जड़वत् था॥

डंका बजने लगा विजय का, जय-जयकार गगन में छाई।
अति प्रमुदित ऋषि-मुनि, सुर गण सब, नाच-नाच दे रहे बधाई॥

युद्ध बंद हो गया पूर्णतः, अरि सेना ने किया समर्पण।
डाल दिए हथियार सभी ने, निज सेवाएँ करते अर्पण॥

सुमन वृष्टि हो रही गगन से, शंख-नगाड़े-ढोल बज रहे।
असुर पक्ष सुन विजय घोष को, स्वयं प्राण की आस तज रहे॥

तब मातुल सुमंत ने उठकर, माथा चूमा रिपुसूदन का।
तन पर घाव अनेकों थे पर, ध्यान न किंचित् भी निज तन का॥

दोनों के दृग सजल हुए थे, थी विजयी मुसकान बदन पर।
उर में दुखी सुमंत हो रहे, घाव देख रिपुसूदन तन पर॥

चिंता नहीं स्वयं के तन की, घाव परस्पर वे सहलाएँ।
अति उत्साहित, रोमांचित हो, बार-बार निज कंठ मिलाएँ।

कड़ी सुरक्षा में राक्षस को, नायक शिविर मध्य ले आए।
बंदीगृह में डाल उसे फिर, अनगिन रक्षा कटक लगाए॥

आत्म समर्पित सभी सैनिकों को, निशस्त्र कर घेर लिया था।
लगी परिधि पर अवध वाहिनी, कारा का ही रूप दिया था॥

सभी नायकों को बंदी कर, शिविर मध्य कारा में डाला।
थे इनमें सेना अधिकारी, और असुर के मित्र भुआला॥

आवश्यक निर्देश प्रसारित, कर छावनी शत्रुहन आए।
राजवैद्य ने उनके घावों, पर औषधि के लेप लगाए॥

तभी शत्रुहन ने सुमंत से, कहा आर्य निर्देशित कर दें।
वैद्य करें उपचार सभी का, कष्ट घायलों का वे हर दें॥

पीड़ा दूर हुई तन-मन की, विजय भाव हृदय उमगाए।
लख मातुल को रिपुसूदन ने, राजवैद्य को वचन सुनाए॥

राजवैद्य! कृपया अब औषधि, पहले मातुल बदन लगाएँ।
जिससे आर्य कष्ट से तत्क्षण, मुक्ति सहजता से पा जाएँ॥

राजवैद्य ने मनोयोग से, घावों पर तब लेप लगाया।
पीड़ा दूर हुई तन की फिर, उर सुमंत उत्साह समाया॥

फिर बोले शत्रुघ्न आर्यवर! सबका ही उपचार कराएँ।
अपने और शत्रु आहत जो, किंचित् भेद न उर में लाएँ॥

शत्रु सैनिकों के हित मातुल! नायक कुछ गंभीर लगाएँ।
वैद्य अनेकों लेकर वे सब, औषधि लेपन में जुट जाएँ॥

अवध सैनिकों की चिंता कर, औषधि आप स्वयं लगवाएँ।
मृत्यु वरण कर चुके सैनिकों की सूची भी आप बनाएँ॥

चुने हुए कुछ यूथप, भूपति, आर्य! तुम्हें सहयोग करेंगे।
लक्षित कार्यों में श्रम से वे, निश्चित ही साफल्य भरेंगे॥

वैद्यराज! जाकर बंदीगृह, लवणासुर को लेप लगाओ।
अपनी वरद विधा से उसको, गहन पीर से मुक्त कराओ॥

साथ-साथ अरि के नायक भी, हों तव विद्या से उपचारित।
निश्चित ही इस धर्म कृत्य से, होगी शुचि संस्कृति व्यवहारित॥

वैद्य, सचिव, आदेश प्राप्त कर, लगे सभी अपने कर्मों में।
कुशल प्रबंधन रिपुसूदन का, थे संलग्न नियत धर्मों में॥

निकल शिविर से रिपुसूदन फिर, मिले घायलों से जा-जाकर।
विगत हुआ श्रम, पीड़ा तन की, अपने मध्य हितू को पाकर॥

वेगवान अश्वारोही से, गया अवध संदेश विजय का।
समाचार सुन सभी प्रफुल्लित, किया सुस्वागत नवल उदय का॥

इधर रिपुदमन ने मृतकों का, स्वयं दाह संस्कार कराया।
वर स्वभाव यह रिपुसूदन का, शत्रु मित्र सबको ही भाया॥

फिर अगले दिन वीर शत्रुहन, हर्षित मधुरा नगर पधारे।
अद्भुत स्वागत हुआ नगर में, सबने रिपुसूदन अनुहारे।

राजकाज के संचालन हित, रिपुसूदन ने समिति बनाई।
मधुरावासी प्रजाजनों के, उर में अतिशय शांति समाई॥

निर्देशन दे शीर्ष समिति को, जब शत्रुहन शिविर में आए।
कूच हेतु तैयार वाहिनी, तत्पर वहाँ खड़ी वे पाए॥

तभी वरद मंत्री सुमंत ने, रिपुसूदन से किया निवेदन।
आगे बढ़ने से पहले ही, आर्य! सुने मेरा प्रतिवेदन॥

जो सैनिक हैं, आत्म समर्पित, उनकी संख्या बहुत अधिक है।
कैसे अवधपुरी ले जाएँ, आर्य! समस्या व्यवहारिक है॥

प्रचुर शत्रु नायक हैं बंदी, उन्हें अयोध्या ले जाना है।
लवणासुर को भी हे प्रियवर, अवधपुरी तक पहुँचाना है॥

मंथन करके आर्य प्रवर हे! कोई उचित उपाय निकालें।
जिससे हम इस युद्ध विजय का, पूर्ण रूप से शुभ फल पा लें॥

प्रतिवेदन सुनकर सुमंत का, चिंतन उर शत्रुहन समाया।
हो गंभीर विचार किया तब, सबको निर्णय सार सुनाया॥

बंदी लवणासुर, रिपुनायक, बाँध अवधपुर ले जाएँगे।
बंदी गृह में डाल सभी पर, अभियोजन हम चलवाएँगे॥

यहाँ अवध की प्रतिनिधि बनकर, शीर्ष समिति सब काम करेगी।
राग-द्वेष से ऊपर उठकर, जन-गण-मन की पीर हरेगी॥

अवध राज्य की राज्य सभा का, 'समिति प्रधान' सदस्य रहेगा।
और वही मधुरा सेना का, सेनाधीश पदेन बनेगा॥

किंतु सभी सैनिक मधुरा के, शीर्ष समिति आधीन रहेंगे।
शीर्ष समिति आधीन अवध के, 'जयतु अवध' ही सभी कहेंगे॥

मधुरा की अब सारी सेना, अवध राज्य की सेना होगी।
समिति सदस्य और सब सेना, होंगे कौसल के भृति भोगी॥

करे अगर उल्लंघन कोई, मृत्युदंड का भागी होगा।
राजाज्ञा का उल्लंघन यह, और अवध का बागी होगा॥

यह आदेश शत्रुहन का तब, किया गया चहुँ ओर प्रसारित।
मधुरा अब आधीन अवध के, किया गया सब जगह प्रचारित॥

ये भी था आदेश साथ में, यह अस्थायी राजाज्ञा है।
जब तक नहीं विकल्प, तभी तक, राज्य प्रबंधन हित आज्ञा है॥

सुन आदेश शत्रुहन का तब, बंदी सब जयघोष कर उठे।
प्रजा, वीथिका, हाट मार्ग में, 'जयतु अवध' जयकार भर उठे॥

था उत्साह महोत्सव जैसा, नभ को बेध रहे थे नारे।
इसके बाद अवध सेना सँग, अवध हेतु शत्रुहन सिधारे॥

इधर अवध में समाचार जब, 'रण में विजय हुई' यह आया।
अवध राज्य के हर कोने में, अतुलनीय आनंद समाया॥

अति उत्साहित सब नर-नारी, प्रमुदित मन दे रहे बधाई।
अवध राज्य ने लवणासुर पर, स्वागत योग्य विजय थी पाई॥

राजमहल में माताओं ने, प्रमुदित भूषण रत्न लुटाए।
अंत्यज, अनुचर, सेवक, भिक्षुक, सबने प्रचुर समर्पण पाए॥

शुभे! रिपुदमन भार्या ने जब, समर विजय संदेशा पाया।
भू पर बैठी घुटने के बल, परम शक्ति को शीश झुकाया॥

बहुत देर तक उसी भाव में, हुई विदेह धरा सिर धारे।
झर-झर आँसू रही बहाती, अपने तन-मन की सुधि हारे॥

था आनंद अतीव हृदय में, लगा दृगों से अविरल बहने।
भीग गई गच, तृप्त हुई थी, लगा वहाँ निर्मल जल बहने॥

तभी आ गईं माताएँ भी, श्रुति को गच पर रोते पाया।
सबने अपनी ममता देकर, क्रमशः तब छाती चिपकाया॥

उमा! मिले आनंद अधिक तो, भावोद्रेक हुआ करता है।
अश्रु रूप में निकल दृगों से, भावों का ही घट भरता है॥

देख अश्रु सैलाब वधू का, माताओं ने जब समझाया।
माझी रहित नाव ने सहसा, मानो उचित किनारा पाया॥

फिर उर्मिला भवन में जाकर, खुशियाँ सब ने मिलकर बाँटी।
अवध राज्य के वर सपूत ने, असुर वृत्ति की टहनी छाँटी॥

महल द्वार बजती शहनाई, बंदीजन विरुदावलि गाते।
वहाँ उपस्थित ज्येष्ठ जनों से, मन अनुकूल भेंट भी पाते॥

जगह-जगह बँट रही मिठाई, कुछ शर्बत स्वादिष्ट पिलाएँ।
नाना भाँति मधुर फल ले कुछ, सबको आग्रह से खिलवाएँ॥

था आनंद चतुर्दिक अतुलित, नंदीग्राम भीड़ भारी थी।
उत्साहित आबाल वृद्ध सब, अभिनंदन की तैयारी थी॥

वंदनवार बँधे मार्गों पर, सुंदर तोरण द्वार सजाए।
कोस-कोस पर अभिनंदन हित, मंच प्रजा ने स्वयं बनाए॥

अति महत्त्व था समर विजय का, महाबली नायक आएगा।
दुष्ट राक्षस लवणासुर को, साथ बाँधकर वह लाएगा॥

जन नायक की अगवानी में, जन-समुदाय उमड़ आया था।
रिपुसूदन के लिए हृदय में, श्रद्धा प्यार साथ लाया था॥

इधर अयोध्या नगर सुरुचि से, अति आकर्षक गया सजाया।
तोरण-द्वार, पुष्प सज्जा ने, नवल वधू सा उसे बनाया॥

परमवीर रिपुसूदन का सब, स्वागत करने को आतुर थे।
सबके ही अधरों पर प्रतिपल, मुखर प्रशंसा के ही स्वर थे॥

इसीलिए अतिशय उत्साहित, अपना भी घर सजा रहे थे।
बाजे वाले नाच-नाचकर, हर्षित बाजे बजा रहे थे॥

राजमहल भी कौसल्या के, निर्देशन में गया सजाया।
श्रुति के श्रम, कल्पना शक्ति से, रूप अलौकिक उसने पाया॥

सेनाओं के स्वागत का भी, अलग-अलग क्रम हुआ सुनिश्चित।
शीर्ष समिति के निर्देशन में, कार्य योजना पूर्ण व्यवस्थित॥

अवधपुरी के मुख्य द्वार से, राजमहल तक पूरे पथ पर।
पग-पग स्वागत द्वार सजे थे, राज्य ध्वजा फहराती फर-फर॥

इधर मार्ग में रिपुसूदन की, करते ऋषि-मुनि जन अगवानी।
कृतज्ञता ज्ञापित करते सब, 'जयतु शत्रुहन' बोले बानी॥

दर्शन करके निज नायक का, सब अपने को धन्य मानते।
महाबली की करें प्रतीक्षा, यश का विशद वितान तानते॥

जो जैसा सामर्थ्यवान था, वह वैसा ही स्वागत करता।
कोई देता दान, अन्न, फल, कोई सेवा से श्रम हरता॥

कोई सुमन वृष्टि करता तो, कोई नारे लगा रहा था।
कोई स्वागत के शब्दों को, प्रेम पाग में पगा रहा था॥

कहीं कलश धर शीश नारियाँ, लोकगीत गा स्वागत करतीं।
लोक नर्तकों की टोली भी, करके नृत्य मोद मन भरतीं॥

स्वयं प्रकृति भी सानुकूल हो, पग-पग पर करती अभिनंदन।
सुमन वृष्टि से, छाँव-नीर से, मलय पवन से करती वंदन॥

आए नंदीग्राम शत्रुहन, बढ़कर स्वागत किया भरत ने।
विह्वल होकर कंठ लगाया, प्यार अपरिमित दिया भरत ने॥

प्रज्ञ मांडवी भाभी भी तब, मंगल थाल सजाकर लाईं।
भावोद्रेक नेह का मन में, सहसा नयन नीर भर लाईं॥

रोली-अक्षत सजा थाल में, देवर की आरती उतारी।
ज्यों संस्कृति ने अग्रदूत को, सौंपी हृदय भावना सारी॥

समर विजय कर आए योद्धा, का यह स्वागत किया गया था।
राज्य प्रमुख से मान अपेक्षित, वर योद्धा को दिया गया था॥

भ्राता का अनुराग अपरिमित, पा रिपुसूदन धन्य हो गए।
अवध राज्य के जन-गण-मन के, नायक परम अनन्य हो गए॥

नंदीग्राम रात्रि में रुककर, प्रात अयोध्या हेतु सिधारे।
पथ में जन-जन स्वागत करता, लगते तुमुल घोष जयकारे॥

था वह चैत्रमास शुभकारी, सुरभित, शीतल पवन भा रहा।
पूर्ण दिवस की यात्रा करके, अस्ताचल दिनमान जा रहा॥

खगकुल भी अपने आश्रय में, दिवस कथानक बाँच रहे थे।
और परस्पर चर्चा करके, सर्व कुशलता जाँच रहे थे॥

मार्ग किनारे खड़े प्रजानन, उत्साहित स्वागत करते थे।
दर्शन पाकर, जयतु घोषकर, परमानंद हृदय भरते थे॥

नगर-द्वार पर गुरु, लक्ष्मण तिय, माताएँ श्रुतिकीर्ति उपस्थित।
मंत्री, सेठ, महाजन, भूपति, स्वागत हेतु स्वयं समुपस्थित॥

नर-नारी आबाल वृद्ध भी स्वागत हेतु वहाँ आए थे।
सुरभित सुमन, इत्र, मालाएँ, अपने साथ सभी लाए थे॥

रिपुसूदन के जयकारों का, तुमुल घोष भर रहा गगन में।
बढ़-चढ़कर स्वागत करने का, भाव भरा था जन-गण-मन में॥

पश्चिम पथ पर दृष्टि जमाए, सभी प्रतीक्षारत थे जैसे।
पूरी रात चकोर देखता, अपलक अंशुमान को जैसे॥

दूर गगन को देख अचानक, बोल पड़ी श्रुतिकीर्ति तभी यह।
'माँ' देखो अब वहीं आ रहे, धूल व्योम को चूम रही वह॥

जैसे ध्यान गया जन-गण का, सब में अतिशय जोश भर गया।
नारे लगने लगे उच्च स्वर, बेचैनी का भाव हर गया॥

सागर में उठती लहरों सम, जन सागर भी आंदोलित था।
समर विजय के योद्धाओं का, स्वागत भाव भरा अतुलित था॥

सस्वर वाद्य बज रहे अगणित, शंखध्वनि नभ गूँज रही थी।
सब विरही हृदयों ने मुकरित, कही-अनकही कथा कही थी॥

रथ आगे था रिपुसूदन का, सुरभित सुमन बरसते ऐसे।
झूम-झूमकर, उमड़-घुमड़कर, मेघ मघा के बरसें जैसे॥

लख भार्या, गुरु, मातु, उर्मिला, उतरे रथ से मुदित शत्रुहन।
मिलने को सब धाए आगे, किंतु शिथिल शत्रुहन तिया तन॥

पढ़ श्रुतिकीर्ति बदन की भाषा, कैकेयी माँ वापस आईं।
श्रुति का हाथ पकड़कर वेगित, पलट निकट शत्रुहन सिधाईं॥

करने को साष्टांग नमन तब, रिपुसूदन गुरु सम्मुख आए।
भूमि पड़ रहे वरद शिष्य को, गुरु ने बरबस कंठ लगाए॥

सुख के आँसू उभय दृगों में, आनन पर मुसकान विजय की।
लिखी गई थी अमिट कहानी, अवध राज्य के नवल उदय की॥

ले आशीष प्रज्ञ गुरुवर से, वे तब माताओं से भेंटे।
अलग-अलग तीनों ने नेहित, रिपुसूदन को अंक समेटे॥

माथा चूम सभी माँओं ने, आशीषा अपने सपूत को।
भिगो दिया ममता वर्षा से, पौरुष के उस अग्रदूत को॥

लखन-तिया उर्मिला मातु सम, ने रिपुसूदन को आशीषा।
अलग-अलग भावांजलि सबकी, मुदित हो रहे मन वागीसा॥

थी भार्या श्रुतिकीर्ति सामने, अधर मौन पर आँखें बोलीं।
विरही हृदयों ने संगम पा, रोमांचित हो आँखें खोलीं॥

पिया शत्रुहन की पग रज तब, श्रुति ने अपने शीश चढ़ाई।
क्षण भर का संस्पर्श मिला तो, सिहरन पूरे बदन समाई॥

नयनों ने नयनों की भाषा, पढ़कर सबकुछ समझ लिया था।
नयनों ने नयनों से नत हो, मन चाहा संकेत दिया था॥

नायक और सैनिकों का भी, इसी तरह स्वागत का क्रम था।
प्रिय, परिवार मिलन से सहसा, विगत सभी का रण पथ श्रम था॥

दे आदेश शत्रुहन ने तब, बंदी बंदीगृह भिजवाए।
गुरुवर, शिष्य प्रवणता लखकर, मन-ही-मन अतिशय हर्षाए॥

रिपुसूदन ने भामिनि को फिर, हाथ पकड़ निज रथ बैठाया।
गुरु आज्ञा पाकर सुमंत ने, रथ आगे कर मुदित बढ़ाया॥

गुरु पीछे, जननी त्रय का रथ, साथ उर्मिला वधू विराजीं।
ज्ञान, कर्म, साधना साथ में, ममता, त्याग मूर्ति वर साजीं॥

उनके पीछे मंत्री, नायक, चतुरंगिणी सैन्य शोभित थी।
शोभा यात्रा की शोभा लख, स्वयं शारदा भी मोहित थी॥

सजे हुए थे मार्ग भवन सब, स्वागत द्वार हृदय को हरते।
परम प्रफुल्लित जन-जन आनन, मोद शत्रुहन के मन भरते॥

छत-छज्जों से, दरवाजों से, पुष्प सुगंधित बरस रहे थे।
स्वागत करके वर योद्धा का, नर-नारी सब हरस रहे थे॥

प्रजाजनों द्वारा अभिनंदन, अद्‌भुत, अनुपम, अतुलनीय था।
हुलसित मन में माताएँ अति, सुत, कर्मों से पूजनीय था॥

तिय श्रुतिकीर्ति असीमित हर्षित, पौरुषवान प्राण प्रिय पाया।
किया असंभव-संभव जिसने, अवध राज्य सिरमौर बनाया॥

नगरवासियों से अभिनंदित, हो शत्रुहन महल फिर आए।
महल द्वार पर अतुलित स्वागत, पाकर रिपुसूदन हर्षाए॥

ज्योतित स्वर्ण कलश सिर धारे, सुमुखि नारियाँ खड़ी हुई थीं।
अति उत्कृष्ट लाल कालीनें, पैदल पथ पर बिछी हुई थी॥

रथ विराम केतन से आगे, महल द्वार तक यही प्रबंधन।
पंक्ति बनी थी उभय ओर ही, योद्धा का अतुलित अभिनंदन॥

महल द्वार पर कलश पिरामिड, अनगिन रुचि से गए बनाए।
उनके शिखरों पर दीवट की, ज्योति सभी का हृदय लुभाए॥

पूरा महल सजा दीपों से, महल, कँगूरे चमक रहे थे।
उसमें जड़े रत्न, मणि, मुक्ता, हीरे, मोती, दमक रहे थे॥

दीपों की पंक्तियाँ, अटारी, छत पर अद्‌भुत शोभा देतीं।
ज्योति महोत्सव सी जगमग वह, हर दर्शक का मन हर लेतीं॥

महल भवन के मुख्य द्वार पर चंद्रमुखी अनगिन बालाएँ।
थाल आरती लिए हाथ में, मंगल गीत मधुर स्वर गाएँ॥

उतरे रथ से जब रिपुसूदन, साथ तिया श्रुतिकीर्ति सुशोभित।
शेष, दिनेश, सुरेश, शारदा, शोभा देख सभी मन मोहित॥

साथ उर्मिला, माताएँ भी, गुरु ने साथ-साथ पग धारे।
सुमन सुगंधित बरस रहे थे, महल द्वार पर सभी पधारे॥

पहले रोली-अक्षत द्वारा, किया गया योद्धा का वंदन।
फिर आरति कर बालाओं ने, किया पुरोधा का अभिनंदन॥

स्वागत क्रम के बाद शत्रुहन, ने सबका आभार जताया।
माताओं से सभी अनुचरों, ने भी प्रचुर समर्पण पाया॥

फिर गुरुवर, मंत्री, नायक गण, रिपुसूदन ने विदा किए थे।
यथानुरूप सभी को तत्क्षण, मान सहित उपहार दिए थे॥

फिर रिपुसूदन परिजन के सँग, हर्षित राजमहल में आए।
भोजन हेतु स्वच्छता पाने, तब सब निज-निज भवन सिधाए॥

भोजन कर निज शयन कक्ष में, जब रिपुसूदन मुदित पधारे।
पूर्ण अलंकृत हो भामिनि ने, अतिशय प्रमुदित मन सत्कारे॥

था श्रृंगार अलौकिक तिय का, रिपुसूदन बस ठगे रह गए।
गहन प्रेम के आलिंगन ही, कामदेव की कथा कह गए॥

अंकशायनी को रिपुसूदन, ने भरि अंक हृदय चिपकाया।
तूफानों में फँसी नाव ने, मानो उचित किनारा पाया॥

गुंजन करके भ्रमर सुमन से, ज्यों संचित पराग पाता है।
प्रेमी युगल बद्ध आलिंगन, से उर सहज राग पाता है॥

पढ़ी सुंदरम् की परिभाषा, उर उनका अभिराम हो गया।
पूर्ण समर्पण उन दोनों का, रजनी के ही नाम हो गया॥

प्रातःकाल उठे रिपुसूदन, भामिनि से चर्चा में खोए।
चिंतन कर गंभीर उभय ने, बीज चेतना के कुछ बोए॥

फिर सुमंत को ले रिपुसूदन, नंदी ग्राम भरत ढिग आए।
हानि-लाभ की मीमांसा कर, समर वृत्त सब उन्हें सुनाए॥

राज्य सभा में ही लवणासुर, का अभियोग चलाया जाए।
सभासदों की सम्मति से ही, निर्णय सार सुनाया जाए॥

अरि सेनानायक बंदी जो, उन सबको न्यायालय देखे।
अभियोजन की पूर्ण प्रक्रिया, से ही उनका निर्णय लेखे॥

यह सम्मति ले साधु भरत की, राज्य सभा को गया बुलाया।
लवणासुर के अपराधों का, वृत्त सभी को गया सुनाया॥

लवणासुर भी वहाँ उपस्थित, विस्तृत चर्चा गई कराई।
सुनकर उसको मंथन कर फिर, राज्यसभा ने राय बनाई॥

रिपुसूदन ने उस सम्मति का, राज्य सभा में पाठ सुनाया।
'असुर अवध का है अपराधी', सुनकर लवणासुर घबराया॥

मायावी राक्षस तब रोकर, लगा माँगने क्षमा याचना।
प्राण बचाने के हित उसने, फेंक दिया था जाल वंचना॥

किंतु शत्रुहन के तर्कों ने, दाँव असुर का काट दिया था।
'प्राण दंड ही बस विकल्प है', शिष्टों ने उच्चार किया था॥

किंतु तभी चालाक असुर ने, साधु भरत से किया निवेदन।
यदि आज्ञा हो हे नर पुंगव!, सौंपूँ दया हेतु प्रतिवेदन॥

'आज्ञा है' जब सुना भरत से, राक्षस मन-ही-मन हर्षाया।
प्राण बचाने के हित उसने, एक अभीप्सित अवसर पाया॥

बोला हे नरश्रेष्ठ! समर में, रिपुसूदन ने कथन किया था।
उनका यदि प्रस्ताव मान लूँ, क्षमा करेंगे वचन दिया था॥

असुर वृत्ति को छोड़ अगर मैं, सुर संस्कृति को ही अपनाऊँ।
देंगे निश्चित क्षमादान वह, यदि मैं मानव सा बन जाऊँ॥

जड़मत होने के कारण ही, तब प्रस्ताव नहीं माना था।
अतिशय दंभ भरा था मन में, समर मूर्खता में ठाना था॥

अब मैं पूर्ण सदाशयता से, यह प्रस्ताव मुदित मानूँगा।
शपथ, आज से सुर-संस्कृति का, संरक्षक निज को जानूँगा॥

अवध अधीन सदा रहकर मैं, प्रतिकर का भुगतान करूँगा।
अवध नृपति की इच्छाओं का, हर पल मैं सम्मान करूँगा॥

शपथ आज से मानवता हित, ही मेरा यह रक्त बहेगा।
मेरे रहते मधुरा में अब, धर्म न किंचित् कष्ट सहेगा॥

मैं सेना के सहित अवध का, मित्र बना, सहकार्य करूँगा।
सेवक बनकर मैं जीवनभर, मानवता की पीर हरूँगा॥

मिली मुझे पर्याप्त सजा है, प्रायश्चित का अवसर दे दें।
हे नरश्रेष्ठ! दया कर मुझको, अपने श्री चरणों में ले लें॥

मायावी की आर्त गिरा सुन, माया के वश भरत हो गए।
साधु हृदय में दया-क्षमा के, अति उन्नत तब बीज बो गए॥

अति दयालु तब भरत प्रवर ने, राज्य सभा से किया निवेदन।
शरणागत है आज असुर तो, स्वीकारें हम यह प्रतिवेदन॥

सुनकर मायावी वाणी को, राज्य सभा भी दुविधा में थी।
किंतु सुना जब भरत प्रवर को, तब स्वीकृति की सुविधा में थी॥

दिए तर्क तब रिपुसूदन ने, अति उदारता संकट लाती।
शठ से संधि, प्रीति क्या कैसी? 'अति' कुपात्र को शीश चढ़ाती॥

निश्चित, हे अग्रज! यह निर्णय, अतिशय पीड़ादायक होगा।
भविता के भी लिए सुनिश्चित, कभी न यह हितदायक होगा॥

समझाया अति रिपुसूदन ने, किंतु भरत ने एक न मानी।
राज्य सभा ने भरत भावना, शरणागत हित समुचित जानी॥

इसीलिए प्रस्ताव असुर का, यथानुरूप हुआ था पारित।
मुक्त असुर हो गया आज से, अरि से मित्र, संधि आधारित॥

सब बंदी, अरि नायक छूटे, मधुरा से अब संधि हो गई।
अवध राज्य के लिए संधि यह, नए युद्ध के बीज बो गई॥

शिवि! कुपात्र पर दया सुनिश्चित, घाव बहुत गहरे देती है।
सावधान यदि नहीं रहे तो, वही प्राण भी हर लेती है॥

मैंने भी तो एक असुर को, ऐसा ही वरदान दिया था।
भस्मासुर को बना स्वयं ही, भीषणतम संत्रास लिया था॥

शुभे! करूँ विश्राम यहीं अब, कल फिर कथा अग्रसर होगी।
पंचवटी से सिया खोज तक, कथा राम की अनुसर होगी॥

उमा! सर्ग यह जो नर-नारी, पढ़े-सुने सस्वर गाएगा।
निश्चिय ही निर्भयता पाकर, शत्रु दमन वह कर पाएगा॥

नव उत्कर्ष चरण चूमेगा, यश ध्वज जग में लहराएगा।
कंटक पथ को लाँघ सहज ही, लक्ष्य सुनिश्चित वह पाएगा॥

(इतिश्री सर्ग सत्रह)

सर्ग-अठारह

मंगलाचरण

रूप धर्म वृक्ष मूल शशि पूर्ण ज्ञान रूप,
गौर वर्ण शंभु सदा राम के चहेते हैं॥
ताप-पाप नाशकर भक्ति-भाव दान कर,
घोर संकटों के सिंधु शंभु सोख लेते हैं॥
हैं कलंक नाशक भी व्याधि के विनाशक भी,
आँधियों के मध्य फँसी भक्त-नाव खेते हैं॥
अंधकार दूर करो दिव्य दृष्टि दान करो,
कृपा पुंज शम्भु 'रवि' भाव अर्घ्य देते हैं॥

★★★

पंचवटी में राम, लखन, सिय अति आनंद निवास कर रहे।
पशु-पक्षी, ऋषि-मुनि सब में ही दया नेह से प्रीति भर रहे॥

मोर नाचते आश्रम-आँगन, मृग-मृग शावक क्रीड़ा करते।
रंग-बिरंगे अनगिन पक्षी, सुंदरता से मन को हरते॥

पा अनुराग सिया का प्रतिदिन, पशु-पक्षी थे उनके सहचर।
कीर, कपोत, कपोती, कोयल, सहज बन गए थे सब थलचर॥

सीता यदि आवाज लगाएँ, भीड़ मृगों की थी लग जाती।
गौरैया भी फुदक-फुदककर, सिय करतल में दाना खाती॥

पंचवटी की प्रकृति रम्यता, ने सबका मन मोह लिया था।
आवश्यक भोजन, सबको ही, पंचवटी ने प्रचुर दिया था॥

पंचवटी में राम-लखन ने, जबसे अपना वास बनाया।
हर प्राणी के हृदय पटल पर, निर्भयता का भाव समाया॥

हो चिंता से रहित सभी ऋषि, मुनि यज्ञादि कर्म करते थे।
राम-लखन के प्रबल पराक्रम, का विश्वास हृदय धरते थे॥

जनक नंदिनी भी निर्भय हो, कानन, सर, सरिता, तट जातीं।
संग्रह करके कंदमूल फल, सहज मना आहार जुटातीं॥

जो संकल्प योजना निश्चित, राम-लखन सक्रिय उसमें थे।
हर उस ऋषि-मुनि जन से मिलते, असुर विरोध भाव जिसमें थे॥

इसी प्रक्रिया के अंतर्गत, राम अग्नि ऋषि से भी भेंटे।
अनुकृति थी मुनि सुता सिया की, किंतु हृदय अवसाद समेटे॥

वेदवती था नाम सुता का, सीता की जुड़वा भगिनी थी।
जन्म कथा है एक उभय की, असुर समापन हेतु बनी थी॥

सुनकर वार्ता शिव शंकर की, जन्मी उमा हृदय जिज्ञासा।
सिया जन्म की कथा सुनें वे, मन में घिर आई प्रत्याशा॥

शिवि! के आग्रह पर शंकर ने, सारा घटनाक्रम समझाया।
वेदवती एवं सीता का, जन्म रहस्य सहज सुलझाया॥

रावण ने राजस्व हेतु जब, ऋषि-मुनियों को किया प्रताड़ित।
तब दो घट दे रक्त स्वयं का, किया ऋषि गणों ने उच्चारित॥

हे दशकंधर! हम ऋषि–मुनि गण, धन संपत्ति कहाँ से लाएँ?
साधक हैं, वन फल खाते हैं, प्रतिकर कैसे हम दे पाएँ?

शोणित के घट देख दशानन, उर में क्रोध अतीव समाया।
अति अपमान समझकर उसने, कर में दुर्धर शूल उठाया॥

कठिन काल को समझ ऋषिगणों, ने तब बिगड़ी बात सँभारी।
हुई सहाय शारदा, ऋषिगण, ने कंपित यह गिरा उचारी॥

शोणित से संपूरित घट ये, निश्चित यह प्रभाव कर सकते।
जिन राज्यों में गाढ़े जाएँ, त्राहि–त्राहि उनमें भर सकते॥

हे नृप! उन राज्यों में निश्चित, भीषण सूखा योग बनेगा।
हाहाकार मचेगी घर–घर, राज्य नृपति निज शीश धुनेगा॥

हो प्रसन्न रावण ने तत्क्षण, लेकर घट वर दूत बुलाए।
जनक और दशरथ के राज्यों, में निर्देशित कर गढ़वाए॥

शिवि! उस समय यही दो शासक, रावण के थे प्रबल विरोधी।
सुर संस्कृति के मुखर समर्थक, असुर विचारों के अवरोधी॥

थे असुरों से पीड़ित ऋषिगण, मन में रहता था यह चिंतन।
धर्म तभी बच पाएगा जब, मारा जाए शीघ्र दशानन॥

ऋषियों का भी लक्ष्य सुनिश्चित, था वर शक्ति अवतरित करना।
रावण और असुर संहारक, कारक शक्ति प्रस्फुटित करना॥

रावण को यह उक्ति बताकर, सभी मनोरथ सफल हो गए।
रावण और असुर संहारक, शक्ति उदय के बीज बो गए॥

पड़ा अकाल उभय राज्यों में, हाहाकार प्रजा में भारी।
दुखी जनक, दशरथ नृप उर में, श्रम सब व्यर्थ युक्तियाँ सारी॥

मुक्त त्रासदी से कैसे हों, ऋषियों ने ही मार्ग सुझाया।
योजित योग विदेहराज को, पूर्ण गूढ़ता से समझाया॥

राजा-रानी दोनों मिलकर, सोने का हल स्वयं चलाएँ।
तब दुष्काल मिटेगा भू से, इंद्र तभी पानी बरसाएँ॥

ऋषियों से निर्देशित भू पर, सोने का हल गया चलाया।
तब विदेह के नागल फर से, फूटा घड़ा सीय उपजाया॥

उसी समय फूटा घट दूजा, सीता की अनुकृति उपजी थी।
एक रक्त के संयोजन से, ही उत्पन्न हुई दूजी थी॥

इसीलिए जुड़वाँ के सम ही, समानता अद्भुत थी उनमें।
रूप, रंग, व्यवहार आदि में, रंच मात्र भी भेद न जिनमें॥

ऋषि मुनियों के सहित अग्नि ऋषि, उसी मार्ग से निकले सहसा।
उपजी जहाँ अवध में कन्या, योग बना भविता का ऐसा॥

लख नवजात सुकन्या को ऋषि, पावक अपने सँग ले आए।
घटनाक्रम, भविता को लख कर, देव सभी मन में हरसाए॥

अति विदुषी ऋषि पाल्य सुता थी, वेदवती था नाम सुपावन।
सतत साधना में रत रहती, रूप राशि अति हृदय लुभावन॥

राम देखकर वेदवती को, सहसा चौंके ऋषि आश्रम में।
सिया कहाँ से यहाँ आ गईं, सिर चकराया उनका भ्रम में॥

समझ राम की मनोदशा को, पावक ऋषि मन में मुसकाए।
रघुवर उर का भ्रम हरने हित, विशद कहानी उन्हें सुनाए॥

त्रिकालज्ञ ऋषि ने रघुवर को वेदवती उत्पत्ति बताई।
एक रक्त से पैदा दोनों, इससे रूप साम्यता आई॥

रघुनंदन ने वेदवती के, अवसादित मन को पहचाना।
चोट हृदय में कोई गहरी, सहज मना प्रभु ने अनुमाना॥

जिज्ञासावश पूछा प्रभु ने, हे ऋषिवर! वह तथ्य बताएँ।
भद्रे के आनन विषाद क्यों, कारण कृपया मुझे सुनाएँ॥

ऋषि बोले हे राम! कथा यह, अति विषाद देनेवाली है।
तव संकल्प हेतु यह घटना, हितग्राही होनेवाली है॥

इस आश्रम के सम्मुख पथ से, एक दिवस रावण आया था।
मेरी पाल्या को आश्रम में, निपट अकेली जब पाया था॥

किया अतिथि सत्कार सुता ने, संस्कृति की वर रीति निभाई।
किंतु असुर को मेरी पाल्या, की केवल सुंदरता भाई॥

बोला तुम प्रिय विश्व सुंदरी, अनुपम है सौंदर्य तुम्हारा।
करो विवाह सुंदरी मुझसे, बली दशानन नाम हमारा॥

लंकापति की पटरानी बन, सारे सुख तुम पा जाओगी।
दिव्य अलौकिक सुंदरता के, मान सभी तुम तब पाओगी॥

परिणय का प्रस्ताव नकारा, रघुनंदन! जब वेदवती ने।
बल प्रयोग करना चाहा तब, दैत्यराज उस मूढ़मती ने॥

तत्क्षण थी वह यहाँ अकेली, अंश शील कर दिया विखंडित।
तब से ही विषाद में डूबी, दैत्यराज कैसे हो दंडित॥

इस आशा में ही यह जीवित, दृढ़ संकल्पित है यह मन में।
बदला लूँगी मैं रावण से, केवल प्राण तभी तक तन में॥

राम तुम्हारे संकल्पों में, मेरी सुता सहायक होगी।
दुष्ट दशानन के विनाश की, निश्चित यह परिचायक होगी॥

हे रघुनंदन! जनक नंदिनी, को मेरे आश्रम में छोड़ो।
मेरी बेटी वेदवती को, अपने संकल्पों से जोड़ो॥

प्रभु! संकल्प पूर्ण करने हित, मानस चिंता रहित चाहिए।
असुर दलन के लिए नीतियाँ, दूरदृष्टि के सहित चाहिए॥

बनकर सीता वेदवती अब, आश्रम में मम साथ रहेगी।
तब संकल्पों की अनुपूरक, बन मम पाल्या कष्ट सहेगी॥

ऋषि का यह प्रस्ताव राम के, संकल्पी मन को अति भाया।
चिंतन किया विविध विधि रघुवर, यह प्रस्ताव पूर्ण शुभ पाया॥

स्वीकृति में सिर हिला राम तब, पंचवटी निज आश्रम आए।
उर में अति चिंतन प्रवाह था, किंतु सहजता मुख पर लाए॥

अपना प्रण पूरा करने हित, पूर्ण योजना सुदृढ़ बनाई।
ऋषियों के वर परामर्श से, उसमें गुणता और समाई॥

नासिक में रावण की सेना, का भारी आधार शिविर था।
मुख्य प्रभारी थी सूर्पणखाँ, फैला चहुँदिशि भीति तिमिर था॥

खर, दूषण, त्रिसिरा सहयोगी, सेना के तीनों अधिकारी।
सेनापति सूर्पणखाँ के वे, तीनों थे अति आज्ञाकारी॥

सूर्पणखाँ निशिचरी एक दिन, सुंदर वेश बनाकर आई।
सम्मुख आकर रघुनंदन को, उसने निज भावना बताई॥

परम अलौकिक अनुपम सुंदर, कौन, कहाँ से तुम आए हो?
मैं हूँ अति बेचैन हृदय मे, मेरे मन को तुम भाए हो॥

मैं खर की हूँ भगिनि सुंदरी, सूर्पण मेरा नाम पुकारो।
मेरे साथ विवाह करो तुम, क्वाँरेपन से मुझे उबारो॥

अति शालीन भाव से राघव, ने अपना परिचय बतलाया।
अवध नृपति, दशरथ का सुत हूँ, राज त्याग मैं कानन आया॥

ये हैं अनुज लखन प्रिय मेरे, यह हैं जनकनंदिनी सीता।
संकल्पी मैं एक तिया का, सीता हैं मेरी परिणीता॥

हैं तो लखन विवाहित लेकिन, अभिलाषा हो, परिणय कर लें।
कानन में रह रहे अकेले, यह चाहे तो तुमको वर लें॥

किंतु मना कर दिया लखन ने, कहा भ्रात का अनुचर हूँ मैं।
परिणय कैसे कर सकता हूँ, सेवा में निशि वासर हूँ मैं॥

समझ स्वयं का तिरस्कार तब, सूर्पणखाँ अति क्रोध समाई।
टूट पड़ी राक्षसी सिया पर, रूप वास्तविक दिया दिखाई॥

सूपर्णखाँ के सैन्य वेश पर, राजचिह्न भी टँके हुए थे।
बर्बरता की मूर्तिमती वह, दंभ भाव ने शिखर छुए थे॥

पलक झपकते लक्ष्मण ने तब, उसका आक्रम विफल कर दिया।
बरबस बाँधा सूर्पणखाँ को, पल भर में ही दंभ हर लिया॥

क्रोधित लक्ष्मण को रघुवर ने, संस्कृति, धर्म मर्म समझाया।
नारी है अवध्य इस जग में, कहकर उसको मुक्त कराया॥

पाकर प्रभु आदेश लखन ने, सूर्पणखाँ को मुक्त कर दिया।
भविता के पृष्ठों पर मानों, घटनाओं का रंग भर दिया॥

किंतु मान के चिह्न और सब, पदक लखन ने उससे छीने।
मानों कटी नाक हो उसकी, ज्वाला धधकी उसके सीने॥

ज्यों ही मुक्त हुई सूर्पणखाँ, त्यों ही खर-दूषण ढिग धाई।
निज उर की मर्मांतक पीड़ा, उभय भ्रात को सब समझाई॥

देख दुर्दशा निज भगिनी की, राक्षस भरे क्रोध से भारी॥
हुए विवेकशून्य दोनों ही, की तब समर हेतु तैयारी॥

खर, दूषण, त्रिशिरा क्रोधित अति, सेना सहित वहाँ चढ़ आए।
सहज पराक्रम से राघव ने, सभी समर में मार गिराए॥

बदले की ज्वाला में दहती, सूर्पणखाँ लंका में धाई।
उसने घटना पंचवटी की, रावण को रुचिपूर्ण बताई॥

इधर राम ने इस घटना को, पूर्ण रूप संवेदी माना।
निज संकल्प पूर्णता के हित, इसको शुभारंभ ही जाना॥

फिर सीता के साथ बैठकर, अति गोपन योजना बनाई।
असुर विनाश योजना सारी, भार्या को नेहित समझाई॥

कहा शुभे! तुम पावक ऋषि के, आश्रम को आवास बनाओ।
सीता नाम भूलकर भामिनि, कुछ दिन वेदवती बन जाओ॥

जब तक असुर विनाश करूँ मैं, प्रिय! वियोग स्वीकार करो तुम।
धर्म विजय की कारक बनकर, नर लीला में रंग भरो तुम॥

असुर दुष्ट मायावी हैं सब, छल-बल ही उनका अभीष्ट है।
नैतिकता के मुखर विरोधी, भौतिकता ही वरद इष्ट है॥

सूर्पणखाँ की घटना से अब, असुर सुनिश्चित आहत होंगे।
मुझे दंड देने की खातिर, क्रोधित और एकमत होंगे॥

ऐसे में तुमको हे सीते! वे निज लक्ष्य बना सकते हैं।
मुझको निर्बल करने के हित, अपहृत तुम्हें करा सकते हैं॥

तव चिंता में मनोयोग से, युद्ध नहीं मैं कर पाऊँगा।
जन-जन की इच्छा में कैसे, पूर्ण सफलता भर पाऊँगा॥

यदि अपहृत हो गई सिया तुम, कैसे पावन रह पाओगी?
अगर रही तुम पावन भी तो, जग के ताने सह पाओगी?

जन-जन की आवाज प्रियतमे! तव विपरीत सुनाई देगी।
जन-गण में प्रतिक्रिया चतुर्दिक, नृप को अगर दिखाई देगी॥

सीते! बोलो अवध नृपति तब, क्या मनमानी कर पाएगा?
जनमत का उल्लंघन करके, आदर्शों पर रह पाएगा?

सूर्यवंश की परंपरा है, नृप जनमत का आदर करता।
जन-जन की सामूहिक इच्छा, को वह जान नीतियाँ गढ़ता॥

राम भले अपना ले तुमको, नृप रघुवर क्या अपनाएगा?
प्राण प्रिया को त्याग राम क्या, जीवित जग में रह पाएगा?

सुन गंभीर गिरा रघुवर की, सीता मन में अति घबराईं।
काँप गईं सब सोच हृदय में, विवश नेत्र आँसू भर लाईं॥

ढाढ़स दिया राम ने तत्क्षण, मात्र मास छै का वियोग है।
प्रण पूरा होते ही भामिनि! फिर अतिशय अच्छा सुयोग है॥

सिय की स्वीकृति ले रघुनंदन, पावक ऋषि के आश्रम आए।
छोड़ वहीं पर जनक नंदिनी, अनुकृति उनकी वापस लाए॥

रघुनंदन के इस कौतुक को, नहीं लखन ने किंचित् जाना।
वेदवती को सदा उन्होंने, निज भाभी सीता ही माना॥

वेदवती भी सिय समान ही, सब दायित्व निभातीं निशदिन।
वर अभिनय से सत्य सिया सी, सबको ही वह भाती निशदिन॥

इधर दशानन ने भगिनी से, खर-दूषण त्रिशिरा वध जाना।
यद्यपि क्रोधित किंतु हृदय में, रघुवर का पौरुष अनुमाना॥

लंकापति रावण, सूर्पणखाँ का, रिश्ते में भाई लगता।
सूर्पणखाँ के लिए सहज ही, वह अनुराग हृदय में रखता॥

ऊपर से खर, दूषण, त्रिशिरा, थे संबंधी पर नायक थे।
मध्य क्षेत्र में असुरों के वे, शक्ति केंद्र के परिचायक थे॥

उनके वध के समाचार ने, रावण को भी हिला दिया था।
अधिक क्रोध में दशकंधर को, पूर्ण ज्ञान से शून्य किया था॥

सूर्पणखाँ ने जान सुअवसर, कहा 'सुने भ्राता बड़मानी।
उनके साथ तिया अति सुंदर, उसे बनाएँ अपनी रानी'॥

यह सुनकर रावण की सुधि में, पूर्व गुप्तचर नायक आया।
कल्पित हृदय योजना के हित, उसको तब मरीचि अति भाया॥

कर संपर्क दशानन ने तब, उसको निज योजना बताई।
पर मारीच हृदय को किंचित्, रावण की भावना न भाई॥

समझाया रावण को उसने, पर रावण ने एक न मानी।
क्रोध, काम, आवेश रगों में, हुआ विवेक शून्य अभिमानी॥

विवश हुआ मारीच, दशानन, का सहयोग करेगा माना।
किंतु हृदय में इस रचना को, उसने पूर्ण विनाशक जाना॥

जो थी पूर्ण योजना निश्चित, कनक हिरन बनकर वह आया।
थी मनहर सुंदरता उसकी, सीता का चित सहज लुभाया॥

उस मायावी मृग को इंगित, कर सीता ने कहा राम से।
'जीवित मुझे चाहिए यह मृग', माँग रही यह धन्य धाम से॥

सीता की सुनि माँग राम ने, तत्क्षण अपना धनुष उठाया।
निज संकल्प पूर्णता के हित, यह कपटी उपक्रम मन भाया॥

सिया सुरक्षा सौंप लखन को, राम हिरन के पीछे धाए।
करते-करते पीछा मृग का, वे अतीव दूरी तक आए॥

बिनु फर का ही बाण राम ने, उसे लक्ष्य कर जब संधाना।
लखन-लखन कह गिरा दुष्ट वह, शतयोजन अनुमान प्रमाना॥

नीरव वन में जब मरीचि की, वाणी गूँजी प्रतिध्वनि बनकर।
अति घबराई सिया उस समय, लखन लखन की प्रतिध्वनि सुनकर॥

विचलित होकर कहा सिया ने, लखन! सुनी आवाज भ्रात की?
रक्षा के हित तुम्हें पुकारा, घटना लगती असुर घात की॥

निश्चित हैं संकट में रघुवर, तुम सहयोग हेतु अब जाओ।
प्राणेश्वर के बनो सहायक, शीघ्र उन्हें तुम वापस लाओ॥

लक्ष्मण ने तब कहा सुनो माँ, रंचमात्र संभाव्य न ऐसा।
जिनके पौरुष का जग कायल, उन रघुवर पर संकट कैसा?

किंतु तभी विचलित सीता ने, अति कठोरतम वचन उचारे।
जिसके आगे लखन लाल तब, अपनी सभी विज्ञता हारे॥

आश्रम को तब घेर लखन ने, अभिमंत्रित कर खींची रेखा।
इसे न करना पार सिया माँ, यह रक्षा हित मंत्र सुरेखा॥

यह कहकर फिर लखन विवश हो, ध्वनि की दिशा वेग से धाए।
खोज रहे वे रघुनंदन को, चलकर दो योजन तक आए॥

इधर घात में बैठा रावण, तत्क्षण रघुवर आश्रम आया।
था संन्यासी वेश असुर का, 'भिक्षा दे दो' स्वर गुंजाया॥

सुन भिक्षुक का स्वर सीता तब, श्रद्धा से भिक्षा ले आईं।
आश्रम द्वार खड़ा संन्यासी, लख सीता तब द्वार सिधाईं॥

देख सिया को बढ़ा दशानन, मंत्र सुरेखा अग्नि बन गई।
चतुर असुर के हृदय सहज ही, सीमा मंत्रित ज्ञान जन गई॥

बोला भद्रे! बाहर आकर श्रद्धापूर्वक भिक्षा दे दो॥
सिद्ध तपस्वी से विधिपूर्वक, मन से शुभाशीष तुम ले लो॥

पहले मना किया सीता ने, पर भविता के वशीभूत थीं।
अतिथि देव होता द्वारे पर, इन भावों की अग्रदूत थीं॥

जैसे बाहर आईं सीता, रावण ने अपहरण कर लिया।
तड़पी सीता, किंतु असुर ने, निज बाँहों में उन्हें भर लिया॥

डाल सिया को रथ में तत्क्षण, रावण लंका हेतु सिधाया।
किंतु बीच में अटल शिला सा, खड़ा जटायु गीध को पाया॥

प्रकरण समझ गीधपति ने तब, रावण को क्रोधित ललकारा।
किया युद्ध, पर बली दशानन, से नृप गीध जटायू हारा॥

घायल हो गंभीर धरा पर, गिरा, करे रघुवीर प्रतीक्षा।
युद्ध कर रहा यमदूतों से, ज्यों हो उसकी भक्ति परीक्षा॥

इधर राम ने ज्यों लक्ष्मण को, देखा मन चिंता घिर आई।
खेद जताकर तब लक्ष्मण ने, सारी घटना उन्हें सुनाई॥

अनहोनी की आशंका से, दोनों का मानस भर आया।
शीघ्र उभय आए आश्रम में, वहाँ नहीं सीता को पाया॥

व्याकुल हृदय राम-लक्ष्मण अति, इधर-उधर तब दौड़ लगाएँ।
दोनों के आँखों में आँसू, सीता! सीता! राम बुलाएँ॥

लखन, मातु!, हे मातु! पुकारें, अपने को अपराधी मानें।
इस दुर्घटना का कारक वे, अपने को ही पूरा जानें॥

चले वहाँ से दोनों भाई, पथ में पड़ा जटायू पाया।
'रावण हर ले गया सिया को', गीधराज ने उन्हें बताया॥

रावण ने यह दशा हमारी, ऐसी कर दी है रघुनंदन।
नहीं छुड़ा पाया सीता मैं, कहकर किया क्षोभ से क्रंदन॥

गीध हृदय का क्षोभ जानकर, रघुवर ने नेहित समझाया।
हो संतुष्ट गीधपति प्रमुदित, मोक्ष प्राप्त कर स्वर्ग सिधाया॥

रामचंद्र ने निज हाथों से, किया गीध का दाहकर्म था।
जातक कर्म किए सब विधिवत्, पिंडदान का किया धर्म था॥

वत्सल हृदय द्रवित रघुवर का, दुख में तब अतीव रोया था।
पुरुषोत्तम रघुकुल भूषण ने, अपना शुभ चिंतक खोया था॥

व्यथित मना फिर राम-लखन ने, सिया खोज हित कदम बढ़ाए।
लाँघ मार्ग की बाधाओं को, जब वे गहन विपिन में आए॥

वहाँ एक गंधर्व शाप से, बनकर दुष्ट असुर रहता था।
उस कबंध नामक राक्षस का, अति आतंक विपिन सहता था॥

किया आक्रमण राम-लखन पर, उसे लखन ने मार गिराया।
शापमुक्त होकर कबंध तब, हर्षित मन सुरलोक सिधाया॥

दे कबंध को सद्गति रघुवर, जब मतंग ऋषि के वन आए।
निज अनुराग, भक्ति में तत्पर, शबरी को रघुनदंन पाए॥

प्रिय रघुवर को देख सामने, भावावेश हृदय अति छाया॥
भूल गई वह तन-मन की सुधि, प्रभु को प्रमुदित गले लगाया॥

बावरि सी वह लिपट गई थी, गुरु मतंग को संस्मृत करके।
सतत साधना पूर्ण हुई थी, भेंटी वह प्रभु से जी भरके॥

प्रभु पाने की अभिलाषा में, अगणित जीवन वर्ष बिताए।
आज वही रघुनंदन प्यारे, स्वयं उसी के सम्मुख आए॥

प्रेम बावरी शबरी, चख-चख, बेर राम को मुदित खिलाए।
प्रेम पाश में बँधे राम ने, जूठे बेर मुदित मन खाए॥

उमा! स्वयं भगवान् सदा ही, भक्तों के वश में रहते हैं।
प्रेम स्वयं ईश्वर है जग में, ऋषि-मुनि, सिद्ध यही कहते हैं॥

शबरी का सत्कार ग्रहण कर, मनोदशा शबरी की जानी।
तप का फल दे दिया राम ने, 'भामिनि' कह शबरी सम्मानी॥

रघुवर की पृच्छा पर शबरी, ने पंपासर मार्ग बताया।
वैदेही की खोज युक्ति का, वर संकेत राम ने पाया॥

ऋष्यमूक पर्वत पर बसते, हैं सुग्रीव बहुत बलशाली।
वानर सभी उन्हीं के वश में, प्रीति सभी के मन की पा ली॥

उनको मित्र बनाकर रघुवर, सीता को निश्चित पाएँगे।
उनके अनुचर सहज रूप में, खोज सिया को ले आएँगे॥

सुनकर शबरी की वाणी को, राघव के मन तोष समाया।
तेज दुपहरी में पंथी को, सरिता ने ज्यों नीर पिलाया॥

मन अनुकूल फलित को पाकर, शबरी का मन धन्य हो गया।
कर संस्पर्श स्वयं रघुवर को, प्रभु का परम अनन्य हो गया॥

रघुनंदन के ही समक्ष वह, योग अग्नि से भस्म हो गई।
प्रभु की चिर साधना उन्हीं में, तत्क्षण पूरी तरह खो गई॥

अनुज सहित रघुवीर वहाँ से, पंपासर के लिए सिधारे।
पर्वत, सरिता, विपिन, लाँघते, सतत चल रहे बिनु श्रम हारे॥

ग्रीष्म काल की आतप बेला, अतिशय उष्ण वायु चलती थी।
सूर्य ताप से नभ तपता था, पावक सम धरती जलती थी॥

तप्त धूल के चक्रिय झोंके, वेगित रह-रहकर चलते थे।
सबके आनन पर बलात् वह, तप्त रेत सहसा मलते थे॥

विहग वृंद हो भीत ताप से, तरु पल्लव में शरण लिए थे।
वृक्ष कोटरों को भी अनगिन, खगकुल भीतित वरण किए थे॥

ग्रीष्म ताप से व्याकुल थलचर, विचलित होकर हाँफ रहे थे।
भय-वश बैठे वृक्ष छाँव में, ताप प्रखरता भाँप रहे थे॥

ऐसा लगता उन सब में अब, वैर भाव का अंत हो गया।
प्रखर ग्रीष्म का ताप सभी में, समरसता का बीज बो गया॥

पल्लव, झुलसे, घास जली थी, झुके नवल तरु कांति विरत हो।
मानव दुबके निज निवास में, राही रुके छाँव श्री गत हो॥

ऐसी विकट, भयानक, तपती, ग्रीष्म दुपहरी की गरुआई।
अनथक, व्याकुल चले जा रहे, पथ पर लखन सहित रघुराई॥

जनक नंदिनी के वियोग ने, मन में विचलित किया राम को।
उमा! कौन फिर समझ सकेगा, दुनिया के उस धन्य धाम को॥

चलते मार्ग मिले यदि कोई, समाचार सीता का पूछें।
तरु, खग, मृग, पशु, गण से भी वे, देखी मम परिणीता पूछें।

दुखी देख रघुवर को लक्ष्मण, भाँति-भाँति उनको समझाएँ।
फिर दोनों मिल जनक नंदिनी को, स्मृत करके अश्रु बहाएँ॥

इसी तरह नर श्रेष्ठ राम जब, ऋष्यमूक गिरि तक बढ़ आए।
काँधे पर तूणीर हाथ में, धन्वा दोनों भ्रात सजाए॥

गिरि चोटी से देख उभय को, कपि सुग्रीव हृदय भय छाया।
अंजनिसुत बजरंगबली को, तत्क्षण अपने पास बुलाया॥

कहा पवनसुत सम्मुख देखो, वह दोनों ही इधर आ रहे।
भ्रात बालि ने भेजा होगा, शोभा शौर्य समान पा रहे॥

मेरा बध ही हेतु उभय का, यह शंका मेरे मन में है।
अति उद्विग्न हो रहा हूँ मैं, अति कंपन मेरे तन में है॥

रूप ब्रह्मचारी का लेकर, शीघ्र सत्य का पता लगाओ।
मेरे लिए अगर हो संकट, संकेतों से मुझे बताओ॥

सुन सुग्रीव वचन अति वेगित, अंजनि सुत तत्काल सिधाए।
बने विनीत ब्रह्मचारी वे, रघुवर निकट सहज बढ़ि आए॥

अति विनम्र शब्दों से हनुमत, ने दोनों का परिचय माँगा।
निमिष मात्र में उनके उर का, सब संदेह सहज ही भागा॥

कहा राम ने, 'राम चंद्र मैं', यह हैं लक्ष्मण अनुज हमारे।
अवध नृपति दशरथ के सुत हम, पिता वचन से वन पग धारे॥

विप्र! साथ मम भार्या भी थी, वन में उनका हरण हुआ है।
उन्हें खोजते भटक रहा हूँ, शेष सभी विस्मरण हुआ है॥

परिचय जान निमिष में हनुमत, ने तब छद्म वेश परित्यागा।
विह्वल गिरे चरण रघुवर के, बोले मैं अत्यंत अभागा॥

माया के ही वशीभूत हो, स्वामी को पहचान न पाया।
है अपराध हिमालय जैसा, दें प्रभु दंड हृदय जो आया॥

मैं अंजनिसुत हनूमान हूँ, वीर पवन हैं पिता हमारे।
वानर कुल में जन्म हुआ है, इससे हृदय मूढ़ता धारे॥

यह कहकर अंजनि सुत सहसा, लगे अतीव बिलखकर रोने।
राम उठाएँ, उठें ना हनुमत, चरण कमल को लगे भिगोने॥

बरबस राम उठाए हनुमत, अति अनुरागित गले लगाया।
शांत हुए तब पवनपुत्र ज्यों, माँ का वक्ष प्राप्त नव जाया॥

फिर आदर से रामलखन को, हनुमत ऋष्यमूक गिरि लाए।
वानरपति सुग्रीव सुमति से, जहाँ युगल भ्राता मिलवाए॥

अपनी व्यथा कही रघुवर ने, कपिपति ने निज व्यथा सुनाई।
समाधान की पूर्ण योजना, एक-दूसरे को समझाई॥

फिर दोनों ने निर्मल मन से, साक्षी पावक देव बनाए।
मैत्री हुई प्रगाढ़ उभय में, दोनो उर संकल्प समाए॥

बोले तब सुग्रीव राम से, जनक नंदिनी मिल जाएँगी।
हम सबके संयुत प्रयास से, वैदेही वापस आएँगी॥

आर्द्र नयन वानरपति ने तब, घटना यह रघुवरहि सुनाई।
एक दिवस बैठा सचिवों सँग, नारी क्रंदन की ध्वनि आई॥

ध्यान दिया तो देखा रथ पर, रावण द्रुतगति चला जा रहा।
उसमें बिलख रही नारी का, क्रंदन स्वर भी समझ आ रहा॥

बार-बार वह राम पुकारे, शायद हमको देख लिया था।
इसीलिए निज वस्त्र उन्होंने, पीछे पथ पर फेंक दिया था॥

जब सुग्रीव वस्त्र वह लाए, प्रभु ने सहज उसे पहचाना।
झर-झर आँसू बहे दृगों से, तिय का कष्ट स्वयं अनुमाना॥

विह्वल, विचलित रघुनंदन को, वानरपति ने धीर बँधाया।
पूर्ण शक्ति से बनूँ सहायक, क्यों उर अब विषाद की छाया॥

वैदेही के लिए राम मैं, तीन लोक भी एक करूँगा।
अगर नहीं यह किया शपथ है, अग्नि दाह कर स्वयं मरूँगा॥

फिर रघुवर ने शांत मना हो, कहा विशद वह कथा सुनाओ।
क्यों रहते हो ऋष्यमूक पर, विस्तृत सब मुझको समझाओ॥

लंबी साँस खींच वानरपति, ने सारा वृत्तांत सुनाया।
क्यों रहते गिरि पर निर्वासित, कारण सहित सभी समझाया॥

नाथ! बालि अरु मैं दो भाई, प्रीति परस्पर अतुलनीय थी।
अग्रज की मेरे प्रति रघुवर! त्याग भावना वंदनीय थी॥

एक दिवस मयसुत मायावी, अर्धरात्रि किष्किंधा आया।
महल द्वार पर आकर उसने, मद में अति उत्पात मचाया॥

सुन ललकार भ्रात बाली ने, युद्ध हेतु अरि को ललकारा।
हार गया अरि मल्ल युद्ध में, भ्राता ने कर लिया दुधारा॥

भयवश भागा असुर वहाँ से, पीछे-पीछे क्रुद्ध भ्रात थे।
मैं भी पीछे-पीछे दौड़ा, हुए असुर पर प्रबल घात थे॥

गिरि की गुफा घुसा मायावी, तब भ्राता ने वचन उचारे।
अनुज एक पखवारे तक तुम, रुकना यहीं गुफा के द्वारे॥

अगर न आया पखवारे तक, मरा हुआ तब मुझे समझना।
तुम्हीं चलाना राजकाज तब, ध्यान सभी का विधिवत् रखना॥

एक मास तक वहीं रहा मैं, रुधिर धार जब बाहर आई।
भ्रात मरण को जान भीति से, गुफा द्वार पर शिला लगाई॥

समाचार यह जान सभी ने, बरबस किया तिलक तब मेरा।
इस प्रकरण के कारण स्वामी! मुझे दुर्दिनों ने है घेरा॥

मायावी को मार बालि जब, किष्किंधा में वापस आया।
उसने बैठा सिंहासन पर, नृप के रूप मुझे जब पाया॥

शून्य विवेक भ्रमित भ्राता ने, मेरी कोई बात न मानी।
सबकुछ छीन, तिया भी छीनी, मुझे मारने की जब ठानी॥

भाग लिया मैं प्राण बचाकर, तब से इस गिरि पर रहता हूँ।
श्राप वशात् नहीं आ सकता, यहाँ बालि, डर कर रहता हूँ॥

कहा राम ने हे वानरपति! मित्र वही जग में कहलाते।
जान मित्र के ताप स्वयं भी, स्वाभाविक दुख से भर जाते॥

इस गुणता के बिना नहीं वह, मित्र सत्य यह शास्त्र बताते।
उनको मात्र देखने से ही, गहन पाप लगता यह गाते॥

स्वार्थ कारणों से जुड़ते जो, मित्र न उनको कह सकते हैं।
नहीं दुर्दिनों में वे निश्चित, साथ मित्र के रह सकते हैं॥

मित्र परीक्षा तब होती है, जब आपत्ति काल आ जाए।
नीर-क्षीर पहचान समय में, बगुला हंस समझ में आए॥

निश्चित ही सुग्रीव मित्र तुम, चिंता मुक्त अभी हो जाओ।
संहारूँगा बालि सहज ही, यह विश्वास हृदय में लाओ॥

कुछ दिन रुककर ऋष्यमूक प्रभु, किष्किंधा सीमा पर आए।
कर आगे सुग्रीव मित्र को, बालि राज से उन्हें लड़ाए॥

एक बाण से रघुनंदन ने, बली बालि को मार गिराया।
नीति-अनीति विवेचन करके, दंड दिया क्यों उसे बताया॥

पहला यह अपराध तुम्हारा, अनुज वधू का हरण कर लिया।
उसे बलात् बनाकर भार्या, पापों का ही घड़ा भर लिया॥

और नृपति है वही योग्यतम, जो विवेक का ही सहचर हो।
नीति-अनीति समझ ले क्षण में, ऐसा ही वह बुद्धि प्रखर हो॥

क्रोध, भोग, अभिमान, अदाया, शठ यह हैं मानव के अवगुण।
किंतु यही गुण असुर वृत्ति में, माने जाते हैं सब सद्‌गुण॥

तुमने मानवता ठुकराई, असुर वृत्ति को अपनाया है।
इस कारण ही मृत्यु दंड दे, कारण जग को समझाया है॥

किंतु आज तुम पापमुक्त हो, सीधे सुरपुर को जाओगे।
तपी करें जिस हेतु तपस्या, वही लोक तुम भी पाओगे॥

ऐसा कह श्री रामचंद्र ने, निज कर कमल बालि सिर धारा।
सद्‌गति मिली राम प्रभु से तब, मोक्षधाम के लिए सिधारा॥

फिर राघव ने ज्ञान दानकर, बालि तिया का ताप हर लिया।
अंगद सुत उसका भविष्य है, तारा के उर भाव भर दिया॥

राघव से निर्देशित लक्ष्मण, ने गुरुतर दायित्व निभाया।
बालिपुत्र अंगद को भी तब, लक्ष्मण ने विधिवत् समझाया॥

सूतक बीता तभी लखन ने, राजतिलक का कार्य कराया।
सम्मति से सुग्रीव वीर को, किष्किंधा का नृपति बनाया॥

बालि पुत्र अंगद को भी तब, हर्षित हो युवराज बनाया।
किष्किंधा के प्रजा जनो का, उर इस निर्णय से हर्षाया॥

किष्किंधा में शांति सौख्य की, वर्षा होने लगी निरंतर।
ऋतु परिवर्तन हुआ मेघ भी, लगे भिगोने धरा बरसकर॥

इधर उमा! श्री रघुनंदन ने, गिरि प्रश्रवण निवास बनाया।
थी प्राकृतिक गुफा उस गिरि में, उसे पूर्ण उपयोगी पाया॥

वर्षा ऋतु में गुफा सुनिश्चित, सानुकूल वर आश्रय दाता।
आसपास की प्रकृति रम्यता, झील सरोवर हर्ष प्रदाता॥

नैसर्गिक आनंद यहाँ पर, पग-पग पर नर्तन करता था।
झर-झर झरनों का स्वर बरबस, उर में अति उमंग भरता था॥

गुफा द्वार पर लतिकाओं ने, मानो स्वागत द्वार बनाया।
रंग-बिरंगे सुरभित पुष्पों, से उसको रुचिपूर्ण सजाया॥

सघन वृक्ष अभिसिंचित होकर, मस्ती में सब नाच रहे थे।
ज्यों विधना की सृजन शक्ति की, वर गाथाएँ बाँच रहे थे॥

उसी सुरक्षित उचित जगह पर, रघुवर ने आवास बनाया।
अनुज लखन के साथ राम ने, वर्षा ऋतु का समय बिताया॥

यद्यपि प्रिया विरह के दुख को, वर्षा ऋतु ने बढ़ा दिया था।
घन दामिनि ने विरह अग्नि को, धू-धूकर प्रज्ज्वलित किया था॥

पर नर पुंगव के उर ने तब, धीरज डोर विवश मन थामी।
अनुज लखन भी प्रतिपल प्रतिक्षण, रहे राम के वर अनुगामी॥

फिर भी लंबी लगी अवधि वह, क्योंकि हृदय में प्रिये प्रतीक्षा।
उमड़-घुमड़कर मेघ राम के, धीरज की ले रहे परीक्षा॥

किसी तरह बीती वर्षा ऋतु, राम हृदय चिंता अति भारी।
क्या किष्किंधापति ने मद में, उनकी सुधि सब भाँति बिसारी?

मनोदशा को समझ लखन ने, कहा भ्रात आदेश सुनाएँ।
वानरपति सुग्रीव बाँध कर, कहें! अभी प्रभु सम्मुख लाएँ॥

तब लक्ष्मण को रघुनंदन ने, नीति-अनीति सभी समझाई।
'जैसा हो अपराध सजा भी, वैसी ही दी जाती भाई॥'

भय से ही यदि काम चले तो, और अन्यथा क्या करना है?
नवल मित्र सुग्रीव नृपति के, मन में किंचित् भय भरना है।

तभी क्षमा का वर महत्त्व है, जब प्रतिपक्ष शक्ति पहचाने।
शक्तिमान से प्राप्त क्षमा को, वैरी भी सम्मानित माने॥

विषधर के विषदंत अगर हैं, तो उससे सब भय खाते हैं।
दंतहीन, विषहीन नाग के, सिर धर पाँव सभी जाते हैं॥

हे सौमित्र! नगर में जाकर, किष्किंधापति को समझाओ।
अभिनय द्वारा नवल मित्र के, उर में किंचित् भीति जगाओ।

पा रामाज्ञा क्रोधवंत हो, लक्ष्मण किष्किंधा में आए।
राजमहल के द्वार पहुँचकर, भीषण धनु टंकार सुनाए॥

भागदौड़ मच गई महल में, तब सुग्रीव सूचना पाई।
जान लखन को क्रोधवंत तब, भीति अतीव हृदय भर आई।

परम भयातुर वानरपति ने, भेजे हनुमत, अंगद, तारा।
अर्घ्य पाद्य, मधुमय वाणी से, सबने लक्ष्मण को सत्कारा॥

करके शांत क्रोध लक्ष्मण का, मान सहित अंदर ले आए।
देकर वर-सम्मान उन्हें वे, ऊँचे आसन पर बैठाए॥

जान उचित अवसर वानरपति, विनत वहाँ पर स्वयं पधारे।
समझे थे दुर्लक्ष्य हुआ है, त्रुटि का बोध हृदय में धारे॥

हो करबद्ध क्षमा माँगी जब, लक्ष्मण ने तब हृदय लगाया।
अति नेहित व्यवहार लखन का, पा सुग्रीव हृदय भर आया॥

राघव के हैं मित्र आप वर, मित्र धर्म अब शीघ्र निभाओ।
बंधु! हेतु रघुनंदन का तुम, शक्ति लगाकर पूर्ण कराओ।

सुनकर वाणी यह लक्ष्मण की, तब सुग्रीव विनत हो बोले।
प्रभु के हेतु बुलाए वानर, यूथप भूपति जो अनमोले॥

चलें आप, मैं अभी आ रहा, वानर भी सब आते होंगे।
वैदेही की खोज हेतु वे, युक्ति ध्यान में लाते होंगे॥

गए लखन, तब वानरपति ने, नील सैन्यपति को बुलवाया।
चलना हमें, प्रश्रवण गिरि पर, कह राघव का हेतु बताया॥

हनुमत, अंगद, नील साथ ले, फिर सुग्रीव राम ढिग आए।
मित्र प्रतीक्षा में अति आतुर, बैठे रघुनंदन को पाए॥

क्षमा माँगकर रामचंद्र से, किष्किंधापति ने बतलाया।
दूर-दूर से सिया खोज हित, विकट वानरों को बुलवाया॥

महाबली, दुर्धर्ष, विकट, भट, युद्ध निपुण वानर अतिभाए।
उमा! वहाँ पर धीरे-धीरे, ऐसे वानर अगणित आए॥

अलग-अलग टोलियाँ बनाकर, सबमें नायक चतुर लगाए।
फिर सुग्रीव नृपति ने सबको, निर्धारित दायित्व बताए॥

जो उपयोगी मिले सूचना, उसे सुनिश्चित ही लाना है।
दशकंधर के भक्त, असुर जो, उनका पूर्ण वृत्त पाना है॥

दशकंधर से युद्ध सुनिश्चित, होगा सबका ही अभिमत था।
इसीलिए व्यापक अनुशीलन, नियत हुआ उपक्रम विधिवत् था॥

पूरब, पश्चिम, उत्तर दिशि में, तब टोलियाँ गई भिजवाईं।
उत्साहित हो सभी टोलियाँ, लक्ष्य प्राप्त करने हित धाईं॥

फिर हनुमान, नील, नल, अंगद, जामवंत को गया बुलाया।
साथ अनेक प्रमुख योद्धाओं, को भी उनके साथ लगाया॥

फिर बोले सुग्रीव सभी से, तुमको दक्षिण दिशि जाना है।
सिया खोज का लक्ष्य प्राप्त कर, ही सबको वापस आना है॥

अगर नहीं सीता मिल पाएँ, यहाँ लौटकर कभी न आना।
सुन आदेश नृपति का सबने, तब गंभीर भाव अनुमाना॥

सबने कर प्रणाम तब प्रभु को, शुभ आशीष राम का पाया।
सबके बाद पवन सुत ने जब, रघुनंदन को शीश नवाया॥

चरण पड़ रहे पवन तनय को, रामचंद्र ने तुरत उठाया।
प्रखर बुद्धि, वर शौर्य जानकर, प्रभु ने उनको कंठ लगाया॥

अति अनुरागित रघुनंदन ने, पंकज कर उनके सिर धारा।
प्रमुदित हुए पवनसुत अतिशय, पा प्रभु का आत्मीय सहारा॥

निज मुद्रिका उतार राम ने, पवन तनय के हाथ गहाई।
कहा सौंप मुद्रिका सिया को, देना मम उर प्रीति बताई॥

अंजनि पुत्र! बँधाना ढाढस, कहना शीघ्र राम आएँगे।
प्रबल पराक्रम से भामिनि को, मुक्त कराकर ले जाएँगे॥

निश्चित कृपापात्र प्रभु के वे, जान हृदय हनुमत हर्षाए।
फिर प्रमुदित संकल्पित मन से, सीता खोज हेतु वे धाए॥

वन, पर्वत, सरिता बाधाएँ, लाँघ बढ़े सब निश्चित पथ पर।
मिलें असुर, मर्दनकर उनका, सिया खोज हित बढ़ते तत्पर॥

लगातार चलने के कारण, क्षुधा तृषा से होकर व्याकुल।
चढ़े एक गिरि की चोटी पर, आश्रय पाने को अति आकुल॥

चक्रवाक, वक, हंस देखकर, उसी दिशा में सब बढ़ आए।
लखकर गुफा घुसे वे अंदर, बाहर भवन भव्यतम पाए॥

पास बने सुंदर मंदिर में, वृद्धतापसी को तब पाया।
कथा सुनाई उसने सारी, स्वयंप्रभा निज नाम बताया॥

मज्जन करके फल सेवन कर, निर्मल जल से प्यास बुझाई।
स्वयंप्रभा की वर पृच्छा पर, टोली ने निज कथा सुनाई॥

जान उन्हें रघुवर का सेवक, तप का बल तब उन्हें दिखाया।
निमिष मात्र में सबको ही तब, सागर के तट पर पहुँचाया॥

स्वयं गई रघुवर दर्शन को, प्रमुदित मन कृतकृत्य हुई थी।
पाकर अचल भक्ति राघव की, निर्मल बदरीधाम गई थी॥

चिंतित सागर तट पर सारे, करने लगे हृदय पछतावा।
कैसे करें खोज सीता की, रंच कहीं संकेत न पावा॥

हमसे अच्छा गीध जटायू, जीवन अपना धन्य बनाया।
राम काज के हेतु स्वयं ही, मुदित मृत्यु को गले लगाया॥

हमको मिला नहीं यह अवसर, कैसे सिया खोज कर पाएँ।
लगता इस सागर में घुसकर, स्वयं मृत्यु को गले लगाएँ॥

सुना नाम जब गीध जटायू, संपाती उनके ढिग आया।
लख विशालतम तन उस खग का, कपिगण के उर में भय छाया॥

कर आश्वस्त कहा खग ने तब, मैं जटायु का हूँ बड़ भ्राता।
संपाती है नाम हमारा, इस सागर का हूँ मैं ज्ञाता॥

क्या हो गया अनुज को मेरे, आने का प्रिय! हेतु बताओ।
जो भी है घटनाक्रम सारा, निर्भयता से मुझे सुनाओ॥

सुन हनुमत से विशद कहानी, संपाती का उर भर आया।
जान अनुज की मृत्यु हृदय में, अति विषाद आवेग समाया॥

हुआ शांत जब सम्पाती मन, बोला, चलो साथ मेरे सब।
पहुँच मार्ग लंका का जानूँ, निश्चित सिया खोज होगी अब॥

योजन एक चला सागर तट, फिर इंगित कर मार्ग दिखाया।
इस तट से उस पार सिंधु तक, गिरि चट्टानें हैं बतलाया॥

यह चट्टानें सागर में हैं, यहाँ सिंधु अतिशय उथला है।
कहीं चला जा सकता पैदल, कहीं सिंधु गहरा मचला है॥

लहरें भी इस पथ पर निश्चित, अति कमजोर शांत सागर है।
गिरि चट्टानों से ही लगता, यहाँ सिंधु मानो गागर है॥

साहस करके जो जाएगा, लक्ष्य सुनिश्चित पा सकता है।
आसानी से इस पथ से ही, लंका पहुँचा जा सकता है॥

हिंद-अरब सागर का संगम, 'रवि' इस केतन पर होता है।
राम विनिर्मित सेतु आज भी, गिरि चट्टानों पर सोता है॥

पहले से थीं गिरि चट्टानें और यहाँ लहरें अति निर्बल।
कहीं चोटियाँ निकली बाहर, ऊपर कहीं बह रहा था जल॥

पर लख विशद समुद्र सामने, सबकी हिम्मत डोल गई थी।
नहीं कदाचित् संभव है यह, सबकी वाणी बोल गई थी॥

किंतु गीध संपाती ने तब, सबको ही भरसक समझाया।
लंका में ही सिया विराजित, यह सुस्पष्ट दृष्टि मम आया॥

तभी रीछपति जांबवान् ने, कहा शांत क्यों हो हनुमाना?
तीन लोक में तुम समान को, महावीर अतिशय बलवाना?

बाल्यकाल में खेल-खेल में, तुमने दिनकर कैद किया था।
माता की आज्ञा से तुमने, अनुकंपा कर छोड़ दिया था॥

रघुराई ने तुमको ही तो, अपना वर सेवक माना है।
भरत समान तुम्हीं को हे कपि! अपना भ्राता ही जाना है॥

एकमेव तुम ही बलशाली, जो त्रिकूट पर्वत ला सकते।
रावण सहित सभी असुरों को, एक साथ ही तुम खा सकते॥

जितने भी है कार्य जगत् में, सब तुम पूरे कर सकते हो।
एक अकेले तुम ही हनुमत! हर्ष सभी में भर सकते हो॥

सुन यह विस्मृत पौरुष जागा, हुआ भूधराकार शरीरा।
मैं ही जाऊँगा अब लंका, हुंकारे तब हनुमत वीरा॥

मैं रघुवीर कृपा से निश्चित, सबकुछ संभव कर पाऊँगा।
यदि आदेश मिले रघुवर का, लंका सहित सिया लाऊँगा॥

तब फिर जामवंत ने नेहित, कहा तात! तुम इतना कर दो।
सीता की सुधि लेकर आओ, जीवन शक्ति सभी में भर दो॥

सेना लेकर तब रघुनंदन, रावण का संहार करेंगे।
सीता को अवमुक्त कराकर, संस्कृति का उद्धार करेंगे॥

शुभे! कथा का श्रवण परायण, शुभकारी फलदायक होगा।
राजिव लोचन रघुनंदन की, अचल भक्ति का पायक होगा॥

उन्नीसवाँ सर्ग हे भामिनि! लंका की गाथा गाएगा।
लंका दहन, समर असुरों से, और दशानन मरवाएगा॥

कृपा पुंज श्रीराम कथा को, हम विश्राम यहीं अब देंगे।
प्रात भवानी! लंका धारित विजय कथा की गाथा लेंगे॥

(इतिश्री सर्ग अठारह)

सर्ग-उन्नीस

मंगलाचरण

माता शिव भामिनी की वंदना करूँ मैं नित्य,
जिनकी कृपा ने कवि प्रेरणा जगाई है॥
छवि दिव्य आनन की निरखि-निरखि शंभु,
भावयुक्त शेष कथा प्रेम से सुनाई है॥
जिनके संकेत पा के नाचें त्रिपुरारी शिव,
उनके वात्सल्य की ही निधि मैंने पाई है।
मातु उमा प्रेरित किए हैं दोऊ तुमने ही,
शिव ने सुनाई कथा 'रवि' से लिखाई है॥

★★★

इधर अवध में, सिया हरण का, समाचार शासन ने पाया।
रघुवर का निर्देश जानने, रिपुसूदन ने दूत पठाया॥

भाँति-भाँति की चर्चाओं ने, जन-जन के मानस को घेरा।
मानो राजवंश को सहसा, शनि की वक्र दृष्टि ने हेरा॥

राजवंश के साथ प्रजाजन, अंतर्मन में बहुत व्यथित थे।
सियाहरण के घटनाक्रम से, चर्चाओं के सिंधु मथित थे॥

रिपुसूदन से प्रेषित पायक, अवधपुरी जब वापस आया।
कुशल क्षेम के साथ राम का, रीति-नीति संदेशा लाया॥

कहा राम ने रिपुसूदन तुम, निश्चित ही हो आज्ञाकारी।
यद्यपि भरत अवध के मुखिया, किंतु तुम्हीं तो पूर्ण प्रभारी॥

करो न चिंता रंच मात्र भी, निर्भयता से राज चलाओ।
अवध राज्य में आदर्शों का, अति विशाल वट वृक्ष लगाओ॥

माताओं के साथ भरत का, प्रतिपल प्रतिक्षण आदर करना।
बिना कहे उनके भावों को, निज प्रज्ञा से पूर्ण समझना॥

वधू उर्मिला, लक्ष्मण के बिन, किंचित् हृदय अधीर न होवे।
विपिन वास की अवधि न्यून अब, साहस का परिमाण न खोवे॥

समाचार जो मिले अवध के, उत्साहित करनेवाले हैं।
दोनो ही भाई मेरे वर, जन-जन के अति रखवाले हैं॥

प्रिय रिपुसूदन! तव प्रयास से, अवध राज्य का नवल उदय है।
चारों ओर व्यवस्था अनुपम, प्रजा वहाँ अब पूर्ण अभय है॥

आदर्शों में अवध राज्य ने, कीर्ति केतु उन्नत लहराए।
और विकास चहुँमुखी ने भी, मानदंड अब शिखर चढ़ाए॥

साधु भरत ने भी रिपुसूदन, तुमको अनुपम नेह दिया है।
दोनों के चिंतन श्रम से ही, नया राज्य ने रूप लिया है॥

ऐसा कह, फिर कहा राम ने, मेरी कुशलक्षेम बतलाना।
विपिन अवधि को शीघ्र बिताकर, होगा तभी सुनिश्चित आना॥

हुआ सिया का हरण किंतु हम, शीघ्र उन्हें वापस लाएँगे।
सीता अपहृत करनेवाले, को यमपुर हम पहुँचाएँगे॥

यहाँ शक्ति जो साथ हमारे, काल बाँधकर ला सकती है।
यही शक्ति तीनों लोकों पर, विजय ध्वजा फहरा सकती है॥

इस कारण ही अवध राज्य से, रंच नहीं सहयोग चाहिए।
सभी प्रसन्न रहें सबका ही, शुभ भावों का योग चाहिए॥

समाचार सुनकर पायक से, दमन दृगों में आँसू आए।
संकट जान भ्रात दोनों पर, मन में वे विषाद भर लाए॥

राजमहल में रिपुसूदन ने, सबको ही फिर धैर्य बँधाया।
राम, लखन, सिय समाचार को, युक्ति-युक्त सबको समझाया॥

तब निज भवन गए रिपुसूदन, श्रुति ने अनुरागित सत्कारे।
उचित समय पर ही तिय ने तब, तथ्यपूर्ण यह वचन उचारे॥

दीदी का अपहरण हो गया, होंगी वे किस हाल बिचारी।
वन में टूट पड़ी तीनों पर, यह विपदा कैसी अति भारी॥

फिर रिपुसूदन ने पायक से, प्राप्त सभी संदेश सुनाया।
मानो श्रुति के तप्त हृदय पर, समुचित शीतल लेप लगाया॥

किंतु अचानक श्रुति आनन पर, चिंता की रेखा घिर आई।
देख शत्रुहन चौंके, बोले, प्रिय मुख पर क्यों चिंता छाई॥

सजल नयन श्रुति ने तब सारा, साहस कर वृत्तांत सुनाया।
सिया हरण की जन चर्चा का, श्रव्य तथ्य का सार सुनाया॥

जन-जन में यह बात उठ रही, रावण, कामी, कुटिल, कुचाली।
कैसे कर पाएँगी सीता? अपनी शुचिता की रखवाली॥

जैसे ही यह सुना शत्रुहन भी, चिंता में डूब गए थे।
यद्यपि सुना उन्होंने पहले, किंतु आज आयाम नए थे॥

देर रात में चर्चा करके, चिंता में सोए रिपुसूदन।
था संताप हृदय अति भारी, शिथिल हुआ था उनका तन-मन॥

भोर उठे रिपुसूदन चिंतित, गुरु वसिष्ठ के आश्रम आए।
कर विस्तृत चर्चा उनसे वे, तत्क्षण नंदी ग्राम सिधाए॥

भरत भ्रात से चर्चा करके, प्रणिधायी को वहीं बुलाया।
जन चर्चा के शमन हेतु तब, विस्तृत सूत्र उसे समझाया॥

गुरु वसिष्ठ ने भी सुविचारित, चतुर्दिशा से ऋषि बुलवाए।
जन चर्चा की चित्त प्रदूषित, मनोवृत्ति उनको समझाए॥

कैसे इसका शमन हो सके, क्या भूमिका निभाएँ ऋषिगण?
क्या, कैसे हो कर्म नियोजित, पाए तुष्टि अवध का जनगण?

सती शक्ति की अनत महत्ता, जन-जन को समझाई जाए।
जिससे प्रजाजनों के मन में, परम समादर भाव समाए॥

यही किया प्रणिधायी ने भी, अवध राज्य के भद्र बुलाए।
समझा उन्हें योजना विधिवत्, चारों ओर उन्हें भिजवाए॥

ऋषि गण गुप्तचरों का उपक्रम, शीघ्र मनोवांछित फल लाया।
सीता की वर शक्ति जानकर, जन-गण-मन में तोष समाया॥

वर्षा ऋतु बीती जैसे ही, दादुर स्वर सब हुए शांत थे।
फैली मनमोहक हरियाली, सघन हुए सब वन्य प्रांत थे॥

ताप, उष्णता विगत हो गई, तन-मन भावन शरद सुहाई।
तरु, खग, मृग, मानव सबमें ही, प्रचुर नवल ऊर्जा भर आई॥

सरिताएँ मर्यादित बहतीं, सर-बावड़ी-नीर आपूरित।
झरनों का निर्मल जल झर-झर, करे हर्ष से उर संपूरित॥

शीतल पवन, झकोरे से ज्यों, कोमल कर से तन सहलाए।
प्राण वायु की निर्मलता से, रग-रग में जीवन भर जाए॥

लता, वृक्ष सब झूम-झूमकर, ज्यों प्रिय ऋतु का स्वागत करते।
झील सरोवर खिले कमल भी, परमानंद हृदय में भरते॥

फूले काँस करें अठखेली, खंजन सबका हृदय लुभाए।
बया बनाएँ मुदित घोंसला, शिल्प देख विस्मय भर जाए।

चंचरीक दल गुंजन करके, सुमनों का मकरंद पी रहे।
निशा, कुमुदिनी का आलिंगन, दिवस याद में मुदित जी रहे॥

मृग-मृग शावक करें किलोलें, मोर नाचकर हृदय लुभाएँ।
रंग-बिरंगे मनहर खग कुल, प्रकृति रम्यता सहज बढ़ाएँ॥

ऋतु मनहरण, मदन सी लगती, सौख्य खेलता घर-आँगन में।
रस श्रृंगार मुक्त हो नाचे, 'रति' का भाव सहज ही मन में॥

रिपुसूदन के हृदय पटल पर, सिया हरण की चिंता भारी।
विधिवत् दृष्टि सदा रखते थे, घटना घटे विपिन में सारी॥

पुरी अयोध्या से रघुवर तक, प्रबल सूचना तंत्र बनाया।
करते स्वयं समीक्षा प्रतिदिन, समाचार पाते रघुराया॥

प्रतिदिन ही दरबार लगाते, निर्णय वर विवेक से करते।
वेश बदलकर घूमें चहुँदिशि, सत्य जानकर ही पग धरते॥

एक बार वे निशाकाल में, घूम रहे थे वेश बदलकर।
प्रहर एक बीता होगा जब, ठिठके वे नारी स्वर सुनकर॥

पति-पत्नी कर रहे वार्ता, शासन के गुण दोष बताएँ।
करें प्रशंसा रिपुसूदन की, कुछ विषयों पर खेद जताएँ।

होकर अति गंभीर शत्रुहन, ने चर्चा को पूर्ण सुना था।
चिंतित होकर मन में अतिशय, शमन योजना वृत्त गुना था॥

था उत्कोच विषय जब आया, रिपुसूदन अति आहत मन में।
सुना उन्होंने पूरा प्रकरण, सिहरन हुई शत्रुहन तन में॥

है उत्कोच रोग अति घातक, चिंतन उर आवेग भर गया।
असहज हुए धीर रिपुसूदन, धैर्य वीर का सहज हर गया॥

पूर्ण विषय सुन लिया उन्होंने, चर्चा नगर प्रशासक की थी।
उसने किसी कार्य के बदले, कहीं किसी से आमिष ली थी॥

इस उत्कोच विषय ने सहसा, विचलित किया शत्रुहन मन को।
तत्क्षण अति आक्रोश वेग ने, घेर लिया था उनके तन को॥

व्यथित शत्रुहन जब गृह आए, श्रुति ने पिय आनन को देखा।
है गंभीर समस्या कोई, प्रज्ञा ने यह तत्क्षण लेखा॥

भामिनि ने नेहित पृच्छा से, चिंता का कारण जब जाना।
पिय की हृदय व्यथा को उसने, उर में सहज रूप अनुमाना॥

श्रव्य सभी संदर्भ सुनाकर, जदपि शत्रुहन शांत हुए थे।
पर प्रस्तुत प्रत्यक्ष विषय से, तन-मन से परिश्रांत हुए थे॥

श्रुति ने ममतामयी भाव से, जब शत्रुघ्न-शीश सहलाया।
उर विषाद का ज्वार थम गया, मंथन नौका ने तट पाया॥

कहा शत्रुहन ने हे भामिनि!, जहाँ लोभ अतिशय बढ़ जाए।
वहीं आचरण नर-नारी का, निश्चित अध:पतन को पाए॥

हर उत्तरदायी का तो यह, कृत्य घोर चिंतादायक है।
इसके प्रति दुर्लक्ष्य तनिक भी, प्राणांतक विष का पायक है॥

संक्रामक उत्कोच रोग है, राष्ट्र हेतु अतिशय घातक है।
मरता राष्ट्र, समाज सहज वह, जहाँ लोभ का यह पातक है॥

प्राणांतक गंभीर रोग सम, नीति सबल अपनानी होगी।
लोभ जनित उत्कोच भावना, जड़ से हमें मिटानी होगी॥

देखा हमने स्वप्न यही है, राष्ट्र परम वैभव को पाए।
ऋषि-मुनि, शास्त्र निदेशित संस्कृति, धरती पर उत्कर्ष सजाए॥

किंतु कोच के विषदंतो से, पुण्य स्वप्न यह मर जाएगा।
कदाचरण से बोलो कैसे, राष्ट्र परम वैभव पाएगा?

इसीलिए इस रोग भयानक, का उपचार शीघ्र करना है।
प्राण राष्ट्र के यह ले पाए, पूर्व प्राण इसके हरना है॥

विधि में है उत्कृष्ट व्यवस्था, पर दुर्लक्ष्य हुआ लगता है।
सतत अनुश्रवण के द्वारा ही, शुचिता सूर्य प्रिये! उगता है॥

पूरी शक्ति लगाकर विधि का, अनुपालन करवाना होगा।
साम-दंड से जन-जन में अब, विधि का मान बढ़ाना होगा॥

विधि प्रभाव को सभी सहज ही, अपने मानस में स्वीकारें।
होगा जब आचरण सुपावन, धर्म भावना सब सत्कारें॥

क्रियाशीलता ही शासन की, इसको सत्य बना सकती है।
देख सुशासन की शुचि धारा, प्रजा स्वयं अपना सकती है॥

प्रिये! शिथिलता शासन की ही, अपसंस्कारों की जननी है।
पूर्ण सफलता पाने के हित, यही न्यूनता अब हरनी है॥

श्रुति ने भी अपनी प्रज्ञा से, सृजन हेतु कुछ मर्म बताए।
शासन के सुधार के वर गुर, मंथन से मानस में आए॥

अगले दिवस नगर प्रणिधायी, को रिपुसूदन ने बुलवाया।
रात्रि सुने संदर्भ सभी जो, जाँच हेतु उसको समझाया॥

आमिष का प्रकरण संदर्भित, कर रिपुसूदन ने बतलाया।
दो दिन मात्र जाँच हित इसके, अति गंभीर विषय समझाया॥

प्रणिधायी ने स्वयं विषय को, अतिशय महत् गहन अनुमाना।
वैभव की सरिता के पथ पर, गिरि जैसा अवरोधक माना॥

प्रणिधायी थे कुशल विवेचक, घटना पूर्ण सत्य ही पाई।
गहन विवेचन कर आख्या तब, रिपुसूदन को गई थमाई॥

नगर श्रेष्ठी को उस क्षण ही, रिपुसूदन ने कैद कराया।
आमिष देनेवाले को भी, साथ-साथ बंदी बनवाया॥

दोनों पर अभियोग चलाया, सिद्ध हुआ अपराध उभय का।
विधि अनुसार हुए वे दंडित, धर्म निभाया गया समय का॥

उत्कोचक दाता दोनों ही, साथ-साथ यह दंड सहेंगे।
छह मासों तक अपने कुल से, निर्वासित वे स्वयं रहेंगे॥

मंदिर के बाहर का परिसर, छह मासों तक वास बनाएँ।
भीख माँगकर ही वे दोनों, प्रतिदिन अपनी भूख मिटाएँ॥

'मैं हूँ भ्रष्ट आचरणवाला', लिखी पट्टिका गले पड़ेगी ।
कदाचरण के लिए सभी के, मन में इससे भीति बढ़ेगी॥

पुनर्समीक्षा के द्वारा फिर, मुक्ति सजा से वे पाएँगे।
यदि कुछ रही न्यूनता इसमें, दंडित पुनः किए जाएँगे॥

उमा! शत्रुहन के इस निर्णय, ने ऐसे पग चिह्न बनाए।
जिससे जन-जन के मानस में, सदाचरण के भाव समाए॥

इसी तरह प्रायश्चित के हित, अभियोगों के दंड बने थे।
रिपुसूदन की सूझ-बूझ ने, मानदंड अभियान जने थे॥

अपराधी की मूल वृत्ति भी, अभियोगों में परखी जाती।
निर्णय और दंड आधारों, में यह वृत्ति गहनता लाती॥

अपराधी जो हो स्वभाव से, उसका देश निकाला होता।
निज वैभव के साथ-साथ वह, सब परिवार स्वयं का खोता॥

अति जघन्य अपराधों की भी, गहन समीक्षा की जाती थी।
मूल वृत्ति, आशय लखकर ही, सजा गहनतम दी जाती थी॥

मानव के प्रति अपराधों को, अति गंभीर लिया जाता था।
ऐसे अपराधी को निश्चित, दंड कठोर दिया जाता था॥

अर्थाधारित अपराधों की, दो श्रेणी थी गई बनाईं।
सार्वजनिक एवं वैयक्तिक, अलग सूचियाँ नई बनाईं॥

सार्वजनिक अपराध अर्थ के, शासन अति गंभीर मानता।
चिति इससे हो जाती दुर्बल, शास्त्रोचित यह सत्य जानता॥

इसीलिए इन अपराधों का, दंड विदित सबको होता था।
उदाहरण बनता समाज में, जन मन-कलुष सहज धोता था॥

जो अपराध नारियों के प्रति, शासन के गंभीर विषय थे।
संस्कारों से था सुनियंत्रण, किंतु दंड से दुष्ट सभय थे॥

'हठ कामुक' के लिए दंड विधि, उमा! अवध में अति कठोर थी।
था अपवाद अवध में ऐसा, प्रजा कर्म शुचि में विभोर थी॥

ऐसे प्रकरण में पीड़ित का, दंड हेतु मत जाना जाता।
अंतर्निहित दंड विधियों से, योग्य सजा अपराधी पाता॥

चोरी, लूट, डकैती का भी, दंड विधान कठोर हुआ था।
घटना किंतु न्यूनतम होती, उत्तमता ने शीर्ष छुआ था॥

गो कुल के संरक्षण के हित, विधि कठोरतम गई बनाई।
जिसके कारण अवध राज्य में, उन्नति तीव्र वेग से आई॥

गो का वध करनेवाले को, अति अपराधक माना जाता।
मृत्युदंड से निर्वासन तक, का वह दंड सुनिश्चित पाता॥

ऐसी घटनाओं की यद्यपि, वहाँ शक्यता ही नगण्य थी।
संस्कारों में अवध राज्य की, उमा! प्रजा अति अग्रगण्य थी।

घुसपैठी भी अगर कहीं पर, किंचित भी अपराध कर रहा।
या अपवाद रूप कोई जन, विधि नियमों को अगर हर रहा॥

अवध प्रजाजन आगे आकर, तब जागृति का परिचय देते।
उत्तरदायी शासन जन भी, वर संज्ञान उस समय लेते॥

न्याय तंत्र भी गठित वहाँ था, समुचित न्यायाधीश नियोजित।
किंतु न वाद विवाद अवध में, शुचि संस्कारों से सब योजित॥

रखकर बैठे हाथ-हाथ पर, न्यायाधीश और न्यायालय।
बना सभी का हृदय सहज ही, नैतिकता का वर देवालय॥

प्रजा और शासन की जागृति, ने अपराध समाप्त किए थे।
जन-जन निज कर्तव्य निभाता, राष्ट्रभक्ति सब हृदय लिए थे॥

उमा! जहाँ की प्रजा शक्ति सब, धर्म-कर्म अनुरागी होती।
राष्ट्रभक्ति का भाव समाए, कर्तव्यों की रागी होती॥

वही देश गढ़ पाता जग में, उत्थानों की भी परिभाषा।
जहाँ प्रजा-शासन मिल बोलें, केवल राष्ट्र प्रेम की भाषा॥

अवध राज्य में राष्ट्रप्रेम प्रिय! कूट-कूटकर भरा गया था।
स्वार्थ भावना को जन-मन से, श्रम साधन से हरा गया था॥

इधर नृपति मधुरा लवणासुर, के भी सब उत्पात शांत थे।
नियमित वह राजस्व चुकाता, शांत सभी ऋषि वन्य प्रांत थे॥

लवणासुर से संधि हुई थी, प्रतिकर की भी राशि सुनिश्चित।
निगरानी के लिए वहाँ पर, किया अवध का प्रतिनिधि निश्चित॥

निज विचार से जदपि शत्रुहन, असुर मुक्ति त्रुटि युक्त मानते।
किंतु भरत के निर्णय को ही, सदा पूज्य सर्वोच्च जानते॥

इस निर्णय को सफल बनाने का, वह यत्न सदा करते थे।
उसके ही अनुकूल व्यवस्था, में वह योग्य शक्ति भरते थे॥

मधुरा की सारी गतिविधियों पर, थे दृष्टि सदा वे रखते।
खुफिया तंत्र व्यवस्थित था ही, स्वयं व्यवस्था को वे लखते॥

था भय से अति भीत असुर पर, मन में अतिशय मर्माहत था।
दर्प हो गया चूर-चूर पर, भाव निरंकुश भी आहत था॥

यद्यपि शांत बहुत ऊपर से, दंभ किंतु ललकार रहा था।
बदले की ज्वाला उर जलती, भयवश धीरज धार रहा था।

विवशमना होकर लवणासुर, आरोपित प्रतिकर देता था।
मान इसे अपमान स्वयं का, सदा उसाँसें वह लेता था॥

एक दिवस वह वन्य प्रांत में, घूम रहा था व्याकुल मन से।
मिला एक संन्यासी उसको, दिखता वह अघोर था तन से॥

लवणासुर ने कर प्रणाम जब, होकर विनत उसे सन्माना।
विनयशीलता देख असुर की, उसने संत प्रकृति अनुमाना॥

देख प्रसन्न संत को सहसा, लवणासुर ने वचन उचारे।
युक्ति साधु बतलाएँ ऐसी, कट जाएँ सब त्रास हमारे॥

मल्ल युद्ध में कभी न कोई, विजित मुझे कर सकता जग में।
किंतु नहीं दिव्यास्त्र पास में, त्रास दे रहा यह रग-रग में॥

देख लवण का विनय आचरण, साधु उपाय लगे बतलाने।
कैसे दिव्य अस्त्र मिल पाए, उचित उपाय लगे समझाने॥

पिता तुम्हारे मधु ने पहले, की शंकर की कठिन तपस्या।
हुए प्रसन्न शंभु कैलाशी, पूछा मन की कहो समस्या॥

वत्स! तुम्हारे तपी पिता ने, शंकर को मन भाव बताया।
दे वरदान शंभु ने तत्क्षण, उनको दिव्य त्रिशूल थमाया॥

वह त्रिशूल वाहक को रण में, निश्चित रूप अजेय बनाता।
रिपु कितना भी हो बलशाली, उसे मौत की नींद सुलाता॥

या तो करो प्रसन्न पिता को, दिव्य त्रिशूल सहज पा जाओ।
या फिर करो कठोर तपस्या, दिव्य अस्त्र शंकर से पाओ॥

लेकर विदा साधु से हर्षित, लवणासुर तब मधुरा आया।
तप से सरल, पिता ढिग जाना, उसके मन को अतिशय भाया॥

सुत के दुष्कर्मों से आहत, लवण पिता सागर तट रहते।
रहकर शंभुचरण अनुरागी, तप के कष्ट मुदित मन सहते॥

गया पिता ढिग सिंधु तीर वह, दुखी पिता को सहज मनाया।
पुत्र मोह से ग्रसित पिता ने, सुत कर दिव्य त्रिशूल थमाया॥

लवणासुर ने साधु पिता से, शिव का दिव्य त्रिशूल पा लिया।
जिसने उस राक्षस में फिर से, निर्भयता का भाव ला दिया॥

सुनकर यह सब कथा उमा तब, मंद-मंद मन में मुसकाईं।
लख तिय बदन शंभु आनन पर, सहसा तिरी कोच की झाँईं॥

कर पाएँ प्रति प्रश्न न शिवि कुछ, लगे सुनाने कथा राम की।
उमा! सुनो वह कथा जहाँ से, छोड़ी थी कल पुण्य धाम की॥

शुभे! इधर हनुमत मानस में, जब निज पौरुष की सुधि आई।
तत्क्षण अतिशय न्यून हो गईं, सागर की भीषण कठिनाई॥

तभी उमा ने कहा शंभु से, क्यों भूले हनुमत निज बल को।
जब कि असीमित शक्ति समाहित, मथ सकते वे नभ, जल, थल को॥

कहा शंभु ने बाल्यकाल में, अंजनि पुत्र रहे उत्पाती।
शक्तिपुंज की चंचलता से, ऋषि साधना भंग हो जाती॥

यद्यपि बाल सुलभ चंचलता, पर ऋषियों ने श्राप दे दिया।
विस्मृत हो जाएगा निज बल, कहकर यह परिताप दे दिया॥

माँ अंजनि के अति आग्रह पर, ऋषियों ने यह वचन सुनाए।
शक्ति याद आएगी फिर से, जब कोई संस्मरण कराए॥

जाम्बवंत के ही प्रयास से, हनुमत को बल याद आ गया।
पवन पुत्र की हुंकारों से, सबके उर उत्साह छा गया॥

ऊँचे गिरि चढ़ अंजनि सुत ने, पथ का तब अनुमान लगाया।
संपाती निर्देशित पथ ही, बजरंगी के मन को भाया॥

उतर गए सागर में सहसा, 'जय श्रीराम' लगाकर नारा।
था विशालतम सिंधु सामने, मन में केवल राम सहारा॥

आया गिरि मैनाक बीच में, मान सहित उसको सत्कारा।
सिंधु मध्य श्रम हरने के हित, वह गिरि निश्चित बना सहारा॥

नागों की जननी सुरसा तब, देवों से प्रेरित हो आई।
मारुति नंदन की देखी तब, उसने बुद्धि और चतुराई॥

उससे ले आशीष पवनसुत, अनथक राम-काज हित धाए।
अति संकल्प शक्ति ले उर में, लक्षित पथ पर कदम बढ़ाए॥

कुछ दूरी पर ही सागर में, निशिचरि एक रहा करती थी।
जल ऊपर के प्राणी को वह, भोजन हेतु गहा करती थी॥

भोज्य पदार्थ जान हनुमत को, पकड़ लिया उसने सहसा था।
महावीर ने मार उसे तब, दंड दिया देना जैसा था॥

कभी तैर कर, कभी ठहरकर, वे बाधाएँ लाँघ बढ़े थे।
कर सागर को पार पवनसुत, शैल शिखर पर कूद चढ़े थे॥

पूर्ण असंभव को कर संभव, मारुति नंदन लंका आए।
मुख्य द्वार पर थी सतर्क अति, नाम लंकिनी प्रहरी पाए॥

छद्म वेश में मारुति नंदन, ने घुसने का उपक्रम ठाना।
तत्क्षण ही प्रहरी राक्षसि ने, हनुमत को घुसपैठी जाना॥

अवरोधक बन गई लंकिनी, पवनपुत्र भी सावधान थे।
रामकाज के लिए सुनिश्चित, चेतन मति के प्रावधान थे॥

पलक झपकते बजरंगी ने, निश्चरि मुख को लक्ष्य बनाया।
विकट मुष्टिका के प्रहार से, क्षण में भू पर उसे लिटाया॥

पूर्ण रूप वह हुई अचेतन, मुख से बही रुधिर की धारा।
रामभक्त के लव प्रयास से, आसुरिभाव निमिष में हारा॥

विगत मूर्च्छा, तब राक्षसि ने, कहा तात! मैं तव अनुचरि हूँ।
ब्रह्म चरण की मैं अनुरागी, चिर संस्मृति की अब सहचरि हूँ॥

रावण के वरदान समय पर, ब्रह्मा ने मुझको पहचाना।
उनके कहे वचन से मैंने, असुर अंत होगा अनुमाना॥

मेरा अति सौभाग्य तात यह, राम भक्त को देख रही हूँ।
सत्संगति के परम सौख्य को, आज हृदय में लेख रही हूँ॥

करो प्रवेश लंक में हनुमत, सुधि करके उर में रघुनंदन।
उनकी कृपा पंगु गिरि लाँघे, करे विश्व पग-पग अभिनंदन॥

उमा! लंक थी रुचिर सुहावन, तीनों लोकों में अति न्यारी।
देव विश्वकर्मा से निर्मित, जग की सुंदरता बलिहारी॥

उपवन, बाग, तड़ाग मोहते, पथ चौड़े अति रम्य छटाएँ।
सुंदरता लखकर सुरगण भी, मन ही मन अतिशय ललचाएँ।

जगह-जगह पर मल्ल अखाड़े, गुरु कुश्ती के गुर समझाते।
सैन्य छावनी में भट अनगिन, रण-कौसल के सूत्र सिखाते॥

हतप्रभ मारुति नंदन मन में, लंका सारी स्वर्णमयी थी।
अद्भुत शिल्प व्यवस्थितता भी, बुद्धिमता से गढ़ी गई थी॥

लंका में सब जगह घूमकर, हनुमत ने यह पता लगाया।
कहाँ सिया को रखा गया है, भेद नहीं हनुमत ने पाया॥

हनुमत लंका में सतर्क रह, दशकंधर बल आँक रहे थे।
बिना ग्रहण कर भोजन पानी, मंदिर-मंदिर झाँक रहे थे॥

रात्रि समय भी बिन सोए ही, संभव सभी प्रयत्न किए थे।
किंतु न सीता की सुधि पाई, तथ्य अनेकों भाँप लिए थे॥

प्रातः गए एक गृह पर वे, राम नाम ध्वनि पड़ी सुनाई।
तर्क करें मन में अंजनि सुत, रघुवर यह कैसी प्रभुताई॥

तुलसी के नव तरु आँगन में, देख हृदय कपि ढाढ़स आया।
भर विश्वास हृदय में तत्क्षण, भिक्षा दे दो स्वर गुंजाया॥

सुनकर मधुमय स्वर तत्क्षण ही, साधु विभीषण बाहर आए।
भिक्षा हेतु भवन के द्वारे, ब्राह्मण दिव्य खड़ा वे पाए॥

खुलकर परिचय हुआ परस्पर, एक-दूसरे को तब जाना।
दोनों भक्त राम राघव के, साधु विभीषण वर हनुमाना॥

कपि का कर सत्कार विभीषण, ने सीता की कथा सुनाई।
वे अशोक वाटिका रह रहीं, उनकी मनोदशा समझाई॥

वहाँ कौन, कैसा प्रहरी है, कैसे सिय से मिल पाएँगे।
कौन समय अनुकूल रहेगा, कब रक्षक बाहर जाएँगे॥

वांछित सब निर्देश प्राप्त कर, अंजनि सुत वाटिका पधारे।
हुआ प्रवेश निदेशित विधि से, वानर रूप सहज वे धारे॥

तरु अशोक के नीचे बैठी, कपि ने शोकाकुल सिय देखीं।
प्रभु के लिए जल रही तिल-तिल, दीप वर्तिका के सम लेखीं॥

अंतर्दशा देख सिय की तब, हनुमत मन-ही-मन अति रोए।
आँसू बहे दृगों से लेकिन, उर ने अति संकल्प सँजोए॥

विटप अशोक छिपे हनुमत ने, नमन किया सीता को मन में।
सोच रहे वे समय मिले यदि, भेंट करूँगा सिय से क्षण में॥

सुमुखि नारियों से सेवित तब, लंकापति दशकंधर आया।
नयन झुकाए पीत सिया को, उसने विविध भाँति समझाया॥

एक बार यदि दृष्टि उठाकर, भरकर नयन मुझे तुम देखो।
मंदोदरि के सहित रानियाँ, होंगी तव अनुचरि यह लेखो॥

नीचे नयन किए सीता ने, रावण को फटकार लगाई।
विस्मित अंजनि पुत्र हृदय में, सिय की अतिशय देख दृढ़ाई॥

कहा सिया ने, सुन शठ रावण, तेरा काल सामने आया।
बस थोड़े दिन और विहँस ले, तेरे शीश मृत्यु की छाया॥

राम दिवाकर भू-मंडल के, तू केवल खद्योत समाना।
जब आएगा उनके सम्मुख, मिल जाएगा सहज प्रमाना॥

कहता है शठ! वीर स्वयं को, पर आचरण भीरु जैसा है।
मुझे अकेले में हर लाया, यह वीरत्व भला कैसा है?

पापी, अधम, निलज्ज, नीच, शठ, तू निश्चित मारा जाएगा।
रघकुल भूषण के बाणों से, विश्व मुक्ति तुझसे पाएगा॥

अतिशय, क्रोधवंत रावण ने, तत्क्षण ही तलवार निकाली।
बोला अति अपमान सह लिया, पिए रुधिर अब क्रुद्ध कपाली॥

किंतु तभी रानी मंदोदरि, ने समझाकर नीति बताई।
होगा शौर्य कलंकित इससे, अबला वध में नहीं भलाई॥

मान गया वह नीति, कहा तब, सीता सुनो दशानन बानी।
एक माह का समय दे रहा, बन जाओ मेरी पटरानी॥

अगर न मानी तुम तो मैं तब, एक माह पर फिर आऊँगा।
प्रण है मेरा इस असि से ही, तुझको यमपुर पहुँचाऊँगा॥

बिलख-बिलख तब कहा सिया ने, शठ! हर ले तू प्राण हमारे।
रघुवर के वियोग से जन्मे, उर संताप मिटेंगे सारे॥

चला गया जब दशकंधर तो, सीता रोई बिलख-बिलखकर।
झर-झर नयन झरे अंजनिसुत, सीता को संतापित लखकर॥

त्रिजिटा नामक एक राक्षसी, सीता की बन गई सहेली।
देख विषाद सिया का अतिशय, बाँध भुजा में उनसे मेली॥

असुरवाद की प्रबल विरोधी, थी वह वैष्णव मत की पोषक।
राम चरण अनुराग हृदय में, असुरों को मानें वह शोषक॥

उसने बिलख रही सीता को, नेहित विविध भाँति समझाया।
शीघ्र तुम्हें लेने आएँगे, तव प्रिय विश्ववंद्य रघुराया॥

त्रिजिटा गई वहाँ से जैसे, पवनपुत्र ने अवसर पाया।
सिय सम्मुख तब डाल मुद्रिका, राम नाम का स्वर गुँजाया॥

पहले समझ दशानन माया, सीता मन ही मन सकुचाईं।
किंतु विवश मन राम मुद्रिका, को पहचान उठाने धाईं॥

तरु से उतर पवन सुत ने तब, कर प्रणाम यह वचन उचारे।
मातु! पवनसुत हनूमान मैं, नित श्रीराम चरण उर धारे॥

एक अकिंचन सेवक उनका, अंजनि माँ का मैं जाया हूँ।
दर्शन से मैं धन्य हो गया, तव सुधि लेने ही आया हूँ॥

कहा पवनसुत ने सीता से, राम वियोग दुखी जस माता।
वैसे तव वियोग में कुंठित हुए मातु! रघुवर जग त्राता॥

दुखी न हो किंचित् हे माता! शीघ्र यहाँ राघव आएँगे।
मृत्युदंड दे दशकंधर को, स्वयं आपको ले जाएँगे॥

शपथ आपके शुचि चरणों की, अरि दल में मैं भय भर सकता।
एक अकेला सुत यह तेरा, प्राण दशानन के हर सकता॥

पल में वापस ले जा सकता, तुमको माता, किंतु न आज्ञा।
मैं हूँ आज्ञाकारी सेवक, प्राण समान मुझे रामाज्ञा॥

फिर हनुमत ने रघुनंदन की, अतुलित शक्ति सिया से गाई।
सैन्य शक्ति, सुग्रीव, मित्रता, की विस्तृत सब कथा सुनाई॥

अनुभव कर राघव के बल को, सीता के उर तोष समाया।
डूब रहे प्राणी को जैसे, तिनके का सहयोग सुभाया॥

शांत हुईं जब सिया हृदय में, पूछी राम-लखन कुसलाई।
कितना करते याद मुझे वे, क्या मुझको भूले रघुराई?

नहीं, नहीं माँ! तुम्हें याद कर, राघव बहुत विकल होते हैं।
अति विषाद उर में लेकर वे, निर्जन में छुप कर रोते हैं॥

चलते समय रोककर मुझको, प्रभु ने मुदरी मुझे गहाई।
तुम्हें बताने के हित माता, निज उर की सब व्यथा सुनाई॥

प्रभु ने कहा, वियोग सिया का, प्राणांतक दुख देनेवाला।
शीतल मंद सुगंध पवन भी, चैन सभी हर लेनेवाला॥

ऋतुएँ लगतीं काल रात्रि सी, कमल सरोवर झाड़ कटीले।
चंद्र लग रहा तपता सूरज, तरु नव किसलय पत्ते पीले॥

भोजन लगे जहर सा मुझको, बादल शत्रु समान डराते।
प्रिये! तुम्हारे बिन किंचित् भी, उर में धीर न हम धर पाते॥

यही हाल है अनुज लखन का, मुझे देखकर ही जिंदा है।
पंचवटी में तुम्हें छोड़कर, गया इसी से शर्मिंदा है॥

सुनकर व्यथा-कथा रघुवर की, वैदेही दृग आँसू आए।
किंतु सुना अनुराग राम का, हृदय शांति के भाव समाए॥

कहा कपीश्वर ने सीता से, हे माँ! करो न चिंता कोई।
जो संताप मिटाते जग का, माँ तव पति परमेश्वर सोई॥

जब विश्वास हुआ उर सीता, हनुमत ने तब गिरा सुनाई।
अतिशय भूख लगी है माता, मधु फल देख क्षुधा बढ़ आई॥

कहा सिया ने भट रखवारे, कैसे फल तुम खा पाओगे?
अगर हो गए बंदी तो फिर, वापस कैसे जा पाओगे?

पर संकल्पित महावीर ने, सीता से जब आज्ञा पाई।
ले विशालतम रूप उन्होंने, सहसा एक छलाँग लगाई॥

फल खाना उद्‌देश्य न कपि का, तरु अनगिन तोड़े भू डारे।
पेड़ उखाड़े, डाली तोड़ीं, पटक-पटक सब रक्षक मारे॥

त्राहि-त्राहि मच गई चतुर्दिक, रावण के दरबार दुहाई।
भट अक्षय कुमार सुत के सँग, असुर वाहिनी तुरत पठाई॥

क्षण में मार गिराया अक्षय, हनुमत ने निज बल दिखलाया।
मर्दि-मर्दि मारे सब राक्षस, मेघनाथ ले सेना आया॥

हुआ भयंकर युद्ध, पवनसुत, ने अगणित उद्‌भट भट मारे।
घुटना, कोहनी, मुष्टि प्रहारों, से असंख्य राक्षस संहारे॥

मेघनाथ ने लख अजेय कपि, तत्क्षण ब्रह्म अस्त्र संधाना।
मूर्च्छित होकर गिरे पवनसुत, शुभे! मान हनुमत ने माना॥

नागपाश में बाँध सभा में, मेघनाथ उनको ले आया।
सुन वध अक्षय और भटों का, रावण के उर क्रोध समाया॥

उठा मारने कपि को रावण, लेकर कर में विकट दुधारा।
सभा मध्य से भ्रात विभीषण, ने सहसा यह वचन उचारा॥

दूत अवध्य सदा होता है, युग-युग से यह शास्त्र बताते।
इसी रीति को सारे नरपति, प्रथा मान निश्चित अपनाते॥

अत: कपीश्वर का वध भ्राता, पौरुष पर कलंक ही होगा।
असुरेश्वर की शौर्य कीर्ति पर, निश्चित मलिन पंक ही होगा॥

ठहर गया लंकापति सहसा, पर उसने आदेश सुनाया।
हनुमत के मानस में उसका, यह आदेश अतीव सुहाया॥

दशकंधर ने कहा पूँछ में, वस्त्र बाँधकर आग लगाओ।
कपि को अंग-भंग करके ही, रामचंद्र के पास पठाओ॥

पवन पुत्र की बढ़ी बालधी, लगा बहुत घृत, तेल, वस्त्र था।
भस्मसात् लंका को करने, अंजनि सुत का यही अस्त्र था॥

पावक लगी बालधी में ज्यों, छूट गए तब बंधन सारे।
भर हुंकार चढ़े भवनों पर, 'जय श्रीराम' लगाते नारे॥

भवन-भवन से भवन कूदते, उलट-पलट लंका सब जारी।
पूरी लंका धू-धू जलती, बची न कोई छत्त अटारी॥

चीख-पुकार मची लंका में, भगदड़ मची कहर आया है।
साधारण सा कपि यह कैसा, भीषण दुर्निवार लाया है॥

घर में कौन, कौन बाहर है, सब अपनों का गणित लगाएँ।
सम्मुख देखें जब सुजनों को, उर में तब अतीव हर्षाएँ॥

भस्मसात् कर सारी लंका, कपि ने एक छलाँग लगाई।
सागर में डुबकी ले कपि ने, निज बालधि की आग बुझाई॥

फिर आए सीता के सम्मुख, सिय सब घटना जान गई थीं।
हनुमत के कथनों को उर में, पूर्ण सत्य अब मान गई थीं॥

फिर संदेश दिया रघुवर हित, देकर निज चूड़ामणि प्यारी।
सुत! ढँग से कहना तुम प्रभु से, सिया ताकती राह तुम्हारी॥

मास दिवस तक अगर न आए, नहीं रहेगी जीवित सीता।
अगर मर गई तो फिर राघव, कैसे पाओगे परिणीता?

इस प्रकार संदेश सिया का, ले हनुमत सागर तट आए।
जिस पथ से वे आए लंका, उसी मार्ग से वापस धाए॥

सिंधु पार कर अंजनि सुत ने, गिरि पर चढ़ हुंकार लगाई।
जाम्बवंत, अंगद, नल कपि सब, हर्षित हृदय जानि कुसलाई॥

अति उत्साहित सारे कपि तब, हर्षित मना राम ढिग आए।
बढ़-चढ़कर सारे कपियों ने, पवन पुत्र के कृत्य सुनाए॥

कपि समूह ने मानो मिलकर, अंजनिसुत की महिमा गाई।
सीता के सब समाचार सुन, रघुवर हृदय आर्द्रता आई॥

विस्तृत सब घटनाक्रम को जब, रघुवर ने हनुमत से जाना।
सिय का कष्ट, असुर बल, भविता, अपने उर में सब अनुमाना॥

फिर रघुनंदन ने अति नेहित, अंजनिसुत को कंठ लगाया।
हुए विदेह पवनसुत तत्क्षण, नयनों से नद अश्रु बहाया॥

पंकज कर धर शीश राम ने, पवनपुत्र को तृप्त कर दिया।
भरत भ्रात सम तुम प्रिय हनुमत, कहकर मन विश्वास भर दिया॥

वानरपति सुग्रीव राज ने, तत्क्षण सेनापति बुलवाए।
आयसु पाकर रघुनंदन का, करें कूच आदेश सुनाए॥

अति उत्साह समाए बानर, भालु, रीछ, सेना भट भारी।
संगठना, अनुशासन में वह, सेना सकल विश्व में न्यारी॥

गर्जहि, तर्जहि बहुविधि सेना, ज्यों भू-मंडल डोल रहा हो।
असुर दमन होगा अब निश्चित, काल स्वयं ज्यों बोल रहा हो॥

इधर जली लंका जब से थी, सबके उर में भीति समाई।
सभी सिया को वापस करने, की मुखरित दे रहे दुहाई॥

समझाया मंदोदरि ने भी, एक न दशकंधर ने मानी।
उसने भी अपने मानस में, निश्चित वाम शारदा जानी॥

भ्रात विभीषण ने भी नेहित, सभा मध्य बहुविधि समझाया।
विस्तृत नीति-अनीति बताई, शास्त्रों का वर मर्म बताया॥

प्रवर सचिव तब माल्यवंत ने, भ्रात विभीषण का मत माना।
दंभी रावण ने दोनों को, अपना पूर्ण विरोधी जाना॥

दोनों को फटकार लगाकर, रावण लगा वहाँ से जाने।
पैर पकड़कर तभी विभीषण, लगे उसे फिर से समझाने॥

किंतु दशानन ने क्रोधित हो, पाद प्रहार किया भ्राता पर।
कहा, भाग जाओ लंका से, जाओ मिलो राम से जाकर॥

इधर राम की सेना चलकर, सिंधु तीर तक थी बढ़ आई।
राम-लखन के निर्देशन में, वहीं सैन्य छावनी बनाई॥

अपमानित हो तभी विभीषण, रघुवर शरण हेतु जब आया।
निर्मल मन के साधु विभीषण, को रघुपति ने मित्र बनाया॥

उत्तम वृत्ति समझ रघुवर ने, तत्क्षण सागर नीर मँगाया।
राज तिलक कर दिया मित्र का, लंका का सम्राट् बनाया॥

इधर विभीषण के पीछे से, दशकंधर ने भद्र पठाए।
छद्म वेश में उभय भद्र तब, सिंधु पार रामादल आए॥

किंतु राम के गुप्तचरों की, नहीं बचे थे सजग दृष्टि से।
पकड़े गए, पिटे बहुविधि वे, हुए विकल वे पाद वृष्टि से॥

देकर राम दुहाई दोनों, मारपीट से बच पाए थे।
अंग-भंग होने से पहले, ही लक्ष्मण ने बुलवाए थे॥

रावण को संबोधित पाती, दे भेजा उनको लंका में।
पाती अरु उनकी आख्या ने, डाला रावण को शंका में॥

रामादल के वर पौरुष को, दोनों ने तब विशद बखाना।
जिससे रावण के अंतर ने, निज में भीति भाव अनुमाना॥

समझाया भद्रों ने रावण, मय तनया ने भी समझाया।
पर मदांध रावण को किंचित्, यह समझाना रास न आया॥

इधर सभी बैठे चिंतातुर, कैसे सिंधु पार सब जाएँ।
कैसे कर लंका पर आक्रम, प्राण दशानन के हर पाएँ॥

तभी विभीषण ने रघुवर को, यह सुझाव अति विनत सुनाया।
प्रभु! पूर्वज यह सिंधु आपका, करें विमर्श शीघ्र रघुराया॥

पर रघुनंदन ने कौतुक हित, तीन दिवस तक पथ माँगा था।
नहीं मिला पथ जब सागर से, कल्पित क्रोध हृदय जागा था॥

जब संधान किया शर रघुवर, विप्र रूप धरि सागर आया।
कंचन थाल सजाकर उसने, अभिनंदन का धर्म निभाया॥

फिर पूर्वज के अधिकारों से, रीति-नीति प्रभु को समझाई।
गगन, समीर, अनल, जल, धरनी, जड़ स्वाभाविक वृत्ति बताई॥

सृष्टि सृजन के समय, सुनिश्चित, नियमों का सब पालन करते।
नैसर्गिक नियमों में बँधकर, परमानंद हृदय में भरते॥

प्रकृति नियम को छोड़ चले तो, मर्यादाएँ ढह जाएँगी।
हो जाएगा नष्ट-भ्रष्ट सब, प्रलय सुनिश्चित तब आएगी॥

ढोल, गँवार, शूद्र, पशु, नारी, जिस प्रकार से देखे जाते।
अंतर्निहित प्रकृति गुणता से, सबके अति दायित्व बढ़ाते॥

उसी तरह से जड़ गुणता भी, संरक्षण की अति अधिकारी।
इसका यदि दुर्लक्ष्य हुआ तो, होगा यह अतिशय अपकारी॥

तभी उमा ने कहा शंभु से, कहो नाथ! यह पूर्ण बुझाई।
ढोल गँवार, शूद्र, पशु, नारी, क्या, कैसी विशिष्ट गुणताई॥

अधरों पर मुसकान समेटे, शिव शंकर ने किया विवेचन।
'रवि' अब सुनो विश्व के लोगों, छट जाएँगे सारे भ्रम घन॥

प्रिये! ढोल यदि कसा रखा हो, वर्षा ऋतु में फट जाएगा।
बार-बार सेंके जाने पर, ही वह अच्छा बज पाएगा॥

'मंदबुद्धि' आबाल वृद्ध की, चिंता कुल ही तो करता है।
देख-रेख करता सतर्क रह, उसके कष्ट स्वयं हरता है॥

यदि गँवार परित्यक्त हो गया, कैसे जीवन जी पाएगा।
अपनी मूढ़ बुद्धि के द्वारा, कुछ भी अप्रिय कर जाएगा॥

है पर्याय शूद्र का सेवक, देख-रेख स्वामी ही करता।
सेवक के सारे कष्टों को, निज चिंतन से ही वह हरता॥

पशु यदि बँधा रहे खूँटे से, स्वामी चारा नहीं खिलाए।
करके यदि दुर्लक्ष्य अहर्निश, उसको पानी नहीं पिलाए॥

उमा! नहीं जीवित रह सकता, पशु वह निश्चित मर जाएगा।
स्वामी की वह देख-रेख बिन, हृष्ट-पुष्ट क्या रह पाएगा?

नारी तन की संरचना में, नर से कुछ मौलिक अंतर है।
जिससे शारीरिक क्षमता में, नारी नर से न्यून अवर है॥

इससे चिर संस्कृति भारत की, अबला कहकर उसे बुलाती।
इसीलिए नारी भारत में, हर सहयोग नरों से पाती॥

इस कारण जन-जन में ऋषिगण, यह सिद्धांत सदा भरते हैं।
जहाँ नारियाँ पूजी जातीं, देव निवास वहाँ करते हैं॥

उमा! सिंधु ने यही सुनिश्चित, मत रघुनंदन को समझाया।
रघुवर को पूर्वज के नाते, नीति तत्त्व का बोध कराया॥

फिर सागर ने कहा राम से, राम नील-नल हैं दो भाई।
दोनों ने ही सेतु सृजन की, तकनीकी शिक्षा सब पाई॥

उनके निर्देशन में रघुवर, श्री लंका तक सेतु बनाएँ।
उससे ही तब लंका जाकर, उन्नत धर्म ध्वजा लहराएँ॥

सागर के सुझाव के क्रम में, नल अरु नील गए बुलवाए।
दोनों ने तकनीकी विधि से, सेतु सृजन के चित्र बनाए॥

पवन पुत्र से भी दोनों ने, लंका गमन पंथ को जाना।
सोच-समझकर उसी मार्ग को, सेतु सृजन हित उत्तम माना॥

अल्प समय में सेतु बनाने, की योजना बनी व्यवहारी।
शिल्पकार की देख प्रवणता, राम-लखन दोनों बलिहारी॥

अनुशासन, संकल्प शक्ति ने, अल्प समय में सेतु बनाया।
समुदायिक श्रम, परमारथ मन, ने अनुकरणी मार्ग दिखाया॥

उतरी सेना पार सिंधु कर, रामादल हर्षित अतिभारी।
लंका में जब सुना सभी ने, सभी सुमिरते शिव त्रिपुरारी॥

दूत रूप में प्रेषित अंगद, ने भी रावण को समझाया।
किंतु विवेकहीन रावण के, मन में किंचित् ज्ञान न आया॥

उमा! हुआ फिर युद्ध भयानक, शोणित से भू लाल हो गई।
राम निदेशित कपि सेना तब, रण में काल-कराल हो गई॥

उभय पक्ष से मरे अनगिनत, चहुँदिशि हाहाकर मची थी।
असुरों के अत्याचारों ने, ध्वंसक रचना स्वयं रची थी॥

रण में मरे अनेक सूरमा, उभय पक्ष में कोलाहल था।
स्वयं दशानन भीत हुआ अति, छल-बल उसका सब असफल था॥

क्रोधवंत रावण ने अपना, सुत तब इंद्रजीत भिजवाया।
समरांगण में मेघनाथ ने, सम्मुख वीर लखन को पाया॥

भीषण युद्ध हुआ दोनों में, भीत देव यह देख लड़ाई।
इंद्रजीत ने तब सहसा ही, अभिमंत्रित कर शक्ति चलाई॥

घायल होकर गिरे लखन जब, हनुमन ने तत्काल उठाया।
क्षण में रामचंद्र के सम्मुख, शिविर मध्य उनको पहुँचाया॥

युद्ध बंद हो गया तभी था, हाहाकार मचा रामादल।
शोकाकुल सैनिक यूथप थे, शंकित देख दशानन का बल॥

प्रज्ञ विभीषण के विमर्श से, वैद्य सुषेण गए बुलवाए।
लंका में जाकर अंजनिसुत, वैद्यराज को लेकर आए॥

वैद्यराज की अनुशंसा पर, संजीवनी हेतु वे धाए।
रावण प्रेरित कालनेमि को, छद्म वेश में मग में पाए॥

मार उसे वे गए शैल जहँ, औषधि को पहचान न पाया॥
लख विशिष्ट पौधों को हनुमत, ने तब शैल समेत उठाया॥

नंदी ग्राम समीप भरत ने, देखा कपि को शैल उठाए।
अनहोनी की आशंका से, बिनु फर-सर से भूमि गिराए॥

राम–नाम सुन कपि के मुख से, भरत हृदय चिंता भर आई।
विगत मूर्च्छा, तब हनुमत ने, परिचय दे सब कथा सुनाई॥

इधर राम अतिशय अधीर थे, अनुज विछोह कल्पना भारी।
रोए, बोले, धीरज खोएँ, अपने को माने अपकारी॥

सभी रो रहे, देखें पथ को, आए नहीं अभी तक हनुमत।
विचलित, व्यथित राम भी ताकें, शनैः–शनैः हो रही निशा गत॥

इधर भरत थे विकल हृदय पर, नहीं रंच भी समय गँवाया।
निज दैविक शर पर बैठाकर, तत्क्षण राम समीप पठाया॥

देख वायु नंदन को सबने, हर्षद्ध्वनि की थी तब भारी।
यही हर्ष ध्वनि रामादल में, बनी नवल जीवन संचारी॥

विस्मित राम, सुषेन आदि ने, महावीर को अति सत्कारा।
धन्य–धन्य हे पवनपुत्र! तुम, अति संकट से हमें उबारा॥

वैद्यराज ने तब अविलंबित, औषधि लक्ष्मण को पिलवाई।
विगत मूर्च्छा हुई लखन की, अति उमंग रामादल छाई॥

सुरभित सुमन बरसते नभ से, गगन बेधते जयकारे थे।
शंख घोष हो रहा चतुर्दिक, गूँज रहे फिर नक्कारे थे॥

राम दृगों से अविरल आँसू, गद्गद हृदय, अनुज को साधे।
माथा चूमें कंठ लगाएँ, विह्वल हो सहलाते काँधे॥

हत मानस से हुए असुर सब, जान लखन ने जीवन पाया।
रावण ने तब विचलित मन से, कुंभकर्ण को जाय जगाया॥

कुंभकर्ण ने भी समझाया, पर रावण ने एक न मानी।
उमा! भला कैसे समझेगा, जिसकी प्रकृति घोर अभिमानी॥

समरांगण में कुंभकर्ण ने, ऐसी हाहाकार मचाई।
स्वयं उपस्थित हुए समर में, समाचार सुनकर रघुराई॥

भीषण युद्ध हुआ दोनों में, अंत राम ने मार गिराया।
कुंभकर्ण का शीश काटकर, शर से रावण ढिग पहुँचाया॥

अगले दिन फिर मेघनाथ को, लक्ष्मण ने ही धूल चटाई।
मेघनाथ को मार उन्होंने, निज उर को संतुष्टि दिलाई॥

फिर रावण ही स्वयं समर हित, क्रोधवंत होकर चढ़ धाया।
लख उसका आक्रोश और छल, इंद्र सहित सुरकुल घबराया॥

दिव्य शस्त्र सज्जित रथ देकर, राम सहायक बने देवता।
भाव, समर में रहे न किंचित्, राम विजय के मार्ग अल्पता॥

छिड़ा युद्ध भीषणतम फिर से, बहने लगी रक्त की धारा।
उमा! विवेचन अति दुष्कर है, बीतेगा यह जीवन सारा॥

मित्र विभीषण से संज्ञानित, रघुवर ने जब शर संधाना।
लगा नाभि में गिरा धरा पर, रावण विश्व विदित बलवाना॥

मर्म नाभि का जब रघुवर को, मित्र विभीषण ने बतलाया।
अमिय नाभि का भूमि गिराकर, ही यह लक्ष्य राम ने पाया॥

गुंजित हुआ धरा नभ मंडल, देवों ने दुंदुभी बजाई।
ऋषि-मुनि, सुर, गंधर्व आदि सब, अति प्रमुदित दे रहे बधाई॥

सुरभित पुष्पों की वर्षा कर, पूज रहे वे रघुकुल नंदन।
रामादल की विजयी सेना, का करते वे सुरभित वंदन॥

करें अप्सरा नृत्य, किन्नरी, किन्नर झूम-झूम कर नाचे।
शेष, शारदा, कवि पुंगव भी, राघव की यश गाथा बाँचे॥

भ्रात विभीषण से राघव ने, रावण की अंत्येष्टि कराई।
दे निज कृपा दशानन आत्मा, ब्रह्म अंश के साथ मिलाई॥

लक्ष्मण को फिर पास बुलाकर, कहा राम ने लंका जाओ।
साथ विभीषण को ले जाकर, इनका राजतिलक करवाओ॥

नीति-निपुण सुग्रीव, नील, नल, अंगद, जाम्बवंत भी जाएँ।
शास्त्रों के अनुसार सभी मिल, इनके शुचि संस्कार कराएँ॥

मित्र विभीषण! पिता वचन से, मैं अब तक भी बँधा हुआ हूँ।
नगर प्रवेश नहीं कर सकता, 'शेष अवधि' से सधा हुआ हूँ॥

राम निदेशित पवनपुत्र तब, सिय की कुशल जानने आए।
सिय को रघुवर, रघुवर को सिय का संदेशा विनत सुनाए॥

तभी विभीषण ने निज पुत्री, त्रिजिटा से यह कहा बुझाई।
कर श्रृंगार सजाओ सिय को, जाना उन्हें जहाँ रघुराई॥

श्रृंगारित सीता को रथ पर, लेकर वहाँ विभीषण आए।
जहाँ सिया ने कमल नयन श्री, रामचंद्र के दर्शन पाए॥

तत्क्षण का वर्णन 'रवि' निश्चित, कर पाना अतिशय दुष्कर है।
अति उद्रेक, दृगन जल बरसे, द्रवित स्वयं ही धरणी धर है॥

जो योजना सुनिश्चित पहले, उस कौतुक का समय आ गया।
वेदवती अरु रघुनंदन को, यही विधानित समय भा गया॥

अग्नि परीक्षा कथित सिया की, होने की थी अब तैयारी।
नहीं जानते लक्ष्मण भी सच, सबके मन विषाद अतिभारी॥

उसी समय सुनियोजित ढँग से, चढ़ीं सिया वह अग्नि चिता पर।
देखा पावक ऋषि को सहसा, शांत पूर्णतः थी वह दहकर॥

किंतु तभी पावक ऋषि प्रेषित, सत्य सिया ज्यों प्रकट हो गईं।
अग्नि परीक्षा के विषाद की, प्रस्तुत घड़ियाँ पूर्ण खो गईं॥

उमा! पूर्णतः कौतुक था यह, लेकिन कोई जान न पाया।
देख सिया को प्रगटित होते, सबमें परमानंद समाया॥

मिले सिया से राम, राम से, मिलीं सिया अतिशय सकुचाकर।
मिटा विषाद विरह का मन से, वर संस्पर्श परस्पर पाकर॥

सुर, नर, मुनि, ऋषियों से पूजित, प्रभु को याद अयोध्या आई।
स्वर्णमयी लंका से प्यारी, जननी जन्मभूमि ही भाई॥

पुरी अयोध्या जाने का तब, अभिमत सबको ही बतलाया।
मित्र विभीषण ने तत्क्षण ही, वर विमान पुष्पक मँगवाया॥

जब पुष्पक विमान आया तब, कहा विभीषण ने मम नाथा!
लेकर यह विमान जाएगा, अवधपुरी सबको रघुनाथा॥

सिया राम लक्ष्मण बैठे जब, फिर बैठे हनुमत विमान थे।
लंका नृपति विभीषण बैठे, सँग बैठे सुग्रीव मान थे॥

जाम्बवंत, नल, नील और फिर, अंगद प्रिय अतीव रघुराई।
नेहित बैठाए विमान में, सबने वांछित निधि ज्यों पाई॥

ऊपर से था दृश्य विहंगम, देख-देख सब हर्षाते थे।
पथ के नदी, नगर आश्रम सब, रघुवर सबको बतलाते थे॥

जहाँ-जहाँ प्रभु गए, रहे थे, सबको इंगित कर दिखलाया।
उतर वरद ऋषियों के आश्रम, दर्शन कर अतीव सुख पाया॥

पुण्य प्रयाग देखकर प्रभु ने, किया प्रणाम कमल कर जोरे।
यह प्रयाग वर तीर्थ बांधवो, दर्शन काटे पाप घनेरे॥

रघुवर ने गंगा के तट पर, हर्षित तभी विमान उतारा।
किया प्रणाम पुण्य गंगा को, चिर संस्कृति की निर्मल धारा॥

सभी नहाए पुण्य त्रिवेणी, पूजि भगीरथि पुण्य कमाए।
चढ़े विमान सभी रघुवर सँग, भरद्वाज ऋषि आश्रम आए॥

ऋषिकुल ने ऋषि भरद्वाज सँग, किया राम का वर अभिनंदन।
पा आतिथ्य वरद ऋषि का तव, सबका रोमांचित था तन-मन॥

चले विदा ले श्रृंगवेरपुर, निकट भगीरथि तट सब आए।
उतरे सब विमान से नीचे, पावन सुरसरि मुदित नहाए॥

भरत, शत्रुहन को रघुवर ने, हनुमत से भेजा संदेशा।
अवधि पूर्ण कर राम आ रहे, भ्राता हृदय न रहे अँदेशा॥

गुह निषादपति ने सहसा ज्यों, समाचार रघुवर का पाया।
मिलने को निज सखा राम से, कुल के सहित दौड़कर आया॥

देखा राम सिया को उसने, भूमि लेटकर किया नमन था।
उठा राम ने गले लगाया, गुह का अति रोमांचित तन था॥

प्रेम मगन गुह के दृग से जब, बही अश्रु की अविरल धारा।
गुह का वर आतिथ्य ग्रहण कर, दिया राम ने सबल सहारा॥

इस प्रकार से शुभे! आज हम, कथा यहीं विश्राम कराएँ।
कल फिर अवध नगर में चलकर, वर आनंद हृदय भर पाएँ।

उन्नीसवाँ सर्ग अति पावन, दैत्य मनो का संहारक है।
पढ़ें, सुनें श्रद्धा से 'रवि' सब, निश्चित ही यह उद्धारक है॥

(इतिश्री सर्ग उन्नीस)

सर्ग-बीस

मंगलाचरण

जिन वर कृपा वृष्टि खिल जाती है समष्टि,
बुद्धि राशि दानकर दे विचार चेतना।
कवि को दे काव्य प्रभा कविता को पुण्य विभा,
ऐसी देवी उमा माँ की करूँ पद वंदना॥
सर्व मंगला शिवार्थ साधिका कल्याणी मातु,
कल्पना को पंख दे दे करूँ तव अर्चना।
महाकाव्य शत्रुहन पूर्णता को प्राप्त करे,
'रवि' के हृदय को दे शुद्ध-बुद्ध भावना॥

★★★

देख पवनसुत को सम्मुख शिवि! भरत प्रज्ञ ने जब पहचाना।
समाचार कोई भ्राता का, मन ही मन में तब अनुमाना॥

किंतु सहज रह सके नहीं वे, विह्वलता तन मन में छाई।
शुभ अरु अशुभ भावना बरबस, सहसा भरत हृदय में आई॥

झरने लगा नीर नयनों से, उर में भरी विकलता भारी।
बोलो हनुमत! भ्रात कहाँ हैं, कहकर रोए पंथ निहारी॥

व्याकुल देख भरत को हनुमत, स्वयं व्यथित पर मन हर्षाया।
राम आगमन का संदेशा, हनुमत ने अविलंब सुनाया॥

तभी भरत ने कहा पवनसुत, यदि यह समाचार ना लाते।
तो फिर भ्राता यहाँ सुनिश्चित, मेरा मरा हुआ तन पाते॥

भाई के प्रति नेह अपरिमित, लख अंजनि सुत दृग भर आए।
धन्य-धन्य कहते, हनुमत तब, वेगित राम समीप सिधाए॥

इधर भरत ने आह्लादित मन, भेजा अवधपुरी हरकारा।
शीघ्र आ रहे राम, लखन, सिय, जान अवध आनंदित सारा॥

माताओं ने सुना संदेशा, ऐसे भागी व्याकुल होकर।
ज्यों बछड़े को दूध पिलाने, गाय भागती धीरज खोकर॥

सहसा पुरी अयोध्या मानो, दुल्हन सा शृंगार कर उठी।
अपने प्रियवर के स्वागत में, प्रजा हृदय आह्लाद भर उठी॥

रोली, अक्षत, कुमकुम, हल्दी, सुरभित पुष्प स्वर्ण थालों में।
सजा, गीत गातीं गजगामिनि, नाच रहीं मनहर तालों में॥

जिसने जैसे सुना जहाँ भी, भाग चला वह स्वागत करने।
चौदह वर्ष बाद प्रिय की छवि, सम्मुख चला हृदय में भरने॥

स्वयं भरत भी भामिनि के सँग, स्वागत करने अवध पधारे।
तीव्र वेग से व्याकुल तन-मन आए अवधपुरी के द्वारे॥

सहसा दिया विमान दिखाई, सबमें अति उत्साह समाया।
तुरही, शंख, ढोल, ढप बाजें, अतुलनीय उत्सव सा छाया॥

रघुवर ने पुष्पक विमान से, अवध पुरी दर्शन जब पाए।
किया प्रणाम कमल कर जोरे, मोहित नयन, अश्रु बरसाए॥

फिर पुष्पक विमान को प्रभु ने, अवधपुरी के मध्य उतारा।
दौड़ पड़े सब बने बावरे, लगा गूँजने नभ जयकारा॥

गुरुवर, मातु, भरत, रिपुसूदन, भेंटे राम, लखन, सिय सबसे।
अतिशय आकुल किंतु संयमित, जन दर्शन हित आतुर कब से॥

सुख के आँसू सभी दृगों में, सुरभित सुमन, प्रजा बरसाती।
कर दर्शन प्रत्यक्ष राम सिय, उर में अति आनंद मनाती॥

शंख, ढोल, घंटा, घड़ियालों, की ध्वनि नभ में गूँज रही थी।
सुमन सुगंधित सुर बरसाते, सुरभित मलय समीर बही थी॥

कौसल्या अरु मातु सुमित्रा, उनकी प्रमुदित करें आरती।
लेकर भूसी राई कर में, सावधान हो नजर झारती॥

देख न माता कैकेयी को, राम हृदय में संतापित थे।
कारण जान मातु दोनों से, भाव वेग से संवाहित थे॥

रघुवर ने सँग आए सबका, कह सुमित्र परिचय करवाया।
इनका ही सहयोग प्राप्त कर, अंत निशिचरों का कर पाया॥

परिचय के पश्चात् सभी का, हुआ वहाँ नेहित अभिनंदन।
गुरु वसिष्ठ अरु माताओं का, सबने किया मुदित पद वंदन॥

कर स्वीकार प्रजा का वंदन, सभी महल के द्वारे आए।
स्वागत के वर साधन, उपक्रम, मंगलमयी वहाँ सब पाए॥

स्वागत के पश्चात् अतिथिगण, को आवासों में पहुँचाया।
जहाँ उन्हें विश्राम, भोज्य सब, प्राप्त सभी अनुकूल, सुभाया॥

तत्क्षण रघुवर छोड़ सभी को, सीधे कैकेयी ढिग आए।
जहाँ मातु कैकेयी को वे, आकुल अश्रु बहाते पाए॥

रघुवर ने माँ कहकर ज्यों ही, कैकेयी को विकल पुकारा।
मानो डूब रहे प्राणी को, सहसा ही मिल गया किनारा॥

उठी बावरी सी कैकेयी, छाती से रघुवर चिपकाए।
बिलख-बिलख रोई वह अतिशय, दृग से गहन विषाद बहाए॥

बोली राम! व्यथा मेरी अब, धीरज के भी पार हो गई।
निंदा अपनी सुनकर निशिदिन, काया ही अब भार हो गई॥

नहीं सही जाती जग निंदा, बिन अपराध बनी अपराधी।
राम! तुम्हारी बात मानकर, मैंने मोल स्वयं ली व्याधी॥

कहा राम ने ढाढ़स देकर, 'माँ'! तुम अनुपम क्रिया शक्ति हो।
युग निर्माता, आदि शक्ति माँ, शुचि संस्कृति की दिव्य भक्ति हो॥

माँ! तव कारण असुर दमन का, सपना मैं साकार कर सका।
संत जनों का त्रास दूर कर, चिर संस्कृति में प्राण भर सका॥

अगर सहाय न होती माँ तुम, क्या मैं प्रण पूरा कर पाता?
रघुकुल की जो रीति सदा से, उसमें न्याय सत्य भर पाता?

विलख पड़ी कैकेयी तत्क्षण, कहा राम! यह सच्चाई है।
किंतु इसी के कारण मैंने, जग में अति निंदा पाई है॥

रामभद्र इस गोप सत्य को, भू-मंडल कैसे जानेगा?
सत्य बिना जाने यह जग तो, मुझको अपराधी मानेगा।

सुनकर यह संताप मातु का, रघुवर ने माँ को समझाया।
सजल नयन हो विनत स्वरों में, जीवन का सिद्धांत बताया॥

कहा, मातु! कलियुग में निश्चित, कवि यह सत्य जान जाएँगे।
कर्म स्वरूपा माँ तेरी तब, जग में सब महिमा गाएँगे॥

इस प्रकार बहुविधि समझाकर, शांत किया रघुवर ने माँ को।
धीरज का मिल गया सहारा, क्रिया शक्ति की वर प्रतिमा को॥

दशरथ कुल ने फिर संयुत हो, गत सब अनुभूतित क्षण बाँटे।
सुख के पथ में उगे कटीले, झाड़ सहज ही मिलकर छाँटे॥

कुछ दिन बाद राम राघव के, राजतिलक का अवसर आया।
भूमंडल के नभ समाज में, आकर निज का मान बढ़ाया॥

नृप समाज ने अवध राज्य की, वर आदर्श व्यवस्था देखी।
अतुलनीय उपलब्धि जानकर, बरबस निज हृदयों में लेखी॥

राज्य सभा में सभी नृपों ने, प्रगटित की भावना हृदय की।
मुखर प्रशंसा की सबने ही, आदर्शों के अरुणोदय की॥

धन्यवाद प्रस्ताव समय पर, हुआ राम का वर उद्‌बोधन।
कहा, सृजन के शिल्पी दोनों, प्रियवर भ्रात, भरत, रिपुसूदन॥

सहसा माँग राम की अनुमति, तभी भरत यह लगे बोलने।
नवल अभ्युदय की गाथा के, स्वर्ण पृष्ठ वे लगे खोलने॥

नृप समाज के सहित सभा ये, सुनें ध्यान से मेरी वाणी।
आप देखते अवध राज्य में, आज व्यवस्था जो कल्याणी॥

इस आदर्श सृजन का शिल्पी, आप न किंचित् मुझको मानें।
पूर्ण परिश्रम प्रतिभा इसमें, लगी शत्रुहन की ही जानें॥

चौदह वर्ष सतत इनका ही, पूर्ण समर्पण रहा सृजन में।
निशदिन नंदीग्राम रहा मैं, ग्लानि, क्षोभ था मेरे मन में॥

जिसके कारण अवधपुरी से, दूर विपिन में वास बनाया।
और उसी के कारण उर में, अति विरक्ति का भाव समाया॥

नंदी ग्राम विपिन में रहकर, मैंने चौदह वर्ष बिताए।
उसके बाहर कहीं न रघुवर, मैंने अपने कदम बढ़ाए॥

प्रजा मानती रीति-नीति सब, श्रुति आधारित राज्य चल रहा।
सदाचरण अंतर से स्वीकृत, जन-जन में शुचि धर्म पल रहा॥

सभी स्वस्थ हैं, सभी निरोगी, अल्प मृत्यु कर गई पलायन।
सभी सत्य के ही अनुगामी, सबके उर में राम रसायन॥

सब पुरुषार्थी सभी साहसी, कण-कण में अब धर्म बसा है।
सब आपस में सहयोगी हैं, सबके उर श्रम, कर्म बसा है॥

खेत सभी धन धान्य उगलते, तरुवर मधुमय फल देते हैं।
प्रकृति संतुलित है जन-जन से, मेघ प्रचुरतम जल देते हैं॥

खनिज संपदा का दोहन भी, है अतीव संतुलित यहाँ पर।
रत्न लुटाती पावन वसुधा, सौख्य खेलता मुदित यहाँ पर॥

गोधन संस्कृति का हिस्सा बन, जन-मन में पावनता भरता।
दूध, दही, घृत विपुल दानकर, तन की सभी दैन्यता हरता॥

नाच रही घर-घर खुशहाली, प्राणी सारे चहक रहे हैं।
सब परिवार संयुजित रहते, त्याग, प्रेम मन भाव बहे हैं॥

इस सबका प्रभु श्रेय पूर्णतः, रिपुसूदन को ही जाता है।
इस संपूर्ण सृजन से रघुवर, उनका ही गहरा नाता है॥

मैंने तो रिपुसूदन को बस, अपना निर्मल प्रेम दिया है।
अपने इस भ्राता ने श्रम से, वरद आलौकिक कार्य किया है॥

आप भानुकुल, भानु नाथ तो, अनुज शत्रुहन तव प्रतिभा है।
अतुलनीय, पौरुष का स्वामी, श्रुति शास्त्रों की प्रकट प्रभा है॥

अत: सृजन का श्रेय, प्रेय सब, रिपुसूदन को ही दें स्वामी।
है यह पूर्ण प्रसिद्धि परान्मुख, साधक, वर योगी, निष्कामी॥

तभी मातु कौसल्या ने भी, की तब भरत कथन अनुशंसा।
विज्ञ, मनीषी, गुरु वसिष्ठ ने, की अतीव शत्रुहन प्रशंसा॥

यद्यपि राम जानते थे सब, किंतु सुना जब प्रकट रूप से।
हुए प्रशंसित आज शत्रुहन, सभासदों से भूप-भूप से॥

प्रेम अश्रु भर तभी राम ने, रिपुसूदन को पास बुलाया।
आसन से उठ, सूँघ भाल को, अति आह्लादित हृदय लगाया॥

कहा, अनुज तुम भानुवंश के, हो ज्योतित नक्षत्र सुपावन।
गर्व करेगी संस्कृति तुम पर, सुयश सदा गूँजेगा त्रिभुवन॥

पर महान् यह राज्य व्यवस्था, केवल अवध राज्य तक सीमित।
पूर्ण नहीं युगधर्म हमारा, भाई आर्यावर्त असीमित॥

उचित समय पर प्रिय रिपुसूदन, तुम्हें हेतु पूरा करना है।
इस पावन आदर्श व्यवस्था, के सदगुण चहुँदिशि भरना है॥

कर श्रद्धा से मौन समर्थन, रिपुसूदन निज आसन आए।
सभासदों की करतल ध्वनि पर, कृतज्ञता से शीश नवाए॥

फिर रिपुसूदन की प्रशस्ति का, वर प्रस्ताव सदन में आया।
माताओं के हृदय पटल पर, ममता का आवेश समाया॥

दैत्य दमन के लिए सभा ने, हो कृतज्ञ रघुवर को पूजा।
कहा न अखिल विश्व में कोई, कर पाता यह कौतुक दूजा॥

सिया लखन को भी सबने मिल, फिर अतीव सम्मान दिया था।
हैं वे श्रद्धा योग्य अपरिमित, सबने मुखरित मान दिया था॥

फिर पावनतम योग्य लग्न में, हुआ राज्य अभिषेक राम का।
कण-कण में उत्साह अपरिमित, सपना पूरा अवध धाम का॥

इस प्रकार से राजतिलक अरु, अभिनंदन का कार्य हो गया।
सूर्यवंश, जन-जन के द्वारा, श्रद्धा से स्वीकार्य हो गया॥

सभी अतिथियों को रघुवर ने, मान सहित तब विदा किया था।
जाम्बवंत, सुग्रीव आदि को, अति नेहित प्रतिदान दिया था॥

पवन पुत्र को भी रघुवर ने, दी जब सबके साथ विदाई।
अंजनिसुत को राम वियोगी, विदा भावना तनिक न भाई॥

हृदय भर गया अति विषाद से, नयनों में आँसू भर लाए।
अंजनि सुत की मनोदशा को, समझ राम मन में सकुचाए॥

अधरों पर मुसकान समेटे, रघुनंदन ने वचन उचारे।
नहीं विदा कर रहा पवनसुत, सदा साथ तुम रहो हमारे॥

सुन मृदु वचन राम के तत्क्षण, पवनपुत्र का मन हर्षाया।
लोटे चरण कमल में हनुमत, उठा राम ने हृदय लगाया॥

विदा हो गए सभी अतिथि जब, एक साथ बैठे सब भाई।
श्रुति, मांडवी, उर्मिला, सिय भी, बैठीं माताएँ हर्षाई॥

राम, सिया, लक्ष्मण से सबने, सुनी विपिन की अकथ कहानी।
क्या-क्या कष्ट सहे सीता ने, कैसे मरा असुर अभिमानी॥

कैसे प्रज्ञा, श्रम के द्वारा, रिपुसूदन अद्‌भुत कर पाए।
आदर्शों की अमिट भावना, जन-जन में कैसे भर पाए॥

इस प्रकार से बैठ महल में, सबने निज निज अनुभव बाँटे।
चौदह वर्ष त्रास से उपजे, उर संताप परस्पर छाँटे॥

रघुनंदन ने सबके सम्मुख, सत्य कर दिया यह उद्घाटित।
दोषी नहीं मातु कैकेयी, चौदह वर्ष रहा निर्वासित॥

मैं, गुरु और मातु कैकेयी, ने मिलकर योजना बनाई।
जिसके कारण असुर दमन में, मैंने पूर्ण सफलता पाई॥

ऋषियों का आदेश मानकर, गोपनीयता रखी गई है।
कैकेयी माँ ने इस कारण, यह जग निंदा अतुल सही है॥

भरत भ्रात तुमने भी अतिशय, ग्लानि क्षोभ, संत्रास सहा है।
माता कैकेयी के हित तव, उर में कलुषित भाव रहा है॥

अति कठोर शब्दों के द्वारा, माँ को तुमने अपमाना है।
सब घटना के पीछे तुमने, माँ को अपराधी जाना है॥

किंतु नहीं यह सत्य कदाचित्, इस रहस्य को आज जान लें।
दोषी रंच न माँ कैकेयी, अटल सत्य यह सभी मान लें॥

जैसे ही यह कहा राम ने, सब हतप्रभ अव्यक्त रह गए।
श्रद्धा पात्र बनी कैकेयी, नयनों से अवसाद बह गए॥

माताएँ पुत्रों पर प्रमुदित, ममता के बादल बरसाएँ॥
उर में हुलस रहीं माताएँ, तिय उर में अति मोद मनाएँ॥

फिर रघुवर प्रमुदित मन बोले, अभी पुण्यतम हेतु न पूरा।
जदपि हो गया असुर दमन पर, अभी मूल उद्देश्य अधूरा॥

श्रेष्ठ सनातन धर्म विश्व के, जन-जन के मन बैठाना है।
इस वसुधा पर मानवता के, मूल्य अधिष्ठित करवाना है॥

अवध राज्य में रिपुसूदन ने, अद्भुत सा यह कार्य कर दिया।
निज श्रम, प्रज्ञा से जन-जन में, धर्म आचरण भाव भर दिया॥

इसी कार्य की व्यापकता जब, सारी वसुधा में जाएगी।
तभी सनातन धर्म विजय की, ध्वजा युगों तक लहराएगी॥

अखिल विश्व की मानवता तब, अंतर का शृंगार करेगी।
दिव्य मानवी गुण विकसेंगे, देव वृत्ति हुंकार भरेगी॥

व्यथामयी भौतिकता का पथ, मानव को अभिशप्त किया है।
भोगवाद ने मानवता का, चैन हृदय का छीन लिया है॥

कर्मयोग ही भोग रोग की, इस जग में अचूक औषधि है।
जड़ से व्याधि नष्ट कर डालें, यह अतिशय अनुकूल अवधि है॥

रघुनंदन के इस चिंतन में, सबने सहमति मुखर जताई।
पावन धर्म विश्व में व्यापे, सबके हृदय भावना आई॥

बोले राम शत्रुहन से फिर, प्रिय! अब यही अभीष्ट तुम्हारा।
सारे भूमंडल में व्यापे, पावन संस्कृति का जयकारा॥

सुनकर गूढ़ वचन रघुवर के, अनुज हृदय संकल्प समाया।
दृढ़ता देख शत्रुहन मन की, अति संतोष राम उर आया॥

इधर राम के राजतिलक से, अवध प्रजा अति हुई सुखारी।
जन अभिलाषा पूर्ण हुई थी, था उत्साह सभी में भारी॥

हुई शत्रुहन की प्रज्ञा से, जो आदर्श व्यवस्था प्रचलित।
रघुवर के राज्याभिषेक से, कई गुना हो गई सुविकसित॥

क्योंकि राम के राजतिलक से, पूर्ण हुई थी जन अभिलाषा।
चौदह वर्ष पढ़ी हर उर ने, राम प्रतीक्षा की परिभाषा॥

शिवि! उत्साह प्रजा का अतिशय, निर्माणों का वाहक होता।
सानुकूल जनभाव राज्य के, हित में निश्चित कारक होता॥

शुभे! शत्रुहन और भ्रात सब, भी नित नूतन कार्य कर रहे।
रघुराई के साथ अहर्निश, जन-गण-मन विश्वास भर रहे॥

राष्ट्र सृजन का यज्ञ चल रहा, राम स्वयं यजमान बने थे।
नेह, कृपा पा रघुनंदन की, रिपुसूदन दिनमान बने थे॥

भरत, लखन, गुरुवर, माताएँ, प्यार रिपुदमन को करते थे।
उनकी मुखर प्रशंसा करके, अति उत्साह हृदय भरते थे॥

अवध महाकौसल जगती का, स्वाभाविक सिरमौर हो गया।
सत्य, न्याय, सामर्थ्य, प्रेम का, जग में अनुपम ठौर हो गया॥

कालचक्र भी अपनी लय से, सहज रूप से घूम रहा था।
चातुर्मुखी सृजन संवाहक, शिखर उन्नयन चूम रहा था॥

तभी एक घटना ने घटकर, राजवंश को हिला दिया था।
आकस्मिकता ने सबको ही, अप्रियता से मिला दिया था॥

अवध राज्य में सिया हरण की, दूषित चर्चा घर-घर छाई।
गर्भवती सिय के मानस में, जिससे अति विरक्ति भर आई।

अपचर्चा को सुना सिया ने, रघुवर उर विषाद भी जाना।
नृपति राम के हृदय द्वंद्व को, अपने अंतर में अनुमाना॥

साथ-साथ सीता के उर में, यह चिंतन परिपूर्ण समाया।
है गर्भस्थ हेतु यह उत्तम, शुचि संस्कारों की हो छाया॥

इसके लिए तपोवन निश्चित, इस इच्छा का पालक होगा।
और कष्टदायी चर्चा का, निश्चित ही यह घालक होगा॥

तभी सिया ने स्वयं राम से, कहा विचार हृदय जो आया।
करूँ निवास तपोवन जाकर, कर्म यही मन को अति भाया॥

नाथ! गर्भ के शिशु को निश्चित, वहाँ श्रेष्ठ संस्कार मिलेंगे।
तव गरिमा के सानुकूल ही, सद्गुणता के सुमन खिलेंगे॥

करो नाथ! विश्वास हृदय में, अच्छी माँ बन दिखलाऊँगी।
तव संतान प्राण प्रिय निश्चित, आप समान बना पाऊँगी॥

जगन्नाथ! मैं तव अर्द्धांगिनि, तव उर भाषा पढ़ सकती हूँ।
अवध राज्य की महिषी भी हूँ, रीति–नीति भी गढ़ सकती हूँ॥

दुविधा में क्यों पड़े आप प्रभु! रघुकुल तो जन भाषा पढ़ता।
प्राण गँवाकर, लोक भाव के, सानुकूल परिभाषा गढ़ता॥

प्रभु! तव अंतर्द्वंद पूर्णतः, मैंने विधिवत् जान लिया है।
होगा कठिन वियोग आपसे, यह शाश्वत सच मान लिया है॥

धर्म शक्ति नृप के विवेक की, हे प्रभु! सतत परीक्षा लेती।
मर्यादा पुरुषोत्तम को क्या, यह दुर्बलता शोभा देती?

सुख में दुख में सदा साथ दे, अर्द्धांगिनि का धर्म यही है।
त्याग, समर्पण पति के हित में, वर पत्नी का कर्म यही है॥

तीन परम कर्तव्य सामने, जिनका मैं निर्वाह करूँगी।
नारी के आदर्शों में मैं, निज कर्मों से रंग भरूँगी॥

हूँ अर्द्धांगिनि आर्य श्रेष्ठ की, अवध राज्य की रानी हूँ मैं।
अपने गर्भ विराजे शिशु की, जननी गुरु प्रतिमानी हूँ मैं॥

तीनों वर दायित्व स्वयं के, तब पूरे मैं कर पाऊँगी।
तव वियोग का त्रास ग्रहण कर, नाथ! तपोवन जब जाऊँगी॥

इसीलिए हे अवध नृपतिवर! नृप का अब कर्तव्य निभाएँ।
लोकभावना का आदर कर, मुझे तपोवन में भिजवाएँ॥

उमा! दुखी रघुवर ने सिय का, त्याग तपोवन हेतु कर दिया।
नृप के कर्तव्यों के आगे, सबकुछ बौना, भाव भर दिया॥

दुखी अतीव राम अरु सीता, आतप, माँ, वधुएँ सब भ्राता।
नहीं धर्म से बढ़कर कोई, कैसा भी हो नृप से नाता॥

सभी दृगों से बरसे आँसू, सबके उर अवसाद हुआ था।
किंतु नृपति के कर्तव्यों ने, आदर्शों का शीर्ष छुआ था॥

राम निदेशित लक्ष्मण ने तब, दुखी हृदय कर्तव्य निभाया।
संतापित गर्भित सीता को, वालमीकि आश्रम पहुँचाया॥

ऋषिवर वालमीकि ने सिय को, पुत्री सम नेहित सत्कारा।
अतिशय खिन्न विदेह-सुता को, पिता तुल्य दे दिया सहारा॥

आश्रम में रहकर वैदेही, सबकी श्रद्धा पात्र बन गईं।
सब पर निर्मल नेह लुटाकर, आश्रम की शुचि गात्र बन गईं॥

यद्यपि राम विरह अति गहरा, किंतु धर्म का बोध प्रखर था।
मुकर वियोग हृदय में संचित, आश्रम का संस्कार मुखर था॥

इधर राम ने भी अपने को, राजकाज में रमा लिया था।
राजधर्म हित सिया त्यागकर, स्वेच्छा से ही गरल पिया था॥

उधर लवण राक्षस मधुरा में, हुआ निरंकुश फिर सहसा था।
बंद कर दिया प्रतिकर देना, आतंकी पहले जैसा था॥

च्यवन तपी के साथ बहुत से, ऋषि मधुरा सीमा से आए।
लवणासुर के दुराचार के, सभा बीच सब त्रास सुनाए॥

कर सत्कार राम ने उनसे कहा, 'अभीष्ट करूँगा पूरा।
राम-राज्य में संत जनों का, रहे न कोई हेतु अधूरा॥'

तत्क्षण रघुवर ने रिपुसूदन, को इंगित कर वचन उचारे।
अनुज तुम्हीं देखो यह प्रकरण, कष्ट हरो संतों के सारे॥

प्रिय शत्रुघ्न! तुम्हीं ने पहले, लवणासुर को धूल चटाई।
किंतु भरत ने निर्मलता से, उस पर अतिशय दया दिखाई॥

किसी नीच पर दया दिखाना, कर्म आत्मघाती होता है।
दया दिखाने वाला निश्चित, पछतावा करके रोता है॥

जैसे धूम, अनल से प्रगटित, अग्नि बुझाता बादल बनकर।
लेता प्राण गरल दंशों से, दया दिखाई यदि विषधर पर॥

दया, क्षमा, करुणा, ममता, 'रवि', यह केवल सुपात्र का गहना।
कभी न देना दान नीच को, ऋषि-मुनि शास्त्र सभी का कहना॥

'यह आतंक', असुर का निश्चित, सीधा इसका उदाहरण है।
जिस पर दया दिखाई उसने, किया शांति का चीरहरण है॥

'शठता शठ के साथ करो' का, शास्त्रों में सम्मत विधान है।
लवणासुर को मृत्युदंड ही, प्रायश्चित का प्राविधान है॥

अरिहंता, शत्रुहन, अलौकिक, शक्ति तुम्हारे संचित तन में।
वेदों की संपूर्ण प्रभा भी, रिपुसूदन! संचित तन-मन में॥

परमादर्श व्यवस्था के हित, तुमको अब आगे बढ़ना है।
शेष कार्य जो रहा अधूरा, उसके हित तुमको लड़ना है॥

आज करूँगा राजतिलक मैं, मधुरा का नृप तुम्हें बनाऊँ।
यही अभीप्सा तुमसे ही अब, संस्कृति का विस्तार कराऊँ॥

ऐसा कह तत्क्षण रघुवर ने, सामग्री अनुरूप मँगाई।
गुरु वसिष्ठ से रिपुसूदन का, राजतिलक की विधि करवाई॥

जयघोषों से दशों दिशाएँ, गूँज उठी सुरगण हर्षाए।
दे-दे ताल नाचते नभ में, सुरभित सुमन मुदित बरसाए॥

तुरही, शंख, ढोल, नक्कारे, बजने लगे गह-गहे बाजे।
मधुरा नृपति बने रिपुसूदन, शीश मुकुट, मणि, मुक्ता साजे॥

शीर्ष समिति की रघुनंदन ने, बैठक तत्क्षण ही बुलवाई।
मधुरा विजय हेतु चिंतन कर, सुविचारित रणनीति बनाई॥

कहा राम ने अनुज शत्रुहन! लवणासुर तब तक अजेय है।
जब तक शिव त्रिशूल उसके कर, निश्चित ही वह अप्रमेय है॥

इसके हित रणनीति यही हो, ध्यान बँटाया जाए उसका।
एक तरफ से सेना जाए, दूर रुके, हो उसे न खटका॥

लवणासुर आखेट हेतु जब, रथ पर बैठ अकेला जाता।
नहीं साथ होता त्रिशूल तब, थका लौट जब वापस आता॥

मधुरा द्वार अकेले जाकर, युद्ध हेतु आमंत्रण देना।
निज कौसल से उसी समय तुम, अनुज! प्राण उसके हर लेना॥

लो अमोघ शर अनुज सँभालो, यह ब्रह्मास्त्र कहा जाता है।
अभिमंत्रित कर इसे चलाना, लक्ष्य सुनिश्चित यह पाता है॥

इसी अमोघ बाण के द्वारा, लवणासुर मारा जाएगा।
होगा जब अवसान असुर का, जन-गण शांति तभी पाएगा॥

प्रबल, पराक्रम, युक्त शत्रुहन, प्रतिभाशील, अतुल बलशाली।
इस शर के हित तुम सुपात्र हो, दिव्य प्रज्ञता तुमने पाली॥

जाओ तुम आशीष हमारा, सदा तुम्हारे साथ रहेगा।
करो प्रतिष्ठा दिव्य धर्म की, धन्य-धन्य युग तुम्हें कहेगा॥

राम निदेशित रिपुसूदन ने, तत्क्षण सेनापति बुलवाए।
यात्रा मार्ग, पड़ाव, हेतु तब, विशद सभी निर्देश बताए॥

प्रचुर रसद, हय, गज, रथ सेना, का विस्तृत आगणन बनाया।
अस्त्र, शस्त्र, धन और नीतियों, का पूरा वृत्तांत लिखाया॥

सेना की संतुष्टि हेतु भी, रिपुसूदन ने गुर बतलाए।
रणनीतिक सिद्धांत विवेचन, से भ्रम उनके सभी मिटाए॥

पूर्ण सुसज्जित कर सेना को, रिपुसूदन ने कूच कराया।
जान शत्रुहन का वर कौसल, राम हृदय संतोष समाया॥

निश्चित अवधि बाद रिपुसूदन, का प्रस्थान समय जब आया।
किया सुसज्जित पिय को श्रुति ने, अक्षत, रोली, भाल सजाया॥

कटि असि बँधी, एक काँधे पर, था तूणीर सुशोभित होता।
दूजे काँधे सजा धनुष वर, शीश मुकुट अति शोभित होता॥

देख तिया श्रुतिकीर्ति वीर पिय, उर में प्रमुदित बलि-बलि जाए।
पति रक्षा हित, आँख बंद कर, करे प्रार्थना ईश मनाए॥

आर्द्र सुलोचन पर दृढ़ मन से, पति की तब आरती उतारी।
चरण वंदना करके श्रुति ने, सौंपी हृदय भावना सारी॥

फिर वे मिले मातु तीनों से, नृपति रूप में सुत अति भाया।
शुभाशीष दें, सूँघ भाल को, ममता वाहित गले लगाया॥

गुरु वसिष्ठ से शुभाशीष ले, वे फिर भरत लखन से भेंटे।
शीश झुकाते अनुज शत्रुहन, को दोनों ने बाहु समेटे॥

तदनंतर रघुवर समीप जा, रिपुसूदन ने शीश नवाया।
परिक्रमा कर अनुमति माँगी, शुभाशीष भ्राता का पाया॥

लेकर विदा भ्रात, तिय, माता, रथारूढ़ हो गए शत्रुहन।
चले अयोध्या से मधुरा पथ, मुदित पुष्प बरसाते जन-जन॥

वालमीकि ऋषि आश्रम मग में, जहाँ विदेह नंदिनी रहतीं।
पाकर प्यार पिता सा ऋषि से, निर्मल सरिता सी नित बहतीं॥

सदाशयित रिपुसूदन ने तब, रुककर ऋषि के दर्शन पाए।
अर्घ्य, पाद्य, फल आदि ग्रहणकर, ऋषिवर को मन भाव बताए॥

हे वरेण्य ऋषि! आज यहीं मैं, रात्रिवास करना चाहूँगा।
देवी सीता के दर्शनकर, निज विषाद हरना चाहूँगा॥

हर्षित होकर बाल्मीक ने, कहा सुनो हे दशरथ नंदन!
आज दिवस है अति महत्त्व का, आश्रम में तुम रुको मुदित मन॥

हो बड़भागी तुम रिपुसूदन, ऐसा शुभ अवसर आया है।
आज बनेंगी सीता जननी, आश्रम ने गौरव पाया है॥

जाओ करो प्रणाम सिया को, वे निश्चित हर्षित अति होंगी।
सहसा देख तुम्हे निज सम्मुख, ऐसे समय सहज मति होंगी॥

ऋषि अनुमोदन पा रिपुसूदन, सीता के दर्शन हित धाए।
वैदेही की पर्ण कुटी में, विकल शत्रुहन वेगित आए॥

तपसिन वेश विराजीं सीता, कुटी मध्य रिपुसूदन देखा।
कई तपस्विनि से सेवित वे, पर आनन विषाद की रेखा॥

'भाभी माँ!' जब सुना सिया ने, चौंकी ज्यों तंद्रा टूटी हो।
देख अचानक रिपुसूदन को, मिली प्राण को ज्यों बूटी हो॥

विकल शत्रुहन गिरे धरा पर, रो-रो सीता चरण भिगोए।
नहीं उठाए उठे शत्रुहन, सिय उर के विषाद सब धोए॥

जनक नंदिनी के दृग भी तब, सावन के वर मेघ बन गए।
आज शत्रुहन के आने से, उर में नव संदर्भ जन गए॥

सुख में, दुख में, उमा! सदा ही, अपने याद सभी को आते।
जीवन के संदर्भ सभी तब, व्याकुलता मन में उपजाते॥

जैसे छींटे जल के सहसा, शांत उबाल सहज कर देते।
त्यों आतुर मानस में अपने, शांति उपस्थिति से भर देते॥

अनपेक्षित शत्रुहन उपस्थिति, ने सीता उर मोद भर दिया।
जननी बनने का अवसर था, आकर ह्रदय विषाद हर दिया॥

सहज हुए जब सिया-शत्रुहन, तब सिय ने पूछी कुशलाई।
उर संतोष हुआ सीता के, जान अतीव प्रीति रघुराई॥

ठहरेंगे आश्रम रिपुसूदन, जान जानकी मुदित हो गईं।
विदा शत्रुहन को कर सहसा, प्रसव भाव में मुदित खो गईं॥

उसी रात शुभ घड़ी, लग्न में, सीता ने दो बालक जाए।
उनका लख सौंदर्य अलौकिक, सिय के सहित सभी हर्षाए॥

सीता के नवजातों की तब, ऋषि ने रक्षा विधि करवाई।
श्रुति मंत्रों के द्वारा ऋषि ने, संस्कारों की रीति निभाई॥

कुश के लव से मार्जन जिसका, उसे नाम 'लव' दिया गया था।
हुआ कुशा से मार्जन जिसका, ऋषिवर ने 'कुश' नाम दिया था॥

सुनकर मंत्रोच्चार शत्रुहन, जाग वहाँ पर तत्क्षण आए।
सीता ने दो सुत जनमे हैं, जान अतीव ह्रदय हर्षाए॥

सब प्रकार से रिपुसूदन ने, सीता के मन तोष दिया था।
आश्रम में शत्रुहन उपस्थिति, से सीता का मुदित हिया था॥

कुछ दिन रहे वहाँ रिपुसूदन, सुनी ज्ञान की अनत कथाएँ।
वेदमूर्ति शत्रुहन हृदय की, नष्ट हुईं सब मोह व्यथाएँ॥

लेकर विदा मुदित आश्रम से, यमुना तट रिपुसूदन आए।
रथ को छोड़ वहीं से पैदल, मधुरा द्वार अकेले धाए॥

बेसुध लवणासुर निर्भर हो, कर आखेट द्वार जब आया।
युद्ध हेतु ललकार लगाते, वीर शत्रुहन को तब पाया॥

कर में नहीं त्रिशूल शंभु का, केवल कुछ आयुध रथ में थे।
सोच रहा था असुर करे क्या? खड़े शत्रुहन तो पथ में थे॥

पूर्व समर को संस्मृत करके, लवणासुर भयभीत हो गया।
शिव-त्रिशूल नहिं हाथ सोचकर, आनन उसका पीत हो गया॥

बोला असुर, शत्रुहन! पहले, युद्ध हेतु कुछ तो अवसर दो।
आयुध सारे साथ ला सकूँ, तुम मुझको जाने अंदर दो॥

रघुवर के कथनों की सुधि कर, रिपुसूदन अति सावधान थे।
असुर दमन के लिए सुनिश्चित, संकल्पों के प्रावधान थे॥

कहा शत्रुहन ने लवणासुर, रण से क्यों कर भाग रहा है?
अस्त्र-शस्त्र तेरे रथ में हैं, समय भला क्यों माँग रहा है?

कायर शठ अभिमानी तुझको, यमपुर सीधा पहुँचाऊँगा।
भूल गया जो दुष्ट दंभ में, याद सभी कुछ करवाऊँगा॥

पहले मैंने समरभूमि में, क्षण में तेरा दंभ मिटाया।
बाँध तुझे ले गया अयोध्या, भरत भ्रात ने तब छुड़वाया॥

माँग रहा था भीख प्राण की, हाथ जोड़ अनुबंध किया था।
अवध अधीन रहेगा मथुरा, शपथ सहित यह वचन दिया था॥

मिथ्याभाषी, कायर, शठ तू, आज सभी कुछ भूल गया है।
प्राण हरूँगा मैं तेरे अब, तेरे हित-हिय नहीं दया है॥

सुन कठोर वाणी रिपुसूदन, असुर समर हित विवश हो गया।
गर्जन कर कूदा रथ से वह, क्रोध अतीव विवेक खो गया॥

तभी गदा से लवणासुर ने, रिपुसूदन पर वार किया था।
था प्रहार अतिशय बलशाली, सीने पर अति घात दिया था॥

किंचित् मूर्च्छित हुए शत्रुहन, पर तत्क्षण ही सँभल गए थे।
समझा तब गांभीर्य समय का, चिंतन के आयाम नए थे॥

देव-देवियाँ करें प्रशंसा, रिपुसूदन की लख तत्परता।
हृदय सशंकित था पर उनमें, अब गहरा विश्वास उपजता॥

तभी शत्रुहन ने तरकस से, ले अमोघ शर कर में थामा।
जिसने अपने दिव्य तेज से, मचा दिया चहुँदिशि हंगामा॥

सर था बज्र समान तेज अति, शिला समान भार था उसका।
वेग पवन से तीव्र प्रज्ज्वलन, अग्नि पिंड से भी वर जिसका॥

प्रलय समान अस्त्र को लखकर, हाहाकार मच गया भारी।
इधर-उधर भागे सब भय से, सुधि अपनों की हृदय बिसारी॥

सुरगण भी भयभीत हो गए, चकाचौंध जब शर की देखी।
देवों के उर की यह संस्थिति, तब ब्रह्मा ने निज उर लेखी॥

देव गणों को तब विरंचि ने, दिव्य अस्त्र का मर्म बताया।
परम ब्रह्म श्री आदि विष्णु ने, इसे लोक हित में उपजाया॥

मधु, कैटभ असुरों का भू पर, जब अतिशय आतंक हुआ था।
उन दोनों के आचरणों ने, अन्यायों का शिखर छुआ था॥

तब उनके संहार हेतु ही, आदि विष्णु ने इसे बनाया।
इससे आतंकी मधु कैटभ, का हरि ने संहार कराया॥

मर्म जान शर का सुरगण तब, थे उर में अतिशय हर्षाए।
फल प्रत्यक्ष दृष्टिगत करने, हित तत्क्षण मधुरा नभ छाए॥

उमा! राम के लघुभ्राता ने, ज्यों दिव्यास्त्र धनुष पर धारा।
दमकी दामिनि सी नभमंडल, काँप उठा भूमंडल सारा॥

सिंहनाद कर रिपुसूदन ने, तभी अमोघ अस्त्र संधाना।
'लवणासुर अब मरा' सुरों ने, यह परिणाम सुनिश्चित माना॥

नभ दामिनि की गति से शर ने, लवणासुर के प्राण हर लिए।
प्रलयंकर दिव्यास्त्र चमक ने, नेत्र सभी के बंद कर दिए॥

पलकें खुलीं लखा सबने तब, लवणासुर निष्प्राण पड़ा है।
और धरा पर उसके सम्मुख, सुभट धीर गंभीर खड़ा है॥

लेकर प्राण लवण के तत्क्षण, बाण पुनः तूणीर समाया।
रघुकुल भूषण ने पौरुष से, तीन लोक का त्रास मिटाया॥

गहन तिमिर को सहज मिटाता, दिनकर निज किरणों से जैसे।
रिपुसूदन ने निज पौरुष से, मिटा दिया जग का भय वैसे॥

त्रिभुवन में आतंकवाद का, लवण बन गया था पर्यायी।
रिपुसूदन ने उसे मारकर, भय की सब भावना मिटायी॥

सुर, गंधर्व, नाग, नर, किन्नर, ऋषिगण अतिशय मोद मनाते।
करते प्रबल प्रशंसा सब मिल, रिपुसूदन की महिमा गाते॥

गूँज रहे जयघोष चतुर्दिक, नभ से सुरभित सुमन बरसते।
लवणासुर वध समाचार सुन, तीन लोक में सभी विहँसते॥

मधुरा में इस समाचार ने, जन-मन में आवेश भर दिया।
चिर स्वतंत्रता के भावों ने, प्रति मन का अवसाद हर लिया॥

दौड़े सब मधुरा के द्वारे, सबके मन में कौतूहल था।
किसने मारा लवणासुर को, 'जानें यह', मन भाव प्रबल था॥

प्रथम युद्ध के बाद शत्रुहन, ने जो शिखर समिति बनवाई।
वापस आते ही लवणासुर, ने तत्क्षण थी भंग कराई॥

शीर्ष समिति के जो सदस्य थे, वरद मंत्रियों सहित पधारे।
वीर शत्रुहन का अर्चन कर, मधुरा नृपति मान सत्कारे॥

रिपुसूदन ने राज्य सचिव से, कहा 'लवण का शव ले जाएँ'।
विधिपूर्वक स्वजनों के द्वारा, दे आदर, अंत्येष्टि कराएँ॥

शील, समादर की भाषा सुन, जय-जयकार हुआ अतिभारी।
मधुरा का जन-गण निज मन में, था रिपुसूदन का आभारी॥

अतिशय हर्षोल्लास प्रजा में, मधुरा ज्यों स्वाधीन हुआ हो।
नृपति मरण संताप न किंचित्, ज्यों भावों ने शिखर छुआ हो॥

अरिमर्दक शत्रुहन वीर से, इंद्र अग्नि तब मिलने आए।
उनकी शौर्य प्रशंसा करके, मृदुवाणी में वचन सुनाए॥

धन्य-धन्य हे रिपुसूदन तुम, लवणासुर को मार गिराया।
कौसल, बुद्धि, पराक्रम द्वारा, त्रिभुवन का संत्रास मिटाया॥

सुर गण सब अतिशय प्रसन्न हैं, वर माँगो हम देने आए।
देव लोक से देवों का हम, शुभकर भाव भावना लाए।

धन्यवाद कह रिपुसूदन ने, कर प्रणाम यह वचन उचारे।
देव प्रसन्न हुए हमसे हैं, खुले सुनिश्चित भाग्य हमारे॥

हे सुरेंद्र! मधुरा नगरी को, दिव्य-भव्य मनहरण बनाएँ।
बने राजधानी अति सुंदर, ऋद्धि-सिद्धि घर-घर सरसाएँ॥

एवमस्तु कह इंद्र, अग्नि तब, स्वर्ग लोक के लिए सिधाए।
हुई राजधानी मनहर तब, देख सभी के मन हर्षाए॥

अति उत्साहित प्रजा वहाँ की, मानो घर-घर उत्सव आया।
दीप जलाए घर-घर सबने, सुमनों से निज गेह सजाया॥

ढोल, शंख, खड़ताल, नगाड़े, वाद्य बजा सब हर्ष मनाते।
किन्नर और किन्नरी प्रमुदित, करते नृत्य बधाई गाते॥

लोक नर्तकों की टोली भी, जगह-जगह पर नृत्य कर रहीं।
गीत, वेश, मुद्राओं से वे, जन-गण-मन में मोद भर रहीं॥

शीर्ष समिति के निर्देशन में, नगर, द्वार सब गए सजाए।
अलकापुरी सदृश मधुरा अब, मनहर सज्जा हृदय लुभाए॥

हाट, वीथिका, पथ, चौराहे, सब में वंदनवार बँधे थे।
जगह-जगह अत्यंत सुगंधित, सुमनों के भी हार बँधे थे॥

'रवि' मधुरा की छटा निराली, इंद्रपुरी सी छवि थी पाई।
झूम रहे थे सब नर-नारी, मानो मदिरा गई पिलाई॥

इधर अयोध्या में जैसे ही समाचार यह शुभकर आया।
शक्तिपुंज, वेदज्ञ शत्रुहन, ने लवणासुर मार गिराया॥

वैसे ही आह्लाद अपरिमित, राजभवन से सड़कों तक था।
सभी झूमने लगे मोद ने, बना दिया सबको नर्तक था॥

पुरी अयोध्या में मधुरा सा, अतुलनीय आनंद समाया।
स्वयं प्रेरणा से सबने ही, नगर सहित निज गेह सजाया॥

राजमहल में आह्लादित सब, द्वार प्रजा जयघोष कर रही।
द्वार उपस्थिति रघुनंदन की, जन-जन में उत्साह भर रही॥

तभी द्वार आईं माताएँ, वधुएँ भी सब साथ-साथ थीं।
कई दासियाँ रत्नापूरित, स्वर्ण थालियाँ लिए हाथ थीं॥

माताओं के सहित राम ने, प्रमुदित रत्नाभूषण बाँटे।
हर्ष! शत्रुहन के पौरुष ने, शेष तिमिर के बादल छाँटे॥

मान रही श्रुतिकीर्ति स्वयं को, आज विश्व में अति बड़भागी।
मिला उसे पति शूरवीर वर, धर्म प्रवण, संस्कृति अनुरागी॥

उर आनंद, चंद्रमुख दर्शित, संयत पर मन में हुलसित थी।
सुनकर जय-जयकार पिया की, अति उत्साहित रोमांचित थी॥

परिवारी जन सभी प्रफुल्लित, प्रजाजनों में हर्ष समाया।
प्रिय रिपुसूदन ने पौरुष से, शेष असुर साम्राज्य मिटाया॥

इधर शत्रुहन ने गंगा तट से निज सेना को बुलवाया।
पा निर्देश शत्रुहन का तब, शीघ्र कटक मधुरा चलि आया॥

राजमहल को वास्तु दृष्टि से, किया गया विधिवत् पुनरीक्षित।
वरद वास्तु शिल्पी निर्माणी, से सब कार्य हुआ परिवीक्षित॥

स्वयं शत्रुहन ने निज रुचि से, शास्त्रोचित वर कार्य कराया।
चित्रों और रँगों ने मिलकर, राजमहल आकृष्ट बनाया॥

इसी तरह जो भवन राज्य के, उनको भी फिर गया सजाया।
परिवर्तन रँग-रोगन द्वारा, सबने रूप दिव्यतम पाया॥

था वह श्रावण मास प्रियतमे! रिमझिम पानी बरस रहा था।
तिय के लिए शत्रुहन का मन, रजनी में अति तरस रहा था॥

करके सुधि प्रिय अवधपुरी की, अपने दृग वे नम करते थे।
भुवन भास्कर आकर उनकी, पीड़ाओं को कम करते थे॥

राजकाज की गहन व्यस्तता, दिन का समय बिता देती थी।
किंतु निगोड़ी निशा शत्रुहन, उर की शांति छीन लेती थी॥

उमा! शत्रुहन चूर हुए थे, मौसम के अति आघातों से।
अरिहंता हो गया आज अति, व्यथित विरह के उत्पातों से॥

कभी-कभी अवसाद हृदय का, प्रकट रूप से बाहर आता।
कर्तव्यों का बोध सर्वदा, आकर तब उनको समझाता॥

है पुरुषार्थ 'काम' मानव का, पर कर्तव्य सभी से ऊपर।
'काम' भावना सबके उर में, नभचर, जलचर या फिर भूचर॥

किंतु आज कलियुग में देवी, गर्हित हुई 'काम' की भाषा।
ब्रह्मचर्य, संन्यास नियम की, पढ़ा रहे वक्ता परिभाषा॥

शुभे! गृहस्थ आज यदि सारे, संन्यासी का नियम निभाएँ।
त्याग 'काम' पुरुषार्थ सभी यदि, ब्रह्मचर्य का व्रत अपनाएँ॥

तो यह सृष्टि भला फिर कैसे, जग में जीवित रह पाएगी?
'कामहीन' रसहीन मनुजता, निश्चित जड़ हो मर जाएगी॥

इसीलिए भारत की संस्कृति, पुरुषार्थों से ही पोषित है।
धर्म, अर्थ अरु काम मोक्ष की, सीढ़ी है ऐसा घोषित है॥

सत्य सनातन संस्कृति ही तो, अतिशय श्रेष्ठ कही जाती है।
सत्यम्, शिवम्, सुंदरम् से ही, अतुलनीय गुणता पाती है॥

धर्माधारित अर्थ काम से, मोक्ष सहज पा सकता मानव।
किंतु धर्म का भाव हटा तो, मानव बन जाता है दानव॥

इसीलिए मानव का जीवन, चार आश्रमों पर आधारित।
ब्रह्मचर्य, गार्हस्थ और शुचि, वानप्रस्थ संन्यास विचारित॥

इनके नियमों का पालन ही, आश्रम धर्म कहा जाता है।
इससे ही व्यवहारित मानव, लक्ष्य 'मोक्ष' का भी पाता है॥

विरह भावना रिपुसूदन की, वर-संस्कृति से अनुमोदित है।
हर गृहस्थ के हृदय पटल को, करे भावना 'रति' मोहित है॥

जिस प्रकार से मानव तन में, तीन दोष, कफ, पित्त, वात हैं।
इनका असंतुलन मानव के, तन हित निश्चित रोग घात हैं॥

इसी प्रकार मनुज जीवन में, षट् विकार का भी महत्त्व है।
काम, क्रोध, मद, लोभ, मोह, अरु, मत्सर का महनीय स्वत्व है॥

हाँ! अतिरेक भाव इन सबका, 'पाप' मूल ही कहलाता है।
किंतु न्यूनता घातक इसकी, मनुज मृतक सा हो जाता है॥

इनसे दूर हुआ मानव तो, अवसादों से घिर जाएगा।
भार बनेगा इस धरती का, जीवित ही वह मर जाएगा॥

उमा! करें विश्राम कथा अब, हम भी अब विश्राम करेंगे।
धर्म प्रवण शत्रुहन चरित से, कल जन-मन अवसाद हरेंगे॥

अग्र सर्ग में उमा! शत्रुहन, अभिनव सृजन करेंगे श्रम से।
प्रजाजनों के आचरणों में, शुचिता भाव भरेंगे श्रम से॥

गत यह सर्ग सुनिश्चित भामिनि, मानव के अवसाद हरेगा।
शत्रु दमन कर, ताप नष्ट कर, हृदय शौर्य का तेज भरेगा॥

(इतिश्री सर्ग बीस)

सर्ग- इक्कीस

मंगलाचरण

महादेव महाभूत महाग्रीव महाकाल,
उन्नत ललाट पै सुशोभित है चंद्रमा।
कंठ में हलाहल से आप हुए नीलकंठ,
जटाजूट बाँधे गंग संग सोहती उमा॥
भस्म से विभूषिता हैं सर्व देव पूजिता हैं,
व्याघ्र-चर्मधारी तव देह है देवोत्तमा।
हाथ डमरु त्रिशूल वक्ष विकराल व्याल,
आप भजें राम तव राम पुरुषोत्तमा॥

★★★

अवधपुरी में कौसल्या ने, रघुवर को निज भवन बुलाया।
राजकाज की चर्चाओं में, जब प्रसंग मधुरा का आया॥

धीर वीर शत्रुहन अनुज की, मुखर प्रशंसा की रघुवर ने।
सुत से सुन, सुत शौर्य प्रशंसा, मोद मनाया माँ के उर ने॥

मुदित मातु कौसल्या ने तब, कहा सुनो हे राम! ध्यान से।
सुत रिपुसूदन वहाँ अकेला, श्रुति भेजो पुष्पक विमान से॥

नहीं रहा वह कभी अकेला, सबकी याद सताती होगी।
स्वजन विछोह भावना निश्चित, निशदिन उसे रुलाती होगी॥

भली प्रकार जानती उसको, हमसे कभी न कुछ बोलेगा।
निज उर के संतापों के हित, नहीं अधर अपने खोलेगा॥

भ्राताओं की आज्ञा रघुवर, पालन ही उसका विधान है।
उससे दुखी न होवे कोई, आचरणों का संविधान है॥

राम तुम सभी भाई जग में, भ्रातृ प्रेम के उदाहरण हो।
त्याग भावना के सुमेरु सब, स्वार्थ भाव के पूर्ण क्षरण हो॥

हम सब माताएँ निश्चित ही, अति बड़भागी हैं जगती पर।
अद्‌भुत सुत जन्मे हमने जो, परम अलौकिक हैं धरती पर॥

किंतु वहाँ परिवेश नया है, नए लोग भी अरि परिवारी।
कैसे वह सब कर पाएगा? मेरे मन में संशय भारी॥

मंद-मंद मुसकाए रघुवर, ममतामयी सुनी माँ वाणी।
कहा शत्रुहन बड़ा हो गया, अनुज नहीं शिशु, माँ कल्याणी॥

माँ! अपना रिपुसूदन जग में, अवतारी है, शूरवीर है।
प्रज्ञावान, शास्त्रवेत्ता वर, धर्म धुरंधर अतुल धीर है॥

प्रबल, पराक्रम, प्रज्ञा से वह, संस्कृति का उद्धार करेगा।
भू-मंडल के मानव मन में, धर्म आचरण बोध भरेगा॥

अरिहंता रिपुसूदन अपना, सकल विश्व में माँ अजेय है।
है वह मुकर, प्रसिद्धि परान्मुख, नवल सृजन ही दिव्य ध्येय है॥

कुछ भी हो, हे राम! मधुपुरी, मैं श्रुतिकीर्ति साथ जाऊँगी।
देखूँगी जब उसे सामने, उर में शांति तभी पाऊँगी॥

अगर, सुमित्रा कैकेयी भी, मधुरा मेरे साथ चलेंगी।
उनको भी ले जाऊँगी मैं, सुत से हम सब साथ मिलेंगी॥

कहा राम ने 'जैसी आज्ञा', माँ मधुपुरी मुदित मन जाएँ।
अनुज शत्रुहन को सिंहासन, बैठा देख हृदय हर्षाएँ॥

फिर पुष्पक विमान से मधुरा, श्रुति के साथ मातु त्रय आईं।
राम प्रदत्त रत्न आभूषण, प्रचुर मात्रा में सँग लाईं॥

नगर द्वार उतरा विमान जब, भीड़ लग गई प्रजाजनों की।
कौतूहल में सभी बावरे, गति अस्थिर थी सभी मनों की॥

नर, नारी, आबाल, वृद्ध सब, विस्मय से देखें विमान को।
करें प्रशंसित चर्चा में वे, रघुकुल की सर्वोच्च आन को॥

माताओं का स्वागत करने, तभी शत्रुहन वहाँ पधारे।
उतरीं माएँ जब विमान से, रिपुसूदन ने चरण पखारे॥

लगा लिया तब वक्ष पुत्र को, ममता का सागर लहराया।
नेह नीर से नयन आर्द्र सब, करुणा रस ने रस बरसाया॥

सभी प्रजाजन के भी दृग तब, लगे नीर की वर्षा करने।
अद्‌भुत यह वात्सल्य देखकर, हर्ष लगे निज उर में भरने॥

अति उत्साहित सभी वहाँ पर, जय-जयकार कर रहे भारी।
माताएँ आह्लादित अतिशय, तन-मन की सुधि पूर्ण बिसारी॥

पार्श्व खड़ी श्रुतिकीर्ति वधू की, सुधि वे सहसा भूल गई थीं।
उनके होते ही सदेह श्रुति, उनकी हृदय दुकूल हुई थी॥

सहसा घूम गई कौसल्या, श्रुति को थाम सामने लाई।
हुआ सामना रिपुसूदन से, अति आनंद, आँख भर आई॥

तब श्रुतिकीर्ति चरण रज पिय की, ले श्रद्धा से शीश चढ़ाई।
जैसे ही संस्पर्श हुआ तो, सिहरन दोनों बदन समाई॥

अर्थपूर्ण नजरों से ज्यों ही, रिपुसूदन ने प्रिया निहारी।
लज्जा से झुक गए नयन पर, कही कथा आनन ने सारी॥

लखा शत्रुहन ने प्रिय आनन, अधरों पर मुसकान समाई।
श्रुति व्यवहारित मुकर भावना, रिपुसूदन के मन को भाई॥

फिर सबको लेकर वे रथ से, राजमहल के द्वार पधारे।
जहाँ नारि-नर, सेवक, सचिवों, ने सब तब विधिवत् सत्कारे॥

पथ के दोनों ओर व्यवस्थित, प्रजा खड़ी जयकार कर रही।
तिय श्रुतिकीर्ति मातु त्रय के उर, में अतुलित आनंद भर रही॥

सुमुखि नारियों ने प्रमुदित हो, सबकी तब आरती उतारी।
लोक गीत गा रहीं नारियाँ, वातावरण सरस सुखकारी॥

सुरभित सुमनों की पंखुड़ियों, की उन पर बरसात हो रही।
शांत चल रही श्रुति मानस में, तत्क्षण भावी भाव बो रही॥

माताओं ने हर्षित मन से, रत्नाभूषण तभी लुटाए।
अनुचर, नर-नारी सबने तब, प्रचुर रत्न आभूषण पाए।

सबका कर आभार शत्रुहन, ने तब महल प्रवेश किया था।
लख रुचिकर सज्जा अंदर की, सबका ही अति मुदित हिया था॥

कुशल शिल्पियों से कृत सज्जा, साधारण पर अति रुचिकर थी।
वातावरण पुण्यतम दर्शित, शैली उसकी अति शुभकर थी॥

माता त्रय को किया व्यवस्थित, फिर निज भवन शत्रुहन आए।
तिय श्रुतिकीर्ति परम आह्लादित, पिय की आभा हृदय लुभाए॥

सीने से लग तिय श्रुति ने जब, अपना अति अनुराग जताया।
आलिंगन में बाँध शत्रुहन, ने उनका तब सिर सहलाया॥

माथे पर धर अधर शत्रुहन, ने सौंपी भावना हृदय की।
दोनों ने मधुरिम वाणी से, खुशी मनाई नवल उदय की॥

तभी आ गई मातु सुमित्रा, देख युगल मन में हर्षायीं।
सुत नृप का वैभव अनुभव कर, रोमांचित अतिशय उमगाईं॥

मातु सुमित्रा ने आह्लादित, होकर सुत को गले लगाया।
भाल चूम, सुत वधू उभय का, उन पर निर्मल प्रेम लुटाया॥

उमा! पुत्र यदि हुआ यशस्वी, जननि स्वयं को धन्य मानती।
संतानों के यश वैभव से, ही जीवन को सफल जानती॥

अपनी शेष सभी इच्छाएँ, संतानों में पूरी करती।
उनके सुख से ही निज मन की, संचित पीड़ाओं को हरती॥

प्रगति, पुत्र की देख जननि ही, सबसे अधिक प्रफुल्लित होती।
यदि संतापित हुआ पुत्र तो, अपने मन का आपा खोती॥

पौरुषवान अगर सुत हो तो, माँ उर में होती अति गर्वित।
मन की भाव भावना उसके, आनन पर होती है दर्शित॥

उपासना की मूर्ति सुमित्रा, भी उर में अतिशय प्रमुदित थीं।
भू-मंडल की वरद शक्तियाँ, उनके सुत में हुई उदित थीं॥

निज पौरुष से बना नृपति सुत, कीर्ति-केतु जग में लहराया है।
अपनी प्रज्ञा के बल उसने, सहज प्रेम सबका पाया है॥

मातु सुमित्रा भी स्वाभाविक, इन भावों से द्रवीभूत थीं।
सत्व, रजो गुण आप्लावित उर, ममता भी अति घनीभूत थीं॥

नयन सजल पर हृदय प्रफुल्लित, आनन मुखर, मुकर थी बानी।
प्रज्ञ शत्रुहन ने माँ उर की, गुरुता सहज हृदय अनुमानी॥

माँ के वक्ष लगे रिपुसूदन, नेहित माँ ने सिर सहलाया।
सुत माता दोनों के उर ने, वर संतोष सहज ही पाया॥

साथ बैठकर सबने प्रमुदित, रुचिकर षटरस भोजन पाया।
व्यंजन थे स्वादिष्ट मुदित मन, स्वाद सभी को अतिशय भाया॥

उमा! अगर रुचिपूर्ण भाव से, भोज्य पदार्थ बनाए जाएँ।
प्रेम पाग से पाग उन्हें जब, विधिवत् साथ खिलाएँ जाएँ॥

तो निश्चित ही स्वाद स्वयं ही, सभी व्यंजनों का बढ़ जाता।
खाने वाला तभी सुनिश्चित, खाकर पूर्ण तृप्ति है पाता॥

जिस घर में इस तरह बनाया, भोजन साथ-साथ सब करते।
बढ़ता है विश्वास परस्पर, कलुष भाव मन के सब हरते॥

ऋद्धि-सिद्धि आती उस घर में, सुमति सभी में आ जाती है।
त्याग, प्रेम की भाव-भावना, सबके उर तब उमगाती है॥

ऐसे परिवारों पर प्रभु भी, अपनी कृपा सहज बरसाते।
सामाजिक जीवन में वह कुल, निश्चित ही गरिमा को पाते॥

उमा! कल्कि में त्याग भाव का, पूर्ण रूप से लोप हो रहा।
स्वार्थ भावना के कारण ही, मानव मन संतोष खो रहा॥

दरक रहे परिवार जगत् में, 'मैं' का भाव भरा है मन में।
त्याग भाव का हनन हो गया, सबकी अभिरुचि केवल धन में॥

इसीलिए मानव जीवन का, भोगवाद ही लक्ष्य हुआ है।
अंधे होकर दौड़ रहे सब, लिप्सा ने अब चरम छुआ है॥

प्रति आँगन प्राचीर खिंच रही, भाई-भाई का दुश्मन है।
बिखर रहे संबंध सभी अब, मानव का स्वार्थी तन-मन है॥

कहीं पुत्र अपनी जननी को, दर-दर की ठोकर खिलवाता।
माँ की देख दुर्दशा किंचित्, हृदय नहीं सुत का सकुचाता॥

माँ जैसा पावन रिश्ता भी, कभी कलंकित सा दिखता है।
कहीं भ्रात भगिनी का रिश्ता, घृणित कहानी भी लिखता है॥

कहीं पिता ही संतानों का, वैरी बना दिखाई देता।
और पुत्र भी सूर स्वार्थ में, पितु के प्राण स्वयं हर लेता॥

नारि, पिया से, पिया नारि से, छल करते देखे जाते हैं।
मित्र, मित्र से ही इस युग में, पग-पग पर धोखे खाते हैं।

विश्वासों की नींव शिथिल है, त्याग हुआ अब वनवासी है।
'मैं' की 'हम' में विलय भावना, बनी स्वार्थ की ही दासी है॥

छद्म वेश में दानव संस्कृति, ने घर-घर डेरा डाला है।
अपने मानस में जन-जन ने, स्वार्थों का विषधर पाला है॥

जदपि रोग यह उमा! भयानक पर उपचार सरल इसका है।
संकल्पी मन के राही को, कौन राह में रोक सका है?

अगर सभी संकल्पित मन से, सह अस्तित्व बोध उपजाएँ।
'मैं' का भाव त्यागकर मन से, 'हम' को अपने हृदय लगाएँ।

तब निश्चित ही इस धरती पर, फिर से राम-राज्य आएगा।
स्वर्ग स्वयं यह धरा बनेगी, संस्कृति का ध्वज लहराएगा॥

स्वार्थ रोग के हेतु धरा पर, 'हम का भाव' परम औषधि है।
साथ-साथ भोजन करना भी, सौख्य-प्रदाता महा उदधि है॥

साथ-साथ रक्षा, बल, पालन, की गुणता इससे मिलती है।
मिट जाता है द्वेष भाव सब, प्रेम भावना ही खिलती है॥

त्याग, समर्पण के भावों का, उमा! प्रेम ही उत्प्रेरक है।
साथ-साथ भोजन करना भी, स्नेह भावना का प्रेरक है॥

इसीलिए ऋषि-मुनि, विज्ञानी, सबको ही यह समझाते हैं।
साथ-साथ भोजन करने से, सह अस्तित्व भाव आते हैं॥

कलुष सभी कुल के मिट जाते, पुण्य भावना हृदय पनपती।
विश्वासों की धरती पर ही, संबंधों की फसल उपजती॥

सुख, अपवर्ग स्वर्ग के सारे, ऐसे परिवारों को मिलते।
रिद्धि-सिद्धि घर में आ जाती, सुमति प्रसून हृदय में खिलते॥

मंगल कारक भाव भावना, का उद्‌गम इससे होता है।
सभी सदस्यों के उर में यह, बीज प्रेम के ही बोता है॥

हर नर-नारी के जीवन में, विविध समस्याएँ आती हैं।
सह चिंतन से निश्चित ही वे, अपने आप सुलझ जाती हैं।

एकाकी चिंतन से निश्चित, मन अवसाद प्रकट होता है।
पारस्परिक विमर्श सहज ही, मन अवसादों को धोता है॥

प्रिय! कलियुग में सब नर-नारी, शुचि संकल्प हृदय में भर लें।
नियत समय पर साथ बैठकर, परिवारी सब भोजन कर लें॥

अपने मनभावों को निर्भय, प्रियता से आपस में बाँटें।
जीवन पथ के खारों को वे, एक साथ मिलकर ही छाँटें॥

तो फिर 'मैं' का विलय सहज ही, पूरा 'हम' में हो जाएगा।
प्रति उर 'प्रेम' हिलोरें लेगा, सुख का सागर लहराएगा॥

कलियुग में यह कर्म सुपावन, 'शिवि' होगा अतीव फलदायी।
स्वार्थ मूल से मिट जाएगा, पाएगा मानव प्रभुताई॥

यहाँ मधुपुरी में जब सबने, साथ बैठकर भोजन पाया।
कैकेयी माँ के चिंतन में, यह सुझाव सहसा तिर आया॥

अगर नए इस राज्य क्षेत्र में, सदाचरण विकसित करना है।
अवधपुरी की तरह यहाँ भी, परमादर्श सहज भरना है॥

तो फिर नृप के सहित मंत्रिगण, का सामूहिक शपथ ग्रहण हो।
प्रजाजनों के ही समक्ष तब, नवल नीति का अनावरण हो॥

इस सुझाव पर सबने ही तब, सहमति अपनी मुखर जताई।
नृप रिपुसूदन को भविष्य हित, सम्मति यह अतीव तब भाई॥

लिखकर यह सुझाव रिपुसुदन, ने फिर राम हेतु भिजवाया।
रघुनंदन का वाहक द्वारा, तब यह शुभ संदेशा आया॥

अनुज! योग्यतम यह विचार है, करो शीघ्र उत्सव आयोजित।
सभी प्रजाजन के समक्ष ही, विधिवत् करो नीतियाँ घोषित॥

इस अवसर पर दूर-दूर के, नृप, भूपति, यूथप बुलवाओ।
श्रुति सम्मत शासन के गुर सब, प्रजा सहित उनको समझाओ॥

ताकि अवध सी राज्य व्यवस्था, शीघ्र वहाँ पर भी आ जाए।
निर्मल पावन संस्कृति गंगा, जन-जन के मन को सरसाए॥

युग निर्माण योजना का यह, पावन चरण बढ़ेगा भू पर।
आदर्शों का भाव पुण्यतम, तब ही शीर्ष चढ़ेगा भू पर॥

अनुज तुम्हारे इस उत्सव में, मैं सबको लेकर आऊँगा।
परिवारी जन सहित स्वयं मैं, अति आनंद हृदय पाऊँगा॥

सुनकर यह संदेश राम का, रिपुसूदन का हिय हर्षाया।
उत्सव के मुहूर्त हित सादर, गुनी पंडितों को बुलवाया॥

शुभ मुहूर्त जब हुआ सुनिश्चित, शीर्ष समिति तब गई बुलाई।
रिपुसूदन ने परामर्श से, शपथ ग्रहण योजना बनाई॥

गाँव-गाँव में पिटा ढिंढ़ोरा, सबको आमंत्रण आया है।
शपथ ग्रहण का समारोह है, नृप ने सादर बुलवाया है॥

सुन कानों से नृप आमंत्रण, प्रजा हृदय में अति हर्षायी।
नृप के लिए सहज सबके उर, स्वाभाविक श्रद्धा भर आई॥

उमा! मधुपुरी में जन-जन के, मन में अति उत्साह भर गया।
नृप आमंत्रण, परिवर्तन के अवसादों को न्यून कर गया॥

भूपति, नरपति, गणमान्यों को, भी वैयक्तिक मिला निमंत्रण।
समारोह की जन चर्चा से, मधुरा का उत्साहित कण-कण॥

समारोह की तैयारी में, जुटी अहर्निश शीर्ष समिति थी।
प्रजा स्वयं श्रमदान कर रही, अति उत्साह न कोई इति थी॥

यमुना तट पर सतयोजन तक, अस्थायी आवास बन गए।
वृहत् क्षेत्र में अति विशालतम, सुंदर-सुदृढ़ वितान तन गए॥

सभागार के अग्रभाग में, मंच भव्य शोभित होता था।
देख मंच की अति सुंदरता, हर दर्शक मोहित होता था॥

बाईं-दाईं ओर मंच के, आसन अति विशिष्ट सज्जित थे।
लख सौंदर्य अतीव अलौकिक, जन-जन के मन अति प्रमुदित थे॥

एक लक्ष आसनी वहाँ पर, मंच समक्ष गई लगवाईं।
अति मोहक कोमल कालीनें, शेष भाग में गई बिछाईं॥

बेला, कमल, गुलाब, चमेली की सज्जा मन को हरती थी।
शीतल मंद समीर हृदय में, मंद सुगंध मोद भरती थी॥

अस्थायी आवास व्यवस्था, गरिमा के अनुकूल बनाई।
साधन, सज्जा, वैभव बाँचे, मन हरती थी सुंदरताई॥

दृश्य विहंगम यमुना तट का, अरुण केतु उन्नत लहराते।
कुशल शिल्पियों द्वारा निर्मित, शोभा स्वागत द्वार बढ़ाते॥

यमुना जल में अनुकृति सबकी, अद्‌भुत दृश्य उपस्थित करती।
चित्रकार की मूर्त कल्पना, सी वह मोद हृदय में भरती॥

नवल वधू सी सज्जित मधुरा, जन-गण-मन अतिशय उत्साहित।
नवल चेतना की शुचि गंगा, सबके मन हो रही प्रवाहित॥

श्रावण शुक्ल तृतीया तिथि जो, पावन मधुश्रवा कहलाती।
पुण्य प्रसू नक्षत्र उत्तरा, फाल्गुनि से विशेष बन जाती॥

शुभ मुहूर्त यह शपथ ग्रहण का, ज्योतिषियों से अनुमोदित था।
जन्म मुहूर्त शत्रुहन का यह, विद्वज्जन द्वारा शोधित था॥

निश्चित तिथि पर अवधपुरी से, भ्रात राम कुल के सँग आए।
गुरु वसिष्ठ मातुल सुमंत भी, वर सचिवों को सँग में लाए॥

आर्यावर्त द्वीप के नृप गण, शपथ ग्रहण में मुदित पधारे।
मूल्यवान् उपहार भेंटकर, सबने रिपुसूदन सत्कारे॥

उत्सव में असंख्य नर-नारी, बाल वृद्ध उत्साहित आए।
रंग-बिरंगे परिधानों में, जन-गण सागर हृदय लुभाए॥

भरा खचाखच सभागार था, कोटि प्रजा योजन तक फैली।
सभी प्रफुल्लित थे उर में अति, नहीं नीति अब होगी मैली॥

गगन वेधते नारे गूँजें, शंखध्वनि भी हृदय लुभाए।
नृप, ऋषि-मुनि की महती संख्या, अति विशिष्टता उत्सव पाए॥

गुरु वसिष्ठ भ्राता, माताएँ, श्रुति, मांडवी, उर्मिला हर्षित।
आज शत्रुहन शौर्य तेज से, हुई अवध यश की कृषि कर्षित॥

गुरु वसिष्ठ ने नियत समय पर, रिपुसूदन की शपथ कराई।
जन-गण-मन को शपथ क्रिया विधि, तब अतीव गहरे तक भाई॥

फिर चयनियत इक्कीस मंत्रियों की विधिपूर्वक शपथ हुई थी।
इस आयोजन से जन-गण की, हृदय भावना सुपथ हुई थी॥

शपथ ग्रहण के बाद राम का, हुआ सारगर्भित उद्बोधन।
जिससे मधुरा के जन-गण के, मानस का हो गया प्रबोधन॥

रघुनंदन ने अनुज शत्रुहन, की प्रज्ञा तब वृहत् बखानी।
अवध राज्य में आदर्शों की, सृजन कर्म की कही कहानी॥

वर वेदज्ञ शूर भ्राता की, विस्तृत गुणता भी समझाई।
नीति निपुणता, स्वार्थहीनता, विनयशीलता भी बतलाई॥

सत्य सनातन संस्कृति वाहक, रिपुसूदन का कर्म बताया।
सुर-संस्कृति उद्धारक का क्यों, जन्म हुआ यह मर्म बताया॥

धर्म धरा पर अजर-अमर हो, मानवता प्रति उर सरसाए।
त्याग, समर्पण, प्रेम, भावना, जन-जन के मन में बस जाए॥

चार अंश से प्रगटे हैं हम, यही पुनीत हेतु हम सबका।
मिटे असुरता इस वसुधा से, संरक्षण सुर, धेनु, संत का॥

श्रुति सिद्धांत व्यवस्था में हों, यह वर कार्य करें रिपुसूदन।
हो आचरण परिष्कृत सबका, ऐसा भाव भरें रिपुसूदन॥

रघुनंदन के उद्‌बोधन से, जन-जन में उत्साह समाया।
श्रद्धा भाव नवल नृप के प्रति, सबके ही उर में भर आया॥

फिर मधुरा नृप रिपुसूदन ने, राज्य नीतियाँ की उद्‌घोषित।
मूल सभी का सदाचार था, वैदिक नियमों से संपोषित॥

साधारण मानव से नृप तक, कर्तव्यों का किया विवेचन।
सबसे ऊपर धर्म धारणा, दंड विधान कर दिए मोचन॥

जड़ चेतन सबका व्यापक हित, ही उन सबका मेरुदंड था।
प्राण सभी में नैतिकता का, नृप के ऊपर धर्म दंड था॥

वचन, कर्म, मन से प्रति मानव, सदाचार को ही अपनाए।
हृदयंगम कर नैतिकता को, वृत्ति सहज पावन बन जाए॥

चारों पुरुषार्थों का मानव, जीवन बने सहज अनुगामी।
आश्रम धर्म सभी अपनाएँ, कर्म करें बनकर निष्कामी॥

वर्ण धर्म का, वृत्ति, कर्म से, करें सभी विधिवत् अनुपालन।
गुरुकुल की पावन विद्या भी, करे सभी का मन प्रक्षालन॥

आत्म विवेचन कर प्रतिदिन हम, प्रायश्चित का धर्म निभाएँ।
कर्तव्यों का पालन करके, धरती को हम स्वर्ग बनाएँ॥

धैर्य, क्षमा, शुचिता, संयम अरु, सत्यऽक्रोध, आचरण में हो।
दंभरहित, अस्तेयी, निग्रह, विद्या सदा संवरण में हो॥

गुरुकुल श्रद्धा केंद्र बनें सब, सब समाज उनका संपोषक।
सब नर नारी ही शिक्षित हों, रहे न कोई शोषित, शोषक॥

वन, उपवन, वृक्षों की सब मिल, करें सुरक्षा हितू जानकर।
वृक्ष लगाएँ सभी हर्ष से, पालें उनको धर्म मानकर॥

धरती की संपूर्ण वनस्पति, निश्चित ही भेषज गुण वाली।
अपनी इसी धर्मिता से वह, चेतन की करती रखवाली॥

इसकी रखवाली करके हम, निज पर ही उपकार करेंगे।
संवर्द्धन करके इसका हम, मानवता में शक्ति भरेंगे॥

प्राणायाम, योग, आसन से, सब शरीर को स्वस्थ बनाएँ।
ध्यान धारणा से हम अपने, अंतर में निर्मलता लाएँ॥

यम, नियमों के पालन से ही, जीवन धन्य सफल हो जाता।
भोज्य निरामिष और संतुलित, से भी मनुज निरुजता पाता॥

अष्ट योग से तन, मन, आत्मा और बुद्धि विकसित होती है।
बनता है परिपूर्ण मनुज तब, दैविक वृत्ति उदित होती है॥

गोधन, गजधन और बाज धन, का विकास हम करें यत्न से।
कृषि के लिए सिंचाई साधन, करें सुविकसित निज प्रयत्न से॥

उन्नत बीज, पौध के द्वारा, लाभपूर्ण कृषि कर्म बनाएँ।
सतत सजग रह श्रम से अपने, वांछित उपज लक्ष्य को पाएँ॥

गाँव बनें संपन्न इकाई, घर-घर गाएँ पाली जाएँ।
मनोकामना पूर्ण सभी हों, अमृत दूध, दही, घृत पाएँ॥

ऋद्धि-सिद्धि नाचेगी घर-घर, हम निश्चित वैभव पाएँगे।
अखिल विश्व के लोग तभी तो, अपनी यश गरिमा गाएँगे॥

सदाचरण के द्वारा हम सब, अपने को आदर्श बनाएँ।
निज संस्कृति के आदर्शों से, जग को मानवता सिखलाएँ॥

प्राणिमात्र को इस धरती पर, ईश्वर का हम अंश मानते।
'यत् पिण्डे तत् ब्रह्माण्डे' का, सत्य, सनातन, मर्म जानते॥

यही चेतना अपने उर में, गहराई तक हम सब भर लें।
सभी सुखी हों सभी निरोगी, का संकल्प आज हम कर लें॥

प्रेम और सद्भाव सुनिश्चित, अंतस्तल में जग जाएगा।
सह अस्तित्व भाव तब सबके, मानस में निवास पाएगा॥

ममता होगी हृदय-हृदय में, समतायुक्त समाज बनेगा।
परमारथ की भाव-भावना, का तब विशद वितान तनेगा॥

धर्माधिष्ठित विमल पंथ से, ही मानव को शांति मिलेगी।
सामाजिक जीवन में तब ही, आदर्शों की लता खिलेगी॥

भोगवाद से भू-मंडल में, कहाँ किसे, कब शांति मिली है?
भोगी मानव के तन-मन में, नहीं कभी भी कांति खिली है॥

सुख, वैभव, चिर शांति स्रोत तो, त्याग भावना के अंदर है।
हुआ न्यून यह भाव इसी से, फैली अब अशांति घर-घर है॥

घर, समाज या राष्ट्र सभी को, तभी पुष्ट हम कर पाएँगे।
अपने आचरणों में जब हम, त्याग, समर्पण अपनाएँगे॥

तत्त्व विवेचन कर रिपुसूदन, ने तब सबका ही मन मोहा।
लगे अलौकिक जन-जन को वे, दिव्य शक्ति का माना लोहा॥

सबका कर आभार प्रदर्शन, की घोषणा तभी अरिमर्दन।
पूज्य संत, ऋषि वृंद और नृप, कृपया रुकें करेंगे मंथन॥

दो दिवसों तक मंथन करके, सार्वभौम रणनीति बनाएँ।
हम सब मिलकर भू-मंडल में, पावन संस्कृति दीप जलाएँ॥

उमा! इस तरह दो दिवसों तक, वहाँ गहन चिंतन का क्रम था।
बनीं नीतियाँ अति सुविचारित, किंचित् नहीं किसी में भ्रम था॥

सदाचार विकसित करने हित, हुई योजना की अनुशंसा।
ऋषियों ने तब मुक्त कंठ से, की अतीव शत्रुहन प्रशंसा॥

इसी योजना के अंतर्गत, ऋषियों ने दायित्व ले लिया।
जगह-जगह संस्कार महोत्सव, आयोजन का वचन दे दिया॥

तिय के संग शत्रुहन ने फिर, किया सभी ऋषियों का वंदन।
अगणित गोधन दान उन्हें कर, भाल सजाया रोली चंदन॥

ऋषियों को कर विदा शत्रुहन, कुल के सहित महल में आए।
था अनुराग अतीव परस्पर, प्रेम सघन घन उर में छाए॥

साथ बैठकर सबने ही तब, चर्चाओं का दौर चलाया।
भ्रात, वधू माताओं के मन, परमानंद अतीव समाया॥

किंतु जानकी की अनुपस्थिति, से मन में थी पीड़ा भारी।
राजधर्म के सम्मुख लेकिन, मौन हुई थी भाषा सारी॥

दो दिन सब थे साथ-साथ ही, सभी हर्ष से भरे हुए थे।
जीवन के अनुपम क्षण थे ये, सुख ने नव उत्कर्ष छुए थे॥

आर्द्र नयन श्रुति रिपुसूदन ने, स्वजनों को जब विदा किया था।
अपनों के विछोह से सबका, तत्क्षण अतिशय दुखी हिया था॥

धीरे-धीरे इस विछोह का, त्रास हृदय में मंद पड़ गया।
राजधर्म का बोध प्रखरतम, उर में नवल उछाह गढ़ गया॥

पूर्ण राज्य में संस्कारों के, समारोह अनवरत चल रहे।
ऋषि कुल और नृपति से प्रेरित, सतत सृजन के भाव पल रहे॥

सार्थक अनुपम फलित लिये सब, गुरुकुल श्रद्धा केंद्र बन गए।
शिक्षा के हित जन-गण जाग्रत्, सकारात्मक भाव जन गए॥

भरा हुआ उत्साह प्रजा में, शासन की वह थी सहभागी।
आदर्शों के लिए सभी के, मन में आग स्वयं थी जागी॥

लगता था ज्यों सभी क्षेत्र में, पंख लगा उत्थान उड़ा हो।
नृपति रूप में स्वयं सृजन ज्यों, प्रमुदित सीना तान खड़ा हो॥

परमादर्शों ने भी आकर, पूर्ण राज्य में डाला डेरा।
उगा मुक्ति का सूर्य अचानक, वैभव का हो गया सवेरा॥

अनथक, नृप शत्रुहन, अहर्निश, सृजन यज्ञ में जुटे हुए थे।
दायाँ हाथ प्रिया श्रुति थी ही, मंत्री भी सब डटे हुए थे॥

अपने-अपने कर्तव्यों का, बोध सभी के मन में जागा।
कदाचार आलस्य स्वयं ही, मधुरा से था सहसा भागा॥

वेश बदलकर समाचार सब, स्वयं शत्रुहन प्रतिदिन लेते।
होता रोग जहाँ का जैसा, वैसी ही वह औषधि देते॥

जनता का दरबार लगाकर, सीधे वे सबसे थे मिलते।
समाधान से जन-जन के मन, हर्ष प्रसून सहज ही खिलते॥

शेष क्षेत्र में भी रिपुसूदन, जगह-जगह दरबार लगाते।
सुनकर सबकी बात वहीं पर, सबको संभव न्याय दिलाते॥

इस अद्‌भुत पद्धति ने जन-जन, के मन में विश्वास भर दिया।
प्रेम सभी के उर में जागा, जन-गण का सब त्रास हर लिया॥

मूल्याधिष्ठित राज्य व्यवस्था, का सपना पूरा होना था।
श्रम से सबके हृदय पटल पर, नैतिकता विधिवत् बोना था॥

बारह वर्ष सतत श्रम द्वारा, रिपुसूदन ने कर दिखलाया।
जन-जन के मानस में विधिवत्, सदाचार का भाव समाया॥

अवध सदृश आदर्श यहाँ भी, स्वाभाविक चिंतन में आए।
हुई वंदना नैतिकता की, मानदंड संस्कृति ने पाए॥

इसी बीच सब भ्राताओं ने, वांछित फल यह भी पाया था।
श्रुति, उर्मिला, मांडवी ने भी, दो-दो पुत्रों को जाया था॥

दिव्य गुणों से युक्त पुत्र सब, शस्त्र-शास्त्र में थे पारंगत।
राजकाज में भी वे करते, प्रकट अपेक्षित अपना अभिमत॥

मधुरा में आदर्श राज्य का, स्वप्न पूर्णता को जब पाया।
तब श्रुति और शत्रुहन मन में, अवध गमन चिंतन भर आया॥

मधुरा की कर पूर्ण व्यवस्था, तिय, सुत सँग वे अवध सिधाए।
वालमीकि ऋषि के आश्रम में, सबके साथ शत्रुहन आए॥

तिय श्रुतिकीर्ति और पुत्रों को, रिपुसूदन ने तब बतलाया।
वाल्मीक ऋषि, सिद्ध, तपस्वी, दिव्य ज्ञान तप-बल से पाया॥

प्रिय! इस आश्रम में वैदेही, निर्वासित जीवन जीती हैं।
खाती हैं वे कंद-मूल-फल, सरिता नीर सदा पीती हैं॥

अति तेजस्वी सुत दो उनके, इसी आश्रम में रहते हैं।
आह! भ्रात के पुत्र यशस्वी, विपिन त्रास बेबस सहते हैं।

सुनकर यह श्रुतिकीर्ति पुत्र द्वय, हर्षित किंतु नयन भर आए।
रिपुसूदन दृग मेघ बन गए, उमड़-घुमड़कर अश्रु बहाए॥

शांत हुए वे, तब ऋषि सम्मुख, जाकर सबने शीश नवाया।
त्रिकालज्ञ ऋषिवर से सबने, इच्छित शुभाशीष तब पाया॥

ले प्रसाद, अनुमति ऋषिवर की, वे सब सिय कुटिया तब आए।
एक साथ श्रद्धा से सबने, सिय पद अंबुज शीश नवाए॥

विकल जानकी ने सबको जब, आर्द्र नयन हो कंठ लगाया।
श्रुति शत्रुहन दृगों में सहसा, सिंधु आँसुओं का लहराया॥

भीग गए तन-मन सबके ही, भाव-सिंधु का ज्वार थमा ज्यों ।
'कहाँ भ्रात के पुत्र यशस्वी', पृच्छा की रिपुसूदन ने त्यों॥

'देखो वह आ गए' कहा सिय, सबकी दृष्टि अचानक घूमीं।
रोमांचित हो गए सभी तन, उर ने हर्ष चोटियाँ चूमीं॥

विस्मित निज पुत्रों को सिय ने, नेहित अपने पास बुलाया।
चाचा, चाची, भ्राताओं का, सजल नयन परिचय करवाया॥

अपलक लखें उन्हें रिपुसूदन, दोनों रघुवर की अनुकृति थे।
था विभेद दुष्कर दोनों में, सुंदरता की अनुपम कृति थे॥

लव, कुश ने ज्यों रिपुसूदन के, चरण-कमल में शीश नवाया।
भरकर अंक शत्रुहन ने तब, उनको नेहित गले लगाया॥

हुए बावरे से रिपुसूदन, दृग से अश्रु बह रहे अविरल।
बार-बार चूमे दोनों को, बही प्रेम की गंगा निर्मल॥

उमा! सभी के नयन उस समय, हर्ष नीर में नहा रहे थे।
था उद्रेक प्रेम का अतुलित, आँसू सब दृग बहा रहे थे॥

'रवि' थे मौन सभी, पर नयनों, की भाषा सब बोल रहे थे।
हुआ अवतरण प्रेम गंग का, शंभु जटाएँ खोल रहे थे॥

'रवि' शिव, उमा सहित सब श्रोता, करुणा रस में डूब नहाए।
थमी कथा तत्क्षण ही बरबस, संस्थिति सब विदेह की पाए॥

उधर शत्रुहन, सिया आदि के, उर में ज्यों चेतनता आई।
त्यों ही शिव, शिवि, श्रोताओं ने, भी संस्थिति सदेह की पाई॥

इंगित किया स्वयं शिवि ने तब, हे प्रभु! शेष कथा अब गाएँ।
रिपुसूदन की सरस कहानी, कृपापुंज कर कृपा सुनाएँ॥

आर्द्र नयन त्रिपुरारी शिव ने, आगे की फिर कथा सुनाई।
करुणा विगत, शांति अभ्यागत, उर निर्वेद भावना आई॥

'रवि' कुल का यह मिलन परस्पर, निश्चित ही अति सुखदायक था।
चार कुमार वहाँ समुपस्थित, परिचय भविता का पायक था॥

श्रुति ने लवकुश को ममता दे, अपने अंक समेट बिठाया।
सीता ने श्रुति के बेटों पर, अपने उर का नेह लुटाया॥

अल्प समय में सुकुमारों का, परिचय अतिशय सघन हो गया।
पहली बार मिले थे लेकिन, संकोचों का भाव खो गया॥

सीता की अनुमति ले चारों, पर्णकुटी से बाहर आए।
लवकुश ने निज भ्राताओं को, आश्रम के वैशिष्ट्य दिखाए॥

हिरनों के सँग चारों भाई, धमाचौकड़ी मचा रहे थे।
यहाँ कुटी में चर्चाओं के, अनगिन अनुपम स्रोत बहे थे॥

भावावेशित जनक नंदिनी, स्वागत भी सब भूल गईं थीं।
स्वर्णमयी अपने अतीत की, संस्मृतियों में झूल गईं थीं॥

सीता को ज्यों ही सुधि आई, अर्घ्य पाद्य भी नहीं दिया है।
अतिथि प्रथा भी नहीं निभाई, कैसा विचलित हुआ हिया है॥

तत्पर सीता उठीं वहाँ से, अर्घ्य पाद्य फल लेकर आईं।
आग्रहपूर्वक स्वागत करतीं, मुख पर किंतु कोच की झाँईं॥

फिर सीता श्रुतिकीर्ति परस्पर, करती रहीं देर तक बातें।
सुधि करके सिय पलक भिगोतीं, क्रूर काल की कुटिल कुघातें॥

सभी कुमार और रिपुसूदन, प्रेम परस्पर बाँट रहे थे।
और अपरिचय के बादल भी, प्रखर नेह से छाँट रहे थे॥

प्रातःकाल विदाई के क्षण, इस विछोह से सब व्याकुल थे।
आँसू बरस रहे नयनों से, तन-मन उनके अति आकुल थे॥

लेकर विदा वहाँ से चलकर, अवधपुरी रिपुसूदन आए।
अद्‌भुत स्वागत मिला पुरी में, सबके ही मन अति हर्षाए॥

भरत, लखन, माताएँ हर्षित, हर्षित अति मांडवी, उर्मिला।
श्रुति, कुमार, शत्रुहन देखकर, खिला राम का हृदय निर्मला॥

राजमहल में उत्सव जैसा, सहसा वातावरण बना था।
षट् सुकुमारों की चंचलता, लख सब में आनंद घना था॥

था अतिरेक हर्ष का सबमें, नेह समुद्र हिलोरें लेता।
सीता का संस्मरण अचानक, उर में कुछ विषाद भर देता॥

किंतु वंश की त्याग भावना, उर विषाद सब हर लेती थी।
राज धर्म, संकल्प भावना, सहसा साहस भर देती थी॥

अधिक समय तक साथ-साथ रह, सबने अति आनंद मनाया।
सात दिवस बीते हैं कैसे, कोई भी यह जान न पाया॥

अवध राज्य की राज्य सभा ने वीर शत्रुहन को सम्माना।
उनका कर सम्मान सभा ने, अपना अनुपम गौरव माना॥

सभी सदस्यों ने मुखरित स्वर, रिपुसूदन का सुयश सुनाया।
प्रज्ञा, शौर्य, प्रबल पुरुषारथ, युक्त उन्हें सबने बतलाया॥

कहा राम ने हमें गर्व है, हमने ऐसे भाई पाए।
देता हूँ आशीष उन्हें यह, यश उनका त्रिभुवन में छाए॥

मानव जीवन का पावनतम, लक्ष्य यही ऋषियों ने गाया।
मानव करे धर्म संरक्षण, सतत कर्म सिद्धांत बताया॥

सेवा का मन भाव सँजोकर, परमारथ की करे कामना।
नित्य स्वयं का अनुशीलन कर, करे लोक की सतत साधना॥

शुचि निष्काम भाव से निशदिन, अपने सब कर्तव्य निभाए।
प्राण हथेली पर लेकर वह, जन-जन के मन सुख पहुँचाए॥

अपने सुख के लिए कभी जो, पीर न औरों को पहुँचाता।
निश्चित उसी मनुज का जीवन, जग में पूर्ण सफलता पाता॥

अनुज शत्रुहन इस वसुधा पर, इन्हीं गुणों के मूर्त रूप हैं।
लोक साधना ही स्वभाव में, अति विशिष्टतम योग्य भूप हैं॥

उनका अभिनंदन करके हम, गुरुता को सम्मान दे रहे।
मानवता के दिव्य यती को, सभा मध्य हम मान दे रहे॥

सत्य सनातन धर्म धरा पर, संस्थापन है हेतु हमारा।
बहुतायत में पूर्ण हुआ था, बहने लगी धर्म की धारा॥

किंतु अभी अवशेष कार्य यह, जिससे धर्म अमरता पाए।
शाश्वत, सत्य, सनातन चिंतन, जन-जन के उर में भर जाए॥

इसके लिए अनुज रिपुसूदन, पूर्ण रूप से ही सक्षम हैं।
प्रज्ञा, शौर्य भरा रग-रग में, उर में किंचित् शेष न भ्रम हैं॥

सुन शत्रुहन राम की वाणी, विनत सभी का कर अभिवादन।
'जो आज्ञा प्रभु!' कह वे बैठे, परिवारी सब हुए मुदित मन॥

करतल ध्वनि से रिपुसूदन को, सभासदों ने तब सत्कारा।
संस्कृति, धर्म विजय यात्रा का, ध्वजवाहक बन गया दुलारा॥

गुरु, माता, भ्राता सबका ही, उनको वर आशीष मिला था।
अति सम्मान देख प्रियतम का, श्रुति उर हर्ष प्रसून खिला था॥

परिवारी थे सभी प्रफुल्लित, देख शत्रुहन विपुल प्रतिष्ठा।
किंतु राम के चरण कमल में, रिपुसूदन की उत्कट निष्ठा॥

सब कार्यों का श्रेय सदा वे, भ्रात राम को ही देते थे।
मर्यादा पुरुषोत्तम का ही, नाम सर्वदा वे लेते थे॥

शासन की आदर्श नीतियाँ, राम नाम से ही चलती थीं।
श्रद्धा और समर्पण द्वारा, जन-जन के मन में खिलती थीं॥

मधुरा की भी राज्य व्यवस्था, राम-राज्य ही कहलाती थी।
नृप रिपुसूदन के प्रयास से, घर-घर वह पूजी जाती थी॥

मर्यादा पुरुषोत्तम रघुवर, रिपुसूदन के उत्प्रेरक थे।
गुणता उनकी बनी रसायन, क्रिया शक्ति के अनुप्रेरक थे॥

अवधपुरी के राजमहल का, आनंदोत्सव बीत रहा था।
मधुरा गमन हेतु निर्धारित, समय कोष अब रीत रहा था॥

तभी राम ने भ्राताओं को, सहसा अपने पास बुलाया।
राजकुमारों की समग्रता, हित यह वरद उपाय सुझाया॥

भरत और लक्ष्मण कुमार अब, रिपुसूदन सँग मधुरा जाएँ।
धर्म नीति अरु युद्ध शास्त्र की, शिक्षा उनसे ही वे पाएँ॥

पूर्ण रूप से शिक्षित होकर, ही वे मानव पूर्ण बनेंगे।
नित्य साथ रह रिपुसूदन के, सामाजिक गुणधर्म गुनेंगे॥

शासक बनकर तभी सुनिश्चित, वे शत्रुघ्न समान करेंगे।
रामराज्य का अभिनव दर्शन, जन गण मन में सहज भरेंगे॥

रघुनंदन की गुरुवाणी सुन, सबने सहमति मुखर जताई।
हों शत्रुहन, कुमारों के गुरु, सबको ही यह सम्मति भाई॥

सभी कुमार, जान यह निर्णय, अति उत्साहित मुदित हृदय थे।
शुभ भविष्य के लिए सुशोभित, शुचि संस्कृति के अरुणोदय थे॥

रिपुसूदन, श्रुति और कुमारों, की नेहित फिर हुई विदाई।
सबके नयन झर रहे झर-झर, किंतु हृदय में अति दृढ़ताई॥

अवधपुरी से चले शत्रुहन, उर में नव संकल्प सँजोए।
भ्रात राम के निर्देशन में, बीज योजना के फिर बोए॥

आए सभी मधुपुरी हर्षित, पूरी राह हुआ अभिनंदन।
राम-राज्य के संस्थापक का, प्रजा करे प्रमुदित पद वंदन॥

देख प्रजाजन की श्रद्धा को, सभी कुमार हृदय में विस्मित।
जननायक की जन स्वीकृति लख, चिंतन के नव किसलय विकसित॥

भावभूमि वह सहज बन गई, जिसके लिए कुमार चले थे।
अनुपम लोकप्रियता नृप की, उर में नवल विचार पले थे॥

मधुरा द्वार, मंत्रिपरिषद् युत, प्रजाजनों ने की अगवानी।
सब कृतज्ञ नृप रिपुसूदन के, चिंतन नृप का जन कल्याणी॥

अभिनंदित हो नृप, कुमार, श्रुति, प्रमुदित राजमहल सब आए।
थे कुमार सब अति उत्साहित, समवयस्कता, उर उमगाए॥

श्रुति शत्रुहन परम आह्लादित, देख कुमारों की चंचलता।
होता है माली प्रसन्न ज्यों, देख स्वयं की नव्य सफलता॥

सभी कुमारों को रिपुसूदन, प्रतिदिन शस्त्र शास्त्र सिखलाते।
उनकी प्रगति देखकर निशदिन, अति संतोष हृदय में पाते॥

अल्पकाल में ही कुमार सब, विद्याओं में प्रवण हुए थे।
गुरु रिपुसूदन के प्रयास से, क्षमताओं के शिखर छुए थे॥

राज्य सभा से समर भूमि तक, गुणता की वे खान बन गए।
अद्भुत प्रतिभाओं के कारण, वे जन-गण के गान बन गए॥

नृपति शत्रुहन के कार्यों में, प्रतिदिन ही वे हाथ बँटाते।
जटिल समस्या को क्षण भर में, निज कौसल से वे निपटाते॥

जगह-जगह दरबार लगाकर, नृपति सभी को जब सुनते थे।
सभी कुमार बैठकर सम्मुख, मन में निर्णय को गुनते थे॥

निर्णय से पहले रिपुसूदन, चर्चा उनसे विधिवत् करते।
देख कुमारों की बौद्धिकता, अतिशय हर्ष हृदय में भरते॥

रिपुसूदन के निर्णय सारे, श्रुतियों पर होते आधारित।
जनगण द्वारा भी श्रद्धा से, सहजमना होते व्यवहारित॥

जिसके कारण सभी कुमारों, में अति गुणता सृजित हुई थी।
वेदमूर्ति के अनथक श्रम से, प्रखर रूप से उदित हुई थी॥

व्यवहारिक जीवन के गुरुतर, आयामों को जान लिया था।
राजकाज की गहन चेतना, को गहरे अनुमान लिया था॥

यद्यपि थे किशोरवय लेकिन, प्रज्ञा में सब तरुण हो गए।
सक्षम गुरु शत्रुहन योग से, भानुवंश के अरुण हो गए॥

इधर राम सिय सुत लव कुश भी, वालमीकि ऋषि के अनुयायी।
शास्त्र, शस्त्र दोनों की विधिवत्, वर महर्षि से शिक्षा पायी॥

जनक नंदिनी ने निज श्रम से, संस्कारों से उन्हें गढ़ा था।
अपरा, परा सर्व विद्याओं, को ऋषिवर से मुदित पढ़ा था॥

प्रज्ञावान वीरवर दोनों, आदर्शों में रघुनायक थे।
वालमीकि-कृत राम कथा के, वे दोनों अनुपम गायक थे॥

उसी समय रघुनाथ राम ने, अश्वमेध संकल्प लिया था।
दिग्-दिगंत की स्वीकृति के हित, अश्व यज्ञ का छोड़ दिया था॥

बाँधा उसको सिया सुतों ने, समर हुआ था तब अति भारी।
लव-कुश के पौरुष के सम्मुख, अवध राज्य की सेना हारी॥

सेनापति सब हार गए तब, समर भूमि में रघुवर आए।
देख अलौकिक नवयुवकों को, मन में अति विस्मय भर लाए॥

तभी दौड़कर आईं सीता, समर हेतु लवकुश को रोका।
यही पिता श्रीराम तुम्हारे, सुत न अनर्थ करो कह टोका॥

तब ऋषि वालमीकि ने आकर, लव-कुश का परिचय करवाया।
यह अद्भुत सुत राम आपके, आदर्शों में तव प्रति छाया॥

लव-कुश नाम रखा है मैंने, सिय ने यह बालक जाए हैं।
रविकुल के अनुरूप सभी गुण, प्रभु! इन दोनों ने पाए हैं॥

हे रघुनंदन! अपने कुल को, मुदित हृदय से अब अपनाओ।
परम पुनीत सिया जगदंबा, उनका अब संताप मिटाओ॥

कर प्रणाम ऋषि वालमीकि को, रघुवर ने यह वचन उचारे।
हे वरेण्य ऋषि! आप जानते, लोक धर्म सिद्धांत हमारे॥

नृपति बँधा होता जनमत से, कर सकता न कभी मनमानी।
सर्व हिताय स्वयं का अर्पण, नीति निभाए जन कल्याणी॥

वंदनीय ऋषि! सीता के बिन, राम भुवन में स्वयं अधूरा।
उर अगाध है चाह सिया की, कैसे करूँ इसे अब पूरा॥

लोक भावनाओं के सम्मुख, विवश अवध का नृपति राम है।
अवध नृपति के लिए सदा से, लोक भाव ही धन्य धाम है॥

जो नृप निज का परित्याग कर, जन-मन का प्रतिनिधि बन जाता।
वही नृपति संकल्पित मन से, धर्म प्रतिष्ठा को गढ़ पाता॥

जन-गण-मन में यदि वैदेही, करें स्वयं को प्रथम प्रतिष्ठित।
तभी अवध की रानी बनकर, होंगी सिंहासन अधितिष्ठित॥

सुना सिया ने इन बचनों को, नृपति विवशता को पहचाना।
कठिन बहुत अब पुनर्मिलन है, अपने अंतस् में अनुमाना॥

झर-झर झरने लगे अश्रु दृग, अतिशय करुणा के स्वर उभरे।
हे माँ धरती! अंक समा लो, स्वप्न तव सुता के सब बिखरे॥

खोला हृदय धरा ने सहसा, बेटी को निज अंक छिपाया।
फफक-फफक रोए रघुनंदन, मर्यादा का सेतु ढहाया॥

करुणा का नद बहा वहाँ पर, सभी नयन थे अश्रु बहाते।
पलक झपकते जो देखा था, उससे विस्मय से भर जाते॥

तब महर्षि ने दर्शन-विषयक, जीव-जगत् का किया विवेचन।
अजर-अमर जीवात्मा, शाश्वत, क्षण भंगुर होता मानव तन॥

गुरु मीमांसा द्वारा ऋषि ने, शांति सभी के मन पहुँचाई।
नीरव वातावरण हुआ जब, तब संस्थिति विवेक ने पाई॥

संतापित लव-कुश को सहसा, रघुनंदन ने गले लगाया।
तूफानों में घिरी नाव को, झोंकों ने ज्यों तट पहुँचाया॥

सिय वियोग का ताप राम उर, सहसा ही कुछ न्यून हो गया।
बेटों के आलिंगन सुख से, तिय बिछोह का भाव खो गया॥

बहुत देर तक लव-कुश पर वे, करते रहे नेह की वर्षा।
प्रज्ञ महर्षि सहित सबका यह, देख दृश्य उर अतुलित हर्षा॥

मुनि आज्ञा से लव-कुश को ले, सँग में राम अयोध्या आए।
अनुपम सुंदर सिय पुत्रों को, देख सभी के उर उमगाए॥

किंतु न देखा सीता को जब, जिज्ञासा सबके मन आई।
जान सिया का अंत हो गया, पीड़ा सबके मन पर छाई॥

परिवारी जन ने नयनों से, दुखी हृदय अति अश्रु बहाए।
प्रजाजनों के हृदय उस समय, सिय अपवादों पर पछताए॥

पश्चाताप हुआ अति गहरा, प्रजा महल के द्वारे आई।
सीता के प्रति अपवादों पर, दुख, प्रायश्चित मन भर लाई॥

रो-रोकर सब प्रजाजनों ने, मन विषाद, अरु रोष जताया।
सिय अपवादी जन का सबने, यह अक्षम्य अपराध बताया॥

करने लगे बखान सभी मिल, जनक नंदिनी की पावनता।
कोस रहे अपवादी को सब, कहें हुई यह अति दानवता॥

प्रायश्चित्त के लिए सभी ने, यह संकल्प मुखर दोहराया।
नौ दिन तक उपवास करें सब, प्रायश्चित का धर्म बताया॥

दी सांत्वना राम ने सबको, और लोक कर्तव्य बताए।
सदाचरण के हेतु प्रजा ने, भावी मर्म राम से पाए॥

स्वत:प्रवर्तित अवध प्रजा ने, नैमित्तिक यह धर्म निभाया।
आश्विन शुक्ल, प्रतिपदा तिथि से, सबने नौ दिन व्रत अपनाया॥

देवि! तभी से भारत भर में, नौ दिन का घर-घर व्रत होता।
शक्ति साधना, कर प्रति मानव, अपने मन के कल्मष धोता॥

शुद्धि कर्म के बाद अवध में, यज्ञ हेतु निश्चित तिथि आई।
अवधपुरी अरु सरयू तट ने, अतुलनीय सुंदरता पाई॥

यज्ञ महोत्सव में आमंत्रित, देश-देश के भूपति आए।
आगंतुक उपहार हेतु सँग, भूषण रत्न अनेकों लाए॥

अतिथिगणों के स्वागत के हित, स्वयं शत्रुहन उत्तरदायी।
भरत, लखन ने भी रघुवर की, आज्ञा से यह रीति निभाई॥

राजकुमारों ने बढ़-चढ़कर, क्रियाशील अवदान दिया था।
देख कुमारों की सक्रियता, सबका अतिशय मुदित हिया था॥

अश्वमेध आयोजन ने जब, विधिवत् श्रेष्ठ सफलता पाई।
सूर्य वंश की गौरव गाथा, सारे भू-मंडल में छाई॥

संपादित हो गया यज्ञ जब, रघुकुल अवध प्रजा हर्षायी।
अश्वमेध से सुयश पताका, तीनों लोकों में लहराई॥

जान सुअवसर, रामचरण गह, संतापित रिपुसूदन बोले।
नहीं सह सकूँगा वियोग तव, कंपित अधर इस तरह खोले॥

बारह वर्ष वियोग आपका, कर्तव्यों के लिए सह लिया।
प्रभु आदेश मानकर मैंने, मधुरा का संत्रास हर दिया॥

हे रघुनंदन! तव इच्छा को, मैंने पल-पल मुदित पढ़ा है।
तव चिंतन के आदर्शों से, विधिवत् मधुरा राज्य गढ़ा है॥

मेरा धर्म हुआ अब पूरा, प्रभु अपना अब वचन निभाओ।
भेजो किसी और को मधुरा, मुझको अपनी शरण लगाओ॥

कहते-कहते रिपुसूदन के, नयनों में आँसू भर आए।
दुखी अतीव देख रघुवर ने, रिपुसूदन निज कंठ लगाए॥

अनुज शीश को कर कमलों से, रघुनंदन ने जब सहलाया।
माँ के अंक समाए शिशु सा, सुख रिपुसूदन ने तब पाया॥

तभी राम ने सावधान हो, कहा भ्रात है कार्य अधूरा।
व्याप्ति न जब तक भू-मंडल में, राम-राज्य का स्वप्न न पूरा॥

इस निमित्त जो कार्य शेष है, पूरा करो शीघ्र तुम भ्राता।
गढ़ो कुमारों के सँग, लव-कुश, बनो प्रज्ञ गुरु ज्ञान प्रदाता॥

कुशल कुमार सुनिश्चित जग में, राम-राज्य को फैलाएँगे।
रामराज्य आदर्श सुपावन, तब शाश्वत गरिमा पाएँगे॥

जो आज्ञा कह रिपुसूदन ने, रामचरण में शीश नवाया।
रघुनंदन के कर कमलों से, उनके तन रोमांच समाया॥

सभी कुमार और तिय श्रुति सँग, रिपुसूदन की हुई विदाई।
इस वियोग से सभी दुखी थे, किंतु धर्म की रीति निभाई॥

लव-कुश को भी रघुनंदन ने, रिपुसूदन के सँग में भेजा।
परम परिश्रम, गुरु-गुणता से, सबमें प्रज्ञा शौर्य सहेजा॥

मातु-पिता सम दायित्वों को, श्रुति शत्रुहन निभाते प्रतिदिन।
हों कुमार सद्गुण संपूरित, चिंतन यही उभय का पलछिन॥

गृह में श्रुति, बाहर रिपुसूदन, सभी कुमारों को गढ़ते थे।
शास्त्रों के नैतिक नियमों को, सब कुमार रुचि से पढ़ते थे॥

हर पखवाड़े नृपति शत्रुहन, जनता का दरबार लगाते।
सभी समस्याएँ सुनकर वे, सार्वजनिक उनको निपटाते॥

राजकुमारों को रिपुसूदन, प्रकरण संदर्भित करते थे।
इस प्रकार उनके निर्णय में, प्रामाणिक गुणता भरते थे॥

पूर्ण राज्य में जगह-जगह पर, नृप जनता दरबार लगाते।
जन दरबारों से कुमार सब, अद्‌भुत निर्णय क्षमता पाते॥

जो संस्कार महोत्सव होते, उनमें भी कुमार जाते थे।
अपनी अनुपम क्षमताओं से, मान प्रजा से वे पाते थे॥

ऋषिगण भी इन राजकुमारों, को संस्कृति निधि मान रहे थे।
भावी धर्म चेतना वाहक, क्षमता उनमें जान रहे थे॥

रिपुसूदन ने निज प्रज्ञा से, उन सबका निर्माण किया था।
अपनी दैविक क्षमताओं का, उन सबको प्रतिमान दिया था॥

राजकुमारों की गुणता वे, कठिन कसौटी पर कसते थे।
देख दक्षता सुकुमारों की, निर्मल मन से वे हँसते थे॥

जान पूर्णत: सिद्ध उन्हें वे, लेकर मुदित अयोध्या आए।
रघुनंदन की कठिन परीक्षा, में सुकुमार सफलता पाए॥

हो संतृप्त धर्म से जगती, यह चिंतन राघव मन आया।
गुरु, भ्राता, माता, सुकुमारों, को मंथन हित गया बुलाया॥

था नवनीत यही मंथन का, धर्म प्रसार कराया जाए।
योग्य कुमारों के माध्यम से, व्यापक राष्ट्र बनाया जाए॥

सभी कुमारों को श्रमपूर्वक, रिपुसूदन ने दक्ष किया है।
राज्य प्रबंधन, रण कौसल वर, प्रज्ञा का भंडार दिया है॥

संस्कृति, धर्म चेतना को यदि, अजर-अमर अक्षुण्ण बनाना।
तो प्रतिकूल राज्य विजयी कर, क्षेत्र हमें होगा फैलाना॥

आठों योग्य कुमारों का अब, नृप अभिषेक कराया जाए।
संस्कृति धर्म उन्नयन का वर, लक्ष्य इन्हीं से पाया जाए॥

सबने ही तब मुखरित स्वर से, यह प्रस्ताव किया अनुमोदित।
राजकुमारों को रघुवर ने, तत्क्षण किया मुदित उद्‌बोधित॥

सूर्यवंश के हे ध्वज वाहक! धर्म धरा पर अमर बनाओ।
सत्य, सनातन संस्कृति पावन, निज श्रम से भू पर सरसाओ॥

इस पावन उद्‌देश्य पूर्ति हित, शासन तंत्र उपकरण मानो।
यद्यपि नृपति बनोगे तुम सब, किंतु स्वयं को सेवक जानो।

हम सब भ्राताओं ने मिलकर, असुरों का संहार किया है।
पावन धर्म और संस्कृति को, निश्चित नवल विहान दिया है॥

किंतु इसे अक्षुण्ण बनाना, तुम अपना उद्‌देश्य मान लो।
करो स्वप्न साकार हमारे, यही जन्म का हेतु जान लो॥

कहते-कहते रघुनंदन का, कंठ अचानक ही भर आया।
भावों का अतिरेक उपस्थित, आँसू बनकर बाहर आया॥

राजकुमारों सहित सभी के, नयन सहज ही आर्द्र हो गए।
सभी कुमारों के मानस में, संकल्पों के बीज बो गए॥

मुखरित स्वर से राजकुमारों, ने संकल्प तभी दोहराया।
हम तव स्वप्न करेंगे पूरा, हो तव शुभाशीष की छाया॥

दृढ़ संकल्प कुमारों का लख, सभी हृदय में अति हर्षाए।
मंथन किया देर तक सबने, भावी सब रणनीति बनाए॥

फिर विधिवत् आठों पुत्रों का, रघुवर ने अभिषेक कराया।
अलग-अलग क्षेत्रों का उनको, दे दायित्व नृपति बनवाया॥

भरत सपूत तक्ष, पुष्कल को, अति नवीन परिवेश मिला था।
शासन के हित दोनों को ही, गंधर्वों का देश मिला था॥

कर परास्त गंधर्व नृपति को, बड़े देश को विजित कर लिया।
जन कल्याणी सद्‌कर्मों से, जन-जन में विश्वास भर दिया॥

राजधानियों के हित श्रम से, दिव्य नगर दो गए बसाए।
सुंदरता लखकर दोनों की, सुर नगरी भी स्वयं लजाए॥

तक्षशिला में तक्ष नृपति थे, और पुष्कलावत् में पुष्कल।
दोनों नगरों के समीप ही, सरिता बहती कल-कल छल-छल॥

अंगद, चंद्रकेतु लक्ष्मण सुत, ने वर देश कारुपथ जीता।
पुरी अंगदीया अंगद हित, बनी राजधानी सुपुनीता॥

चंद्रकेतु के लिए सुसुंदर, चंद्रकांत वर नगर बसाया।
नवल राजधानी का उसने, अल्प समय में गौरव पाया॥

रिपुसूदन के सुत सुबाहु अरु, पुत्र शत्रुघाती सक्षम थे।
अद्‌भुत शौर्य, तेज के स्वामी, रिपुसूदन के ही वे सम थे॥

अति विस्तार हुआ मधुरा का, उसके भी दो भाग कराए।
केंद्र बना पहले का मधुरा, विदिशा दूसर हेतु बसाए॥

बने सुबाहु नृपति मधुरा के, विदिशा के अरिघाती नृप थे।
यश के शिखर चढ़े दोनों ही, वे साक्षात् शत्रुहन तप थे॥

कौसल अवध एक थे दोनों, कौसल्या दशरथ परिणय से।
बना महाकौसल यह सारा, नृपति भानु के दान समय से॥

बँटा महा कौसल भागों में, उत्तर कौसल एक कहाया।
दक्षिण कौसल बना दूसरा, अलग-अलग लव-कुश ने पाया॥

राजधानियाँ श्रावस्ती अरु, कुशावती तब गई बनाईं।
दोनों निर्मित हुई एक सीं, एक-दूसरे की परछाईं॥

श्रावस्ती लव के अधीन थी, कुशावती के कुश नरपति थे।
रामचंद्र के आचरणों की, मानो वे दोनों अनुकृति थे॥

इस प्रकार रविकुल के आठों, पुत्र धर्म ध्वज लेकर धाए।
जिसके कारण पावन संस्कृति, ने गुण-धर्म सनातन पाए॥

इन सबने मिलकर भारत को, निज 'भा' की पहचान कराई।
राम-शत्रुहन की मशाल ले, राम-राज्य की अलख जगाई॥

हुआ राष्ट्र चिति से आलोकित, यश-विभुता दिगंत तक फैली।
इस कारण भारत संस्कृति की, आत्मा हुई न अब तक मैली॥

रिपुसूदन का वरद प्रशिक्षण, सभी कुमारों में रँग लाया।
नृपति रूप में अवध कुमारों, ने संस्कृति का ध्वज लहराया॥

पूरा आर्यावर्त बन गया, राम-राज्य का ही पर्यायी।
सभी सुखी हों, सभी निरोगी, जन-जन हृदय भावना आई॥

आज एशिया महाद्वीप जो, था वह आर्यावर्त समूचा।
रिपुसूदन के ही कौतुक से, धर्म केतु लहराया ऊँचा॥

दिशा बोध प्रभु रामचंद्र का, क्रियाशीलता रिपुसूदन की।
क्षमताएँ आकाश चूमतीं, ज्योति प्रकाशित अंतर्मन की॥

हुई प्रतिष्ठा आदर्शों की, मानव मूल्यों की प्रभुताई।
धर्म धारणा, सत्य, सनातन, संस्कृति ने वर गरिमा पाई॥

रिपुसूदन की राज्य व्यवस्था, उमा! आज भी पूजी जाती।
राजनीति के सिद्धांतों में, अब तक शिखर मान वह पाती॥

चारों दशरथनंदन भामिनि! परम ब्रह्म के अवतारी थे।
था उद्‌देश्य धर्म संस्थापन, मर्यादा के संभारी थे॥

मर्त्य लोक में मानव जीवन, कैसे सुख का सेतु बनाए।
अपने पौरुष के द्वारा वह कैसे मोक्षधाम को पाए?

चारों अवतारों ने मिलकर, धर्म प्रतिष्ठित किया धरा पर।
परमादर्शों का प्रतिपादन, किया मनुज में ब्रह्म समझकर॥

उमा! ब्रह्म तो एक शक्ति है, रूप अलग कर्मानुसार हैं।
ब्रह्मा, विष्णु, महेश शक्तियाँ, परम ब्रह्म के कर्म सार हैं॥

रहकर मौन सृष्टि जब रचता, सृजन कर्म ब्रह्मा कहलाता।
वही कहाता विष्णु जगत् में, जब वह पालक धर्म निभाता॥

करता सृष्टि नियंत्रित जब वह, और सहज बनता संहारक।
तब कहलाता शिव वह जग में, एक ब्रह्म ही सबका कारक॥

ब्रह्मा के कर श्रुतियाँ शोभित, ज्ञान विरंचि परम आभूषण।
मौन, शांति वर वृत्ति ज्ञान की, रहे न मन में किंचित् दूषण॥

परम ब्रह्म की इसी वृत्ति के, अंश रूप रिपुसूदन आए।
निज 'भा' से भासित कर जग को, जगती से तम तोम मिटाए॥

राम, भरत, लक्ष्मण, रिपुसूदन, उमा! ब्रह्म के प्रकट अंश हैं।
संस्कृति, धर्म, नीति रखवारे, वेद ज्ञान के वरद हंस हैं॥

विकृतियों के गहन तिमिर को, छाँट दिया बन सुकृति दिवाकर।
निर्मलता की सुर सरिता बन, बहे धरा पर विमल विभाकर॥

नवल विहान किया धरती पर, किया प्रतिष्ठित मनुज धर्म को।
शाश्वत और चिरंतन, पावन, समझाया उस मूल मर्म को॥

अवतारी शत्रुहन सृजन के, विरत प्रसिद्धि महानायक हैं।
दुखहर्ता सुखकर्ता सृष्टा, श्रुतियों के अनुपम पायक हैं॥

रिपुसूदन का चरित कल्कि में, मानव के सब त्रास हरेगा।
शत्रु पाश को काट सहज ही, मन में पावन भाव भरेगा।

शुभे! तुम्हारी ही जिज्ञासा, से यह मैंने कथा सुनाई।
कलियुग के कल्मष प्रक्षालन, हित मानव ने औषधि पाई॥

युगों-युगों तक मानव जीवन, उमा! तुम्हारा ऋणी रहेगा।
रिपुसूदन का चरित विश्व में, अमृत बन निर्बाध बहेगा॥

संजीवनी कथा यह पावन, मानव का उद्धार करेगी।
अति संतापित मानवता का, जड़ से सब संताप हरेगी॥

कदाचार का गरल कल्कि में, मानव को अभिशप्त कर रहा।
भौतिकता की होड़ सभी में, अति अधर्म का भाव बढ़ रहा॥

स्वार्थ चरम पर भू पर फैला, 'मैं' का चिंतन प्रमुख हुआ है।
पशुता, दानवता के अवगुण, ने विकास का शिखर छुआ है॥

घर-घर कैक्टस पनप गए हैं, 'तुलसी' करती आज पलायन।
परहित भाव दूर जा बैठे, सब निज हित का करते गायन॥

सामाजिक जीवन मूल्यों की, अब जग से हो रही विदाई।
भोगवाद ने अनाचार की, सरपट अंधी दौड़ लगाई॥

सुत से जननी और पिता के, पावन रिश्ते टूट रहे हैं।
'मैं' के खातिर संबंधों से, त्याग भाव सब छूट रहे हैं॥

धन के लिए स्वयं भ्राता ही, भ्राता के वैरी बन जाते।
शोणित बहा सगे भ्राता का, उर में किंचित् नहीं लजाते॥

वधू, भगिनि, पुत्री का पावन, रिश्ता भी हो रहा कलंकित।
मानव की जीवन शैली से, नैतिकता हो रही सशंकित॥

पत्नी निज कर्तव्य भूलकर, लागडाँट पति से करती है।
मर्यादा को त्याग अहर्निश, तुष्टि अहं में ही भरती है॥

अनुबंधों पर ही आधारित, यहाँ आज सब रिश्ते-नाते।
हम का भाव त्याग कर निशदिन, 'मैं' का मंत्र सभी दोहराते॥

नर-नारी की लगालगी ने, किया शांति का चीर-हरण है।
कलह अशांति हुई घर-घर में, संस्कारों का तीव्र क्षरण है॥

भौतिकता की चकाचौंध ने, सबको ही अब भ्रमित किया है।
अंधे होकर दौड़ रहे सब, सदाचार ने गरल पिया है॥

डूब रहे आकंठ भोग में, शुचिता ही अब वनवासी है।
मानदंड सब बदल रहे हैं, भ्रष्टों की पूरनमासी है॥

सतयुग में सब असुर मुखर हो, असुर स्वयं को सब कहते थे।
बलपूर्वक अपनी संस्कृति वह, जन-जन के मन में भरते थे॥

किंतु आज कलियुग में दानव, मुखर स्वयं को देव बताते।
संख्या बल के कारण उनके, वचन असत्य-सत्य कहलाते॥

वैयक्तिक सामाजिक मूल्यों, पर संकट के बादल छाए।
नैतिकता ने हार मानकर, अनृय के कर केतु गहाए॥

इसीलिए हे उमा! आज यह संकट विषम दिखाई देता।
मानवता कृषकाय हो रही, व्यापक रूप दनुज कुल लेता॥

ब्रह्म अंश शत्रुहन संस्मरण, इस भीषण विष को छाँटेगा।
उमा! इस कथा का पारायण, कष्टों के बंधन काटेगा॥

रिपुसूदन की कथा भवानी, रिपुसूदन के सम अनंत है।
अद्‌भुत क्षमता शत्रु दमन की, नाम शक्ति का मूर्तिमंत है॥

कलियुग में यह कथा सुनिश्चित, भव बाधा संहारक होगी।
कदाचार को नष्ट-भ्रष्ट कर, जन-गण की उद्धारक होगी॥

कलियुग में शत्रुहन चरित यह, निश्चित ही मानव हितकारी।
श्रवण, परायण निर्मल मन से, नैतिकता दायक सुखकारी॥

शत्रु विनाशक, नीति उपासक, कथा शत्रुहन अति कल्याणी।
ऋद्धि-सिद्धि सुख वैभव दाता, पारायण से पावन वाणी॥

घोर संकटों का तम मिटता, और निराशा मिट जाएगी।
रघुवंशी शत्रुहन चरित से, आत्मा नवजीवन पाएगी॥

नीर-क्षीर का शुचि विवेक भी, मानव के मन में आएगा।
वैदिक चिंतन मानव तन में, अतुलित ऊर्जा भर पाएगा॥

श्रद्धा अरु विश्वास हृदय ले, जो यह कथा सुने या गाए।
सुख पाए तीनों लोकों के, चारों पुरुषारथ वह पाए॥

कपट, हृदय का त्याग, शत्रुहन कथा कल्कि में जो गाएगा।
संकट के सब खार ध्वस्त कर, विजय पताका लहराएगा॥

दिव्य कथा यह सुने-गुने जो, अनुमोदन की बोले वाणी।
निश्चित ही उद्धार करेगी, यह शत्रुहन कथा कल्याणी॥

है अनंत यह कथा शत्रुहन, यथाशक्ति मैंने गाई है।
उमा! तुम्हारी जिज्ञासा से, जग ने अतुल सुधा पाई है॥

उमा! तुम्हारी और शारदा, की अनुकंपा कवि ने पाई।
तुम दोनों की कृपा दृष्टि ने, 'रवि' से यह गाथा लिखवाई॥

अगम अगाध शत्रुहन गाथा, पार न पा सकता संसारी।
आदि शक्ति के अंश शत्रुहन, दीन दयाल अतुल अवतारी॥

कवि, कोविद की शक्ति कहाँ जो, उनका सर्वचरित गा पाए।
हैं वह पार ब्रह्म परमेश्वर, जगत् विविध नामों से ध्याए॥

'रवि' यह कथा सुनी जब शिव से, श्रद्धा गिरिजा के मन आई।
भरा हृदय विश्वास अपरिमित, तब बोलीं यह वचन सुहाई॥

हे प्रभु! शिवशंकर कैलासी, तव उपकार जगत् पर भारी।
कवि 'रवि' ने भी सुनी कथा यह, कृपा आपकी अमित पुरारी॥

तव श्री मुख से सुनी कथा जो, कवि ने भाषाबद्ध कर लिया।
शास्त्रों का नवनीत कथा में, तव अनुकंपा, सहज भर दिया॥

शंभु! आपकी अतुल कृपा से, 'रवि' ने काव्य शक्ति वर पाई।
अकथ कहानी रिपुसूदन की, सुनकर काव्य रूप में गाई॥

कलियुग में संतापित जन पर, प्रभु ने यह उपकार किया है।
अकथ कथा शत्रुहन सुनाकर, जग को वर उपहार दिया है॥

जिस प्रकार से राम कथा का, घर-घर में पारायण होता।
रामचरितमानस का वाचन, जन-मन के सब कल्मष धोता॥

चरित शत्रुहन का निश्चित शिवि! घर-घर अब गाया जाएगा।
शत्रु दमित होंगे स्वाभाविक, सदाचार का युग आएगा॥

राजनीति की विकृति को भी, प्रक्षालित यह कथा करेगी।
दुराचार को नष्ट-भ्रष्ट कर, सदाचार में प्राण भरेगी॥

व्यक्ति, समाज, राष्ट्र निर्मिति का, अभिनव यज्ञ पूर्ण तब होगा।
रघुवंशी शत्रुघ्न चरित का, घर-घर पारायण जब होगा॥

परम ब्रह्म की कथा कभी भी, पूर्ण नहीं गाई जा सकती।
किंतु विमल उर के द्वारा ही, भक्ति सहज पाई जा सकती॥

इसी भक्ति की शक्ति प्राप्त कर, 'रवि' ने यह गाथा गाई है।
माँ गौरी की अमित कृपा ने, यह अनुपम कृति लिखवाई है॥

कवि का था उद्देश्य यही तो, उनका अकथ चरित सुनवाए।
जिनकी अमित प्रभा के द्वारा, धर्म धरा पर रघुवर लाए॥

जिनकी आभा ने धरती को, राम-राज्य आदर्श दिए हैं।
जिनके कारण आर्य धरा ने, विश्ववंद्य सम्मान लिए हैं॥

सदा प्रसिद्धि परान्मुख रहकर, जिसने किया धर्म संस्थापन।
जिसके कारण असुर वृत्ति का, जन-गण-मन से हुआ समापन॥

हुआ धर्म जिसकी प्रज्ञा से, पावन वसुधा पर आलोकित।
उसी ब्रह्म अवतार शत्रुहन, का वर चरित करे कवि घोषित॥

इसी परम उद्देश्य पूर्ति हित, यह महनीय ग्रंथ आया है।
उमा, शंभु, वाणी, अनुकंपा, से कवि प्रस्तुत कर पाया है॥

विप्र, संत, ब्राह्मण, कवि पुंगव, रंच कृपा की वर्षा कर दें।
काव्य यज्ञ में पूर्णाहुति दे, निज कर 'रवि' के सिर पर धर दें॥

तभी फलित होगा श्रम कवि का, महाकाव्य गरिमा पाएगा।
पारायण होगा तब घर-घर, आदर्शों का युग आएगा॥

(इतिश्री श्री शत्रुहन चरित)

□

श्री शत्रुघ्न जी की आरती

आरति राम अनुज रघुनंदन
जय रिपुदमन सुमित्रानंदन
चौदह वर्ष राम वनवासी
रहे भरत बन परम उदासी
बने अवध के संरक्षक तुम
जय रिपुदमन सुमित्रानंदन॥ आरति...
दुष्टों के संहार बने तुम
राम राज्य आधार बने तुम
बने प्रजा के तुम आलंबन
जय रिपुदमन सुमित्रानंदन॥ आरति...
लौटे राम अवधपुर आए
शुचि चरित्र सबने तव गाए
मुदित हुए सुन श्री रघुनंदन
जय रिपुदमन सुमित्रानंदन॥ आरति...
नाम तुम्हारा शत्रु विनाशक
आत्म तत्त्व के परम प्रकाशक
वेदों के तुम हो अभिनंदन
जय रिपुदमन सुमित्रानंदन॥ आरति...
यश की गाथा अमर तुम्हारी
रवि महिमा से अति अधिकारी
शत्-शत् बार करें पद वंदन
जय रिपुदमन सुमित्रानंदन॥ आरति...
जो आरती तुम्हारी गाए
चौमुख दीपक ज्योति जलाए
ताके कटें सकल भव बंधन
जय रिपुदमन सुमित्रानंदन॥ आरति...

□□□